毛巧晖 王卫华
张青仁 王文超 著

北运河流域民俗传统与民众日常生活

学苑出版社

图书在版编目（CIP）数据

北运河流域民俗传统与民众日常生活 / 毛巧晖等著. -- 北京：学苑出版社，2024. 10. -- ISBN 978-7-5077-7040-7

Ⅰ．K892. 42；D669. 3

中国国家版本馆CIP数据核字第2024YN8735号

责任编辑：陈　佳
出版发行：学苑出版社
社　　　址：北京市丰台区南方庄2号院1号楼
邮政编码：100079
网　　　址：www.book001.com
电子邮箱：xueyuanpress@163.com
联系电话：010-67601101（营销部）、010-67603091（总编室）
印　刷　厂：廊坊市印艺阁数字科技有限公司
开本尺寸：710 mm×1000 mm　1/16
印　　　张：27. 25
字　　　数：392千字
版　　　次：2024年10月第1版
印　　　次：2024年10月第1次印刷
定　　　价：128. 00元

# 运河记忆与中华文化符号的民间叙事构建
# （代前言）

"大运河列入世界遗产名录后，她在新时代的文化内涵与时代精神方面引起较多关注"[1]，那些蕴含着"不同民族对于真、善、美的共同追求"[2]的中华文化符号成为学界研究和关注的焦点。从根本来说，"中华文化符号和中华民族形象蕴含着中华民族共有的历史记忆，烙刻着中华民族共同的文化基因，是文化认同的具体表现形式，是对中华民族共同体意识的凝练表达"[3]。在相关叙事及具体实践中，带有标志性的文化符号在文化的传承互动、沟通交流与传播扩散过程中树立了"可亲、可敬、可爱的中华民族形象"[4]。

---

[1] 毛巧晖：《北运河流域民间文艺资源的传承与转化》，《美术观察》2021年第10期。

[2] 王廷信：《新时代艺术学科的导向问题》，《中国民族美术》2023年第4期。

[3] 中共中央统一战线工作部、国家民族事务委员会：《中央民族工作会议精神学习辅导读本》，北京：民族出版社，2022年，第96页。

[4] 吕志敏、代洪宝、祁超：《建构与共享：中国节日题材绘本的中华文化符号探赜》，《黑龙江民族丛刊》2022年第6期。

## 一、民间故事：中华文化符号的提炼与转化

义和团故事作为一种流传于运河流域的英雄人物传说，它将地域文化符号融于叙事之中，展现了中华优秀传统文化的革命意涵。带有明显的历史感和解释性的义和团故事将运河流域的记忆、空间及文化加以提炼与转化，使之穿越时空的阈限，催生出以义和团运动为"本事"的英雄人物传说，自觉地其作为情感投射和价值指向的文化标识。

正如1960年河北省民间文学研究会整理编写的《义和团故事》"前言"中所述："义和团运动的传说故事所涉及的地区和范围是很广泛的。义和团运动中所有重要的斗争，在这些传说故事中，几乎都有真实、深刻的反映。它不仅描述了义和团运动的产生、发展和最后不幸失败的某些重要线索和场面，还为我们生动而形象地塑造了各种各样的人物；这就使我们进一步认识到当时运动的真相，看到了中国人民的强烈的民族气节和非凡的英雄气概，看到了帝国主义者、民族败类们卑鄙丑恶的嘴脸。通过这些故事、传说，组成了一幅风起云涌、虎啸龙吟的历史画卷，给人以无限兴奋和鼓舞力量。"[1]民间文学搜集整理者深入挖掘义和团故事中的文化元素及其内涵，并运用故事讲述的形式凸显了中华文化符号的特殊意涵。

"文化符号是一个民族精神的表象特征，是一个国家形象的鲜明标识。"[2]义和团故事围绕历史情节的取舍、叙事结构的调整及讲述空间的建构，在文字表象中铺陈了文化符号的深层意蕴，发掘出"民众在曲折中艰难创生并持守的更为坚实牢靠的价值理念和生命意志"，并通过搜集、整理的具体实践加以"赋形、取意、传神"。[3]充满凝聚力、号召力、吸

---

[1] 河北省民间文学研究会编：《义和团故事》，北京：人民文学出版社，1960年，第2页。

[2] 阮静：《中华文化符号与中国文化传播》，《中南民族大学学报》（人文社会科学版）2023年第1期。

[3] 张炼红：《生活世界、文化自觉与价值重建——张炼红副研究员在上海社会科学院的讲演》，《文汇报》2011年9月19日，第12版。

引力的文化符号将历史记忆与自然情境进行自然勾连，进而激发民众的情感共鸣与认同。以义和团故事《宗老路》为例，这个故事最初发表在《民间文学》1958年4月号，搜集整理者张士杰在《漫谈义和团故事的搜集整理与创作》中回忆此故事的口头讲述及整理经历。故事主要脉络如下：

①开始，介绍义和团有个团头很有名，义和团失败后，洋毛子到处捉他，这是整个故事的背景，也是故事主要情节发生的缘起。

②团头在义和团失败后躲藏了一阵，后来觉得没事，又出来在龙河打鱼。

③洋毛子得知团头消息，前来捉拿，在龙河边上和团头相遇，团头巧妙地遮掩过去，摆渡洋毛子过河。

④渡船到河中间，团头把船板翻，消灭了所有的敌人。

⑤事后团头远走高飞。[1]

此故事提到的"龙河"具有特定的文化意义指向。龙河发源于大兴区黄村一带，上游有大、小龙河两条支流，1956年之前，龙河下游经龙凤新河入北运河。1957年以后，为缓解下游洪涝灾害，在河北省境内开挖了龙减河，又称新龙河，将龙河改道入永定河。义和团故事中的龙河不仅以丰富的物产养育了生于斯、长于斯的民众，还见证了历史发展的重要时刻，作为民族共同体想象的一部分，龙河成为呈现运河流域文化特性不可或缺的象征符号。

义和团故事充分展现了运河流域居民以渔业为主的生产生活方式，其幻想的来自水中的"宝物"则体现了他们朴素的生活希冀和理想愿望。如由传统盗宝故事演变而来的义和团故事《渔童》，与《小黄牛》《白母

---

[1] 许钰：《从义和团故事〈宗老路〉的整理说起》，《北京师范大学学报》（哲学社会科学版）1984年第5期。

鸡》的故事颇为相似。在这些故事中，尤为强调"那些能够表征和满足意识形态诉求、促进集体文化记忆"[1]的文化符号的生成与建构。如《渔童》中对宝物"鱼盆"的刻画：

> 有普通盆大小，是白玉的；盆底上刻着一对小金鱼，金鱼四外刻着清水的细波纹；一根蔓子从金鱼身边伸向盆沿，两片大绿荷叶托着一朵粉红的大荷花；荷花上坐着一个小渔童——头上梳一对黑抓髻，红袄，绿裤，光着脚丫，怀里抱着一根钓鱼竿。[2]

其中对"鱼盆"形象的描绘直观地呈现出地域文化意蕴，展现出极强的画面感，白玉的质地、水波纹的设计、莲花的背景和渔童的形象使读者在字里行间领略到中华文化的独特魅力。在面对县官和洋毛子的无理要求时，老渔翁质问他们为什么鱼盆中描绘的是中国人的形象。我们可以看到，这个故事中的渔童形貌作为一种"不言而喻的或约定俗成的传统"[3]去标示中国人的群体身份，昭示了共有的深层次文化、情感认同。头上梳着黑抓髻，红袄，绿裤，光着脚丫的孩童形象与天津杨柳青年画中的怀抱鲤鱼的胖娃娃颇为相近，呈现出雅俗共赏的艺术特征。

## 二、艺术创作：中华文化符号的叙事表达

"中华文化符号是对中华民族整体存续复兴怀以意义自觉的对象化表

---

[1] 张歆：《传说重述与当代电影的文化表达——以动画电影〈渔童〉为中心的讨论》，《当代动画》2022年第2期。

[2] 张士杰搜集整理：《铁金刚·张士杰民间故事集》，北京：中国民间文艺出版社，1984年，第424页。

[3] [美]苏珊·朗格：《艺术问题》，滕守尧译，北京：中国社会科学出版社，1983年，第145页。

达和意象化呈现的显著标识。这一标识在宏观要素层面包括作为符号之源的民族文化对象、作为符号之意的民族精神意象以及作为符号之形的民族标识形象。"[1] 由此我们可以从"符号之源""符号之意"及"符号之形"三个角度来认识中华文化符号。近几年来，取材自运河流域民间叙事资源，兼具中华优秀传统文化"意"与"形"的连环画创作逐渐兴起，与运河相关的文化记忆更是作为一种符号被纳入共有、共生、共享的图文叙事中，奔腾流淌的运河成为彰显民族化的象征符号。以刘恩东的连环画作品为例，其在《大运河传奇》《降龙伏海》《老鼠娶亲》《曹雪芹与张家湾》等连环画作品中实现了多样的艺术性与深刻的社会性的"统合"，其艺术创作理念凸显出民间特质及"民族化"追求。

如在构思廊坊地方文化绘本时，刘恩东深刻认识到创新提炼中华文化符号的重要意义，他在作品中通过叙事内容加以串联，使其在图像与文字的结合中召唤出独特的历史记忆。如刘恩东将历史人物、人文景观及自然风物与地方传说加以连缀，进一步深化了中华文化符号所具有的"呈现"意义。其作品中的那些源自历史记载、地方传说、民俗节日等方面的主题叙事敏锐地捕捉到了中华传统优秀文化的精髓，也由此形成了"从失落到追寻"的叙事框架。如连环画《曹雪芹与张家湾》生动形象地刻画了张家湾的曹雪芹传说、出土墓碑与地方漕运文化之间存在的千丝万缕的关系，并关照到当下的文化景观建构，如萧太后河一带建造的曹雪芹塑像、归梦亭、红学文化绿色走廊等。我们可以看到，刘恩东运用连环画这种通俗文艺形式所做的创新表达本身即成为一种"意义的可能"，与运河文化有关的"北京建城传说""地名传说""文人传说""风物传说""运河歌谣"等民间叙事以一种"有形"的形式进行展现，存续其中的中华文化符号更是在潜移默化之中"成为各民族共有的精神依托"

---

[1] 青觉、徐欣顺：《论中华文化符号的概念、要素与边界》，《新疆师范大学学报》（哲学社会科学版）2023年第1期。

和"各民族情感交流的纽带"。[1]

"比起深奥或漂浮的文字来，图像在传递知识与表达立场时，更为直观、生动、表象、潜俗。"[2]在图像与文字所构筑的多元文化时空中，读者形成了对中华文化符号的独特认知。作为一种通俗文艺实践，连环画本身与其所处的历史时代发生着互动。我们在刘恩东的连环画作品中看到的不仅仅是民俗文化，还看到不同历史语境下民众的生存样态、民居建筑、民居舞蹈等符号构筑的宏阔文化空间，图像叙事带来与传统阅读截然不同的艺术体验和情感满足，读者可以在视觉沉浸中建立与人物、事件更深层次的精神联系，他们陶醉在那一个个精彩的历史瞬间中，穿越时空及地域限制的图像与凝练精粹的文学文本之间形成了一种跨越媒介、文体的"互文"。

此外，刘恩东的连环画创作中出现了内核更为多元的作品，如《大运河传奇》的立体书桌、《降龙伏海》的儿童剧场、《老鼠娶亲》的皮影戏等形式[3]更为独特，其原本的故事内涵在形式转化中变为一种"民族寓言"的符号化象征。围绕这些耳熟能详故事的图文叙事还"召唤"了具有共同的中华民族意识，以一种别样的审美感受引发观众的思考与体悟，这一类型的艺术创作并不拘泥于民间叙事的图像化"复刻"，而是围绕个体的生活体验展开叙事，挖掘其中一些被人所忽视的真挚情感，并通过叙事结构的调整，使读者在作品中感受到更深层次的情感碰撞。

美国学者约翰·迈尔斯·弗里（Jhon Miles Foley）和芬兰民俗学家劳里·杭柯（Lauri Honko）曾根据"创编、演述、接受"三个方面提出"口头文本或口传文本""源于口头的文本"以及"以传统为取向的文本"

---

[1] 王丹：《铸牢中华民族共同体意识的多民族民间文艺视角》，《西北民族研究》2021年第1期。

[2] 陈平原：《左图右史与西学东渐：晚清画报研究》，北京：生活·读书·新知三联书店，2019年，第57页。

[3] 青苑：《小人书、皮影戏、儿童剧场，副中心首家村级特色书店里有"宝藏"》，搜狐网，2023年7月9日，https://www.sohu.com/a/432716523_204474。

的分类标准。刘恩东所创作的一众涉及口头传统的连环画作品，大都属于"以传统为取向的文本"类型。"这类文本是由编辑者根据某一传统中的口传文本或与口传有关的文本进行汇编后创作出来的。通常所见的情形是，将若干文本中的组成部分或主题内容汇集在一起，经过编辑、加工和修改，以呈现这种传统的某些方面。"[1]刘恩东连环画创作中十分重视对"传统"的呈现，从语言的精明干练、韵散结合到情节的悬念设置、一波三折均体现出鲜明的民间叙事特质。

以"紫禁城传奇"系列丛书之一《降龙伏海》为例，刘恩东在该连环画的简介部分即以"为什么称远古时的北京为'苦海幽州'？北京城为什么要建'八臂哪吒城'？紫禁城为什么不建一万间，而要建9999间半？为什么说'北京城'是漂来的？现今存在的北新桥'锁龙井'是怎么回事？为什么要叫'北新桥'？镇住北京城的'五大镇物'今何在？"[2]连续的七个问题作为开端，引发读者兴趣；结尾则以韵文体的"降龙伏海大道行，运河漂来北京城"[3]诗句做结。

刘恩东的连环画创作建立在他对运河文化发自内心的热爱上，他在创作初期就十分注意提取烙刻在民族记忆中的精神基因，通过图文叙事对中华文化符号天然携带的"整体性感知、同一性认识和连续性想象"[4]进行刻画，从浩如烟海的文本资料中提炼核心，通过意象化转化进行视觉呈现，赋予画面以节奏感与故事感。

---

1　[美]马克·本德尔:《怎样看〈梅葛〉:"以传统为取向"的楚雄彝族文学文本》，付卫译，《民俗研究》2002年第4期。

2　刘恩东:《降龙伏海》，长春:吉林美术出版社，2018年，第1页。

3　同上书，第59页。

4　吕志敏、代洪宝、祁超:《建构与共享:中国节日题材绘本的中华文化符号探赜》，《黑龙江民族丛刊》2022年第6期。

## 三、空间生产：中华文化符号的记忆重塑

"中华文化符号是特定历史时空条件下的产物，是中华民族独特文化的物质/精神象征和具体标示。"[1]有关中华文化符号的意义建构与空间生产成为人们尤为关注的问题。在铸牢中华民族共同体意识的当下，如何运用中华文化符号"搭建"符合时代需求的空间，是值得我们思考的问题。

首先是在主题选择方面，这些空间的打造无一不是从中华优秀传统文化资源中汲取营养，通过特殊的空间表征，加深民众心中对中华文化符号的感知与认同，感受其构成的多样性；在艺术语言层面，不同空间紧紧围绕"情感与认知"视角，使存续于人们记忆深处的集体记忆通过影像重述、舞台演绎、空间感知及其他艺术形式重新焕发出新的生机与活力。

如以"长城"这一中华民族代表性符号结合司马台水库资源打造的特色小镇古北水镇为例，古北水镇建设之初，便充分考虑到古北口镇域内的古迹、遗址保护，依照"整旧如故、腾笼换鸟"的原则推动现代化建设，挖掘与重塑当地民众生活状态与文化特质，以水镇重要景点"皮影戏馆"为例，其将流传在古北口民众日常生活中的皮影技艺以"体验馆"的形式加以呈现，京西皮影技艺独特的雕刻手法、独有的人物造型以及完整而独具风格的唱腔体系给人们带来了独特的审美享受。近年来，古北水镇依循长城文化和老北京文化再现长城边关庙会，将传统文化、非遗文化、冰雪文化、节庆文化、祈福文化等诸种文化融为一体，复原了边关小镇赶庙会时置办年货、花会游行、街头表演、登高祈福等活动，参与庙会的人们作为"历史情境"的参与者与以"庙会文化"为核心的景观叙事融为一体。2023年庙会期间，古北水镇推出展现满族文化的

---

[1] 陈伟、卢德平：《共同体意识与现代性转化：中华文化符号传播的时空价值与规约》，《现代传播（中国传媒大学学报）》2021年第11期。

"八旗围炉宴",民俗展厅中的众多非遗作品吸引着人们打卡拍照,集市摊位上再现老北京市井生活,人们在水镇街头即可体验拉洋片儿、魔术表演、手绘年画,品尝京味小吃等。民众作为参与者,借助"中幡""舞狮""扎风筝""扎染""旱船""秧歌""皮影戏"等文化元素在"接触和体验"中感受节日。其中的"中幡"据传起源于隋唐,唐宋时期,北运河航运过程中,帆用在船上借以增加船的航速和调整船的航向。后来帆被用在陆上玩耍,其后逐渐发展出各种花样和手法。

古北水镇的建设将中华文化符号与当下非遗保护、乡村振兴、文旅融合等热点话语进行结合,以一种与时俱进的姿态激发地方文化的创造性转化与创新性发展,在关注其边关重镇"物质景语"建构的同时,也充分运用当地的河流水系,结合两岸地势打造了丰富的水景观,连同连绵起伏的群山共同构成了独特的山水空间符号。

再如在"连京津之廊、环渤海之坊"的古城廊坊建造的以《红楼梦》为主题的戏剧幻城,将戏剧舞台表演、数字虚拟技术和建筑园林艺术等多种形式融合在一起,处处表现和传达着"证空"与"证情"的禅机,为观众打造如梦似幻、亦真亦假的"红楼一梦"。这个由空间打造的"红楼世界"将《红楼梦》中的文字进行"符号化"呈现,那些随处可见的文本片段在幻城这样一个特殊空间中被表征与展示。如在"芙蓉诔"这个具体情景之中,《红楼梦》中宝玉祭奠晴雯的《芙蓉女儿诔》以独特而富有创意的方式呈现在整个空间之中,充溢着人们的精神,不同书法字体的篆刻与镂刻技法的结合,使得整个空间沉积着历史的积淀与沉重。这一空间内部巧妙地运用了自然光的变化,使体验者在光影中感受到朱门绮户的黑暗残酷与青春少女的悲惨际遇。在这座幻城之中,"门"作为一个重要的文化符号被凸显,那些一个又一个大小不一、样式不同的门具象化展现了中国古典之美、建筑之美及含蓄之美。这些门划分出界限明晰的空间,如贾府的垂花门,精细地隔断出内宅与外庭,保守着家族的荣光与秘密;也能够引领体验者进入全新的世界,像怡红院中的月洞门,引领我们感受贾宝玉绮丽浮华的日常生活。当这些门扉一一轻启,就如同翻开了那尘封已久的历史画卷,每一次门槛的跨越,都仿佛是与历史展开对话。

戏剧幻城的空间生产集中展现在内容的赋予、美学的融入及现代科技的介入等方面。内容的赋予是其中最重要的部分,其空间内部的故事性、观赏性及历史记忆、传统信仰、民族文化等一系列通过中华文化符号展现的主题密切相关,围绕这些文化符号的视觉化建构与表达赋予空间丰富多元的意义。值得一提的是,空间中的色彩、光影、声音和装置等艺术元素共同形塑了空间的"标示性"及"辨识度"。如戏剧幻城中的"有还无剧场"以《红楼梦》中的"太虚幻境"为表演空间,从"太虚幻境"进入金陵十二钗与曹雪芹的对话,人物的命运、大观园的悲欢徐徐展开。戏剧演出伊始,"水"符号便在舞台上发挥着极为重要的作用,黛玉、宝钗、袭人、元春……纷纷踏水而来,在镜花水月的意境中,配合水雾翩翩起舞,最后又踏水而去,直至消失。这无疑暗合了《红楼梦》中或明或隐的运河书写,人们得以在文化空间的感知与想象中回溯历史,唤醒共同的运河记忆。

"铸牢中华民族共同体意识内在要求不断提升中华民族共同体认同。"[1]新时代中华文化符号的构建与共享需要不断与时俱进,提炼、转化、生产及传播等都需要在强化认同意识上,博采众长,构建多民族、多地域、多路径的文化阐释空间,形成对中华文化的价值认同。如流传于运河流域的民间故事将与民众日常生活密切相关的运河记忆转化为文化的"内驱力",经由"在地化生产"使其与革命叙事相互呼应,充分开掘运河意象,加固了国家、群体乃至个人的文化认同[2];在艺术创作领域,刘恩东的连环画创作可谓是精准把握了运河流域民俗文化的精髓,运用颇具深意的配文及具有纵深感的配图,构造超越时空限制的艺术作品;

---

[1] 胡仕坤:《文化符号视域中的中华民族共同体认同》,《河南师范大学学报》(哲学社会科学版)2022年第4期。

[2] 毛巧晖:《民间传说、革命记忆与历史叙事——以运河流域英雄人物传说为中心的讨论》,《中国传统文化研究》2021年第1期。

古北水镇则立足于丰富的自然资源与物质资源，致力于去挖掘本地丰富多元的物质及非物质文化资源，力求在资源的转化与发展中，实现自身历史感的原真性体验与参与性体验；"只有红楼梦·戏剧幻城"则通过符号的"提取"与"使用"传达出中华文化的独特感知，将关于《红楼梦》的共同想象"内化"为民众的自我认知，在直抵人心的同时追求共同认同的文化价值。

  为了讲好中国故事，展现中国魅力，我们需要重视中华文化符号在不同文体、媒介及空间之间的转化，这就要求我们从文化自身出发，做好中华文化符号的内涵挖掘及形式更新，并在构建人类命运共同体的历史语境之中，主动探究其在跨地域、跨文化间交流的意义与价值。

# 目 录

## 第一章 张家湾民俗传统与民众日常生活　　001

### 第一节 民间叙事与张家湾地方文化发展　　003
一、历史遗存与张家湾漕运记忆　　003
二、文化认同与张家湾景观空间　　010
三、通俗文艺与运河文化重塑　　017

### 第二节 民间花会的历史记忆与地方实践　　024
一、民间花会与漕运商贸的内在关联　　026
二、社区、群体与个人的互构共生　　033
三、运河记忆与民众生活经验的转换机制　　039

### 第三节 民众生活与张家湾区域文化建设　　045
一、张家湾公园建设现状　　046
二、张家湾特色小镇建设实践及展望　　050
三、张家湾冯其庸故居建设构想　　053

## 第二章 运河传统与西集人的日常生活　　065

### 第一节 大运河与西集的民俗传统　　067
一、大运河畔的村落秩序　　067
二、大运河与西集民众生计　　075
三、大运河与西集的文艺传统　　082

## 第二节　村落治理中的乡居生活　　093
　　一、尹家河：红色文化与生态休闲　　094
　　二、肖家林：生态建设与文化传承　　100
　　三、沙古堆：农业发展与文教建设　　108

## 第三节　产业发展与致富道路　　115
　　一、西集家宴：从家常菜到地方品牌　　116
　　二、非遗面塑：从农业种植到三产融合　　123
　　三、特色民宿：从农村老宅到文旅宠儿　　130

## 第四节　文艺传承与西集人的精神世界　　136
　　一、乡土文学与运河情怀　　136
　　二、民间手工艺与非物质文化遗产保护　　150

# 第三章　作为文化根脉的大运河与民众的日常生活　　159

## 第一节　运河历史文化遗产中的民族记忆　　161
　　一、漕运生产的历史记忆　　161
　　二、革命故事　　170
　　三、生产生活的技艺　　177

## 第二节　运河民俗与社区共同体建设：发展与传承　　185
　　一、漕运与区域社会共同体的建设　　186
　　二、运河遗产与社区共同体的巩固　　193
　　三、城乡社会变迁中的运河文化传承与社区建设　　198

## 第三节　当代运河民俗文化传承的新路径　　205
　　一、社会变化与民俗文化的空间再造　　206
　　二、从行业民俗到公共文化：运河号子的传承与创新　　218
　　三、能人参与与民俗传承的动力重构　　230

第四节　运河文化与美好生活未来建设　　239
　　　　一、作为美好生活资源的运河民俗　　239
　　　　二、运河民俗与乡村振兴的区域实践　　243
　　　　三、运河民俗与北运河流域　　250

## 第四章　运河遗产与民众生活实践　　255

　　第一节　运河历史和生活语境中的遗产　　257
　　　　一、运河生态与物质文化遗产　　257
　　　　二、运河生活与非物质文化遗产　　270
　　第二节　遗产传承与再造中的民众生活　　280
　　　　一、技术转移与民众参与　　280
　　　　二、艺术流动与场景塑造　　293
　　第三节　遗产活态传承与民众生活实践　　308
　　　　一、遗产在地化与可持续发展　　308
　　　　二、遗产与生活的共建共生共享　　311

## 参考文献　　321

## 附　录　　335

　　附录一　北运河流域民俗文化普查暨民俗文化志项目成果列表
　　　　　（2018—2024）　　337
　　附录二　民间花会与社会治理　　341

世界文化遗产中国大运河传说叙事与中华民族共同体意识凝铸

王卫华　孙佳丰 / 352

运河纽带与通州回汉民族的交融　　　　张青仁　梁家欣 / 374

传统工艺的文化复兴与"非遗"实践　　　　　　　　王文超 / 391

古代水运的功能与技术　　　　　　　　　　　　　王文超 / 403

运河歌谣的古今流变　　　　　　　　　张　歆　高若玉 / 408

# 后　记　　　　　　　　　　　　　　　　　　　　　415

第一章

# 张家湾民俗传统与民众日常生活

京杭大运河的开凿和疏通，南来北往的流动人口大幅增加，张家湾的漕运作用逐渐凸显，俗语有云"船在张家湾，舵在里二泗"，即言其地利之便。到了清末，随着公路、铁路的修建，北京对运河的依赖削弱，通州运河沿途因水运带来的繁荣也迅速衰落，时人发"凄凉八里桥边路，不见肩囊背橐人"之感。张家湾失去水运码头的优势后，人口、经济、社会的流动性较之以往都有所降低，但业已形成的文化网络和信仰场域并未随着社会、经济的变动而消失。

## 第一节　民间叙事与张家湾地方文化发展

"大运河列入世界遗产名录后，她在新时代的文化内涵与时代精神方面引起较多关注。"[1]地域文化强化了区域内凝聚力，带有标志性的文化符号在文化的传承互动、沟通交流与传播扩散过程中树立了可亲、可敬、可爱的中华民族形象。

### 一、历史遗存与张家湾漕运记忆

位于北京市通州区的张家湾，以元代万户张瑄督海运至此而得名，到明朝形成了具有客运、货运、漕运等功能的码头群。据地方史志书记载：张家湾旧城出南门为通运桥，桥为单孔石桥，孔身高达，桥西南岸为当年码头遗址。明代京师所需漕粮，营建北京城所用的木、石料及大量来自南方的物资均由张家湾码头运往北京。明嘉靖六年（1527）御史吴仲重开通惠河后，将通惠河入河口从张家湾改至通州旧城西北角后，

---

[1] 毛巧晖：《北运河流域民间文艺资源的传承与转化》，《美术观察》2021年第10期。

张家湾码头依然承担着重要的漕运功能。[1]光绪二十六年（1900），由于河道淤塞，漕运废止。"民国初年，为防止运河水势上涨，决堤成患，民国政府堵住了张家湾上游的河口，张家湾作为运河码头的历史至此终结。"[2]

### （一）张家湾的墓志石刻

张家湾现存较多唐至明清时期的墓志、石刻。"墓志有唐代孙如玉墓志、公孙封墓志，金代宣威将军石宗璧墓志、延庆院圆照塔铭，明代南京前军都督佥事戚斌墓志、戴处士墓志等，清代雷应禹墓志、张母杜太夫人墓志、张士甄墓志等。""现存石刻有如敕建通运桥碑、'山西会馆'石匾、陈情都通官王公大业墓碑、佑民观娘娘殿前的四块石碑等……"[3]

如明戴芳墓志铭，首题"明故戴处士墓志铭"，现保存完好。志文中记载戴芳的祖辈是淮安盐城的望族，"永乐初，取天下富民实京师"，其父一家被征而迁到顺天府宛平县德胜门里，后遭时艰，门户日衰。其欲振家业，便"徙居通津张家湾，创业于中码头，不惮江湖之险，往来南北贸易，辛勤数十年，业益饶裕。子孙于是遂家焉"。墓志中提到的中码头，"在今张家湾镇土桥村东，这是皇家专用码头，专门卸存南方水运来的建设北京的城砖。从船上卸上岸的城砖存放在河西畔，称作砖厂，运转的车户和商贩渐渐成了一村，以砖厂而名，今土桥村北的砖厂村就是这样形成的"。[4]再如墓志中体现的地名演变，金延庆院圆照塔铭于20世纪六七十年代在张家湾镇后青山村西呼鹰台上，墓志中主要介绍了金延庆院住持圆照年少出家后任管内监寺职的经历。墓志表明张家湾镇后青山村在金代曾称作清善村；明戚斌墓志于1988年4月在张家湾镇南火垡村东戚家坟墓地出土。墓志主要记载了戚斌在平定云南叛乱，征讨西北

---

1 刘爽：《北京通州张家湾墓志石刻中的历史记忆》，《书法教育》2021年第2期。
2 李静：《北京运河码头变迁》，首都师范大学硕士学位论文，2016年，第20页。
3 刘爽：《北京通州张家湾墓志石刻中的历史记忆》，《书法教育》2021年第2期。
4 北京市通州区张家湾镇人民政府、北京市通州区政协教文卫体委员会编：《漕运古镇张家湾》，北京：中国文史出版社，2023年，第69页。

乱军和"彰义门之战"中屡获战功。"志云葬'潮县新河里巷头屯先茔',今于'张家湾镇南火垡村东戚家坟出土',两者的不同说明了地理的沿革。"[1]

除了墓志外,"山西会馆"石匾也是京杭大运河北段码头商业繁荣的历史见证。山西会馆的布局,与运河沿线码头的山西会馆相似,据一些居住在张家湾镇的老者口口相传的叙述:

> 张家湾山西会馆,三进大院,坐北朝南,正殿五间,耳殿左右各两间,其他房屋有百十多间;大殿有关老爷读春秋像,偏殿还有许多神像,正殿对应的是"山门倒坐戏台",中轴线布局,占地五亩余,庭院植有对称的四棵松树,在城外很远的地方都能看见;有后院,左右开门,后院可出入车马,左右偏门可入正院;门口有旗杆,一人高的大石狮子分列左右,有钟鼓楼与之对应;琉璃瓦铺盖,五脊六兽应有尽有,气势恢宏;较之通州城东的铜关帝庙,更有气派;等等。[2]

张家湾山西会馆最迟诞生于晚明时期的嘉靖年间,当时活跃于运河沿线的山西商人,按照商人群体修建庙宇的惯例与官府人员进行联合,形成最初的"大王庙",庙中"有关圣帝君之像,梓童帝君之像,眼光圣母之像。前奉大士,后供诸天,信心罗拜,无不皈依"。张家湾的"大王庙"明确地表现出了山西平阳、泽潞地区商人的一般性庙宇习俗和信仰追求。雍正二年(1724)的《通州新志》记载山西商人重修"大王庙",到了乾隆中后期以"山西会馆"命名。

张家湾作为明清时期进京水陆门户,在张家湾城南、萧太后河南岸曾设置和合驿。清代,往来的使者由此处入京,此处也形成了独特的使

---

[1] 北京石刻艺术博物馆编著:《新日下访碑录 大兴卷·通州卷·顺义卷》,北京:北京燕山出版社,2015年,第261页。

[2] 孟伟:《北京通州张家湾山西会馆考略》,《山西大学学报》(哲学社会科学版)2017年第2期。

节文化，如在今张湾镇村西侧的立禅庵村东南角的清朝琉球国人墓地遗址展现了中琉两国的友好关系。明清时期的琉球使臣多从张家湾进京，清代中期中琉双方的贸易更加频繁，在漫长的旅途中，一些琉球使臣因劳累、疾病客死他乡。"如康熙九年（1670），琉球人宿蓝田奉命随进贡使入闽赴京，所乘之船经过七里滩时，忽遭溪水泛滥，船只冲石而破损，宿蓝田奋不顾身，脱衣入水，与其他船员一道捞取贡物及白银。行至宿迁县猫儿村过夜时，半夜遇强盗手执干戈利剑杀人越货，危急之时宿蓝田泗水而上岸，点燃岸边草舍引来救火之人，强盗只好仓皇而逃。天至晓曙，琉球使团北行至东昌府江闸，与官船发生争执，冲突中琉球正议大夫蔡国器捧表章站在船头，官船看此表文，停止纠纷，琉球使者才得以平安赴京。"[1]对于不幸病故的琉球使者、官生或随从，清朝政府"怀柔远人""待以宽和"，若在京病故，皆葬于通州张家湾琉球国墓地，清朝政府"给棺木红缎，遣祠祭司官谕祭，兵部应付车马人夫，其应赏等物，仍付同来使臣颁给"。[2]康熙帝曾赐病逝在张家湾的琉球国贡使、正议大夫杨联佳"谕祭碑"：

皇帝谕祭琉球国贡使、正议大夫杨联桂之灵曰：远人效归化之义，入贡天朝；国家隆恤死之恩，均施外域。尔杨联桂因使入贡，跋涉远来，黾勉急公，间关况瘁。方期早竣厥事，不意在途遽殒，朕用悯焉！特颁祭典，以慰幽魂。尔如有知，尚克歆享。

康熙五十八年十二月十六日[3]

据资料所载，清雍正三年（1725）以前的琉球国墓地南向由两部分

---

1 丁丽、赖正维：《张家湾琉球国官生墓探析》，《莆田学院学报》2021年第6期。
2 托津：《钦定大清会典事例（嘉庆朝）：卷400》，台北：台湾文海出版社，1985年，第8117—8118页。
3 北京市通州区张家湾镇人民政府、北京市通州区政协教文卫体委员会编：《漕运古镇张家湾》，北京：中国文史出版社，2023年，第243页。

组成，该墓北半部分为祭祀用建筑，称为享堂，设为一座院落，四设围墙。其北面正中为歇山筒瓦顶，应是面阔七间，东西两侧各五间的家房里，是放置祭祀用具之所和厨房。别设东南角门以便出入。该墓南半部分是坟茔范围，周围建有砖墙，正南前设歇山筒瓦大门，应是雍正三年所建，门额有"赐琉球国茔"大匾。门内正中偏后有杨联桂墓冢，冢前立有墓碑。碑阳镌刻官阶姓名；其西有官生蔡宏训墓冢及墓碑；右前方有宰领渡口筑登的墓冢及墓碑。[1] 现今，张家湾琉球国墓地遗址的简介上写着：琉球国墓地是清朝琉球人病故安葬之地。此墓地一共埋葬了琉球国贡使、官生、陈情使、都通官等14人，是全国历史上琉球国墓地中葬者的最高等级。北京通州张家湾琉球国墓地是"琉球人向慕中华文化以及清代中琉友好关系的历史见证"[2]。

### （二）张家湾"曹霑墓石"

1968年秋后，张家湾4个生产队在重整萧太后河北岸坟茔时，几位社员在距地面1米深处发现了一块平放的条石，该石长1米，宽0.4米，高0.11米，上面刻着"曹公讳霑墓"5个字，右下角刻着"壬午"2个小字。[3] 20世纪70年代，冯其庸因编著《曹雪芹家世·红楼梦文物图录》，曾多次到张家湾调查，拍摄资料。此书的"初版序"中，冯其庸用"最有意思"四个字来形容他们"冒雨到通县去调查曹家的遗迹"：

> 我们到了张家湾，张家湾是运河南来进京和由京南下的重要码头。在曹寅的时代，这里还是一个相当繁华的市镇。曹寅的奏摺里曾明确提到曹宜奉佛到扬州是从张家湾下船的。曹頫给康熙报告家产的奏摺里，也提到张家湾有当铺一所。当我们到张家湾向当地居民调查

---

1 北京市通州区张家湾镇人民政府、北京市通州区政协教文卫体委员会编：《漕运古镇张家湾》，北京：中国文史出版社，2023年，第242页。
2 丁丽、赖正维：《张家湾琉球国官生墓探析》，《莆田学院学报》2021年第6期。
3 周良：《通州文物》，北京：文化艺术出版社，2004年，第82—83页。

时，居然真有一所老当铺，现在房子已拆剩三间。我去察看了这三间老房子，询问当地老乡，他们说这个镇上历来只有这一家当铺，此外就再也没有别的当铺了。这样看来，很可能这就是曹家的那所当铺。在张家湾保留的遗迹很多，例如张家湾的大石桥，当时的盐场、粮仓，还有装卸货物的码头，都还依稀可见，有的还很完整。从张家湾至北京，一路沿潞河而行，沿途八里桥、水南庄都还存在。这都是敦敏诗里多次提到的地方。值得一提的是庆丰闸，我们以为早已不存了，竟意想不到水闸还在，水流仍很急，闸旁旧有的茶馆酒楼，即敦敏诗里提到的庆丰酒楼等地，老人们还很清楚，他们并把茶馆酒楼的旧迹都给我们指点出来了，这自然增加了我们不少兴味。[1]

这种"熟悉"与"兴味"使冯其庸在1992年7月23日从邓庆佑处得到北京通县发现曹雪芹坟墓和墓碑的消息后，就极为重视。[2] 仅"目验雪芹墓石之后第三天"，冯其庸便于"京华瓜饭楼"写下洋洋洒洒的《曹雪芹墓石目见记》一文，通过田野调研及史料佐证其观点：

> 大家知道，雪芹暮年潦倒，以至于无棺可盛，草草裸埋，碑石应是极端草草，认真地说，这根本不是墓碑，而是随死者埋葬作为标志的墓石，故埋在入土一米深处，而不是立在地面上，墓石下端一点也未留余地，因为它根本就不是用来树立的墓碑，而是作为标志的墓石！雪芹死时已无家人，这可能是他的"新妇"和穷困的朋友们勉力

---

[1] 冯其庸编著：《曹雪芹家世红楼梦人物图录 上》，青岛：青岛出版社，2015年，"初版序"。

[2] 1992年，通州文物保护单位将"墓石"公开于世，引发了一场关于其真伪的集中讨论，《北京日报（郊区版）》《北京晚报》《北京日报》《人民日报》《文汇报》《文学报》及香港《明报》《人民日报（海外版）》等连续刊载相关报道。冯其庸从奏折、诗集等文献分析曹家坟茔在张家湾的可能性，文物鉴定专家史树青、傅大卣确认"墓石"在文物上的真实性，1992年中国国际《红楼梦》学术研讨会基本肯定了"曹雪芹葬于通县张家湾"一说。1994年，这场论争被编入《曹雪芹墓石论争集》，由文化艺术出版社出版。

办的罢，埋葬得如此草草，墓碑也如此不成样子，是否还有更不幸的事，这就无法揣度了！[1]

运河是连缀着曹家与京城的重要纽带，而张家湾作为一个重要的漕运码头，在《红楼梦》的文学书写中也被屡屡提及，如《红楼梦》第三回中"舟行"之记载又与前述《北行杂记》及曹家世史料互为印证。再如《红楼梦》第四十八回中香菱谈到"我们那年上京来，那日下晚便湾住船，岸上又没有人，只有几棵树，远远的几家人家做晚饭，那个烟竟是碧青，连云直上"[2]。此情此景颇合张家湾的"春郊烟柳"之盛景。

### （三）北京城建中诞生的皇木厂

皇木厂村位于通州城东南，此处古时河流环绕，得天独厚，形成天然客货码头。皇木厂因明代存储皇家专用木料而得名。明永乐四年（1406）为营建北京皇都，朝廷派遣大批官员去云贵、巴蜀、湘赣、闽浙、秦晋、鲁豫等地区采伐珍贵木料、嘉石等建材，且于五年（1407）将所采征建材沿大运河运至此处存放保护，工部同时设置有皇木厂、花石板厂，户部于此设置有上、下盐厂。明武宗还曾于此设有皇店（江米店）。[3]

明清漕运繁盛之时，张家湾亦受到水患影响，据《明武宗实录》"正德十二年（1517）七月壬辰"条所记，是年四五月后春汛，各地"水患非常"，"至若京城内外，顺天、河间、真、保定等府骤雨，又数十年以来所未有者。通州、张家湾一带，弥望皆水。冲坏粮船，漂流皇木，不

---

[1] 冯其庸：《曹雪芹墓石目见记》，《冯其庸文集 第7卷 沧桑集》，青岛：青岛出版社，2012年，第294页。

[2] 曹雪芹著，无名氏续，程伟元、高鹗整理，中国艺术研究院红楼梦研究所校注：《红楼梦》，北京：人民文学出版社，2022年，第650-651页。

[3] 北京市通州区张家湾镇人民政府，北京市通州区政协教文卫体委员会编：《漕运古镇张家湾》，北京：中国文史出版社，2023年，第293页。

知其几！且每年粮运，就使尽数俱到京、通二仓，尚虚不足供用。今先到粮船既以沉溺，后来粮船又未可期"。[1]《明神宗实录》"万历四十二年十一月丙寅""万历四十三年正月癸酉"两条内记李三才"皇木案"时，已有集中使用："先是，职奏旧淮抚李三才不法擅用黄（原文即为此字）木，盖造房屋数百间，起建花园，吞占花园、祖宗相传木厂地百余亩……若皇木，如至八万五千四百余根，必有下落；三才造房之木，必有来历。皇上世守木厂，岂容占作私门乐地！"后又云："工部奉旨召商于南直、浙江等处，议买鹰平、条稿等木，分为三运，以备搭厂、找架之用。及查，头运少木三万三千六百二十二根；浙江二运，木少五万一千八百五十四根。多系原任淮抚、尚书李三才盖房强买、盗用。"[2]

明中后期的皇木厂同历代米粮等仓储机构与设施的建立用意趋同，所贮放的主要为品质较楠木巨木等等级略低的高级、小型杉木原木和同类散材。其规模、占地较大，随着漕河水道和历史气候的急剧变迁，皇木厂所在也经历了数番更易，但其位置始终位于通州迤南张家湾城外周遭的白河沿岸。

## 二、文化认同与张家湾景观空间

空间作为当下文化遗产建设的重要元素，通过视觉转喻和隐喻等手法，建构起政治话语、审美话语、学术话语等多重话语。[3] 曹雪芹塑像、张家湾博物馆、张家湾公园等与周边空间构成互文语境，人们也在与地

---

[1] 转引自连冕：《明中后期通州、张家湾一带的皇木厂——〈工部厂库须知〉衙署个案》，《装饰》2020年第2期。

[2] 同上。

[3] 李汇群：《北京曹红文化遗产的空间视觉修辞分析——以张家湾博物馆为例》，《红楼梦学刊》2023年第1期。

方的"接触和体验"中，实现了自身的审美文化价值观的满足与重构。

（一）城市空间建设

张家湾在东西方向被萧太后河划分为南北两部分，地势基本平坦。南部地势较低且东南北三面环水，分别为萧太后河、凉水河、玉带河；北部为空地，南北交界处有古城墙及通运桥遗迹。

在萧太后河畔矗立着一座曹雪芹塑像，与京西的北京曹雪芹纪念馆一东一西，相互呼应。这座塑像是于2015年8月25日落成，是雕塑家纪峰的得意之作。"这座高大的曹雪芹塑像，坐西向东，目光投向东南方，遥望大运河那头的南京，人物似乎在回忆着那留在他记忆中的繁华兴盛的江南曹家的生活，深刻思考一个贵族大家庭的衰落和年轻儿女们的爱情悲剧、婚姻悲剧、生活悲剧、人生悲剧，倾诉着他对人生的感悟，对真善美的追求。"[1] 塑像底座刻有冯其庸题诗：

> 迷离扑朔假还真，踏遍西山费逡巡。
> 黄土一抔埋骨处，伤心却在潞河滨。
> 草草殓君土一丘，青山无地埋曹侯。
> 谁将八尺干净土，来葬千秋万古愁。

纪峰创作的曹雪芹塑像，以神主形，以形写神，注重所谓在"形"的层面上的"像"，这种"像"不仅仅在于外在的形"像"，也不是一般意义上的"形神兼备"，而是突出一种"神韵"。曹雪芹塑像作为一种文化景观转化为当地民众的"文化标志"，人物塑像与其他类型的红学文化景观显著区别之处在于"人"——纪念对象，因纪念人物的历史贡献与社会价值产生了跨越时代的影响力，塑像呈现个人生平、历史贡献和社会价值，更重要的是建构纪念人物所体现或代表的优秀民族精神

---

[1] 张庆善：《纪峰与"曹雪芹像"的情缘》，《红楼梦学刊》2023年第1期。

的认同。

此外，张家湾公园内"曹石印记"景观结合森林间的湖泊、以静谧郊野的空间体现曹雪芹与张家湾以及大运河的文化联系。景观中心以湖区水景为主，北广场设置"落花桥、秋水轩"，南岸设置了"春山亭"，彼此形成对景，中间以栈桥相连。北侧主广场上大量的景墙、漏窗通过诗词和镂雕娓娓道来红学的故事与曹雪芹的生平。再如对当地民众生活状态与文化特质的挖掘与重塑，将流传在张家湾民众日常生活中的民俗文化以"体验馆"的形式加以呈现。近年来，张家湾依循运河文化、红学文化、民俗文化再现旧日繁荣，将非遗文化、漕运文化、节庆文化等融为一体。民众作为参与者，借助"中幡""舞狮""扎风筝""扎染""旱船""秧歌""小车会"等文化符号在"接触和体验"中感受"地方"。

张家湾城市空间建设凝炼了非遗保护、乡村振兴、文旅融合等热点话语，以一种与时俱进的姿态激发地方文化的创造性转化与创新性发展，将地方文化开发与保护的落脚点置于"民间"，深入文化肌理，在地方建设与文化认同之间找到一种"和谐"。张家湾充分运用当地的河流水系，结合两岸地势打造了丰富的"水景观"，共同构成了独特的文化空间符号。

基于张家湾镇的现实发展，《北京通州张家湾镇萧太后河两岸城市设计》[1]提出"以科学发展为统领，以着力提升城市功能和转变都市产业发展方式为目标，立足规划区的基础条件、区位优势和环境承载能力，将规划重点确定为：突出产城融合，三位一体，重点研究片区功能定位和发展思路；突出城乡统筹，生态田园；突出集约高效，绿色低碳；突出风貌特色；突出可操作性及可实施性"。设计规划主要分为四个部分：

---

[1] 高宇辉：《北京通州张家湾镇萧太后河两岸城市设计》，《现代园艺》2022年第21期。

| | |
|---|---|
| 河流策略 | 本次设计将萧太后河和玉带河打通，以水为街连接内部水塘，营造积极空间并活化内部河流系统。多种驳岸类型串联各滨水主题片区。萧太后南岸设置张家湾码头主题广场，为本方案入口，古城墙遗址与河流结合设置活动空间，北侧建设生态观景道与码头，北段玉带河设置生态公园，南面镇内河流设置阶梯式滨河绿岛，丰富滨水空间。 |
| 文化策略 | 本次设计沿萧太后河两岸分别设置漕运文化纪念馆、红学文化体验、民俗创意作坊、民俗商业街、并且沿古城墙遗址向南延伸为历史民俗商业街。以建筑和街道的形式传承民俗文化，丰富民俗文化体验，以吸引更多游客到此游玩。其次依古城墙遗址重塑张家湾古城，并且重建古城墙。游客可以登上古城墙，眺望张家湾古镇整体风貌。在古城内部，以中国传统古城十字格局，沿街设置传统商业店铺、植入粮仓、木厂展示以及古街民宿。通过古城内部复建古院落，古城外部复建护城河，重塑张家湾古城风貌。最后沿内部河流塑造文化长廊，以中心景观节点为核心设置红学研究中心、张家湾博物馆等地标建筑。整个文化长廊通过景观的渗透、建筑之间的对话、蜿蜒的水系，为张家湾文化复兴赋以优美的景观环境。 |
| 民宿组建策略 | 本次设计提出植入民宿策略，以带动张家湾古镇整体经济发展，从空间上对张家湾古镇进行改造。在区域层级上，首先拆除违章建筑，然后重塑小区域内公共空间。利用保留、移除、缝合手段恢复空间活力，经过规划后的张家湾古镇将拥有更加丰富的开放空间。在道路层级上，保留并拓展现状道路，作为主干路进行重新规划。从基地中提取院落围合方式并进行变形，营造更加和谐的公共空间，增加可识别性。利用建筑的进退韵律，创造出丰富的空间轴线。 |
| 特色产业策略 | 本次设计同时提倡植入绿色生态盒子技术，为当地原住民提供充足就业岗位，同时为张家湾植入娱乐休闲产业，建设原生湿地栈道，策划亲子滨河活动。 |

张家湾景观空间建构扩大了红学文化的内涵，促进了运河文化的传播；同时，也拓展了学科研究视野，促进了学术研究的繁荣。对于丰富市民文化生活，拓展文化产业发展空间，打造城市文化名片，树立良好的城市文化形象也具有积极意义。张家湾的诸多景观空间本身就是公共文化设施，在实现其展示、展览、研究功能的同时，还将发挥其教育、休闲娱乐功能，其服务民众的目的不言而喻。

展望张家湾景观空间的未来发展，其设计应围绕"文化共同体"展开，留住运河文化及红学文化的"有效性"。第一，空间的"改造"与"利用"应当彼此呼应，形成统一风格。第二，推动原有建筑空间"活化"与"新生"。第三，有效利用不同区域的文化特征与标志物营造"共有、共建、共享"的运河文化记忆。展出的档案史料、工艺品、老照片等实物既可以作为景观建设手段，又可以在新旧传承中重构景观功能与空间秩序，延续文化记忆，并形成新型社区文化。第四，充分挖掘文化元素，并通过相应的空间、材质、肌理以及公共艺术手段强化文化理念传承；通过融入艺术生活主题，用景观感知的手法呈现"共享"内蕴。[1]

### （二）公共空间建构

中华人民共和国成立后，公共展览事业蒸蒸日上，较之流动性较强的展览会，拥有固定形式的博物馆逐渐走进公众视野，为民众提供学习、教育、欣赏的机会。如北京天文馆、中央自然博物馆、民族文化宫、中国历史博物馆等。21世纪初，"非物质文化遗产"话语被引入国内[2]，博物馆作为保护机构首次出现在2005年的《关于加强我国非物质文化遗产保护工作的意见》中。2006年成立的中国非物质文化遗产保护中心成为国家层面非遗博物馆建设的初始形态。同年10月，文化部审议通过《国家级非物质文化遗产保护与管理暂行办法》，首次提出建立国家非遗博物馆的概念，由此非遗博物馆建设正式进入公众视野。[3]

在现代文化遗产公共领域中，博物馆[4]始终是具有标志意义的现代机

---

1 张歆：《〈红楼梦〉与张家湾漕运文化》，《北京纪事》2022年第11期。
2 穆昭阳：《中国民间故事搜集整理史研究——以1949—2010为例》，中央民族大学博士学位论文，2014年。
3 吴锋、马建森：《我国非遗博物馆建设的历史回顾及趋势前瞻——兼论"十四五"期间非遗博物馆建设发展规划》，《文化与传播》2020年第3期。
4 当前国内博物馆中有关非物质文化遗产的展览主要分为五种类型，即非遗精品展、非遗传承人活态展、非遗与当代艺术结合展、非遗历史展以及非遗场景再现展等。李吉光：《重塑空间：浅谈博物馆的非遗类展览》，《博物馆管理》2020年第4期。

构之一。[1] 由国际层面起始、国家力量主导的"文化遗产"观念正在形成一种特殊的力量，改变和重新定义着人们所熟知的文化形态，影响着传统观念与价值判断。[2] 博物馆作为地方性知识表达、传播的重要介质或场域，在特定的空间中，将一民族、一地域的文化凝练于其中，它通过空间布局、时间序列、文化提取"展演"民族、地域叙事。[3]

张家湾镇博物馆以红学文化为主，讲述有关"曹家井""三家坟"传说，展示曹家当铺遗址、古籍、奏折等历史资料，设计"红楼情牵张家湾""曹雪芹如是说""红楼画境"等主题，通过液晶拼接屏、多通道数字沉浸式投影、叙事性光影浮雕墙、虚拟人物对话、三维数字古城等智能科技全景呈现"红学文化"。[4]

张家湾博物馆分为两层：一层为序厅、梦回古镇、主展厅三个展出空间；二层主要是交流和活动区域，空间安排层次合理。从博物馆正门（南门）进入，序厅北墙刻着冯其庸先生题字"张家湾博物馆"，下方设有纪录片播放屏幕，以画轴形式展开。古镇展厅复刻了运通古桥，桥南北两侧实时播放动态的《潞河督运图》，桥下通过多媒体技术做出水波粼粼的效果，营造"万货骈集"的"在场感"。"《潞河督运图》是清代乾隆年间所绘制，绢本设色，现在由国家博物馆藏有。画中详细描绘了天津府城中民居的布局、河岸空间、商铺街巷肌理、官署建筑、园林景观、寺庙等人文景观，画有御船、盐船、商船、渔船等 64 只，记录了乾隆年间天津府城两岸漕运经济、商贸及民俗盛况的画作。"[5] 经由弧幕影视技术

---

1 如 2004 年 10 月在韩国首尔举行的国际博物馆理事会（ICOM）大会主题被确定为"博物馆与非物质文化遗产"。2007 奥地利维也纳举行的第 21 届大会的主题是："博物馆与共同遗产"。张多：《民众立场与民俗的博物馆化》，《艺术与民俗》2019 年第 2 期。

2 朱煜杰：《遗产话语体系的构建与反思：文化遗产实践三例》，《文化遗产研究》2015 年第 2 期。

3 毛巧晖：《文学想象与地域民俗认同的构拟——基于北京市通州区张家湾"中国红学文化之乡"构筑的思考》，《暨南学报》（哲学社会科学版）2019 年第 4 期。

4 同上。

5 毕郁、杨至德：《清代乾隆时期天津府城景观空间营造研究》，《建筑与文化》2022 年第 9 期。

播放的《潞河督运图》改变参观者与艺术品之间的关系，打造"沉浸式"展览，获得更加个性化和多样化的情感体验。运通古桥的桥体选择凝重古朴的灰色，走在桥上，通过自主体验与深度参与，人们的空间情绪得到了充分调动，得以沉浸空间中达成情感的沟通。人们"以不同的路径方式体验从虚拟世界重新回到现实的感觉，制造了独特的间离效果，巧妙地和中国传统艺术表达展开呼应和互动，制造了某种独特的东方审美话语"[1]。

古桥西侧通向主展厅，桥西分别分别立有山西会馆碑和重修广福寺碑，主展厅可划分为三个空间，中间的"曹霑墓石"、张家湾古镇沙盘作为中轴线区隔南北的"运河史话"展厅和"红楼追梦"展厅，集中展现古镇文化、漕运文化和红学文化。北墙上的《清代张家湾运河及码头全图》《张家湾历史沿革图》系统梳理了张家湾历史沿革和运河水系变化。通过展出的部分明清瓷片，以实物完成博物馆对民俗空间的构建与创设，这种创设不仅是物理层面的"沉浸"，更在于心理空间的营造。南墙以图画讲述红楼故事，以"红楼情牵张家湾"为题，以张家湾地点、物产、习俗等[2]串联叙事，梳理张家湾与《红楼梦》之间千丝万缕的关系。"宣物莫大于言，存形莫善于画""无以传其意，故有书；无以见其形，故有画"。[3]博物馆空间内部中的图文并置，深刻体现出图像与文字各自的特点的优势，对地方传说、民间信仰、民俗仪式中的文化元素进行"提炼"与"加工"，进行多视角、多维度的展现，增强人们对张家湾作为"中国红学文化之乡"的情感依恋与文化认同。

主展厅中最醒目的是"曹霑墓石"，以"一石激起千层浪"作为题

---

1 李汇群：《北京曹红文化遗产的空间视觉修辞分析——以张家湾博物馆为例》，《红楼梦学刊》2023年第1期。

2 如椀翠庵、地藏庵、玉皇庙、达摩庵、花枝巷、小花枝巷，祖孙戏说虫禽，刘姥姥所带所见之土产、褡裢和蓑衣，民间花会，林黛玉归家等。

3 （唐）张彦远：《历代名画记》卷一《叙画之源流》，俞剑华注释，上海：上海人民美术出版社，1964年，第5、2页。

眼，展出了墓石出土当年的媒体报道和学术争鸣。此墓石与山西会馆碑、重修广福寺碑一同构成了"一个不规则的三角形空间"，使来访者能够以更开阔的心态思考《红楼梦》与张家湾的历史渊源。在张家湾博物馆中，人们借助共有文化符号的分享与价值观的重塑感受到一种非日常的神圣感，将日常生活经验与历史文化相联系，形成以瓷片、石碑、奏折等实物为媒介的物质性"回响"。

张家湾博物馆周边分布着运河、曹雪芹像、归梦亭、张家湾古镇城门、运通古桥等景观空间，构成了一种"视觉修辞意义上的互文语境"[1]。它们"提取"和"打捞"着那些随着河道淤塞逐渐消散的运河记忆，突破"存储记忆"和"功能记忆"之间的界限，重新进入集体记忆的框架。[2]

## 三、通俗文艺与运河文化重塑

运河文化在雅俗文野互融共生的底色上，彰显了中华民族多元统一、包容开放的文化精神。取材于运河文化的通俗文艺作品具有强烈的时代特征，蕴含着极为丰富的当代价值。

### （一）刘恩东的连环画创作

兴起于20世纪初叶的上海的连环画是"用多幅画面连续叙述一个故事或事件发展过程的绘画形式"[3]，在30年代的文艺大众化运动中，连环

---

1 刘涛：《视觉修辞学》，北京：北京大学出版社，2001年，第110页。
2 功能记忆是被选择的、有价值的、面向未来的记忆，存储记忆收录的是与现实失去有生命力的联系的东西，是未来的功能记忆的保留地。它不仅仅是我们称之为"复兴"的文化现象的前提条件，而且是文化知识更新的基本资源，并为文化转变的可能性提供条件。参见［德］扬·阿斯曼：《回忆空间：文化记忆的形式和变迁》，潘璐译，北京：北京大学出版社，2016年，第147、153页。
3 陈志明：《中国连环画史考略》，杭州：浙江人民美术出版社，2015年，第1页。

画更是因其广泛的群众基础，受到鲁迅、茅盾、瞿秋白等人的关注和讨论，出现了如《王先生和小陈》《牛鼻子》《三毛流浪记》《阿Q正传图》等连环画作品。其后，连环画更是作为有力的革命斗争工具，出现了一批宣传政策、颂扬战争英雄、展现生活风貌的连环画作品。这一时期，"街旁小书摊或劝业市场等热闹的场所，常常看到设长桌条凳，围坐着很多的小朋友在一页一本地欣赏连环画册"。"看画的人，识字的可以一面看画，一面看字。不识字的人，专看图画，亦可略得故事的线索与意趣。"[1]

作为一种通俗文艺实践，连环画本身与其所处的历史时代发生着互动。连环画本身的叙事手法、表现形态和文化特性均受到时代话语的影响。如20世纪上半叶各地民教机关出版的连环画，根据运用途径的不同，主旨内容均有所区别，如山东省立民教馆出版农民报的连环画初期为抗战的民族英雄故事，战事终了后，开始"转变到农村问题方面去"，其后更有关于农村"耍龙灯""练武术""请钱会""打义更"之民俗文化的介绍，此外还有如"王二傻子逛济南"等滑稽人物为中心的连环画作品，反映出社会生活的各个方面。[2]中华人民共和国成立之后，连环画作为最普遍的民众教育的工具发挥着极为重要的作用，进入了前所未有的繁荣时期。改革开放后，《连环画报》《富春江画报》等刊物及中国连环画出版社的设立为连环画创作、生产及传播提供了发展的平台。这一时期连环画艺术创作空前繁荣，"表现手法、风格流派之多前所未有"[3]。随着时代发展，特定文化场域推动了连环画的创作与发展，特别是近年来非遗话语引入之后，非遗保护视域下的连环画创作被转化为构建文化认同的有效资源。

刘恩东在《大运河传奇》《降龙伏海》《曹雪芹与张家湾》《大运河

---

1　樊月培：《连环画的编制》，《山东民众教育月刊》1935年第7期。
2　同上。
3　魏华：《新中国连环画艺术简史》，北京：中国传媒大学出版社，2008年，第116页。

与张家湾》等连环画作品中实现了多样的艺术性与深刻的社会性的"统合",其艺术创作理念凸显出民间特质及"民族化"追求。他的连环画创作取材于运河文化,精准把握了运河流域民俗文化之精髓,运用颇具深意的配文及具有纵深感的配图,构造超越时空限制的双向交流,他的连环画作品不仅与读者的审美经验及阅读语境相契合,还通过巧妙的连缀与编排,将原本相互独立或相互矛盾的传说在线性时间上予以铺陈,形成了连贯的民间叙事。

近年来,连环画的跨媒介生产不仅在一定程度上改变了以往连环画的生产模式和权力结构,而且使连环画的内容呈现出丰富多元的态势。跨媒介叙事并不仅仅意味着相似内容在不同媒介中的简单复制,而是鼓励受众在其中寻找"关联点","最终实现媒介的自我增长和媒介间的自由流动"。[1]除策划展览、运营"咱家书房"实体书店、进行网络直播外,刘恩东还曾为宣传张家湾设计小镇的歌曲《湾U引力》作词:

> 千年辉煌大运河,纵贯南北千里辙。漕运古镇张家湾,说不尽的故事,看不尽的帆,红楼一曲千秋梦啊,人人记去作奇传。
> 设计小镇张家湾,抱得环球,迎五洲宾朋;吐纳绿心,接四海来逢。运河潮起,古今交融;湾U引力,奋楫笃行!
> 这里是张家湾,这里是张家湾啊,这里是张家湾。

在听觉记忆的参与中,歌曲中关于漕运文化、红学文化、古镇文化等话语表述变得易于记诵,熟悉、亲近的旋律节奏中将这些地方语汇内化为民众内在认知。

---

[1] 杨佳凝:《互动双生:电影与连环画的跨媒介旅行——新时期中国电影发展研究》,《电影评介》2019年第20期。

### (二)王梓夫的"漕运三部曲"

2021年,王梓夫的长篇小说《漕运三部曲》(《漕运码头》《漕运古镇》《漕运船帮》)由十月文艺出版社出版。此系列小说"以宏大的历史视野,再现了清朝中叶中国的漕运盛况、漕船建制、运输典章及京杭大运河两岸的风俗民情、世道人心,书写对象兼顾庙堂与江湖、官场与民间,会聚古镇、码头、帮会的三教九流,重点突出作为运河码头文化和帮会文化精魄的'义气'"[1]。

作为北京通州人的王梓夫自幼与运河非常接近,他谈道:"20世纪70年代我住运河边上,那个边上是什么程度?我每天倒垃圾要往河滩里倒,上厕所要到河滩旁边的厕所,20世纪70年代那条运河说是叫运河,就是一条臭水沟,里面流的水都是黢黑黢黑,黏稠状的,每天晚上睡觉需要关窗户,否则臭气会进屋子里。就住在那么一条臭水沟旁边,那名字却非常吸引人,叫'京杭大运河'。""京杭大运河北端通州,就在漕运码头。我经常坐在运河边上想,当年那么辉煌,运河两岸的繁华,运河人可歌可泣的故事,那时候我有一种冲动,没有人知道这条小臭水沟当年是怎么样的历史,好像过去辉煌历史被岁月风尘淹没了。"他说,"从创作来讲,我是有这个冲动的,就是要恢复运河往日繁华。我没有这个本事,但是我要用文字把它表现出来。"[2]

刘再复曾经谈到中国文学只有"国家、社会、历史的维度,但缺少三个维度,一个是叩问存在意义的维度,第二个是缺乏超验的维度,就是和神对话的维度,要有神秘感和死亡象征,第三个是自然的维度,即外向自然和生命自然"[3]。这三种维度都真实呈现在王梓夫的小说叙事中。他努力在小说中延续中国古代叙事传统,在追求细节真实的基础上努力还原特定历史场景,充分展现了他天马行空的想象力和深厚的文化积淀。

---

1 《〈漕运三部曲〉:为运河立传》,《定州日报》2021年5月27日,第5版。
2 《对话丨〈漕运三部曲〉:为浩浩荡荡的古老运河立传》,澎湃新闻,2021年5月21日,https://m.thepaper.cn/uc.jsp?contid=12767134。
3 刘再复:《答〈文学世纪〉颜纯钩、舒非问》,《文学世纪》(香港)2000年第8期。

王梓夫谈道：在2003年写《漕运码头》之前，至少有十年的准备时间："那时候准备写漕运资料有点困难，没有百度、没有互联网。你到图书馆或者档案馆查资料连复印机都没有，全是手抄，而且提供的资料很少。所以我的经验还是要走进去，一方面钻故纸堆，这是很枯燥、很累、效率又很低的事。再就是走出去，沿着运河走。每个地区差不多都有一个人或者几个人特别热爱那个地区的文化，热爱那个地区的历史，特别了解那个地区的历史。差不多每个地区都有这样的人，我把他们称为'民间史官'。"[1]

《漕运古镇》全篇围绕主人公冯含真大起大落、大惊大险、大悲大合的命运展开，其中有丐帮的滑稽森严、青帮的神秘莫测，还有官府与黑恶势力的狼狈为奸，让漕运古镇成为一个光怪陆离的独立世界。[2]在小说中，我们可以很明晰地看到一种关于自我存在意义的追寻意识。这一点也体现在小说的叙事方式上，小说的叙述者与主人公之间成为一种同构关系。对于自身的追寻在话语、时空的交织中呈现着明晰的姿态。

故事开篇即提到铁锚寺癫僧无智和佑民观痴道无为一僧一道相伴而来：

> 向来僧道不和，张家湾就怪了，这一僧一道却像是一对亲兄弟。癫僧无智疯疯癫癫，痴道无为傻傻呵呵。癫僧无智胖得像头蠢猪，痴道无为瘦得像个扫把。癫僧无智举着戒钵蹦蹦跳跳地唱着疯歌儿，痴道无为甩着拂尘嘻嘻傻笑着嘟嘟噻噻。癫僧唱的是什么谁也听不懂，痴道嘟噻的是什么谁也听不清。当地人管他们两个叫作疯和尚傻老道，两个人总是要来同来，要去同去。他们在张家湾大街上游荡，无忧无虑快活开心。他们俩前后左右，总追着一群孩子，跟着他们跳，

---

[1] 《对话丨〈漕运三部曲〉：为浩浩荡荡的古老运河立传》，澎湃新闻，2021年5月21日，https://m.thepaper.cn/uc.jsp?contid=12767134.

[2] 《漕运三部曲之〈漕运古镇〉出版 有望搬上荧屏》，人民网，2013年1月18日，http://www.people.com.cn/BIG5/24hour/n/2013/0118/c25408-20248931.html.

跟着他们唱，跟着他们嘟嘟囔囔。两个疯僧道带着一群疯孩子，成了张家湾一道别有情趣的风景。

癫僧无智先唱道："三月的秋霜六月的雪，三岁的老翁八十的娃……"

痴道无为跟着吟诵道："荷叶为床蝉作马，白云深处是我家……"[1]

作家所塑造的"一僧一道"二人笔墨不多却充实立体，其形象不仅为故事脉络增添层次感，同时也作为一种巧妙的文学手法引人入胜。冯含真经历了人生的无常，他在纷乱的社会浪潮中选择摆脱外物的束缚，用坦荡的态度去迎接命运。

在《漕运古镇》中，我们看到一个以人与自然和谐相处的艺术世界。在那个社会发生变革的时代，自然在空间和时间上与人取得了某种亲近，使人们无论命运怎样改变，总是能够在自然中得到心灵上的感应和共鸣。"羊鞭子似的大雨下了七天七夜。无雷无闪也无风，像天上开了个口子，天河里的水直接往地上倾灌，哗啦哗啦地紧一阵慢一阵。紧的时候，雨水可着劲儿冲砸着屋顶，房柁屋檩都颤悠起来，四面墙壁也晃悠起来。慢的时候，雨水静静地顺着屋檐往下流，在窗前织成了一道雨帘，把汪洋世界遮挡在外面，留在屋里的则是无可奈何的惊恐和祈盼。"自然景物与人之间产生一种交流对话关系，作为审美主体的人通过景色的变化观照自身的心境与境遇，而自然景色同时也被作为审美主体的人领悟着，认同着。而且，自然景物也在某种程度上领悟着，认同着人的存在。在《漕运古镇》中，我们能够发现一种在现当代文学书写中早已失落了的自然维度，同时也透过自然发现了人自身，一种会和自然产生某种共鸣的人的存在方式。书中纷繁复杂的社会生活的描写，人物命运的沉浮，自然景色的展现都不是无意义的活动和无效果的姿态，它们实现了由世俗

---

[1] 王梓夫：《漕运古镇》，北京：中国文史出版社，2021年，第1—2页。

世界向神圣世界的转化，实际上构筑了作者心目中"存在之地"，完成了从文本到精神维度的探寻。小说中对人的存在的疑问与探勘铸就了小说的哲学品质，而对人的生存境况的关切与思虑表露了作者的哲学情怀。

"漕运三部曲"中的《漕运码头》曾先后在人民文学出版社、北方文艺出版社、中国文史出版社及台湾御书房等四次出版发行，并荣获第二届姚雪垠长篇历史小说奖，其40集同名电视剧作为北京电视台庆祝新中国成立60周年开年大戏隆重播出。

据王梓夫透露，"《漕运古镇》还未正式出版发行，就有多家电视剧投资制作单位联系洽谈电视剧拍摄事宜。预计下一步，新作也将拍成大型电视连续剧面世。届时，小说与影视将相映成趣，并继《漕运码头》之后再现中国漕运文化波澜壮阔的风采"[1]。

文化是一个国家、一个民族的灵魂。张家湾立足于丰富的自然资源与物质资源，致力于去挖掘本地丰富多元的文化资源，如对漕运文化、红学文化、古镇文化等资源的挖掘，力求在资源的转化与发展中，实现自身历史感的原真性体验与参与性体验。我们可以看到，在文化空间的构建中，除了主题的设计、建筑的布局、材料的选择等方面外，当地深厚的文化底蕴才是其发展的"内生动力"。张家湾镇内部文化元素的"提取"与"使用"增加了人们对当地独特地域文化的感知力度。那些经由景观所传达的情感与记忆中蕴含着一种不断生长的新生力量，让中华优秀传统文化能够回归"日常"与"自然"，并从交流互动、文化自信、民族认同等领域推动中华优秀传统文化的多维度拓展、多元化展示。

---

[1]《漕运三部曲之〈漕运古镇〉出版 有望搬上荧屏》，人民网，2013年1月18日，http://www.people.com.cn/BIG5/24hour/n/2013/0118/c25408-20248931.html.

## 第二节　民间花会的历史记忆与地方实践

中国大运河由京杭大运河、隋唐大运河和浙东运河构成，凝结了中国古代劳动人民的智慧、知识与技艺，是中华文明的重要标识。运河文化遗产不仅类型多样，而且还有着贯穿时空与跨越区域的特征，具体包括"地域范围广、空间表征多样，动态性强、文化内涵丰富、主题和表现形式多样、功能与价值多元、整体性强"[1]等特点。目前学界主要运用文化线路（cultural route）和遗产廊道（heritage corridor）两套概念对运河文化遗产进行分析阐释，前者突出大运河在地区和国家之间所发挥的跨时空文化交流、文明互鉴的交通纽带作用[2]；后者强调人与自然相结合，提出大运河遗产廊道由自然系统、遗产系统与支持系统三部分构成。[3] 二者有不同的侧重点，因此相关研究者也提出应从运河文化遗产的复杂类型特征以及大运河文化带"多样"与"流动"的双重属性进一步认知和

---

[1] 吴茂英：《遗产、游憩与文化自信：中国大运河的经验》，杭州：浙江大学出版社，2022年，第1页。

[2] 陈怡：《大运河作为文化线路的认识与分析》，《东南文化》2010年第1期。

[3] 俞孔坚、奚雪松：《发生学视角下的大运河遗产廊道构成》，《地理科学进展》2010年第8期。

聚焦大运河的遗产价值。[1]在"生活化"方面，近年来有研究者提倡运河文化遗产的"生活性保护"或"生活化传承"，如基于"场景理论"的学理内涵，从价值、空间、主体和活动四个层面分析运河遗产生活性保护的策略[2]；以及从拓宽与构建非遗传承、传播的空间等层面探讨运河遗产生活化传承的路径。[3]

然而，需要明确的是，运河文化遗产不仅指向一套繁复的文化符号，更关涉文化持有者特定的生活方式，其传承与保护不仅要致力于探索遗产存续的技艺操作等物理层面的问题，更应关注这一文化符号与普通民众的生活之间交互衍生的意义关联，即关注非遗保护的核心——传承人及其遗产实践过程中的日常生活与生命轨迹。就此而言，仍有进一步拓展的空间。其一，既有的遗产分析概念自觉或不自觉地预设了以"运河"为核心起点的遗产认定方式，然而遗产项目与运河的联系并不总是连续的和显性的，强调运河与文化事象之间单向的影响关系反而忽略了文化要素之间非线性的互动关系，以及后者对运河文化遗产之"运河"意义的反身命名；其二，运河文化遗产内含运河生境造就和延续的地方传统与历史记忆，因此不能忽略文化主体主动、自发的遗产保护和传承行为，这一文化实践与公共话语始终处于对话、协商的动态关系之中；其三，运河文化遗产的价值并不能凭空产生和自行彰显，必须经由文化主体的切身实践与体认方能转化为其日常生活经验，在这一过程中遗产的资源性价值也才得以显现。

值得进一步探究的是，民间花会的历史记忆与地方实践之间存在着密切的互动关系。本节结合相关历史文献，以北运河流域里二泗小车会"膏药"一角的文化内涵，及其传承人刘学成的文化实践为切入点，关注

---

[1] 路璐、王思明：《大运河文化遗产研究：现状、不足与展望》，《中国农史》2019年第4期。

[2] 郭新茹、陈天宇、唐月民：《场景视域下大运河非遗生活性保护的策略研究》，《南京社会科学》2021年第5期。

[3] 肖潇、高雪莲、王一茹：《大运河河北段非遗生活化传承的必要性和路径研究》，《沧州师范学院学报》2023年第2期。

与运河文化密切关联的民俗艺术作用于相关社区、群体以及个人日常生活的过程，呈现传承人传承和保护非物质文化遗产的实践方式，进一步探究运河记忆转换为民众日常生活经验的发生机制。

## 一、民间花会与漕运商贸的内在关联

里二泗小车会是北运河流域民间花会的重要代表，"膏药"是小车会表演中插科打诨的丑角。在通州当地的传说中，"膏药"是一只修炼成精的猴子，每天走街串巷为人义务治病，颇有声望。[1] 作为北方地区秧歌会中普遍存在的角色，"膏药"亦称膏药客、卖药先生、药大夫或药先生，其形象与市井街头或地方传说中的"卖药先生"有所关联，有着双重或多重文化意味。本文尝试将这一角色置于民间花会和漕运商贸动态关联的互动体系中进行考察，揭示其多方面因素作用之下的丰富意涵。

"花会"古称"百乐""杂戏""散乐""社火"，是民间传统的文艺组织。除了重大的传统节日，民间的婚丧嫁娶、寿诞满月、开张利市等重要场合，人们都会邀请花会组织表演助兴。《燕京岁时记》云："过会者，乃京师游手，扮作开路、中幡、杠箱、官儿、五虎棍、跨鼓、花钹、高跷、秧歌、什不闲、耍坛子、耍狮子之类，如遇城隍出巡及各庙会等，随地演唱，观者如堵。"[2] 民间花会主要分为"文会"和"武会"两大类，相对于"服务型"的以供应物资为主的"文会"，"武会"更侧重技艺表演。"武会"的种类很多，主要分为"会规以里的会"和"会规以外的会"两种（行话称"井字里"和"井字外"），前者包括开路、五虎棍、

---

[1] 景浩：《王文续文集》下册，通州图书馆运河文库提供，2010年，第138页。转引自王晴：《非物质文化遗产视域下张家湾民间花会研究》，中央民族大学硕士学位论文，2020年，第33页。

[2] （清）潘荣陛、富察敦崇：《帝京岁时纪胜·燕京岁时记》，北京：北京古籍出版社，1981年，第67页。

秧歌等十三种会档；后者常见的会档有小车、旱船、竹马、龙灯等。小车会亦称"太平车"或"云车会"，在京津冀地区广泛流传，深受群众喜爱。各地小车会表演的内容及角色虽有不同，但坐车人、推车人、拉车人三种主要角色是各地小车会都有的，其余人物则各会多少不一。一般表演是众多角色围绕一坐车的年轻女子（大多为男扮），且舞且逗。有的间舞间唱，还有的于舞与逗中不时加几句俏皮话。[1]北京通州一带的小车会在历史上享有盛名，清朝年间，"里二泗河神祠四月四日有庙会，祠在张家湾运河之滨。昔年江浙两省漕运皆由内河，粮船至此停泊者数十艘，醵费演戏酬神。远近游人，或泛舟，或骑驴，或坐车，或步行，年必万人攒动，红男绿女，少长咸集。庙外有百货摊"。[2]里二泗小车会即为其中"演戏酬神"队伍的重要代表。根据佑民观碑文及村民的口述，可大致推测里二泗小车会为一位生于1879年的郭二爷组织成立的，此后小车会中断过一段时间。1996年，里二泗村民邀请了姚辛庄村的林师傅到本村传授小车会的表演技艺，里二泗小车会得以恢复成立。[3]

里二泗小车会在成立之初不仅超出了村落边界，与商业、漕运、信仰呈现出强关联态势[4]，其表演也融合了秧歌会的元素。与其他小车会不同的是，里二泗小车会中多了"膏药"，这一角色在北方地区的秧歌会中普遍存在。如北京的里二泗高跷会、马营秧歌会、房山瓦井高跷会[5]，河

---

1 中国民族民间舞蹈集成编辑部编：《中国民族民间舞蹈集成北京卷》，北京：中国ISBN中心，1992年，第763页。

2 吴廷燮等纂：《北京市志稿》第七册《礼俗志》，北京：北京燕山出版社，1998年，第384页。

3 毛巧晖等：《北运河民俗志·第二卷·图像、文本与口述》，北京：中国戏剧出版社，2020年，第142页。

4 毛巧晖、张歆：《运河记忆与村落文化变迁：以北京通州里二泗小车会为中心的考察》，《西北民族研究》2021年第2期。

5 秧歌分两大类型：脚上踩木制长腿的叫高跷，不踩腿子的叫地秧歌；角色分文、武两行。北京的秧歌会，城区和郊区有所不同，"膏药"是郊区武行中的角色。参见郭子升：《北京民间花会》，张紫晨选编：《民俗调查与研究》，石家庄：河北人民出版社，1988年，第199页。

北的东火山村高跷会、东寺大秧歌，山西的八大角秧歌、伞头秧歌，山东的渔灯秧歌、胶州秧歌、即墨秧歌、海阳秧歌、宝山秧歌，辽宁抚顺的木屐秧歌，等等。不同地区的花会，"膏药"的装扮也有所差异，在里二泗小车会中其头戴花顶帽、左手拿摇铃、右手拿幌子，身着印有黑圈的黄上衣，脚穿黑鞋；京西门头沟地区的秧歌会中为"头戴红缨子官帽，身穿补子服，状若清代县官模样。手持串铃和一张膏药（贴于弓样道具上）。表演时多以江湖卖假药的虎狼医身份出现"[1]；河北保定的东火山村高跷会中为"身穿灰色长袍大褂，外穿黑色坎肩，下身穿黑裤，头戴红缨盔帽，手拿摇铃。勾净脸，画上黑边眼镜，戴八字黑胡"[2]。虽然着装和道具存在差别，但总体来看其扮相都离不开卖膏药的"江湖郎中"（卖药先生）这一身份设定。

以"膏药"为视角，运河一带民间花会的文化网络也得以显现。作为各地秧歌会中的共有角色，"膏药"或许正是漕运商贸共同作用之下地域文化动态交融的历史反映。众所周知，明清时期的通州是南北商货重要的水陆转运码头，康熙《通州志》有载："通州上拱京阙，下控天津，潞、浑二水夹会于东南，幽燕诸山雄峙于西北，地博大以爽垲，势雄伟而广平。舟车辐辏，冠盖交驰，实畿辅之襟喉，水陆之要会也。"[3]漕运也带来了商贸的兴盛，根据相关研究者的调查，清代通州所建的漕运会馆和商人会馆有十余所，其中商人会馆主要由山东、山西商人所建，尤以晋商为多。[4]随着明代商品经济的进一步发展，张家湾工商业持续繁荣发展，《长安客话》记载："张家湾为潞河下流，南北水陆要会也。自潞河南至长店四十里，水势环曲，官船客舫，漕运舟航，骈集于此。弦歌相

---

[1] 包世轩：《西山问道集》，北京：北京燕山出版社，2011年，第440页。
[2] 耿保仓等编著：《保定地区庙会文化与民俗辑录》，天津：天津古籍出版社，2007年，第469页。
[3] （清）《通州志》卷一：《封域志·形胜》，收入《中国地方志集成·北京府县志辑》第6册，上海：上海书店出版社，2002年，第442页。
[4] 许檀：《明清时期的通州商业》，《中国社会经济史研究》2021年第3期。

闻，最称繁盛。"[1]尽管民间花会与漕运彼此作用的历史轨迹已经很难复原，但可以肯定的是，山西、山东和通州等地的商贸活动与地域文化之间有着紧密的关联。

需要进一步探究的是，"膏药"在各地秧歌会中虽然都意指"江湖郎中"或"卖药先生"，但如果仔细比较，二者在情感色彩上有着细微的不同，其中还潜藏着更为丰富的层次。以往研究者很少注意到的一个细节是，"卖药先生"背后其实关联着传统中医"医必备药"的运作模式。古时的卖药先生，大多熟悉药物的疗效和功用，所以他们中间的一些人也是职业医者，售卖药材的同时又替人问诊看病，药业和医业是结合在一起的。清代医学家徐大椿有言："古之医者，所用之药皆自备之。……今北方人称医者为卖药先生，则医者之自备药可知。自宋以后，渐有写方不备药之医，其药皆取之肆中，今则举世皆然。……医者与药不相谋，方即不误，而药之误多矣。"[2]医药分离的现象在南北朝时期就已出现，陶弘景在《本草经集注》中即言："众医都不识药，唯听市人，市人又不辨究，皆委采送之家。采送之家，传习治拙，真伪好恶莫测。"[3]唐宋时期随着药品的商品化和规模化程度扩大，医业与药业的区隔也愈加明显。宋朝初年，祁州（今河北安国）成为长江南北药材的集散中心，依托药王庙庙会而兴盛的药市也吸引了全国各地的药材商人纷纷至此。清道光年间，药商云集的祁州形成了关东帮、京通卫帮、古北口帮、山东帮、山西帮等13个商帮，成为全国最大的药材集散地和药材商人的集中点。[4]祁州正是通过京杭运河等支流（如滋河、沙河、唐河等）与外界连接，成

---

1 （明）蒋一葵：《长安客话》，北京：北京出版社，2018年，第130页。
2 （清）徐大椿撰：《徐大椿医书全集》上册，北京：人民卫生出版社，1988年，第190页。
3 （南朝）陶弘景编，尚志钧、尚元胜辑校：《本草经集注》（辑校本）卷第一《序录》，北京：人民卫生出版社，1994年，第33页。
4 王兆祥、刘文智：《中国古代的庙会》，北京：商务印书馆国际有限公司，1997年，第122—123页。

为贯通全国的药材汇集之地。[1] "京通卫帮"能够聚合北京、通州和天津三地的药材市场,也与北运河流域的漕运和商贸活动息息相关,清代杨锡绂在《漕运则例纂》中记载了漕船携带的商品,包括农产品、手工业品、山货、药材等,达到12类300余种。[2] 当时通州张家湾作为大运河北端重要的漕运枢纽,号称"京东第一大码头"[3]。清末民初,通州漕运衰落,药商日渐减少,"京通卫帮"也改名为"京宁卫帮"[4]。

与医药分离现象伴随发生的是,"卖药先生"也分化出正面、负面或二者兼有的多重形象。山东省东明县的地方民俗中是这样鉴别"卖药先生"的:"既看病,又卖药的先生,就不再收看病的钱了;只看病不卖药的先生,要收钱。……如果拿的钱数使他满意,就开'效方';不满意就开'浮方'(吃药不见效),这一手是当先生的绝招,所以对'先生'是得罪不起的!"[5] 一方面,中国传统医学一直到明清时期都没有改变技术保密、医者之间互相封闭的状态,[6] 所以病患对"卖药先生"仍旧抱有尊敬和信任,希望药到病除。另一方面,药业的商品化也滋生了许多唯利是图的商贩,因此民众对这一类人群也多心怀贬抑。随着医药分离的程度加剧,后者成为民众对"卖药先生"的主导心态。清代《刘公案》《济公传》等小说,以及民间流传的《卖药先生与棺材掌柜》《谁是爹》《卖

---

1 赵燏黄:《祁州药志》,樊菊芬点校,福州:福建科学技术出版社,2004年,第6—7页。
2 (清)杨锡绂:《漕运则例纂》卷十三《粮运限期》,香港:蝠池书院出版有限公司,2004年,第344—349页。亦见孙连庆:《张家湾》,北京:北京出版社,2018年,第32—34页。
3 陈喜波、贾濛:《漂来的繁华:明清北运河水系变迁与通州张家湾码头兴衰——兼论张家湾运河文化遗产保护、传承和利用》,《首都师范大学学报》(社会科学版)2021年第5期。
4 李文海主编:《民国时期社会调查丛编》一编《宗教民俗卷》,福州:福建教育出版社,2014年,第189页。
5 山东省东明县政协文史资料委员会:《东明文史资料》第11辑《东明民俗》,北京:中国文史出版社,1999年,第212—213页。
6 于赓哲:《汉宋之间医患关系衍论——兼答罗伊·波特(Roy Porter)等》,权家玉主编《中国中古史集刊》第1辑,北京:商务印书馆,2015年,第80页。

药先生与阴阳先生》等传说中的"卖药先生"多为负面形象。在老百姓的认知当中，他们是谙熟"春典"（行业黑话）、诈人钱财的江湖骗子。[1]所以，与"膏药"相关的"狗皮膏药"这一成语也经常被用以指代令人心烦却难以摆脱的事物，也指某些华而不实的事物。现今北京郊区一带还流传着与卖药先生相关的歌谣，如《病儿好治药引难计》中的唱段：

> 卖药先生眼镜没带着，往前走来往后瞧。小巷口内我虎撑摇，碰见粉美美的佳人将我邀，将我邀到她家去，她叫我给他丈夫把病瞧。我先生拉过大腿号号脉，风吹雨打受湿潮。她问我先生，吃点什么药好？我先生说，病儿好治引子难讨。西山顶上的灵芝草，东海岸的草药苗，南海南的薄荷叶，北海北的老芍药，有棱的鸡蛋要八个，没有节的竹竿要七条，苍蝇的心来，蜢子的肺，白马的犄角，蛤蟆的毛。各样儿引子全要到来，你看，准保你丈夫一命归阴曹！（或"今天要不好，明天再来瞧"）。[2]

"卖药先生"的多重形象与民间花会中的"膏药"互相对应，后者也有着丰富的文化意义。"膏药"在花会组织中有时起着沟通或指挥的作用，例如清代杨宾所撰《柳边纪略》记载的清初东北地区的秧歌会，其中就特别提到了"膏药"的"前导"作用："上元夜，好事者辄扮秧歌。秧歌者，以童子扮三四妇女，又三四人扮参军，各持尺许两圆木，戛击相对舞，而扮一持伞镫卖膏药者前导。傍以锣鼓和之，舞毕乃歌，歌毕更舞，达旦乃已。"[3]如今山东的胶州秧歌和海阳秧歌依旧延续着这一特点，"膏药"是秧歌队的核心人物，往往由临场应变力强的人担任。[4]而

---

[1] 牟鸣真等编著：《江湖医术辨析》，南宁：广西科学技术出版社，1997年，第17—18页。
[2] 包世轩：《西山问道集》，北京：北京燕山出版社，2011年，第448页。
[3] （清）杨宾：《柳边纪略》，上海：商务印书馆，1936年，第68—69页。
[4] 刘守华、白庚胜主编：《中国民间文艺学年鉴·2007年卷》，武汉：华中师范大学出版社，2010年，第396页。

在京西地区的秧歌会中，"膏药"是人们心目中庸医的化身，"不仅无能，而且无赖"[1]。里二泗小车会中的"膏药"是插科打诨的丑角，但其却并非完全负面的形象："他（膏药）这人好事他办，比如说推着车，轱辘跑坑里了，他赶紧给你抬出来，这是人受伤害了他起到好的作用。捣乱的事他也办，你挺高兴的时候给你捣乱，你娶媳妇他说你别娶，我还没娶呢；你要是抽烟，他过去跟你抢烟。就这样两边形成互动。"[2]

民间花会和漕运商贸的互动体系为我们透视大运河与民俗艺术的内在关联提供了新的路径。此处无意深究"卖药先生"与里二泗小车花会的"膏药"发生关联的历史根源，二者之间也并非线性的因果关系，而是彼此投影、相互指涉的对应关系。运河文化遗产是人类所创造的文化工程，这一工程是一个历史连续的过程，各个历史时期都可能注入和加入不同时代的文化特征。[3]北运河流域漕运兴盛的时代也是卖药先生活跃于大街小巷的时期，漕运的衰落也让这一社会行当逐渐消失于大众视野之外。因为这一人物游走于社会各地，见多识广，所以在一些民谣中，还会借卖药先生之口讲述地区历史变迁："石景山的塔尖了一个得，麻峪、西坟、东狼窝。……东辛房有档开路会，西辛房的中幡、狮子耍了一个得。九龙山口、静明寺，石港相连岳家坟。"[4]丑角"膏药"作为北运河流域漕运历史的缩影，如今依然存续于里二泗小车会这一民俗艺术之中，不仅传递着北运河的历史记忆，也形塑着地方民众的日常生活。

运河流域传承的民俗艺术内在于"人—地—水"彼此作用、交叉影响的互动体系之中，在民众的日常生活中发挥着重要的纽带作用。人类对流域的开发和生态的保护问题归根到底是处理好人—水—地三者关

---

1 包世轩：《京西的秧歌会》，张紫晨选编：《民俗调查与研究》，石家庄：河北人民出版社，1988年，第215页。

2 访谈对象：里二泗小车会会首韩德成；访谈人：王晴、苏明奎、安可然、师天璐；访谈时间：2023年4月22日；访谈地点：里二泗文体活动中心。

3 彭兆荣、李春霞：《"走运之路"：作为人类文化遗产的运河》，《北方民族大学学报》2021年第1期。

4 包世轩：《西山问道集》，北京：北京燕山出版社，2011年，第449页。

系的问题。[1] 借助民间花会中"膏药"这一微观视角，不仅再现了运河一带民间花会的文化网络，也突出了商贸活动与地域文化之间的紧密联系。一方面，运河研究需要借助更具流动性与开放性的"流域"概念，关注由流域文明所浸润出来的生活与道德世界[2]；另一方面，流域民众的生活世界并非均质的和一成不变的，民俗艺术恰恰可以细致呈现运河的自然与文化双重属性作用之下民众生活的内部肌理。换言之，运河文化遗产需要置于"流域"之下作整体观照，而以局部的文化单元为切口也可以反向串连起文化共同体彼此关联的发展线索。

## 二、社区、群体与个人的互构共生

里二泗小车会于 2009 年被认定为通州区非物质文化遗产代表性项目，刘学成是其中"膏药"一角的扮演者，也是张家湾小有名气的"玩会"[3] 人士。"玩会"这一基于日常生活的文化实践不仅是刘学成的"个人叙事"，还与村落的历史记忆、价值观念表达和生活秩序建构有关，小车会表演作为刘学成不可分割的一种"生命状态"，包含着他的"经历体验、自我认知、情感状态、自我塑造、生命感受、自我认同"[4] 等方面的内容，既是个人的生活和经历，也是集体的记忆和表述[5]。

---

1 田阡：《村落·民族走廊·流域——中国人类学区域研究范式转换的脉络与反思》，《社会科学战线》2017 年第 2 期。
2 赵旭东：《流域文明的民族志书写——中国人类学的视野提升与范式转换》，《社会科学战线》2017 年第 2 期。
3 "玩会"有"走会"或"跑会"等不同称法，即民间花会表演者参与"行乡走会"等相关活动的行为。
4 朱义明：《口述史的概念厘定与研究向度》，周晓虹、朱义明、吴晓萍：《"口述史研究"专题》，文章均载《南京社会科学》2019 年第 12 期。
5 黄永林、韩成艳：《民俗学的当代性建构》，《华中师范大学学报》（人文社会科学版）2011 年第 2 期。

从个人实践与社会结构互为参照的层面上说，刘学成不仅是20世纪五六十年代以来通州工业历史的书写者，也是北京城市副中心建设背景下乡村公共文化的参与者。刘学成1962年生于通州张家湾镇里二泗村，从小就对小车会、高跷会等民间艺术感兴趣，开始"玩会"之前他在工厂里上班。20世纪五六十年代，张家湾一度成为北京的工业重地，在城市建设、大工业生产和贸易出口等方面取得了显著的成绩。[1]那是全民投入工业建设的历史时刻，从里二泗村流传的民谣中也可以想见当时工厂之间参与劳动竞赛的盛况："车儿跑得快，全靠车头带，比学赶帮超，全国来竞赛。"[2] 1978年，东方化工厂入驻张家湾，成为通州区的标志性大厂。1985年，刘学成到坩埚厂上班，同时经营小卖部，销售五金建材。2004年坩埚厂外迁，刘学成面临失业，也是在这一时期他开始接触小车会。随着北京城市副中心逐步落户通州，此地的工厂大量清退外移，这也波及了刘学成的小卖部生意。此后他的生活重心从地方工厂转移至对民间花会的关注，其中并不全然是生计方式的转变，而是主动与社会创造联结的新尝试。就此而言，刘学成的生活史虽然有着高度的个人特征，但其中也体现了个人与其所处的生活世界之间的互动过程中如何被社会化的个人叙事[3]。

在这一意义上，刘学成"玩会"的个人实践不仅内在于地域共同体的发展逻辑之中，其对于里二泗小车会的认知也始终传递着个人的文化认同、情感记忆与社会结构间的关系。刘学成热衷参与公共表演的经历与其所扮演的卖药先生"膏药"之间形成了颇具相似性的对照关系。在市井街头流传的歌谣中，卖药先生作为一个走街串巷的社会角色，因其身上特有的流动性与底层性，所以深刻内在于民众有机的日常生活中。如《治罗锅儿》中的唱段："卖药先生乐逍遥，手使虎撑身背药包。不

---

[1] 刘子山：《张家湾人民公社工业在成长壮大》，《前线》1960年第6期。
[2] 来源于里二泗村民提供的内部资料《里二泗村志》，第153页。
[3] 张洁：《传承人口述史书写的基本向度》，《文化遗产》2023年第6期。

走大街串小巷，碰见罗锅子把我邀。将我邀到他家去，他让先生把腰瞧……"[1]"集市"成为卖药先生集中现身的社会场所，"赶集"和"过桥"等穿行于社会空间中的实践方式也作为小车会的表演程式而成为刘学成最为重要的表演内容。在刘学成看来，这是里二泗小车会之所以被评为非遗项目的重要原因，因此里二泗小车会每次参加活动之前，都会将印有"里二泗民间小车会非物质文化遗产项目"字样的会旗置于显眼的地方。非遗作为公共文化，一方面在观念上被大众公认，并且得到公众的自愿参与，另一方在体制上也被政府部门承认，并且以一定的公共资源加以支持。[2]在这里，民众一脉相承的文化传统与官方认定的非遗项目之间形成了相互指涉的对应关系，民众个人的传承实践与公共话语因而相互勾连，传承人具体的表演行为为官方文化理念的施行提供了有效的现实参照，后者也为前者提供了切实的制度性保障。

需要说明的是，"赶集"和"过桥"并不是里二泗小车会的表演者从民间艺术中固定择期的某种表演行为，而与漕运的历史记忆密切相关。历史上的里二泗村依河而建，紧挨北运河、萧太后河、凉水河和通惠河四条河流，元明两代，漕船经里二泗村，过张家湾而入通惠河。张家湾即为大运河北端漕运的终点，"每岁漕运自张家湾舍舟陆运"[3]，漕运带来了商贸的兴盛，元代诗人张载的诗《送人》记述了当时通惠河漕运的繁荣景象："金沟河上始通流，海子桥边系客舟。却到江南春水涨，拍天波浪泛轻鸥。"[4]明代诗人曹代萧则将视线聚焦到了里二泗，描写了彼时游人如织、自得其乐的热闹场面："潞水东湾四十程，烟光无数紫云生。王孙

---

1　包世轩：《西山问道集》，北京：北京燕山出版社，2011年，第447页。
2　高丙中：《作为公共文化的非物质文化遗产》，《文艺研究》2008年第2期。
3　《明宪宗实录》卷九七，何宝善编：《明实录大运河史料》上册，北京：北京燕山出版社，2021年，第179页。
4　上海商务印书馆缩印：《翰林杨仲弘诗集揭文安公全集》，江南图书馆藏（明嘉靖刊本），第56页。

驰马城边过,笑指红楼听又玉筝。"[1]清末中期,南北运河的流通也为各类曲种融入了丰富的地域方言和民俗,促进了民间艺术的传播与发展。[2]漕运的兴盛及其应运而生的庙会是此地民众共同的历史记忆。通州的庙会始于明而盛于清,其中规模最大者属张家湾的佑民观庙会,庙会期间善男信女前来进香,举行走会、杂耍、演唱等民间花会活动,极具盛况。[3]尽管里二泗漕运码头的地位已成为历史,但其文化潜能仍存续于民俗艺术之中,在刘学成"玩会"的日常实践中,小车会所内含的运河记忆也不断被加以重新塑造和诠释。进一步而言,民众"行香走会"的文化实践需要非遗这一公共话语的制度性支持,而后者也同样需要前者的诠释和体认,通过一次又一次的"走会"行为才能落实为个人的生活经验与文化体验。这不仅是基于"复数非遗"这一民众日常实践而形成的化用实践,[4]也体现了非遗的生活化传承与保护的核心意义,即文化主体基于日常生活所进行的自发与自觉的保护,及其对非遗项目了解认知后的认同与传承。[5]正是在这一过程中,非遗的资源性价值经由文化主体的"玩会"实践而得以显现。

"玩会"是传承人身体力行地参与非遗保护实践的重要方式,非遗的本质属性只有在"玩""跑""走"等具体的实践行为中才能获得具体有效的阐释。在小车会会首韩德成看来,非遗是看不见摸不着的东西,如果演员不经常跑会,那非遗就会慢慢消失。对于刘学成来说,参与小车会表演不仅仅是彰显非遗精神的公共行为,还作为重要的文化生活与其生活经验联系在一起。乡民艺术的文化价值一定是在特定的社会环境中得以实现的,这是一种为了生活的有序与精神的完满而主动进行的文化

---

[1] (明)蒋一葵:《长安客话》,北京:北京出版社,2018年,第130页。
[2] 吕笙:《论北运河区域〈红楼梦〉说唱文学》,《明清小说研究》2023年第1期。
[3] 张利等编著:《大运河与通州古城》,北京:北京出版社,2018年,第119页。
[4] 岳永逸:《文化转场、个人的非遗与民族共同体》,《民俗研究》2023年第1期。
[5] 张志颖、张晓明:《试论非物质文化遗产的"生活化"保护》,《民艺》2020年第3期。

创造[1]。正是小车会表演特有的"身体性"与"日常性",才促成了普通民众对乡村公共文化的主动参与。在这一过程,民众获得了参与文化建设的个人价值,也让非遗成为一种具身可感的文化体验。刘学成扮演的"膏药"一角是里二泗车会的一张"名牌",这些年来,不论是政府、企业主办的文化节和运河文化庙会,还是村里的红白喜事,只要是需要里二泗小车会演出的地方,都有刘学成的身影。

以刘学成为代表的里二泗小车会传承人,以其参与非遗保护的个人实践有意识地"造就民俗传统的活态传承",其中个人的历史感和命运感也增添了民俗传统的"多样色彩"[2],这对于构建和谐社区、联结社会交往也起到了积极的作用。刘学成提到,现在一些地方的小车会加入了《西游记》《白蛇传》等剧目的人物情节,但那并不是小车会传统中固有的文化元素,所以"过桥"和"赶集"是其传承民俗传统的核心内容。"由于记忆是现实人的记忆,这个记忆不等于历史事实,但由于传承人的身份,这个记忆就成为传承的最权威依据,使他人难以质疑,故而传承下来。"[3]里二泗小车会是运河沿岸民众共有、共享的民俗艺术,塑造着当地深厚的人际关系网络,所以村中若有小车会表演,观众多为老年人,邻村人也会特地将家里的老人接过来,观看演出不单是为了纯粹的娱乐,也是为了文化生活的满足,感受生命彼此联结的集体氛围,其中人们的联结与共同行动又可以促进社会结构的再生产。[4]这一演出/观看行为揭示的是民众与地域共同体之间互惠、共生的内在逻辑,关涉着个体叙事嵌入集体叙事的文化实践。进而言之,里二泗小车会是在民众生活、地方社会与国家政治之间的复杂互动中凝结而成的民间传统之一,不仅内在于地

---

1　刘铁梁:《村落生活与文化体系中的乡民艺术》,《民族艺术》2006年第1期。
2　穆昭阳:《个人实践、记忆与民俗传统的传承》,《太原师范学院学报》(社会科学版)2014年第2期。
3　赵世瑜:《传承与记忆:民俗学的学科本位》,《民俗研究》2011年第2期。
4　周海燕:《个体经验如何进入"大写的历史":口述史研究的效度及其分析框架》,《中央民族大学学报》(哲学社会科学版)2021年第6期。

方节俗之中，亦是以"礼俗互动"为表征的中国社会建构模式的在地化表现。[1]

值得提及的是，刘学成虽然对某些地方的小车会表演存有异议，但这并不妨碍花会表演主体之间的相互交流。他积极参与各地的花会表演，还曾经到过牛堡屯中街村教授表演技艺，帮助当地的小车会复会。这种身体性的互通交流、帮扶协作已成为一种共享的默会知识，是北运河流域民间花会得以拓展其生存土壤的动力所在。当民俗传统进入实践层面，其中关联的历史就成为文化建设和文化表演的资源。[2]在花会组织的传统"帮扶机制"的作用下，张家湾、西集和香河县的各村镇之间还延续着跨区域"参会"和"复会"的运作模式[3]，这不仅为民间花会的当代承续注入了源源不绝的发展活力，运河记忆与民众日常生活的隐秘关联也在以刘学成为代表的传承人对于小车会的文化实践中得以传递、编织和激活。

民众是运河文化的创造者、传承者和享用者，运河区域社会的发展有其自发创造和彼此共享的文化机制。大运河文化孕育着中华民族的文化记忆与历史经验，是中华民族多元统一、包容开放的不竭动力和精神资源。[4]倡导运河文化遗产进入日常生活世界，强调应关注运河与民众的共生关系，聚焦"人"的生活感受与生命体验，既是重新赋予文化主体民俗书写的权力，也是探寻个体实践与公共话语之间有效的对话关系。传承人作为日常生活世界中的普通之"民"，在民俗传统的当代存续中发挥着能动性的创造性的关键作用。[5]里二泗小车会的当代传承展现了流域共同体之间人与人、集体互惠交往的社会属性，传承人刘学成参与的

---

1 张士闪：《礼俗互动与中国社会研究》，《民俗研究》2016年第6期。
2 林继富、王丹：《解释民俗学》，武汉：华中师范大学出版社，2006年，第40页。
3 毛巧晖、王晴：《民间花会与社会治理——以北京市通州区里二泗小车会为中心的讨论》，《社会治理》2021年第8期。
4 毛巧晖：《运河记忆与中华文化符合的民间叙事构建》，《中国民族美术》2024年第2期。
5 张翠霞：《常人方法学与民俗学"生活世界"研究策略——从民俗学研究范畴和范式转换谈起》，《中央民族大学学报》（哲学社会科学版）2011年第5期。

跨区域走会、复会等活动所仰赖的也是北运河流域一带民间花会互通交流、帮扶协作的合作机制。运河区域共享的互惠合作的生活方式与交往逻辑，也是民众得以将日常生活实践嵌入地域共同体的社会发展之中的运作机制。

## 三、运河记忆与民众生活经验的转换机制

里二泗小车会的表演是传承人、观众、演出环境等多重因素共同编织起来的一套流动的身体叙事，所以演出的质量也就离不开观众的正向反馈与积极互动。身体在场、切身互动中进行的传承是非遗最有效的传承方式。[1] 通过刘学成身体性的技艺表演，以及"膏药"一角独特的艺术效果，小车会表演、现场观众与表演场域被串联为一个互动交流的整体，运河记忆也得以转换为民众的日常生活经验。

### （一）里二泗小车会表演的身体叙事

小车会表演中的"跑旱船""扑蝴蝶"和"五鼠贺寿"等重要情节都需要借助"小车"和"漕桥"等实景道具来呈现演员过桥、赶集、走平路、走弯路、上坡、下坡时的不同姿态和身段。刘学成在表演过程中再现"赶集"和"过桥"这些情节便是将运河记忆转换为日常生活经验的具身实践。在刘学成看来，小车会表演的实质并不是简单的视觉呈现，关键在于技艺的高低，也就是一系列经由身体展现的"动作"。[2] 动作关联着技艺，指向的是小车会表演的一套身体叙事。在作为知识对象的意义上，身体的表演或操演，对于表达和保持记忆尤为重要。[3] 知识与技艺的

---

1 李菲：《身体的隐匿：非物质文化遗产知识反思》，北京：民族出版社，2017年，第195页。
2 被访谈人：刘学成；访谈人：王晴、苏明奎、孙宇飞、安可然、师天璐；访谈时间：2023年4月8日；访谈地点：里二泗村刘学成家中。
3 [美]康纳德：《社会如何记忆》，纳日碧力戈译，上海：上海人民出版社，2000年，第127页。

表达与展演，离不开负载它的身体。日本"民艺之父"柳宗悦就曾阐述过工匠技艺与人之身体的紧密关系：

> 通过无趣的重复，他们便能够进入超越技术的境界。他们可以忘我制作，在制作时虽然谈笑风生，却是安心在制作，同时也忘了在制作什么。……即使是质地粗糙的器具，也有对技术的全面支配或脱离。佳作的产生，是他们的长期劳作确保了美之存在。[1]

刘学成谈及"膏药"的表演诀窍在于"怎么粘，怎么坏"，具体的表演方式无法用理性的语言表述，只有演出时才可以真正施展。这是刘学成在长期的表演实践中累积的只可意会不可言传的身体知识、经验和技能。通过身体化的实践，特定的文化基因得以刻写进特定人群的身体之中，从而形塑实践主体的文化身份。[2] "怎么粘，怎么坏"成为刘学成表演之前既存的"大脑文本"，"怎么"二字不仅考验表演的尺度与分寸，还涉及与现场观众、演出环境共同营造的整体氛围。[3] 刘学成的表演理念与非遗保护传承息息相关，即那些被认定为存在于过去的事物是通过非遗持有者的身体现实化的。[4] 身体关联着民俗艺术的表演主体，是文化传统传承发展的核心元素。人的主体和处境的变化是促使文化演变的内外动力，两者结合也就促进了文化重构。[5] 当演员置身于表演情境中，其身体语言也就串联并召唤出了一套身体叙事，背后不仅遵循一套严格的表演程式，也是现场氛围加持之下的身体技艺的自由表达，这一"尽在表演

---

[1] [日]柳宗悦：《工艺之道》，徐艺乙译，桂林：广西师范大学出版社，2011年，第42—43页。

[2] 李菲：《身体与传承：非物质文化遗产研究的范式转型》，《思想战线》2016年第6期。

[3] 被访谈人：刘学成；访谈人：王晴、苏明奎、孙宇飞、安可然、师天璐；访谈时间：2023年4月8日；访谈地点：里二泗村刘学成家中。

[4] [日]荻野昌弘：《反思非物质文化遗产：身体和时间的维度》，李修建译，《内蒙古大学艺术学院学报》2012年第4期。

[5] 高丙中：《民间文化与公民社会：中国现代历程的文化研究》．北京：北京大学出版社，2008年，第104页。

中"的身体叙事体现了里二泗小车会的整体水平，也彰显了非遗在当代社会的勃勃生机。将非遗保护的具体措施落实到认定、肯定和支持那些拥有能保存、传承和创造非遗的技术和技能的人之主体身上，同时也是对人类"活态"生命观念和生命基因的最大重视。[1]近些年来，里二泗小车会的表演场地从原来的佑民观拓宽到了运河广场等公共文化空间，从而为众多异质性的观看主体的相遇创造了契机，这些极具现代特征的社会空间为小车会表演与年节记忆的整合效应提供了在地化的可能，民众认可运河广场的小车会表演，也就在无形中对其携带的运河记忆产生认同。

（二）丑角"膏药"自我间离的艺术效果

民众经由小车会演员的身体性表演得以对运河记忆形成认同，其中还与丑角"膏药"独特的艺术效果有着重要的联系。小车会的表演虽然有其需要遵循的一套程式结构，但"膏药"这一丑角在表演过程中却展现了极大的自由，他流动穿梭于演出内外，与演出中的演员嬉笑打闹，与观众热情互动，是整场表演得以串联为一个整体的核心媒介。

丑角在中国戏曲史中有着长远的发展历史，其在未正式形成之前经历了秦汉俳优，唐参军、苍鹘以及宋金副净、副末三个阶段，元明时期丑角经分化正式形成并开始了角色内部的分支。[2]丑角正是在元杂剧这一艺术形式中登场的，[3]例如，胶州秧歌就是吸收了江南地方曲调与北方杂剧而形成的新艺术形式，而"膏药"即为杂剧中的重要元素。[4]与此相关的是，鲁迅曾经对浙东戏中的"二丑"（或称"二花脸"）作过描述："他和小丑的不同，是不扮横行无忌的花花公子，也不扮一味仗势的宰相家

---

[1] 李春霞：《遗产：源起与规则》，昆明：云南教育出版社，2008年，第114页。
[2] 张倩：《中国戏曲丑角的美学探究》，山东师范大学硕士学位论文，2012年，第4—7页。
[3] 刘富民：《戏曲丑角源流考》，《当代戏剧》2001年第6期。
[4] 桂兰岚编著：《中国民族民间舞的文化溯源与动作解析》，北京：九州出版社，2017年，第39—40页。

丁，他所扮演的是保护公子的拳师，或是趋奉公子的清客。总之：身份比小丑高，而性格却比小丑坏。"[1]这一或正面或负面的形象也正与"膏药"契合。

"二丑艺术"如今已成为传统戏曲艺术中丑角的插科打诨的艺术手法，王瑶曾借鉴布莱希特戏剧理论中"间离效果"的概念，并借鉴"二丑艺术"这一艺术手法来讨论《故事新编》中鲁迅提及的"油滑"一词，他认为"二丑艺术"是中国戏曲演员在演出中与所扮人物"自我间离"的方法，可以让观众清醒地保持他同舞台的距离，而不致陷入舞台幻觉。在这个意义上，"膏药"也同样在小车会演出过程中起着自我间离的艺术效果，他不仅能够穿梭于整场表演随意插科打诨，又能游离于表演之外与观众互动。一方面，插科打诨的精髓在于"水到渠成，天真机趣自然流露"[2]。"膏药"正是通过"粘人"和"使坏"的表演程式自然地创造出自我间离的艺术效果。另一方面，丑角并非仅仅提供"滑稽可笑"的消遣功能，在演员与观众的情感交流作用上，丑角是最好的桥梁，能把观众引到戏剧的生活里去。[3]"膏药"的功能不仅仅表现为在表演和观众之间划定距离，观众不参与表演不代表观众不能对其施加影响。换言之，"膏药"在与观众交流的过程中还可以将小车会表演与现场观众串联为一个整体，从而强化后者的参与感与认同感。正是由于丑角是民间戏曲中类型化和程式化最不强的行当，因此这一角色也就有了充分的冲破行当程式的束缚，真实地、个性化地表现其独特的个体意志。[4]由此可见，看似自相矛盾的"膏药"一角其实在小车会表演中发挥着黏合剂和催化剂的双重作用，运河记忆也得以在民众的日常生活中焕发生机。

或许正是因为"膏药"自身的间离效果，他有时甚至可以单独完成一场表演。"膏药"是村里红白喜事借以活跃气氛的重要角色，在刘学成

---

1 鲁迅：《鲁迅全集》第五卷，广州：花城出版社，2021年，第141页。
2 （清）李渔著，古亮注译：《闲情偶寄》上册，长沙：岳麓书社，2021年，第64页。
3 王铁夫：《丑角漫谈》，沈阳：东北戏曲新报社，1951年，第44页。
4 邹元江：《关于与戏曲丑角美学特征生成相关的几个问题》，《戏剧艺术》1996年第4期。

所录制的一段丧礼上的表演视频中我们看到,他身着戏服与一名女性观众共同表演节目,而其动作仍然是"膏药"一角"粘人"和"使坏"的表演程式。"膏药"的艺术魅力和文化活力是"使一种文化精神得以凝聚的民间力量"[1],也正是因为其积极融入与民众密切相关的人生仪礼、节日活动,里二泗小车会的文化价值才得以转换为民众具身可感的生命体验。人们不一定知道刘学成,但一定对"膏药"印象深刻——是里二泗小车会的"膏药";"膏药"是刘学成塑造的,但其文化意义也只有在里二泗小车会这一艺术整体中才能实现。

北运河流域民间文艺资源具有多民族、多地域交流与交融的文化特征,其所依托的"开放性"与"共享性"的运河文化网络传递了不同民族、不同地域"共有""共识""共享"的文化传统与价值理念,延续着人们的生存经验和生存智慧。[2] 运河作为协调人与自然关系的水利工程,关涉民众生活的方方面面。运河的发生与发展是一个历史连续过程,属于典型的"叠加性"[3]文化遗产,涵盖漕运、商贸、生态、民俗等众多层面,凝聚着民众的情感、记忆与认同,这是运河文化遗产生活化传承的重要前提。里二泗小车会中"膏药"一角所携带的历史记忆,是北运河流域多重力量共同作用的结果。运河记忆与日常生活经验的转换需要里二泗小车会每一位成员的共同合作与积极参与,以刘学成的文化实践为切口,我们得以透视这一转换机制发生的过程。"膏药"这一艺术角色与刘学成的日常生活彼此关联、共生交错,其文化实践也是非遗保护背景下千万个普通民众继承发展民间文化、与地域共同体重建有机联系的缩影。就此而言,在保护大运河文化的过程应该秉承"还河于民"的人民主体地位,贯彻文化惠民、利民的发展理念,关注大运河与民众及其日常生活的关联,尤其针对艺人群体的个人生活史调查也极为重要。[4] 正

---

1  高小康:《丑的魅力》,济南:山东画报出版社,2006年,第44页。
2  毛巧晖:《北运河流域民间文艺资源的传承与转化》,《美术观察》2021年第10期。
3  彭兆荣:《从"走运"到"转运"》,《美术观察》2021年第10期。
4  王加华、李燕:《眼光向下:大运河文化研究的一个视角》,《民俗研究》2021年第6期。

是在这一意义上，刘学成的个人生活及其文化实践，不仅是重新激活以运河为纽带的民间花会文化网络的契机，也为运河文化遗产融入当代人的日常生活，及其如何有效实现创造新转化与创新发展打开了新的阐释空间。

运河呈现了人类社会的文化全景，其与民众的有机联系往往内含于传承人的遗产实践之中。"膏药"一角独特的艺术效果与其说展现了北运河流域民间花会的特殊性，其"黏合剂"与"催化剂"的艺术特质毋宁凸显了运河与流域民众有机、互通的关联性。一方面，这一关联性为运河文化遗产造福于民众创造了可能；另一方面，运河遗产价值的标准化认定与模式化生产势必伴随着相应的意义消耗与削减，原因在于不同历史情境中不同人群的价值诉求并不完全一致。更为重要的是，运河之于运河的意义也并不全然是以人类为中心的。进而言之，只有赋予河流"作为河流"（to be a river）的应有权力，才能更深刻地直面人类涉水行为背后的动机与情感、希望与恐惧。[1]在这一意义上，运河与民众的有机关联还同时提示着需要在更整体的视野下反思民众/运河或人/非人的存在关系，即在存有差异的前提之下共生发展的逻辑。正是人/非人既彼此独立又相互关联的存在属性才构成了生活世界的整全性（holistic living），这是运河文化遗产生活化传承的题中应有之义。

---

[1] 李菲：《水资源、水政治与水知识：当代国外人类学江河流域研究的三个面向》，《思想战线》2017年第5期。

## 第三节　民众生活与张家湾区域文化建设

2004年，北京城市总体规划确定通州、顺义、亦庄为北京市重点发展的三个新城，张家湾成为通州新城的重要组成部分。2012年7月，在北京市第十一次党代会上，北京市委、市政府明确提出"聚焦通州战略，打造功能完备的城市副中心"。2014年2月26日，习近平总书记在视察北京时提出，北京要疏解非首都功能，实现京津冀协同发展。2016年5月，中央政治局会议决定在通州规划建设北京城市副中心，并与雄安新区一道上升为国家战略。如今张家湾已经是北京城市副中心155平方千米范围内重要的城市功能组团。《北京城市总体规划（2016年—2035年）》在对北京城市副中心规划中提出建设古今同辉的人文城市，深入挖掘、保护与传承以大运河为重点的历史文化资源，对路县故城（西汉）、通州古城（北齐）、张家湾古镇（明嘉靖）进行整体保护和利用，改造和恢复玉带河约7.5千米古河道及古码头等历史遗迹。通过恢复历史文脉肌理，置入新的城市功能，古为今用，提升北京城市副中心文化创新活力。[1]

---

1　陈喜波：《张家湾》，北京：北京联合出版公司，2021年，第113页。

## 一、张家湾公园建设现状

张家湾公园总规模约一万亩,主要分三期建设,"其中一期位于张家湾镇昔日第一工业大村——里二泗村,经过近两年的建设,已于2020年国庆前夕正式开园喜迎各方游客;二期为城市休闲公园,与张家湾体育公园、凉水河湿地公园、六环防护绿带交叉、毗邻;三期已于2020年7月底完成各项招投标手续并进场施工"[1]。张家湾公园的所在地"原本是张家湾上店、里二泗、姚辛庄三个村的工业大院,总占地面积达6255亩,曾经环境脏乱、低端产业聚集"。如今建成以城市森林为主体的公园,以运河文化为特色,通过巧心设计再现"水巷茶棚"的历史风貌。[2]

张家湾公园种植了大量的食源、蜜源植物,主要包括山桃、紫叶李,刺槐、国槐、黑枣、酸枣、海棠、山楂、柿树、金银木等。在打造"人文森林、候鸟森林、湿地森林"三大森林系统的基础上,突出"芦喧织锦秋、春彩烧酒巷"的植物景观特色。公园基于现代城市空间建设背景,将运河文化基因融入建设中,通过文化基因的植入和文化空间的复兴,将原本"边缘化"的工业腾退空间重新融入城市现代规划,提升北运河流域文化空间的承载力、吸引力和辐射力。按照设计,张家湾公园打造了"二水一园五区十景"的独特空间结构,形成高台远望、丛林湿地、潞水渔村、凉水蛙声、帆樯连水、茂林莺歌、佑民庙会等一系列景点。通过文化景观的更新与再现,唤醒了公众的认同感和归属感。

张家湾公园的建设,不仅大大改善了里二泗村的周边环境,为居民提供了休闲游玩的场所。此公园也是北京城市副中心环城绿色休闲游憩环[3]

---

[1] 魏瑶、何建勇:《张家湾公园:昔日工业大院今变副中心"绿肺"》,《绿化与生活》2021年第1期。

[2] 张楠、王军志:《城市副中心"绿色项链"正在合龙 环城休闲游憩环上13个公园将实现一园一特色》,《北京晚报》2019年6月4日,第11版。

[3] "环城绿色休闲游憩环"包含东郊森林公园、永顺城市公园、大运河森林公园、刘庄公园、宋庄公园、温榆河公园、凉水河湿地公园、张家湾公园等13个公园。

中最大的公园，建成后将成为副中心核心区东南方向的生态门户景观，并与大运河森林公园和绿心连接在一起，形成将自然引入城市的绿色楔形廊道入口。

张家湾公园以"村·水·林·园"为设计理念。借助景观设计手段，还原从文献记载、口述历史、照片影像中提取出的文化基因，通过场景再现等方式，响应公众的心理输诉求，延续文化记忆。如里二泗路以北为"泗水古巷"景点。水巷在亭台水榭中婀娜穿行，上有造型精致的石拱桥数座，俨然是婉约灵动的江南水乡气象。原本的里二泗村工业大院并没有河道，游客所看到的水系是公园建设过程中特地开凿出来的，为的是重现历史上大运河畔"水巷茶棚"的泗水旧景。[1] 水巷两侧为茶坊、戏台、民居等明清仿古建筑，既抓住了漕运文化的基因内核，又符合现在城市的功能需求。后续可"充分利用文化产业链条的延伸性，将内容创意、生产设计、营销传播等与空间结合，在大运河边孵化出文化商业、文化旅游、文化创意等产业，为大运河沿岸的发展提供动力支持"[2]。

如 2023 年 9 月 15 日至 17 日的"张家湾古镇红学文化雅集"活动，"围绕新时代提升中华文化影响力主旨，深挖红学与漕运古镇文化价值，激活红学文化基因，畅谈大运河文化带建设心思考，在更高起点、更高质量上推动城市副中心蓬勃发展建设，讲好中国文化故事"[3]。市集分为红学文化演艺区和非遗文化展示区，利用泗水古巷的亭台楼阁氛围，结合红学文化内容，布置红学主题合影板，并提供汉服租赁、红学人物相关头饰及传统民族服饰，为文化传承提供支撑。"活动当天，北方昆曲剧院还演绎了昆曲《读西厢》《黛玉葬花》选段；龙在天皮影剧团现场表演皮影戏，讲述元代科学家修治通惠河，发展南北交通和漕运事业的故事；

---

[1] 魏瑶、何建勇：《张家湾公园：昔日工业大院今变副中心"绿肺"》，《绿化与生活》2021 年第 1 期。

[2] 桑万琛、刘曼云、石拓：《基于文化基因理论的大运河文化遗产保护与更新规划路径——以大运河嘉兴段文化长廊为例》，《规划师》2024 年第 4 期。

[3] 《张家湾古镇红学文化雅集学术成果辑录》，内部资料，2023 年，第 1 页。

古筝、古琴等民乐家现场演奏红学相关主题音乐。"[1]在"张家湾古镇红学文化雅集"的"红学文化论坛"中，中国艺术研究院红楼梦研究所副研究员、中国红楼梦学会秘书长何卫国作了《关于张家湾红楼主题文化公园建设的几点思考》的发言，他对张家湾公园规划为红楼梦主题文化公园提出了自己的看法，他认为这种公园建设通常来说有两个思路：

> 第一个是市民休闲文化公园，以市民休闲为主，文化活动作为辅导辅助。像海淀区与北京曹雪芹学会打造的西山曹雪芹遗址项目，借助北京西山与国家植物园的自然风光与现存的文化条件，他建设的包括曹雪芹小路。曹雪芹纪念馆，北京曹雪芹文化艺术范等活动，其中的北京曹雪芹文化艺术节在北京地区的影响还是很大的。另外一个思路就是建设红楼梦主题文化公园，或名为文化公园，实为文化产业园，这就需要从项目的可容纳性入手。

在公园具体布局上，他提出数点意见：一是红楼梦主题文化公园建设，"张家湾公园如果面积足够大，可以建一个曹雪芹艺术剧院，集演出、展览、市民讲堂等活动"；二是可以建一个红楼文化大厦或者是建红楼文化创意园区，里面可以汇集一些文化企业。根据主题公园特色，在适度的美学提炼后进行"现代化表达"；三是设计专门的红楼梦文化旅游线路，将通州码头、曹家遗迹、冯其庸故居、主题文化公园、张家湾博物馆等进行整合，打造"红学文化旅游线路"。[2]中国艺术研究院红楼梦研究所副研究员马思聪也谈到红楼梦主题公园建设中的"多层级文化联动"问题：

> 从总体上来讲，红楼梦的旅游产业一般有两种形态，一种是大规

---

[1] 《超万人逛古镇红学文化市集》，《北京城市副中心报》2023年9月18日，第3版。
[2] 《张家湾古镇红学文化雅集学术成果辑录》，内部资料，2023年，第85—86页。

模的商业化景观群落，像大观园、正定荣国府，都是做得比较成功的案例。而另外一种是小而精的红楼梦的文化展馆，比如说像冯其庸学术馆、曹雪芹纪念馆。其中区位因素是影响这些场馆定位和设计的主要因素，也是对于它们未来发展格局产生影响的一个首要制约因素。而在此方面，张家湾的主题公园其实有着得天独厚的优势，因为它是依托于整个红学古镇建设而来，所以能够兼采二者之长，对于有限的空间利用可以产生一些创意性的突破。在张家湾主题公园身上，首先它叠加着古镇文化、红学文化和运河文化，三重文化的层级，所以它既可以像正定的宁荣街景一样，向历史文化的语境延展上建立，从横向上拓展游客体验的这种人文厚度，也可以在具体的主题活动开展上，像大观园的庙会一样，去追求一种沉浸式的互动体验，避免同质化的倾向。而且在联合方面，它还可以与博物馆、故居纪念馆，包括将来要建成的曹雪芹墓碑等一系列文化景观产生一种互动，包括活动上的一些呼应，形成一种体量规模，并且还可以对于这些空间有限的场馆进行一种反哺，所以我觉得从文化的纵深感上建立，可以让文旅有一种更深度的融合，为张家湾的主题公园建设提供一种根本的生命力。[1]

"一往不变者，乃历史之'事实'。与时俱进者，则历史之'知识'。"[2]在公园建设与城市存量更新的时代背景下，需要重视地方"文化"属性的凸显，唤醒与激活潜藏在民众血脉中的文化基因，在城市建设中植入多元功能，引导空间发展，这不仅是运河文化可持续发展的有效路径，也是改善人居环境、提升游览体验、重塑城市形象、凝聚运河精神的有效手段。

---

1 《张家湾古镇红学文化雅集学术成果辑录》，内部资料，2023年，第92页。
2 钱穆：《略论治史方法》，《中国历史研究法》，北京：九州出版社，2011年，第146页。

## 二、张家湾特色小镇建设实践及展望

"历史古镇的特色小镇开发呈现出明显的空间生产特征，这不单受到资本循环推动，也被主体转换过程所影响。"[1]"特色小镇的核心是产业，形态是小镇。"[2]基于这种认识，就需要我们将特色小镇定义为一个空间载体，在发展中需要有明确的产业定位、文化内涵、旅游功能和社区成分。各个功能区的叠加不能"散而弱"，而是应该追求"聚而合"，功能叠加不是机械的"功能相加"，关键是功能融合。"产业园＋风景区＋文化馆、博物馆"的结构设置也不是单纯的拼贴，而是要建设"有山有水有人文，让人愿意留下来创业和生活的特色小镇"，"要深挖、延伸、融合产业功能、文化功能、旅游功能和社区功能，避免生搬硬套、牵强附会，真正产生叠加效应，推动融合发展"。[3]

张家湾古镇资源丰富，集合漕运文化、红学文化、公社文化、集镇文化及工业文化等，包括运河故道、桥梁、寺庙，码头遗址、仓厂遗址、古城遗迹、传统村落、古树名木、故事传说、文学艺术等。当下古镇文化遗产转化利用的现有发展模式主要可以归纳为以下四种[4]：

| "大遗址"保护利用模式 | 该模式针对遗址区域整体进行保护，包括在原址建设博物馆、微缩景观，对重要的遗址进行恢复重建，以及将遗址区与风景区结合，建成观光型文化旅游景区，如我国的良渚古城遗址公园等，实现了历史文化遗产保护与城镇现代化建设和谐共生。 |
| --- | --- |

---

1 张程淞、韩腾飞：《历史古镇主体转换视角下的特色小镇空间生产》，《建筑与文化》2024年第2期。

2 同上。

3 李宽：《特色小镇》，北京：社会科学文献出版社，2018年，第7页。

4 郑恳：《运河古镇文化遗产资源创新转化研究——以大运河北端起点张家湾镇为例》，《中国经贸导刊（理论版）》2020年第11期。

| | |
|---|---|
| 文化创意渐进更新模式 | 该模式结合古村镇文化遗产特色，将传统民居、村落构筑物等转变为民俗手工设计坊、艺术家工作室等，逐步形成特色文创项目集群和文化创客聚落。并将建筑形态、历史故事、民俗文化、信仰内涵等物质或非物质形态的要素升华打造成主题IP，如英国的莎翁小镇等。 |
| 民俗文化活态传承模式 | 该模式的保护利用主体除有形文化资源外，还包括文化节事节庆、民俗信仰、地方历史事件等无形文化资源。不仅包括历史建筑、历史风貌的保护，更具特色的是通过"人"的参与来实现文化维度的建设，提升城镇品质和形象。并以良好的人文生态环境和原汁原味的民风民俗来吸引旅游者，积极举办文化节庆活动，实现非物质文化遗产的活态展现，如我国台北保安宫历史地区的原态式保护等。 |
| 旅游度假综合开发模式 | 该模式以古街、古巷、古民居等遗产资源为基础，结合自然风光，挖掘地方民俗特色文化，以旅游度假为主要产品形式，进行旅游目的地整体建设和旅游品牌形象塑造。具备旅游服务配套如主题餐饮、特色购物、度假酒店、节庆活动等，满足现代游客的文化体验和休闲度假需求，如我国的乌镇等。 |

"基于历史文化走旅游发展路线的特色小镇，能够更大限度的开发和利用当地丰富的旅游资源，从而保持小镇的可持续发展。"[1]从区位条件来看，张家湾设计小镇"以北京城市副中心'3+1'主导功能为基础，围绕创新设计+城市科技功能为定位，以绿色设计、文化创意、人工智能等重点发展领域为引擎，带动创新设计、城市科技等高端科技创新资源集聚，形成'学—研—产—用'产业链条，打造创新设计与城市科技产业融合集聚区"[2]。

从产业发展和文化建设两个方面来看张家湾设计小镇的发展现状，第一，"截至2023年12月底，设计小镇70公顷起步区规划综合实施方案已完成公示，累计注册企业497家，吸引北京建院、北咨公司、新加坡GPG、蓝色光标等重要企业入驻，成立了元宇宙应用创新中心，实施

---

[1] 王征：《植根民俗文化 打造特色小镇》，《城乡建设》2018年第19期。
[2] 张敏、李剑、康勇：《特而精、小而美、活而新——张家湾设计小镇构筑北京城市副中心产业新高地》，《新型城镇化》2024年第5期。

'数字货币+自贸区智慧平台'"[1]。小镇产业外溢至周边村落，在具有前瞻性的开发模式和政策体制的影响下，居民可以在较短时间内感受到旅游业兴起对当地产业发展带来的巨大推动作用。第二，张家湾设计小镇秉持守正创新的发展理念，积极助力多产业发展，提升生态和产业的联结，加大镇域产业的发展力度，完善产业链条，推动特色小镇内部特色产业的发展，如推进零碳相关技术和工程解决方案在城市、园区、建筑等场景的碳中和应用。第三，更新旅游发展模式，以设计小镇、张家湾古镇为重点，开展城市功能补织及节点改造，实现历史文化与现代科技有机融合。如有研究者提出"重建通运桥两侧的石碑与寺庙，复建不是复古，而是在原有建筑的基础上修建具有明清风格的建筑，用于彰显传统文化……张家湾一带具有馒头庵、铁槛寺、地藏庵、栊翠庵、玉皇庙、达摩庵等相关的寺庙，我们应该进行踏勘予以保护""在原来的曹公坟地树立遗迹标志和书名文字"[2]等。第四，进一步挖掘地方文化资源，通过研讨会、研修班等形式，探索旅游业与地方文化的多元结合新样态，从单一的观光游览发展为观光、体验、感受为一体的参与性游览。从文化建设角度来看，在当前特色小镇建设日益同质化的当下，张家湾设计小镇在未来的建设与发展中，需要以传承、保护漕运文化、红学文化、古镇文化等为抓手，巧妙利用当地自然文化、人文文化及民俗文化创造产业价值，逐步建立完成的保护与传承体系。

张家湾设计小镇紧密围绕"设计小镇、智慧小镇、活力小镇"的目标定位，实现从顶层设计、实施方案、标杆项目建设的贯通，针对产业待升级、空间需提质、设施水平低、产权小而散等存量工业空间更新中的典型问题进行积极探索。[3]在未来发展中，小镇建设需要紧紧围绕"设

---

1 张敏、李剑、康勇：《特而精、小而美、活而新——张家湾设计小镇构筑北京城市副中心产业新高地》，《新型城镇化》2024年第5期。

2 《张家湾古镇红学文化雅集学术成果辑录》，内部资料，2023年，第56—57页。

3 张敏、李剑、康勇：《特而精、小而美、活而新——张家湾设计小镇构筑北京城市副中心产业新高地》，《新型城镇化》2024年第5期。

计小镇"的发展定位，对地区软硬件设施进行综合打造，高质量统筹引领产业规划，坚持城市更新利旧、坚持产业规划引领，在产业定位和运营理念上下功夫，在小镇建设和空间赋能上做足做细，通过打造北京大运河国际交往区、创立大运河文化综合承载区、设置优秀民族文化展示区和建设大运河故道生态公园，提炼契合当代社会发展的优秀文化元素，打造超越时代、引领社会的大运河文化功能区。

## 三、张家湾冯其庸故居建设构想

2020年，蔡奇到城市副中心调研张家湾镇规划建设时强调，"做好文化的文章，深入挖掘漕运、红学、京郊集镇等历史文化资源"[1]。张家湾"古城遗址片区"的曹雪芹墓石、曹家当铺、曹家坟等以及依附于其上的口头叙事资源，在媒介化与遗产化语境中构拟了曹雪芹在张家湾的生活图景，为古城遗址与"张湾村片区"的景观共融以及"漕运文化展示轴"的整体联动提供了丰厚的文学力量。

2022年8月2日，"张家湾古镇红学文化论坛暨冯其庸学术研讨会"在北京通州区张家湾设计小镇未来设计园区举行。中国红学会会长（现为荣誉会长）张庆善在会上呼吁修建曹雪芹墓，并建议将冯其庸先生故居建成"冯其庸故居纪念馆"，考虑发起建立全国的《红楼梦》文化旅游联盟。[2]

从2018年6月23日"冯其庸学术研讨会暨冯其庸研究中心揭牌仪式"的顺利举办，到2022年8月2日在张家湾镇举办的"张家湾古镇红

---

[1] 通州时讯《蔡奇到城市副中心调研张家湾镇规划建设时强调坚持古今交融 突出设计特色打造一流的特色小镇》，北京市通州区人民政府，http://www.bjtzh.gov.cn/bjtz/xxfb/zwyw/202005/1271348.shtml，访问时间：2022年4月27日。

[2] 会议主旨发言《突出特色 立足根本——关于张家湾古镇红学文化建设的几点建议》参见附录一。

学文化论坛暨冯其庸学术研讨会",社会各界在深切悼念冯其庸的同时,对其终生在传统文化领域"为学求真,为艺求美"的求索精神予以缅怀和赞扬。位于张家湾镇芳草园别墅的"瓜饭楼"见证了冯其庸20多年学术著述的孜矻岁月,也见证了其书画风格自成一派、终成大家风范的艺术历程。

(一)"故居"的蜕变重生:冯其庸故居的价值定位

20世纪60年代,《威尼斯宪章》(Venice Charter)对文化遗产的保护问题提出了如下观点:

> "历史古迹的概念不仅包括单个建筑物,而且包括能从中找出一种独特的文明、一种有意义的发展或一个历史事件见证的城市或乡村环境。"
>
> "凡传统环境存在的地方必须予以保存,决不允许任何导致改变主体和颜色关系的新建、拆除或改动。"
>
> "修复过程是高度专业性工作,其目的旨在保存和展示古迹的美学和历史价值,应以尊重原始材料和确凿文献为依据。"
>
> "各个时代为一古迹之建筑物所做的正当贡献必须予以尊重,修复的目的不是追求风格的统一。"
>
> "预先就要禁止任何的重建。"

这些重要概念,促成了20世纪60年代末、70年代初世界范围内城市历史建筑和遗产保护的国际潮流的出现。1972年,在巴黎通过了《保护世界文化和自然遗产公约》(Convention Concerning the Protection of the World Cultural and Natural Heritage),为遗产保护提供了制度化的保障。1976年11月26日,在内罗毕通过了《内罗毕建议》(Nairobi Recommendation),即《关于历史地区的保护及其当代作用的建议》(Recommendation Concerning the Safeguarding and Contemporary Role of Historic Areas）。该文件提出了若干对于历史地区如何保护的观点和方法。

1987年，在华盛顿通过的《保护历史城镇与城区宪章》[1]（*Charter on the Conservation of Historic Towns and Urban Areas*），即《华盛顿宪章》（*The Washington Charter*），进一步扩大了历史古迹保护的概念和内容。1994年体现《威尼斯宪章》精神的《奈良宣言》（*Nara Document*），即《奈良真实性宣言》（*The Nara Document on Authenticity*），强调的正是《威尼斯宪章》的"真实性"和与之密切相连的"多样性"。

这就要求在进行故居保护与更新的过程中，对历史文化资源进行深入挖掘，理清其历史脉络，为准确评价其历史文化提供翔实的依据。根据故居的综合价值，大致可以将现有故居分为三类：

第一类，具有重大历史、艺术、科学价值的确定为全国重点文物保护单位，报国务院核定公布。这属于十分重要的名人故居，由国家机构介入参与保护和利用工作，一般尽可能完全保护，不做任何处理。对它而言，保留好的故居完全不动；保留一般的故居将其修缮，避免它的老结构等带来的一系列隐患；保留很差的或已拆掉的故居可考虑重建。对于这一类名人故居，甚至可以考虑所在省、市政府单独制定法规，以期在法律层面上保护好名人故居的各个方面。

第二类，省、市级文物保护单位，由省、自治区、直辖市，市、自治州和县级人民政府核定公布，并报省、市人民政府备案。这些属于重要的名人故居，在以保护为主的基础上加以利用。对于保留很好的可适当地在内部加以修缮，外部立面完全保留；对于保护一般的在原有基础上进行改造，仍保留原来的风格；对于保护不好的可拆除并作为纪念地。

第三类，尚未核定公布为文物保护单位的名人故居，由人民政府文

---

[1] 保护历史城镇与城区宪章：提出了现在学术界通常使用的历史地段和历史城区的概念。宪章认为环境时体现真实性的一部分，并需要通过建立缓冲地带加以保护。历史地段保护更关心的是外部的环境，强调保护和延续这里人们的生活。

物行政部门予以登记并公布。这属于一般的名人故居，可保留有历史价值的部分建筑，其他均给予重新修建利用，是在利用的基础上加以保护。对于保护很好的建筑可以将其外部完全保留，内部在原有基础上进行改造，仍保留原来的风格；对于保护一般的可保留外立面并加以修整，而内部则可以完全装修成现代功能需要的风格；而对保护不好的则可以考虑拆掉或进行完全改造。

关于故居的修复大致可以分为"风格性修复""历史性修复""科学性修复""评价性修复"等方式。其中"风格性修复"原则是："把自己假想在初始建筑史的位置上，然后去想一想：我将会怎样去做？""风格性修复"竭力搜寻初始建筑史在古迹上留下的踪迹，力争完全回顾既往时代的形式，以完美再现那个时代的风格。大量的原始肌体被更新，材料表面的岁月痕迹被抹去，而以完整和焕然一新所替代，但其忽视了遗产存在的真实性。"文献性修复"认为建筑遗产应被视为一部历史文献，建筑体的每一部分都反映了历史，历代被增补的东西如同历史文献里的批注一样，都应予以保留。拆除增补等于抹杀了建筑经历的历史踪迹。"历史性修复"是指在建筑形式处理上追求近乎完苛的史实性，但在尊重历史原真性的基础上，结构和材料可突破传统观点，大胆采用新结构、新材料，以求在当代修复中达到历史、结构、形式、材料诸矛盾的统一。"科学性修复"将修复视为四个部分：一是加固性修复，使现状更坚固耐久；二是组合性修复，维持原结构和材料特性，按历史发展层次中最合理的形式进行修复；三是离解性修复，即剥除伪饰和毫无意义的附加物；四是创造性修复，指基于谨慎考证和系统研究后的肌体增补创造，以求完善建筑遗产的生命形式与质量。修复的目的，无论是修复时代的创伤，使其更加坚固，抑或重新给予它们一种新的生存能力，都属于一个完完全全的现代概念。"评价性修复"强调修复和保护最重要的不仅是技艺水平，而是对历史的技术的理解力和敏感。这要求哲理性的考察，目的是要通过消除后世的各种增补和更改，发展和展示艺术品的原始文本

（text）。[1]

为了延续冯其庸故居的历史文脉，冯燕若女士提出："将来我们要在这里建起来的话，肯定要有一个资料中心，将来不光是来游览，还可以做学术研究，这里所有的资料都是齐全的。""艺术的产生是缓慢的，而且是很困难的。它的产生不是自然的、必然的或有机的；一切都是人为的，都是试验、变化、匡正的结果，都是文化的产物。"我们需要以事件串联故居"叙事"，通过翔实的"图像+文本"资料多维度地呈现处于社会历史语境之中冯其庸学术研究的真实样态，进一步延续和传递"冯其庸故居"的社会及历史意义。[2]

此外，故居还需要具有极为强烈的情感张力，能够以一种"润物细无声"的方式引导观者感受"其时""其地""其人"。故居的整体建构需要起到了出主题、深化意蕴、表达情感的作用，传递截然不同的艺术体验和情感满足，观者可以在视觉沉浸中建立与人物、事件更深层次的精神联系。

如"瓜饭楼"这一被反复提及的意象，需要在故居建设中被重点凸显，它承载着冯其庸学术历程中的个体记忆和文化精神。而张家湾镇出土的"曹雪芹墓石"，也应作为冯其庸故居的"标志物"，这不仅能够有效提升人们对冯其庸故居的辨识度、记忆度和关注度，也能促进张家湾红楼文化的传承、保护、衍生及创新。冯其庸故居作为张家湾镇社会发展与文化发展的物质载体，保存了张家湾镇重要的红楼文化记忆，丰厚了城市历史文化底蕴，是社会文化发展不可或缺的物证。在这一背景之下的冯其庸故居建设在保留文化遗产中物质痕迹、文化印记及激发文化遗产场域活力方面发挥了显著的作用。

---

[1] 杨洁：《近现代名人故居保护和利用 以南京为例》，南京：东南大学出版社，2013年，第33页。

[2] 石中琪、张歆：《通州张家湾冯其庸故居纪念馆规建设想》，《中华英才》2023年第24期。

## （二）"红楼文化"的蓬勃发展：公共艺术空间的介入

公共艺术（public art）指在公共空间中展示的、民众共同参与的艺术。[1]环境艺术（environment art）、公众艺术（public art）、地景艺术（land art）、景观（landscape）等或多或少都涉及公共艺术的内涵和形式。[2]"公共艺术空间"是公共艺术借助不同物质媒介的呈现和表达方式[3]，具有开放性、参与性、互动性等特质，大致可归纳为艺术作品、艺术设施和艺术客厅三大类型。其中，艺术作品体现为城市中常见的雕塑和艺术装置；艺术设施体现为兼具艺术性与功能性的各类公共设施；艺术客厅则是多种艺术空间的集合，体现为标志性广场或景观空间。[4]

据此，规划结合副中心历史文化与主题功能，归纳出八类公共艺术题材。提出"三线六面、四类二十点"的公共艺术空间总体布局结构。其中，对应历史文化归纳为以通州古城、路县故城、张家湾古镇、各级文保单位等历史元素为支撑的历史文化题材和以现状北运河、拟恢复古河道、古码头为支撑的大运河题材。[5]

"张家湾古镇"建设将张家湾定位为"古今记忆交汇地区、漕运文化展示窗口、文化功能融合节点、文化旅游休闲胜地"，基于古镇"悠久的历史和深厚的文化底蕴"提取出"漕运古镇""京郊集镇""红学载体""公社典范"四大关键词，谋求与环球影城主题公园及度假区的共

---

1 周恒、赖文波：《城市公共艺术》，重庆：重庆大学出版社，2016年，第1页。
2 杨奇瑞、王来阳：《城市精神与理想呈现 中国城市公共艺术建设与发展研究》，杭州：中国美术学院出版社，2014年，第10页。
3 杜宏武、唐敏：《城市公共艺术规划的探索与实践——以攀枝花市为例的研究》，《华中建筑》2007年第2期。
4 李博洋：《北京城市副中心公共艺术空间规划研究》，《北京规划建设》2021年第6期。
5 对应主题功能归纳为以环球影城主题公园为支撑的影视娱乐题材，以宋庄艺术区为支撑的原创艺术题材，以行政办公区为支撑的首都行政题材，以城市绿心为支撑的生态修复题材，以台湖演艺小镇为支撑的大众演艺题材和以运河、副中心站商务区等现代化建设为支撑的现代都市题材。参见李博洋：《北京城市副中心公共艺术空间规划研究》，《北京规划建设》2021年第6期。

生、共享、共融，以形成"一动一静、错位互补"的发展格局。[1] 古镇建设不只是建设旅游景观，更是建设生活的家园，最终目的是建立人与环境的协调可持续发展，因而产业升级、景观升级须对地方文化有足够的关怀。

张家湾公园内"曹石印记"景观结合森林间的湖泊、以静谧郊野的空间体现曹雪芹与张家湾以及大运河的文化联系；华兴达青铜器复制厂也为通州文旅胜地"运河文化广场"铸造了"曹雪芹像"[2]；张家湾镇博物馆第三展厅则以红楼文化为主，播放冯其庸的采访视频以及《曹家井》《三家坟》传说、曹家当铺遗址、古籍、奏折等历史资料，设计"红楼情牵张家湾""曹雪芹如是说""红楼画境"等主题，通过液晶拼接屏、多通道数字沉浸式投影、叙事性光影浮雕墙、虚拟人物对话、三维数字古城等智能科技全景呈现"红楼文化"，使观光者获得身临其境的感受并产生文化共鸣，更能发挥唤醒地方感与地方认同的功效。

这些基于古镇遗存生发的叙事，经由民俗精英的再度创作，以跨媒介跨符号传播的方式转化为当地的"文化资本"。冯其庸故居的艺术风格"宜符合片区的风貌管控要求，并重点利用街巷道路、滨水空间、公共建筑等塑造具有代表性的艺术场景"[3]。此外，在文化街区的建设中，或以参照2019年清华同衡规划院在对张家湾老工业区提出的"毯式街区"[4]更新改造模式。

北京清华同衡规划设计研究院有限公司北京城市副中心分院副院长于润东谈到"毯式街区"时表示在国外也有类似的提法，如米兰Caserma

---

1 《与北京环球影城错位互补，张家湾古镇地区规划综合实施方案公布》，"北京规划建设前沿"微信公众号，https://mp.weixin.qq.com/s/M3IPDfTrHY9zz6i7sAqMmA，访问时间：2022年4月25日。
2 孟宪良编著：《通州民间艺术》，北京：文化艺术出版社，2004年，第77页。
3 李博洋：《北京城市副中心公共艺术空间规划研究》，《北京规划建设》2021年第6期。
4 "毯式街区"，顾名思义，就像在这个区域铺开一张巨大的地毯，建筑室内空间与室外城市开敞空间整体设计，形成融合型、开放性街区。

Montello街区规划及建筑设计即采用了毯式建筑的设计手法，从建筑尺度的选择，到建筑对周边街区的可视性，均强调人与街区连接的紧密程度。在空间设计的艺术表达上，"采用程式化的方形空间分割及单元重复延伸的平面布局方式"，在保证建筑内部各部分空间流通的基础上，运用经纬交错重叠的线性建筑结构与光影的有机结合，使整体建筑更具律动感。[1]

在实地勘察中，张家湾芳草园别墅区的基底，并不是让人"眼前一亮"的那种，住宅区腾退更新中存在的典型问题，如"空间需提质""设施水平低""公共空间破碎、零散""建筑风貌陈旧"等，使得芳草园别墅区的室内外空间呈现出一种呆板僵化的状态，还有一些线状道路穿插其间。

基于此，我们建议将冯其庸故居作为张家湾镇"红楼文化胜地"的"核"，通过"一核驱动"，实现从破碎到整体、从各自为政到开放共享、室内外一体化、上下一体化的巨变。室内外空间互为"正负空间"，这种"正负空间"的建构蕴含着《老子》中"埏埴以为器，当其无，有器之用。凿户牖以为室，当其无，有室之用。故有之以为利，无之以为用"[2]的哲学内涵，强调有形之物背后的无形之道的重要性。

根据冯其庸故居的展示陈列规划，主体建筑一层保留原客厅及画室（复原展示），其余部分分别作为书画展区、文房四宝展区，庭园东部辅助建筑改造为生平展和影视室，庭园西部原车库改造为库房。主体建筑二层保留原书房及卧室（复原展示），其余部分分别作为学术展区和瓜饭楼珍藏展区。

此外，冯其庸故居的更新改造还需要注重与整个城市副中心建设规划的"和谐共生"，张家湾镇位于"环球影城—张家湾古镇—设计小镇"城市活力与历史文脉连绵带上，与城市副中心六环路"创新发展轴"

---

1 单靖雯：《米兰Caserma Montello街区规划及建筑设计》，《创意与设计》2018年第1期。
2 （汉）河上公、（三国）王弼注，（汉）严遵指归，刘思禾校点：《老子》，上海：上海古籍出版社，2013年，第24页。

和大运河"生态文明带"空间紧密联系，冯其庸故居需在功能、景观、公共空间等方面进行协调联动。

冯其庸故居以独特的文化积淀为基础，将景观空间与历史建筑进行一体化构思，结合张家湾镇的红楼文化线路、红楼文化空间等人文元素，在设计中充分挖掘建筑的文化资源，拓展延伸文化功能和价值。特别针对同类型的建筑，打造"规模群落效应"。其后，更要逐渐拓展至城市层面的"公共艺术空间"构建与红楼文化记忆的回溯。通过曹雪芹塑像、张家湾公园、张家湾博物馆、红学景观走廊等加强与文化遗产的相互关联，并通过营造叙事性场景，引起民众的情感共鸣。

### （三）"红楼文化景观"的未来愿景：文化共同体的凝铸

展望冯其庸故居的未来运营，其文化景观设计应围绕"文化共同体"展开，留住文化"在场的有效性"。第一，空间的"改造"与"利用"应当彼此呼应，形成统一风格。第二，推动原有建筑空间"活化"与"新生"。第三，有效利用不同区域的文化特征与标志物营造"共有、共建、共享"的文化记忆。展出的档案史料、工艺品、老照片等实物既可以作为景观建设手段，又可以在新旧传承中重构景观功能与空间秩序，延续文化记忆，并形成新型社区文化。第四，充分挖掘红楼文化元素，并通过相应的空间、材质、肌理以及公共艺术手段强化文化理念传承；通过融入艺术生活主题，用景观感知的手法呈现"共享"内蕴。

冯其庸故居中陈列的历史遗迹和文物众多，具有很强的文化传承价值，在这些文物的保存和收集的过程中，对于提高《红楼梦》历史文化价值的宣传产生的影响深远。它不仅仅是一种红楼文化延续发展的载体，更是一种物化展现的现实存在。故居运营应充分利用历史文化遗迹中具体的历史事件以及物化的精神传承载体，开展一系列的陈列和展示活动，通过举办各种主题文化的展览，将红楼文化大众化的传播进行有效的推广；应充分借助各种文化传承载体来开展红楼文化的传播，同时在呈现过程中应该充分重视应用各种审美方面易于接受的感性呈现方式，来开展冯其庸故居的文化传承工作。

冯其庸故居的建立对丰富市民文化生活，拓展文化产业发展空间，打造城市文化名片，树立良好的城市文化形象也具有积极意义。各地方政府打造的红楼主题文化活动，在某种程度上都惠及于民。冯其庸故居本身就是公共文化设施，在实现其展示、展览、研究功能的同时，还将发挥其教育、休闲娱乐功能，其服务民众的目的不言而喻。故居的建立也会延展文化产业发展空间，促进当地文化经济的发展。冯其庸故居的建立对于提升城市知名度，扩大其国内外影响力，塑造良好的城市文化形象也具有极为重要的作用。[1]

### （四）冯其庸故居与红楼文化的共生实践路径

自联合国教科文组织（UNESCO）2003年颁布《保护非物质文化遗产公约》直至当下在各国的践行，"体现了在保护人类文化多元发展中坚持多元文化论（multiculturalism）的实践"[2]。2011年通过并施行的《中华人民共和国非物质文化遗产法》将"传统口头文学以及作为其载体的语言"列入"非遗"范围，国家级非物质文化遗产代表性项目名录遵循涵括"民间文学"类别的十分类体系[3]。2011年，北京市海淀区申报的曹雪芹（西山）传说、风筝制作技艺（北京风筝制作技艺）[4]被列入第三批国

---

[1] 何卫国：《〈红楼梦〉的当代传播与城市文化名片》，《红楼梦学刊》2011年第3辑。

[2] ［美］张举文：《从实践概念"非物质文化遗产"到学科概念"文化遗产"的转向》，《民俗研究》2021年第5期。

[3] 国家级名录将非物质文化遗产分为十大门类，其中五个门类的名称在2008年有所调整，并沿用至今。十大门类分别为：民间文学，传统音乐，传统舞蹈，传统戏剧，曲艺，传统体育、游艺与杂技，传统美术，传统技艺，传统医药，民俗。

[4] 指曹氏风筝制作工艺。根据清代《南鹞北鸢考工志》（相传为雪芹佚稿《废艺斋集稿》第二卷）所记载的风筝图谱及歌诀在北京传承至今，曹氏风筝作品样式新颖，种类繁多，表现内容有：历史典故、风物传说、民俗风情、仿真写实等题材，具有鲜明的古都文化特色。项目编号：Ⅷ-88，"风筝制作技艺（北京风筝制作技艺）"，中国非物质文化遗产网·中国非物质文化遗产数字博物馆，https://www.ihchina.cn/Article/Index/detail?id=14439，访问时间：2022年4月29日。

家级非物质文化遗产名录，曹雪芹西山故里、白家疃红学小镇以及逶迤其间的曹雪芹小道等文化旅游产业项目得以落地，继北京大观园、曹雪芹纪念馆、江宁织造博物馆成为网红打卡地以后，张家湾博物馆、街巷、公园也相继着手于红学景观的建设。曹雪芹传说逐渐脱离了"以文本为中心"的同质性表达，更注重与人群发生"地方性关联的实感"；《红楼梦》的"跨媒介改编叙事"亦进入新阶段，在新的媒介环境下焕发活力，并"衍化出庞大独特的曹红文化遗产体系"[1]。

在这一讨论维度之下，文化传承场域的建构就显得尤为重要。布尔迪厄将"场域"界定为一种关系网，其中各部分在互相影响、作用下建构出新的场域。场域中的主体主要包括文化政策制定者、文化艺术实践者、传承人、普通民众四类。由于主体之间价值取向不一的问题，场域各主体间很难产生实质性的联系从而形成合力，不同主体话语之间的力量消长，使文化传承无法达到理想的共生发展状态。

冯其庸故居的建设的最终目的在于实现红楼文化的活态传承，这就需要从红楼文化自身出发，考察其在北运河流域的延展整合，主动探究红楼文化在跨地域、跨文化间交流的价值，并沿着北运河流域辐射全国。当下，更应该以非遗发展为契机，将张家湾红楼文化置于新的视野下去考量和阐释，合力推动红楼文化的流域传播及海外传播，从交流互融、文化自信、民族认同等领域积极推动中华民族共同体意识的发展，从而实现红楼文化多维度空间拓展、多元化面向展示。

在全球化浪潮的冲击之下，不同群体内部形塑着不同的文化记忆，这些文化记忆会在时间的作用下浸入民众的"血脉"之中，构成个体的文化"底色"。张家湾依托"曹雪芹墓石""曹家当铺""花枝巷"等文化景观的建设，将《红楼梦》纳入地域叙事，"内化到当地民众的生活实践，形成新型社区民俗认同（folkloric identity）"。

要实现冯其庸故居与红楼文化之间理想的共生状态。首先需要依托

---

[1] 李汇群：《论〈红楼梦〉文化资本和中国国家软实力构建》，《红楼梦学刊》2021年第6期。

"红楼文化"所蕴含的丰富资源，创造更多的文化内容、体验产品和产业机会，合理降低艺术"门槛"；根据市场偏好，迎合大众对"红楼文化"的审美感受及现实需求，打造符合民众需求的，并附有"在地文化"主题的现代旅游产品。

注重凸显城市文化主题，打造城市文化品牌，挖掘张家湾当地民俗传统与文化底蕴，加深冯其庸故居与周边景观的关联性，多维度实现城市景观的全面增值，考虑环境效益、经济效益及市场效益的综合。

注重结构优化和细节升级，周期性开设主题展览、学术研讨、大众讲堂、戏曲路演等活动，利用VR/AR、全息投影等技术，为观众打造身临其境的沉浸式空间。以抖音、快手等直播短视频等网络平台为载体，运用AI修复、沉浸式表演等数字技术进行赋能，并以优质内容创作与互动体验升级优化，从而实现发展创新。

冯其庸故居的终极旨归在于实现中华优秀传统文化的活态传承，这就需要我们从文化本身探源，充分挖掘出"红楼文化"的纵深与层次，使"红楼景观"在当下语境中重新焕发生机与活力，同时为学术研究的专业性和作为文学名著的《红楼梦》的普及性提供契机，进而在打造具有独特性的地方文化品牌中发挥重要作用。

第二章

# 运河传统与西集人的日常生活

西集镇位于北京市通州区东南部,境内有北运河、潮白河蜿蜒而过,两条河流既造就了西集优美的生态环境,也滋养了西集民众的精神世界。历史上,运河是西集农业发展与商业繁荣的基础,运河带来的频繁人口流动又促使西集各村重视村落治理与乡规民约的重要性。当下,运河成为西集乡村振兴的动力源,当地致力于以"不同功能、不同风格、不同情趣的乡村休闲文化度假园区,展示生态滨水乡镇风貌,培育滨河绿色旅游休闲产业,吸引京津游客"[1],推动产业的升级与转型,改善民众生活水平。流淌千年的运河塑造了西集的民俗传统,至今仍影响着西集民众的日常生活。

推动运河传统的资源转化是西集当下发展的重要话题。近年来,西集秉承人、地、水和谐共生的发展理念,以村落治理打造民众的宜居生活、以产业建设铺设民众的致富道路、以文艺传承丰富民众的精神世界,多措并举提升民众日常生活质量。在发展的过程中,西集的基层村干部、民俗精英、非遗传承人获得了发展的舞台,他们各施所长,展示了西集的日常生活与运河传统、村落建设的密切联系。

---

1 陈世才:《旅游新论》,北京:北京理工大学出版社,2018年,第203页。

## 第一节　大运河与西集的民俗传统

大运河对西集产生了深远持久的影响，使这座"两河之地"小镇的民俗传统带有鲜明的运河特色。运河带来了便利的交通，推动了人口与物品的快速流动，这不仅使西集民众很早开始重视村落治理，还使当地有了良好的商业基础。运河是西集文气的来源，西集的民间文学、作家文学与民间手工艺发展大都与运河有着紧密的联系，作家与手工艺者的创作实践不断丰富着大运河的内涵，使大运河成为一条文化之河。

### 一、大运河畔的村落秩序

位于大运河畔的西集兼具农耕与商业传统，运河带来的快速人员流动使村落中人员往来频繁，鱼龙混杂，具有一定的不确定性。为了保障村落与民众生活的安全，西集各村都重视乡规民约的建设与村落秩序的维护。西集的乡规民约以家国一体、家国同心为追求。俗话说，"国有国法，家有家规"，法律是国家层面施行的行为准则，而"宗规""祠规""族训""家约""祖训""乡约"是中国传统社会对人的行为规范、道德标准、基层社会治理等方面更加广泛而软性的制约。法律与乡规民约殊途同归，从法、理、俗等多个层面对村落秩序起到了维护作用。习总书记讲过，"很多风俗习惯、村规民约等具有深厚的优秀传统文化基因"[1]，他强调要"创新用好村规民约等手段，倡导性和约束性措施并举，绵绵用力，成风化俗"[2]。这提示人们重视村规民约在新时代的深远意义。

从文物遗迹"后寨府'宗约八条'碑"到如今各地家风乡风主题活动的举办、新型村规乡约的修订、移风易俗的推进，我们能够看到西集传统村规乡约在现代社会进程中的形式转变及其发挥的作用，这些约定与运河带来的人员流动密切相关，凝结了中国传统文化的精华，彰显了崇德向善的核心价值取向，铸就了中华民族特有的精神品质。

### （一）后寨府村"宗约八条"

位于北运河流域的后寨府村隶属于北京通州区西集镇。这里山清水秀，民风淳朴。在全国第三次文物普查中，通州区文物部门发现了保存于后寨府村的两块石碑，上面刻录着清光绪三十三年（1907）所立郭氏家族宗约八条。这块石碑上的碑文记录了郭氏家族所设的宗约，是后寨府村历史的珍贵载体。"宗约"是一种民间存有的社会共识，指在若干以血缘关系为纽带的小家庭构成的同姓大家族中，自行制定的行为规范和规章制度。用以调整宗族关系尤其是家庭中的亲缘关系，维系家族团结，规范个人品德修养，并起到教诲惩戒的作用。一般这种宗约、族训或乡约见于族谱或家谱、宗祠中。这块保存了100多年的宗约石碑，保存了运河流域居民们的文化记忆，传承了中国传统社会生活中的礼俗秩序，其中蕴含的积极价值观念仍在现代社会中发挥着积极的作用。

据村民口述以及石碑位置推断，"宗约八条"碑本来安置在郭家祠堂中，后来祠堂被损毁，原址成为村民宅基地，石碑就被搁置在原祠堂旁

---

[1] 习近平：《把乡村振兴战略作为新时代"三农"工作总抓手》，《当代党员》2019年第13期。
[2] 习近平：《加快建设农业强国 推进农业农村现代化》，《求是》2023年第6期。

边的大街侧边。[1] 石碑有两块，目前位于村中南北向街两侧，其一碑残断一角，铭文磨蚀殆尽，只能依稀辨认碑阳额刻双钩楷书"敬思祖德"、碑阴额刻双钩楷书"永延勿替"八字；另一碑即为"宗约八条"碑，保存基本完整，纹饰、字迹清晰可辨。额刻双钩楷书"恪守宗规"四个大字，上、中、下三面围饰浅浮雕祥云；身左、右、下缘围饰片子二方联续缠枝莲朵，内纵刻楷书铭文9行，行字数不等，满行33字。首题为"宗约八条"[2]。

后人经审读后，按条目写刻形式，以简化字抄录如下：

### 宗约八条

1. 明祀制。从南茔十四祖起祀，以下列祖列宗按昭穆从祀，凡出自是祖之子，皆得入祠配飨。

2. 保祠宇。后世只许增修，毋得迁毁。虽谟本支子孙有敢异议者，共击之。

3. 辨族类。凡抱养异姓之子，或非族认为同族者，不得入祠奉祀。

4. 重伦常。凡忤逆、乱伦、显干法纪者，身后不得入祠配飨。

5. 举族长。每世公举有年德者三人，主持祠中一切事务。

6. 慎礼仪。春秋祭祀宜敬肃，有敢喧哗、跛踦不敬者，族长有教诫惩责之权。

7. 息争讼。本族有口角，争讼情事，族长可约入祠中，公平排解，顽梗不从者，惩之。

8. 禁比匪。族中有敢隐匿类及与邪巫异端往来者，族长可约同族人，送官究治。

---

1 此资料来源于访谈。访谈人：王卫华、霍志刚、徐睿凝、孙佳丰，被访谈人：后寨府村民郭永新，访谈时间：2018年8月6日，访谈地点：后寨府村。

2 通州区政协文史编：《颐和西集》，周庆良：《寨府郭家祠堂〈宗约八条〉碑》，北京：团结出版社，2017年，第77页。

## （二）村规乡约的基层治理模式

我国最早有书面记载的村规乡约可追溯到宋代的"蓝田四吕"，即吕大忠、吕大钧、吕大临、吕大防兄弟于北宋神宗熙宁九年（1076）所制定和实施的吕氏乡约。据《宋史·吕大防传》记载，关中言礼学者推吕氏"……尝为乡约，曰：凡同约者，德业相劝，过失相规，礼俗相交，患难相恤"[1]。这表明吕氏乡约制定的目标，是为了让邻里乡人守望相助，共同维护道德底线，维系乡村秩序。吕氏乡约对明清的乡村治理模式影响甚大，对于现代社会来说虽不完备，但也能体现宗规乡约之意义。梁漱溟提出的"乡村建设"方案就是受吕氏乡约的启发，他关注到基层治理的意义，主张改造社会要从"乡治"着手，从微观实行的乡村规矩走向宏观稳固的社会秩序。

与《吕氏乡约》《增损吕氏乡约》《南赣乡约》等历史上许多村规乡约的经典文本对比，后寨府"宗约八条"在内容上既有运河特色，也有所传承。通过礼制教化、道德约束、惩罚过错等方式，后寨府的乡约发挥了维系村落秩序、辅助乡村治理、保障安全的作用。总体来看，这一乡约具有以下特点：

1.用道德约束维系宗族内部秩序

后寨府"宗约八条"强调和亲睦族，遵纪守法，劝善罚过。第一至四条设立了基本秩序与规矩，伦理色彩浓厚，通过"明祀制""保祠宇""辨族类""重伦常"这四项规定体现宗规族训对道德伦理、敦族睦邻的要求，从道德层面对族人进行规约。乡土社会风气，使道德教化成为淳朴风俗、维持社会秩序的重要手段。传承家国同构、家国一体的家国情怀，教育乡民尊礼向善、互敬互爱，改变不良的社会风气。

2.以礼俗互动实现乡村治理手段

"宗约八条"中特别强调族长的权威性。从前的族长多为氏族中有名望、有德行之人担任，也可以被视为某一地方的乡贤或乡绅、乡老，他

---

[1] 陈振：《宋史·第26部》，上海：上海人民出版社，2003年，第2006页。

们往往具有农民身份，在族群生活中能够把握公平尺度，以理服人、以德服人。在"皇权不下县"的传统农耕社会中，族长承担了维系社会秩序稳定、辅助乡村社会建设、风习教化、主导公共事务的重要使命。"宗约八条"除了强调尊重族长的权威性，还提到了族长通过民主选出，这表明族长在主持事务的过程中更倾向于强调礼制与礼治，而非强权，这一方式能够在一定程度上为弱势群体伸张正义，从而维护族群的凝聚力。现代社会中，这一群体的角色更加丰富，他们虽不一定亲身从事劳动生产的工作，但却是生于斯长于斯的民俗精英，能够为村落治理贡献独特的力量。

3. 通过禁比匪完善村民保护机制

北京大运河流域的许多古村落都有着深厚的运河情结，对于后寨府村所处地理环境来说，大运河流域人员流动性较大，农耕文化与商业文化长期交流、融合，往来人员鱼龙混杂，具有不确定性，村落显现为"非闭合"的状态。"宗约八条"中第八条明令"禁比匪"，匪即行为不正、常做坏事的人，且"族中有敢隐匪类及与邪巫异端往来者，族长可约同族人，送官究治"。表明宗约对"匪类"的警戒和戒备。村中禁止族人与邪恶不正、迷信邪术、不合正统者结交亲近，保护了村民的安全。

"宗约八条"言简意赅又意蕴深远，代表着郭氏家族对美好生活与优秀道德品质的追求，让我们得以窥见数百年前西集村落治理的理念。如今，温情脉脉的乡土社会持续受到现代化、城镇化、工业化的冲击，社会互动关系也发生了巨大的变化。传统社会中，乡规民约以道德力量助力法治精神，追求公平，维护秩序，体现了乡村社会道德伦理的韧性。实际上，传统乡约和现代乡村治理在价值追求上具有极高的契合度，虽然岁月流逝，但传统的乡规民约并未跟随时代演进成为历史遗存，反而沉淀为厚重的文化传统，为当地人世代尊崇。

（三）乡规民约建设的当代实践

西集的许多村庄对乡规民约进行了创造性转化与创新性发展。通过挖掘乡规民约中蕴含的中华民族智慧，西集各村致力于凝练民众所需所求，让新型乡规民约在乡村治理现代化制度建设中发挥其应有价值。

截至2022年，通州区470个行政村全部按照民主程序完成乡规民约修订工作，新的乡规民约将生态文明、历史文化保护传承、节地生态安葬、知识产权普及教育等相关内容纳入其中，让充分反映民意的乡规民约成为移风易俗、推动乡村振兴、完善基层社会治理的重要抓手。

在此过程中，西集镇在广泛征求村民意见和充分讨论的基础上，实现全镇57个村的乡规民约"齐上墙"，其内容涵盖睦邻友好、移风易俗、安全稳定、和谐善治等多个方面，成为村民日常生活的约束准则和乡村自治的准绳。

现代社会乡规民约的修订，在宏观层面体现了国家战略的需求，即将乡规民约建设作为改善农村人居环境整治的一部分，融入副中心建设、京津冀协同发展、乡村振兴建设、宜居宜业和美乡村建设的进程。如西集镇南小庄村坚持党建带村建，坚持"民主商议、一事一议"村民协商自治模式，以"清脏、治乱、拆违"为重点，以村民"房前屋后皆风景"为标准，调动了村民参与乡村事务的积极性。通过拓宽道路、建小花园、规划停车位、整修休闲文化广场、完善基础设施等民生工程，南小庄村村民的生活环境有了实实在在的改变。农村环境整治常常是治理易、保持难。为保持村庄的美丽整洁，岳上村将维护环境秩序写进村规民约，号召村民自觉维护房前屋后卫生，分类存放垃圾，并对维护成果进行考核；村干部则分为5个小组，每个小组负责一个片区环境卫生维护的监督、巡查和验收工作，按照每月100元的标准对验收成绩合格的村民予以奖励，从而调动大家自觉维护环境的积极性。

在微观层面，乡规民约是更有针对性和人情味儿的治理方式。传统乡村生活中，曾有红白两事讲排场、摆阔气的现象，产生了不必要的铺张浪费，增加了村民们的人情负担。2019年，西集镇出台了《西集镇关于成立"红白理事会"推进移风易俗工作实施方案（试行）》，倡导婚事新办、丧事简办、其他喜事不办，并将该规定写进乡规民约。全镇57个行政村建立农村红白理事会，实现红白理事会"全覆盖"。张各庄村按照婚庆事宜简单办、丧葬礼俗俭朴办、其他喜庆（满月、过周、祝寿、乔迁、升学、晋级等）减量办、甚至不办的基本原则，根据实际情况进一步细化，制定了"张各庄村红白理事会工作制度"，以净化社会风气为目的，大力推进村红白理事会建设，引导村民群众更新婚丧观念、规范婚丧行为、遏制不良风俗、破除婚丧陋俗，建立科学、文明、健康的移风易俗新风尚，促进乡村社会主义精神文明建设。除了红白理事会，西集镇在各村建立新时代文明实践站、妇女之家、儿童之家等阵地和平台，用好党员、团员、志愿者、农村文化员等力量，聚焦思想引领、道德教化、文化传承等内容，针对不同群体的具体诉求，组织开展各类活动和服务，让"文明之风"吹进千家万户。

这些实践让我们看到，乡规民约作为不断发展和进步的民俗事象，不仅留存在碑刻、家谱、乡村围墙或者橱窗中，也体现在村民代代相传的行为习惯中。乡规民约的文本虽言简意赅，但往往意蕴深远，能够形成家风、民风、新风，发挥潜移默化、滋润人心的作用。当下，西集各村都积极推动乡规民约的发展，使其以更贴合当下民众生活的方式服务于村落建设。如，孝道作为中华民族的传统美德，在中国人的精神层面有着极高的认可度，"尊老爱幼"常常出现在村规民约中，但随着社会经济的发展，孝亲敬老的形式与方式在实践层面遭遇了挑战，这要求我们探索多元养老模式，尊重老年人自尊自爱自强心理，使孝亲敬老在新时代焕发新的光彩。为此，西集的许多村落在乡规民约的基础之上，积极进行敬老养老方式的探索，成立于2020年的西集镇尹家河幸福晚年驿站不仅有老年餐桌，也提供理疗、定期义诊、免费理发、免费咨询养老福利政策、教老人如何防止电信诈骗、使用手机软件等服务，在周边村镇有口皆碑。尹家河村位于通州最东端，是起源于元末明初的古老村落。这里紧邻潮白河，具有一处百年渡口，连通着河北香河县王店子村与北京通州区，是北京东大门。尹家河以其区位优势，在幸福晚年驿站的尝试下，将继续提升养老机构规范化管理水平，从康养产业的角度进一步将村庄打造成全市最优美现代的康养旅居示范村，养老事业成为村庄经济发展的良机。2024年2月，副中心新增七家一星级养老服务驿站，其中就包括后寨府村幸福晚年驿站。对村规民约的创造性运用，除了推进了乡村公共文化服务体系的完善、文化产业的繁荣、移风易俗的推进、文明乡风的树立外，更重要的是通过乡村文化治理来重构乡村文化认同，通过村规民约进行潜移默化的价值引领与精神塑造，引领良好社会风气，使之成为宜居宜业和美乡村建设的精神支撑。

2024年初，《中共中央、国务院关于学习运用"千村示范、万村整治"工程经验有力有效推进乡村全面振兴的意见》中提到，在建设农业强国目标、聚焦推进乡村全面振兴的进程中，应当提升乡村治理水平，健全党组织领导的自治、法治、德治相结合的乡村治理体系，加强农村精神文明建设，确保农村社会稳定安宁[1]。新时代以来，西集镇涌现了许多村规民约的创新性应用，这些实践体现了乡村社会的价值观治理和生活方式、思维方式、心理结构的文化治理，其精神内核与中华民族优秀传统文化息息相关。在治理实践中，乡规民约的价值被重新探讨。人们意识到，除了在传统社会中规约民众的行为、补充国家法律在基层治理中的作用外，乡规民约还能够通过敦风化俗推动美丽乡村建设、乡风文明建设和乡村文化建设，稳定乡村生活秩序，让乡村成为美好生活家园，为人们提供邻里和睦、相互帮助的平安和谐的生活环境。运河畔的许多村落都对现代村规民约进行了诸多探索，让源远流长的中华优秀传统文化得以传承和发扬。

---

[1] 中国政府网，访问地址：https://www.gov.cn/gongbao/2024/issue_11186/202402/content_6934551.html，访问时间：2024年8月5日。

## 二、大运河与西集民众生计

西集属农业乡镇，早在两千年前就有较为发达的农业、畜牧业和制陶业，直到封建社会末期，经济都比较繁荣。西集地区水资源丰富，地势平坦，土质肥沃，盛产粮棉，也有比较丰富的宜林资源。西集镇工商业基础亦较好，主要有锻造、铸造、服装、木器、水磨石、电石、钢窗、家具和工艺品等行业。千百年来，西集地区借助优越的地理环境，丰沛的水资源供给，成为远近闻名的古镇。随着北京城市副中心的建设和实施，西集镇迎来更多的发展机遇，西集民众的生活更加美好。

### （一）潮白河畔的捕鱼生活

缓缓流过西集的潮白河，水质清澈，鱼儿肥美。西集尹家河的郑增顺在《颐和西集》一书中生动描述了20世纪五六十年代的河水。他写道："那时，潮白河河水清澈见底，河中鱼虾成群，有金翅金鳞'穿红鞋'的大鲤鱼，有黄背白肚的老窝鲇儿，有黑眼红圈的'红眼钻'，有大肚草包（草鱼）和噘嘴鲢，还有成群结队游来游去的黄瓜条（白条鱼）、鲫瓜子。也有成群的小虾米，有时啵啵地弹出水面，在阳光照耀下，似女人戴的银耳环一闪一闪。还有岸边挖窝坐窝的大螃蟹，白天躲在窝里不出来，只有夜晚才爬上岸，爬到地里高粱秆或玉米秸上，被比它聪明百倍的渔人看见，借着马灯光将螃蟹捉住。"[1] 这是一派和谐静美的水乡画面。

在河水未被污染的年代，每年的春秋两季，伴随着嗷吼、嗷吼的吆喝声，有节奏地敲打船帮的啪啪声，鱼鹰船队就在潮白河中捕鱼了。船帮两侧，各插着一根侧弯的胳膊粗的树杈，一左一右对称，往外支出有两米，树杈上缠着细麻绳，是为了鱼鹰落得安稳和保护其爪锋。这一拨

---

[1] 郑增顺：《扳罾》，载北京市通州区政协文史和学习委员会、北京市通州区西集镇人民政府编：《颐和西集》，北京：团结出版社，2017年，166—167页。

拨船队大多来自河北的水乡白洋淀，当地百姓都是以水为生，男人在当地谋生或出外捕鱼，女人在家从事芦苇编席贴补家用。那个年代的河都是清凌凌的，甚至可以一眼见底，没有污染。西集本地人是驾船捕鱼，而白洋淀人是架鱼鹰捕鱼，各有特色，和平共处。每隔一二十天，就有一拨鱼鹰船划过波光粼粼的水面，多时二十几条，少时十来条。鱼鹰喜欢群居，捕鱼时群体出动，越发撒欢。领头的船称为头船，船老大经验丰富，在幼鹰的驯养、防病、繁殖等方面是把好手。在哪个河段放鹰捕鱼，都由他说了算。船老大选好放鹰地点，便停船靠岸做准备工作。先用泡软的马蔺把鱼鹰长长的脖子靠下部扎住，不能扎得太紧，不能影响呼吸，又不能吞下大鱼，只能吞下小鱼，这是个技术活。

准备工作完成后，船工将船划到河中心，手持木棍敲打船帮，给鱼鹰下达战斗命令，船家赶鱼鹰下水，热闹的战场拉开了帷幕。鱼鹰已经停食了半天，恨不得一下子吃个饱，飞快扎进水里，不过几分钟便会叼着一条鲫鱼上来，鱼儿还在鱼鹰嘴里活蹦乱跳，身姿健美，却逃不过鱼鹰的铁钩嘴。船家利用抄兜将鹰舀上船，用手掰开鹰嘴将鱼取下来，扔进鱼篓。然后取出一条小鱼塞在鱼鹰嘴里表示奖励。接着又有一只鱼鹰叼着鱼上来，渔家好不高兴，繁忙地收获着。有些鱼鹰叼着一斤多重的鱼，想一口吞下去，却卡在了被系着的脖子里，船家便左手扶鹰，右手从下往上挤压，很快鱼便被吐出来。鱼鹰将到嘴的战利品上缴了出去，用眼睛瞪着船家好不甘心。船家假装生气，将这个贪吃的鱼鹰丢进水里以示惩罚。还有的时候会有两只鱼鹰一起蹿出水面，一同叼了三四斤重的大鱼，可谓是战友同心，其利断金。

这样恢宏的水面战斗大约持续两个小时，鱼鹰开始在水面打转，一方面是这一河段的鱼已经不多，另一方面是累得够呛。渔家便把鱼鹰舀到船上，剪短脖子上系着的马蔺，开始喂食犒劳这些精通水战的"战士"。当船靠岸，船上人家支起锅灶开始做饭，将河里的清水直接拿来用，清澈无杂质，纯天然无污染。此时河面波光粼粼，夕阳西下，水鸟栖息，炊烟袅袅升起，还有随风舞动的杨柳。

除了鱼鹰捕鱼，在西集河段还有特色的扳罾捕鱼技术。扳罾的历史悠久，20世纪50年代还有很多地方使用，现在已经比较少见。扳罾捕鱼先要打桩、摸罾窝子、匝扫，然后才能静立岸边或坐在马扎上扳鱼。匝扫是用八九尺长的木桩，在水流的上游一排四五根砸到河底，水面上露出三四尺高，用柳树枝叶或榆树枝叶，捆扎在木桩中间挡水，河水冲击匝扫，使水流更急，鱼儿顶流上游，正好在此休息，于是被渔人用网扳起。摸罾窝子是在扳网下河后，扳鱼人拿着铁锹扎猛子把网的四边铲平，使网平放在水底。

扳罾长宽一丈见方，四边有绳子，网的四角每角有一根丈余的竹竿或柳木杆，合拢成十字架形，十字架上由一根一丈有余的杉木扒在网架上，叫窝杆；窝杆顶部系拉绳，根部有一尺多长横木，利用杠杆原理将扳罾拉起来，尤其是网绳将要出水时，用力要猛，使网迅速离开水面，防止鱼儿流窜出来。鱼儿进网之后，一人拽着扳罾露出网底的鱼，另一人将鱼抄进网兜，放进岸边的水桶里。[1] 潮白河畔捕鱼为生的时代已经一去不复返了，但这种依河生活的生计方式和水上捕获的乐趣还留存在西集民众的记忆里。

### （二）传承百年的摆渡习俗

摆渡，是运河两岸民众出行极为重要的交通方式。所谓摆渡，就是在河的两岸选择适当的地点，用船把行人与车辆运载过河抵达彼岸。在西集镇内还活态传承着延续几百年的摆渡习俗，成为北运河与潮白河流域一道亮丽的风景线。

西集镇内至今仍在发挥作用的摆渡口有尹家河渡口和赵庄渡口。尹家河渡口位于尹家河村边。根据地方志和家谱记载，尹家河在明代已经成村，尹姓人家从福建漳州龙溪迁到此地，在潮白河西岸临河定居，聚

---

[1] 捕鱼生活参考以下资料：郑增顺《扳罾》和王有昌《鱼鹰船》，刊载于北京市通州区政协文史和学习委员会、北京市通州区西集镇人民政府编：《颐和西集》，北京：团结出版社，2017年，第166—168、169—171页。

居成村，村民多姓尹，尹家河村由此得名。据《颐和西集》记载，200多年前，河东岸北吴村的李姓财主为了方便人们过河，积德行善，修建了一座石桥，百姓来往不愁，但是后来夏季河水暴涨冲毁了石桥，在20世纪30年代时还能看到石头残留在水中。民国时期尹家河村民尹宝明曾摆过船，春夏秋季划船过河，到了冬季天寒地冻在冰上铺设高粱秸秆覆上厚土过河。后来北吴村村民李万禄、于辛庄村民于大茂两人合买大船摆渡来往行人车辆。新中国成立后，渡船继续通航，空人0.1元，胶轮大车每辆1元，牲口1元。1950至1962年，由尹家河王少堂、孙宝山接着摆渡。1962年由本村大队收回，王义、郑桂堂接手，买木船继续摆渡。1978年后，村里放弃经营，由王店子村李树青、尹家河村郑桂堂两人接手，将两只船并排在一起进行摆渡。后又有王店子村李林和其他人合伙摆渡。2013年后摆渡口由香河县王店子村村民接手经营，60多岁的李连和50多岁的李国新叔侄两个上下午轮班摆渡。[1]

尹家河渡口沟通了北京通州和河北香河县，对于两岸居民出行提供了便利，缩短了绕行的时间。上下班的、赶集的、求学的、走亲访友的、开车旅游的、婚丧嫁娶的等，都有摆渡需求。近年来尹家河渡口并没有衰落，反而日渐繁忙。尹家河渡口对于冬季结冰和夏季洪涝灾害都有一定应急机制。据摆渡船工李国新介绍，现在冬天已经不在冰上铺设秸秆厚土过河，避免危险，而是由摆渡人每天一早用破冰船在水面上来回走一圈，薄冰就破碎开来，可以继续通航。夏季如果水量过大，可以上移摆渡位置，在上游河岸较高位置继续通航，也设置摆渡的铁绳作为备用。本次调研时潮白河水量并不是很大，就在下游位置通航。两个位置相距一二十米，渡口都有道路通向远方。[2]

---

[1] 尹家河渡口历史资料参见张述毅、张保林：《潮白河西集段的摆渡口》，刊载于北京市通州区政协文史和学习委员会、北京市通州区西集镇人民政府编：《颐和西集》，北京：团结出版社，2017年，第95—99页。

[2] 此资料来源于访谈。访谈人：王卫华、霍志刚、徐睿凝、孙佳丰，被访谈人：尹家河渡口船工李国新，访谈时间：2018年8月3日，访谈地点：尹家河渡口。

西集的赵庄渡口位于潮白河侯各庄至赵庄拐弯处，地处赵庄村东。摆渡口建于1942年，当时村民赵金买了一只小木船，给儿子赵德丰使用。赵庄位于潮白河西岸，和东岸苍头村隔河相望。赵德丰用小木船摆渡行人，一来方便过往群众，二来以此填补家用。坐船的沿岸行人一律不收费，待到秋收后摆渡人到本村或邻村挨家挨户收一些船粮，完全根据自愿原则，给多给少都可以。1943—1944年，渡船被日本军队的飞机发现，轮番轰炸下被炸毁，摆渡一度停止。新中国成立前夕，刘忠打造了一对木质对子船，将两只木船绑在一起进行摆渡，一直到1950年由吴村的陈万明接管。1950年之后，农村逐步实现合作化，赵庄村是一个大队，摆渡口由大队接管，三个小队轮流值班。摆渡人由生产小队记工分，按照小队最高劳动力八分记工分。收费标准为：过往行人一人五分钱，自行车一角钱，大车五角钱，每天结算交给生产队出纳。1982年农村实行家庭联产承包责任制，由本村村民赵振路、赵德庆、赵德金三人管船，村里重新打了一对大的木质船，可以摆渡比较大型的车辆，如农用机动三轮车、货运汽车、拖拉机等，生意也火了起来。1983年之后，摆渡口由个人承包，赵振路负责经营。后将木质对子船改为铁制对子船，由他的两个儿子赵作新、赵作喜作为摆渡继承人，现在两人起早贪黑任劳任怨给两岸村民摆渡提供便利。

于辛庄渡口是西集北通往香河县的交通要道，历史悠久，它还在解放战争中发挥过重要作用，被当地老百姓津津乐道。1945年9月抗日战争胜利之后，为了巩固扩大东北解放区，我军10万人昼夜兼程赶赴东北，历经河北省南部、中部，10月上旬抵达西集。在西集稍作休整，征收物资后到了于辛庄，部队联系当地村干部，让其准备过河船只和摆渡人员。村里立即动手准备了几条5丈多长、1丈多宽的大摆渡船，备好大煞绳，船工有于福龙、于大茂等人，分批次渡部队过河，每船能摆渡五六十人，一天24小时昼夜不停。船工开始时用杉篙或竹篙撑船，临近对岸时把大煞绳抛过去，对岸人员接到绳子后用力拉船靠岸。后来，还发动当地老百姓搭建了一座浮桥，送部队过河。运送部队10万人，经过了40多天时间。新中国成立后，于辛庄渡口一直在使用，直到1997年潮白河在此处修建了橡胶坝后，渡口才废弃不用。[1]

西集境内的渡口都曾发挥着重要的交通枢纽作用，也成为当地独具地方标识的人文景观。这些渡口的兴衰与社会经济发展密切相关，有些渡口因为修建水坝和桥梁不再使用，而有些渡口则是随着老一代人离去后继无人而遗憾停用。西集境内的尹家河与赵庄渡口是北运河流域摆渡文化的活化石，对认识大运河历史文化和沿岸民众生活具有重要的意义。

### （三）沿河市集的商业发展

物流集散地古时就称为"集"（仪），"西集"名副其实。通州的集市，明代已成规模，清代更加很发达。清代有米市、杂粮市、鱼市、果市、绢市、柴市、牛市、骡马市等。域内乡村集市皆有定期。时有张家湾集、西仪集（现西集）、箫家林（箫林）集、弘（宏）仁桥（马驹桥）集、潞县集、永乐店集、德仁务集等8处集市。其中，从各集市的繁荣情况来看，西集是数一数二的。

西集镇在明代已经形成集市，名西仪集，逢农历二、七为集市。乾隆年间，萧家林集场并入，集期改为农历二、五、八。光绪末年，有坐商90余家。集期为农历二、五、八、十，以经营牲畜、粮食、蔬菜、肉类、布匹、杂货为大宗。商户近130家。在20年代组织"十大家商会"。商号多集中在丁字街两侧，部分散居镇四周。外围有墙，设6门。30年代极其衰败，大商号倒闭，集市贸易锐减。新中国成立后，集市贸易得以发展。1989年在镇中心和通（县）香（河）公路西侧建有工副业和农贸两个市场，仍逢农历二、五、八、十为集期，有坐商46家，摊位130个，占地面积3200平方米。1996年交易额205万元。[2] 可见，西集镇的商

---

[1] 赵庄和于辛庄渡口历史资料参见张述毅、张保林：《潮白河西集段的摆渡口》，刊载于北京市通州区政协文史和学习委员会，北京市通州区西集镇人民政府编：《颐和西集》，北京：团结出版社，2017年，第95—99页。

[2] 参阅通州区地方志编纂委员会编：《通县志》，内部资料，2003年，第240页。

品经济发展有着历史文化基础。虽然随着城镇化的发展，如今西集的集市规模在缩小，但悠久的经济传统留给西集人民的是自力更生、艰苦创业、创新发展的精神财富。

西集的大灰店村素有"锻造之乡"的称号，村民吃苦耐劳，勇于开拓，经济相对发达；村子民风淳朴，讲究礼仪，文化资源较为丰富。其民风民俗在北运河流域颇有代表性。村中已经78岁高龄的苗啟华老先生，描绘了大灰店曾经的面貌。他说大灰店的地理位置非常好，1939年以前，这里三面环水却无水患。大灰店东北方向曾经有一座供奉佛祖释迦牟尼的永泉庙，曾与黄东仪村的鲁仙观、侯各庄村的圆通庵排列在一个中轴线上，是当地重要的明代古迹，且一直保持着功能性。直到"文化大革命"时永泉寺被毁，如今这座大灰店的标志性建筑已不复存在了。大灰店村的工商业是相对发达的。邢友春曾主管村中农业生产，老先生介绍了大灰店村人民的生产生活。西集"锻造之乡"之名源于大灰店村，大灰店村自20世纪50年代就开始发展锻造业，工人手工锻造技术在通州甚至京津一带都是领先的，当时村里从事锻造的企业就有19家，村内一年能产2万—3万吨钢铁，618导弹轨道、工业车床都是在大灰店生产的。在改革开放时期，大灰店村的锻造业更是迈出了稳健的一步。"大锤一响，黄金万两"，形象地说明了当时锻造业带动乡村经济发展的状况。2015年，由于政策原因，大灰店村不再有锻造工厂，但几十年锻造业的发展给大灰店村留下了一种精神财富——不屈不挠，自力更生。[1]

随着城镇化建设的推进，西集镇也紧抓时代机遇，凭借自身的独特资源和商业传统不断发展。培育特色小（城）镇是"十三五"规划纲要提出的，关于推进新型城镇化发展的重要举措。2016年，西集镇在《北京市通州区国民经济和社会发展第十三个五年规划纲要》中被正式定位

---

[1] 大灰店村资料来源于访谈。访谈人：王卫华、霍志刚、徐睿凝、孙佳丰；被访谈人：大灰店村民孙庆恒、苗啟华、白明山、邢友春等；访谈时间：2018年8月2日；访谈地点：大灰店村委会。

为"西集生态休闲小镇",由此开启了以"生态休闲"为方向的建设发展之路。

在2022年出台的《北京城市副中心(通州区)"十四五"时期乡村振兴规划》中,西集镇作为"三带、三圈层、多点"乡村振兴空间布局中保障区圈层的关键区域,在推进农业发展、促进乡村旅游、探索新型产业、建设美丽乡村、弘扬传统文化、增进民生福祉等方面扮演重要角色。同时,《规划》依托小城镇资源禀赋,聚焦发展方向,形成"小城镇+"理念,以"西集生态休闲小城镇+'果篮子'",发挥西集镇特色品牌农产品优势,打造乡村生态振兴示范点。"十四五"时期的发展规划为西集生态休闲小镇在新时代的建设提供了发展蓝图与行动纲领。

西集镇始终坚持对标城市副中心建设要求,立足"生态休闲"的发展定位,以习近平生态文明思想为指导,在挖掘、保护当地自然地理资源与乡土人文资源的同时,打造生态景观、发展绿色产业、建设美丽乡村、厚植乡风文明,推动生态、生产、生活深度融合。尤其是在探索西集传统农业与乡土文学资源转化路径的过程中,西集生态休闲小城镇建设进行了大量实践,积累了宝贵的经验,不仅调整了当地的产业结构、带动了地方经济的发展,更唤起了民众心中共同的文化记忆、改善了西集民众的物质与精神生活,展示出特色小(城)镇建设在乡村振兴中的重要作用。

## 三、大运河与西集的文艺传统

流淌千年的北运河影响了两岸民众的生计方式,也繁荣了他们的文艺生活。在运河的影响下,西集诞生了特色鲜明的乡土文学与丰富多彩的民间艺术,前者以西集的民间文学与作家文学为代表,后者则以西集的民歌与民间手工艺为代表。运河还孕育出一批喜爱文学创作的乡土作家与技艺高超的民间艺人。"北运河两岸丰饶的土地上,先后出现过著名作家刘白羽兄弟，电影明星梅熹，优秀的话剧艺术家刁光覃、夏淳，……新中国成立后，在很短的时间里，又出现了刘绍棠、丛维熙、浩然、房树民、李希凡这样一大批才华横溢的作家、评论家"[1]，他们是运河畔文艺繁荣发展的见证。这些文艺传统与文学家、艺术家丰富了西集民众的精神世界，不断强化着他们与运河的血脉联系。

## （一）大运河与西集的文学传统

西集的文学传统由民间文学与作家文学两部分组成。其中，西集的民间文学以风物传说最具代表性，这些传说记录了村落的历史与文化，并在口耳相传中流传至今，反映了民众对运河与日常生活关系的认识；西集的作家文学则以刘绍棠为代表，他用文字记录西集的民俗传统，用文章赞美西集的风土民情，增强了民众的地域认同感。

### 1. 大运河与西集的民间文学

民间文学诞生于民众的生活之中，反映了民众对特定区域历史与文化的认识。黄景春指出，民间文学承载了民族的文化记忆，它依附于自然山水、名胜古迹、历史事件，凭借回忆、讲述及书写流传至今。[2]大运河是西集民间文学中常见的意象，西集民众将他们对村落历史的记忆与想象与运河相连，强调了运河与村落发展的关系。位于西集镇西部、北运河畔的沙古堆村就有村落因运河得名的传说：

> 沙古堆曾名"少姑堆"。当地有位做过康熙帝乳母的田姓"少姑"，她晚年建庙，自己做主持，这座庙就被称为"少姑庙"，村子也因此得名。康熙帝下江南时，沙古堆村是他的必经之路，他还专门去庙中看望过自己的乳母。少姑死后，北运河洪水泛滥，"少姑堆"由

---

1 郑恩波：《大运河之子刘绍棠》，北京：社会科学文献出版社，1991年，第1页。
2 黄景春：《民族记忆构建的民间文学方式》，《华东师范大学学报（哲学社会科学版）》2017年第5期。

西岸搬到了东岸，但村中又暴发了瘟疫，许多姑娘因此丧生。为了记录这段历史，村子就将少姑的"少"旁加上了三点水，表明村子的建设与运河有着密切的联系，又将"姑"的女字旁去掉，表明瘟疫使村子中很多姑娘丧生，因此村落就改名为"沙古堆"。[1]

沙古堆村改名的传说记录了村落与运河间的密切联系，也令当地民众意识到自己的出生、成长都与运河密不可分。沙古堆村还有"三望沙古堆"的传说，这是因为沙古堆在运河西岸时，运河从西北经武窑、下店、崔楼等地绕着沙古堆村转了三个大弯，之后经供给店、儒林向东南流去。旧时行船，一早从沙古堆出发，绕完三个弯要花去一天的时间，因此行船的人晚上还要留宿在沙古堆。在村民的记忆中，依靠蜿蜒的运河，沙古堆曾一度十分繁华。当下，沙古堆村民众仍然思考着运河与村落建设的关系，如何挖掘并利用运河资源成为当地落实乡村振兴战略的核心话题。[2]

西集的民间文学不仅记录了当地民众关于运河与村落关系的记忆，也传递着民众对美好生活与优秀道德品质的追求。万建中指出，民间文学是民众关于历史、科学及各类人生知识的总结，凝结着民众的审美观念与艺术情趣。[3]西集的民间传说体现了运河畔村落面对的社会问题，也传递着他们对美好生活的向往，如"桥上村"与"九条江"的传说中写道：

> 桥上村是一个运河畔的村落，在运河贸易繁荣时，村中曾多次

---

[1] 马占岭、任德永：《"沙古堆村"的传说》，载北京市通州区政协文史和学习委员会、北京市通州区西集镇人民政府编：《颐和西集》，北京：团结出版社，2017年，第229—230页。

[2] 访谈对象：郑红鹏；访谈人：王卫华、路迪雨婴、杨赫；访谈时间：2023年7月4日；访谈地点：沙古堆村村委会。

[3] 万建中：《民间文学引论》，北京：北京大学出版社，2006年，第25页。

遭到土匪的劫掠。这些土匪沿运河而行，一路为非作歹，官府多次剿匪也没能将他们彻底消灭。后来，桥上村的赵姓村民开始习武，一个名叫二虎的青年天赋出众，学习了一身好武艺。他将村民组织成护村队，日夜巡逻，保护村落安全。在几次打退土匪的骚扰后，土匪们放下狠话要报复村子。于是，二虎就带着乡亲们挖陷阱，提前防备土匪们的骚扰。土匪头子一看多次报复都占不到便宜，只好落荒而逃。因为二虎和乡亲们的英勇抗争，土匪们再也不敢来骚扰村子，甚至流出了一句话，"宁过九条江，不去桥上庄"。[1]

运河既带来了繁盛的贸易，也加速了人口的流动，外来的人口对传统村落而言充满着不确定性。在西集的部分村落中，"禁比匪"[2]是村规民约的重要内容。不与土匪及其他邪恶不正、不合正统的人往来是村落长治久安的保障，体现了村民对安稳生活的期望。在民间叙事中，西集的民众塑造了一位带领村民抗击土匪、保卫村落的民间英雄，以此表达出他们理想中的人物品格与生活状态。

西集民众不仅赞颂英勇抗击土匪的英雄，对爱国的勇士也予以高度肯定。古代的爱国主义精神表现为对"忠""义"品格的赞美。"侯各庄村名的传说"中写道，清代有一对兄弟叫吴忠、吴义，他们都学了一身好武艺，并列当上了比武的状元。在平定新疆与三番的过程中，吴姓兄弟屡立奇功，并且得到了皇帝的嘉奖，受封"忠义"侯。后来，康熙皇帝沿大运河南巡时路过一片水草丰美之地，就将这片地封给吴姓兄弟俩，这座村子后来就被称为"侯各（哥）庄"[3]。在近代民主革命的进程中，西

---

[1] 刘月英：《"九条江"与"桥上庄"》，载北京市通州区政协文史和学习委员会、北京市通州区西集镇人民政府编：《颐和西集》，北京：团结出版社，2017年，第237—239页。

[2] 此资料来源于访谈。访谈人：王卫华、霍志刚、徐睿凝、孙佳丰；被访谈人：后寨府村民郭永新；访谈时间：2018年8月6日；访谈地点：后寨府村。

[3] 吴德龙：《侯各庄村名的传说》，载北京市通州区政协文史和学习委员会、北京市通州区西集镇人民政府编：《颐和西集》，北京：团结出版社，2017年，第231—233页。

集镇的民众也体现出高涨的爱国热情，他们利用运河渡口积极配合解放军作战，相关事迹至今仍在尹家河村的红色村史馆中被展示。[1]西集民众用传说传递着对爱国主义精神与忠厚仁义处世原则的肯定，这些民间叙事在代代传承与讲述中强化了民众对村落与运河联系的认知，也为西集地方文化的形成起到了推动作用。

西集的民间文学承载着当地民众的历史记忆与价值判断，反映了运河与村落传统、民众生活间的关系。西集的民间文学作品中充斥着大运河的身影：运河既是贸易的通衢，带来了村落的繁荣与人员的快速流动，又是地方文化的物质载体，催生了村规民约与民众对优秀品质的追求。西集的民众代代讲述着与运河相关的民间叙事，感受着运河对村落传统的滋养。

2. 大运河与西集的作家文学

西集不仅有着丰富的民间文学资源，还诞生了以刘绍棠为代表的作家群体，他们用文字记录大运河畔民众的生活，表达着自己对家乡的赞美。西集是有着浓郁"文气"的小镇。西集中学的语文教师张葆森回忆，1976年唐山大地震期间，西集镇就组织了一批文学创作者撰写抗震诗篇，他们"一手拿锄头，一手拿笔杆，抒发抗震救灾的豪情，调动广大群众的积极性"。以张葆森为代表的文学爱好者在公社的号召下骑着自行车绕过33个村子，组成了"公社文学组"，创作了一系列作品。《耸起社会主义冲天厦》《刷标语》《我向雷锋来学习》等集体创作的诗篇、儿歌极大地鼓舞了经历地震灾害的西集民众，也体现了西集良好的文学创作氛围。[2]

---

1　副中心之声：《运河之上|副中心尹家河村史馆：传承历史 记录发展 留住乡愁》，访问地址：https://mp.weixin.qq.com/s?__biz=MzU4NDUxNDYwMQ==&mid=2247519003&idx=4&sn=f20b4f2af0ad4436416005c3c3ee6788&chksm=fd9a665dcaedef4b8955f00c23e875171d5686a21aaa03a95934b2bb97528adca896a8d28600&scene=27，访问时间：2023年6月15日。

2　张葆森：《1976—1978年西集地区的文学活动》，载北京市通州区政协文史和学习委员会、北京市通州区西集镇人民政府编：《颐和西集》，北京：团结出版社，2017年，第265－275页。

西集浓郁的文气为著名作家刘绍棠写作风格的形成起到了推动作用。1936年，刘绍棠出生于西集镇儒林村，并在这里先后生活了30余年。他受过西集民间文学的熏陶，熟悉农民的思想、感情，善于运用农民的语言，致力于描写美好的人、优秀的风光景色。[1]西集是刘绍棠文学创作的起点，小学语文老师田文杰是他的文学启蒙者。在《师恩难忘》中，刘绍棠回忆，"田老师每讲一课，就要编一个引人入胜的故事。我在田老师那里学习四年，听了上千个故事，这些故事有如春雨点点，滋润着我"[2]。10岁第一次交作文作业时，刘绍棠用5册作文本创作了《西海子游记》，轰动全校，展现出卓越的文学创作天赋。[3]刘绍棠的成名作是他在读高一时发表的小说《青枝绿叶》，这本小说以1951年农村农业合作化运动为历史背景，歌颂了集体互助合作生产的优势，表达了家乡农民积极昂扬的生产劳作热情。1952年，这部作品被《中国青年报》刊发，收入高中语文教材[4]，这位神童作家随之闻名全国。刘绍棠说，自己写的《青枝绿叶》中有名有姓的人只有五个，他们都有生活原型，他还用小说为他们弥补现实生活中的缺憾，如为没有怀孕的永春嫂添上一个孩子。[5]西集的风土为刘绍棠提供了丰富的创作素材，也奠定了他日后文学创作的基调。

　　大运河是刘绍棠文学创作的动力源泉，是他表达对家乡依恋、赞美之情的载体。崔志远在与刘绍棠进行访谈时提到，刘绍棠"找到了大运河的文化性格"，小说中塑造的老虎跳、一丈青、望日莲、水芹等人总带

---

1　徐文海：《〈蒲柳人家〉及刘绍棠小说的民族化、乡土化特点》，《内蒙古民族师院学报（哲学社会科学汉文版）》1992年第2期。

2　刘绍棠：《师恩难忘》，载张仁贤主编：《温暖教师的70篇教育随笔》，北京：中国轻工业出版社，2016年，第7—8页。

3　李良、王长松编：《北京一城三带历史丛书 北京大运河故事》，北京出版社2022年版，第277页

4　张高峰编：《百年文学主流小说大系 喜鹊登枝》，济南：济南出版社，2022年，第2页。

5　刘绍棠：《〈红花〉与〈青枝绿叶〉》，载向淑君、任朝科、申朝晖编：《荷花淀派研究资料汇编》，石家庄：花山文艺出版社，2021年，第166页。

着一种刚风烈气。刘绍棠则说，自己要写运河的风俗史，写运河儿女的命运史。[1] 他希望用多种视角描绘北运河的风光，要以心血和笔墨"描绘京东北运河农村的20世纪风貌，为21世纪的北运河儿女留下一幅20世纪家乡的历史、景观、民俗和社会学的多彩画卷"[2]。《蒲柳人家》中就有刘绍棠对北运河畔民众性格与民俗的描写，如他写的一丈青大娘性格强硬却疼爱孙子：

> 何满子的奶奶，人人都管她叫一丈青大娘。大高个儿，一双大脚，青铜肤色，嗓门也亮堂，骂起人来，方圆二三十里，敢说找不出能够招架几个回合的敌手。……一丈青大娘有一双长满老茧的打手，种地、撑船、打鱼都是行家。她还会扎针、拔罐子、接生、接骨、看红伤。……不过，别看一丈青大娘能镇八方，她可管不了何满子。[3]

寥寥数语间，刘绍棠就将一位运河畔的农村妇人塑造得惟妙惟肖。这位强硬的奶奶唯独对自己的孙子宠爱有加，将他视作自己的"心尖子，肺叶子，眼珠子，命根子"。为了祈祷孙子能平安长大，一丈青大娘还专门找人为孙子缝了肚兜：

> 这条肚兜大有讲究。何满子是个娇哥儿，奶奶老是怕阎王爷打发白无常把他勾走。听说阎王爷非常重男轻女，何满子穿上花红肚兜，男扮女装，阎王爷老眼昏花地看不真切，也就起不了勾魂索命的恶念。[4]

一丈青大娘的形象是立体、复杂的，她善于劳作，有着撑起一个家

---

[1] 崔志远：《文化心理批评》，北京：中国文史出版社，2001年，第222—228页。
[2] 庄汉新、刘瑶：《中国20世纪乡土小说史话》，北京：中国矿业大学出版社，2006年，第224页。
[3] 刘绍棠：《蒲柳人家》，武汉：长江文艺出版社，2020年，第3页。
[4] 同上书，第4页。

庭的能力，又对家里的孙子抱有一腔不知如何表达的柔情。但是，一丈青大娘的形象又是简单的，她就是北运河畔、西集镇内民众性格的代表，是一位地地道道的生长在运河畔的农民。正是在塑造以一丈青大娘为代表的运河农民的过程中，刘绍棠"固守运河，深挖儒林一口井"[1]，创作了风格鲜明的系列作品、获得了"运河之子"的美誉。他成了西集文学爱好者的楷模，他的创作代表了阿勒西集作家文学的卓越成就。

大运河是西集"文气"的来源。生活在运河畔的西集民众用传说讲述着运河的历史与文化，强化了他们对运河与村落发展关系的认识。西集的作家也从运河中取材，用优美的文字记录西集的风土民情，塑造出生动的人物形象，反映了北运河畔的民众性格。在作家文学与民间文学的共同影响下，北运河被塑造为一条文化之河、文学之河，至今仍默默滋养着河畔生活的人。

### （二）大运河与西集的艺术传统

大运河既滋养了西集的文学传统，也推动了西集的艺术发展，使当地的民歌、民间手工艺形成了自身的特点。西集的民歌十分丰富，包括运河号子、劳动歌谣等，其中既有运河特色浓郁的，这是西集民众生活的反映，又有与其他区域十分相近的，这是各区域文化交流的成果。西集的民间手工艺则以风车、剪纸为代表，这些工艺发源自民间，反映了运河畔民众的生活智慧。

运河号子是西集的代表性民歌，是当地民众在运河上生产劳作的反映。尽管清末因连年洪涝且河道治理力度不足，加之铁路交通的发展，北运河的漕运功能并不复昔日的兴盛。但是，直至民国时期，运河上仍有一些中小型船只通行，运送粮食及其他生活用品。西集的老一辈人还保留着唱运河号子、在河上劳作生活的记忆，如2018年本团队曾在吕家湾与一位50多岁的村民进行访谈，他说自己家中年近90的父母能回忆

---

[1] 陈昭明：《中国乡土小说论稿》，北京：大众文艺出版社，2007年，第163页。

起看运河上船只往来,拉船的纤夫光着膀子喊着号子前进的情形。[1]常富尧先生曾在20世纪80年代访谈过韩有恩老人,韩老先生说当年运河上日夜送漕粮,号子昼夜不停,人们将之称为"十万八千嚎天鬼"。[2]

运河号子是运河畔的民众在搬运货物时所唱的歌,它具有跨区域的影响力。香河的文史专家尹玉如回忆,曾经的漕船或官船逆风、逆水而上时需要纤夫拉纤。香河的纤夫从河西务码头拉到王家铺码头,再从王家铺拉到西集,之后由漷县或通县的纤夫来接。由于纤夫的相互配合,西集、香河等地遂流传着相似的、凄怆而悲壮的运河号子:

"穷哥儿们,把劲崩呀!""咳呀!"
"劲儿拧成一股绳呀,""咳呀!"
"老天爷快睁眼呀!""咳呀!"
"快助咱们一阵风呀!""咳呀!"[3]

运河号子反映了运河畔西集民众的劳作情形,号子里的运河并不是优美的风光,而是纤夫们挥洒汗水的辛勤劳作之地。在日复一日的劳作与生活中,西集的民众将情感倾注于大运河上,浇灌着民间文艺的种子。

西集还有一些与其他区域差异并不明显的民歌,这些民歌在区域文化的交融中形成,同样属于西集的传统民间艺术。常富尧对西集的民歌进行了统计,他指出,西集过去的民歌十分丰富,但由于种种原因,很多歌谣并没有得到良好的记录,如《探清水河》《四辈上工》《姐妹逛花园》《打新春》《绣荷包》《孟姜女哭长城》等。西集丰富的民歌与区域文

---

1　此资料来源于访谈。访谈人:霍志刚、孙佳丰;被访谈人:吕家湾村村民(姓名不详);访谈时间:2018年7月20日;访谈地点:吕家湾。
2　参阅常富尧:《西集民间歌曲》,载北京市通州区政协文史和学习委员会、北京市通州区西集镇人民政府编:《颐和西集》,北京:团结出版社,2017年,第198—206页。
3　尹玉如:《运河风情》,载中国人民政治协商会议河北省香河县委员会编:《古郡风华:香河县文史资料集萃》卷3,内部资料,2019年,第1083-1084页。

化的交流有密切的联系。常富尧说,"过去,随着西集镇经济上与外地的往来与文化上的交流,各地的小调也不断穿到临近地区"[1]。如《画扇面》《卖饺子》等小调无论是歌词或曲调,与周围地区相比较,都是大同小异,是各区域共有的。西集与周围区域的文化交流与运河不无关系,畅通的运河带来贸易的繁盛,而贸易的交流势必带来文化的交往,进而推动民间文化的互动。

大运河不仅孕育了西集的民歌,还为当地民间手工业的发展奠定了基础。大风车与剪纸是西集最具标志性的民间手工记技艺。生于1933年的梁俊老人是风车工艺的传承人,他祖父制作的风车在十里八乡都非常有名,这门手艺代代相传,如今成为西集珍贵的非物质文化遗产。梁俊小时候跟祖父带着家里制作的风车去里二泗赶庙会、去万寿宫凑热闹、到鲁仙观展示手艺。那时候的风车并不是工艺品,只是民众逗孩子的玩具,也是梁俊家收入的重要来源之一。随着社会观念的变迁,风车这门"逗孩子一乐儿,混口饭吃"的手艺在当下成就了梁俊"风车大王"的美称,让他成为国内外瞩目的民间艺术家。[2] 团花剪纸同样是西集代表性民间手工艺,其中最具代表性的艺人是王上村的王文敏。王文敏的剪纸手艺承自外祖母胡氏、母亲马秀珍。靠着自己的不断学习与改进,王文敏最终成为一位著名的手工艺人。王文敏的剪纸与西集民众的生活密切相连,他的作品曾成为年节的窗花、婚礼的喜花、贺礼的礼花,是年节时表达喜庆、吉利情感的装饰。随着时代的变迁,如今的剪纸同样成为西集珍贵的非物质文化遗产,王文敏也成为中国民间艺术家协会会员,北京市民间玩具协会会员,他的事迹被多个刊物报道。[3] 西集的民间手工艺

---

1 常富尧:《西集民间歌曲》,载北京市通州区政协文史和学习委员会、北京市通州区西集镇人民政府编:《颐和西集》,北京:团结出版社,2017年,第198—203页。

2 孟宪良:《梁俊的风车工艺》,载北京市通州区政协文史和学习委员会、北京市通州区西集镇人民政府编:《颐和西集》,北京:团结出版社,2017年,第216—217页。

3 郑建山:《火红的团花剪纸》,载北京市通州区政协文史和学习委员会、北京市通州区西集镇人民政府编:《颐和西集》,北京:团结出版社,2017年,第220—223页。

脱胎于民众的生活,并在代代传承中不断发展,在当下受到了社会各界的重视,彰显了大运河畔民众的智慧与巧思。

流淌千年的大运河滋养了西集民众的精神世界与文化生活。西集民众世代生活在运河畔,他们在运河上挥洒汗水、赚取生活的报酬,在运河边享受生活、创作富有地域特色的民间文艺作品。滔滔运河水繁荣了西集的文艺土壤,推动了民间文艺的传承与创新,也为乡土作家风格的形成奠定了基础,成为西集文艺发展的动力源。

## 第二节　村落治理中的乡居生活

　　村落治理是乡村振兴的重要环节，也是西集近年来推进乡村建设的关键一环。2024年初，《中共中央 国务院关于学习运用"千村示范、万村整治"工程经验有力有效推进乡村全面振兴的意见》中特别强调"提升乡村治理水平"，明确指出村落治理应重视推进党建促乡村振兴、繁荣乡村文化、持续推进农村移风易俗、建设平安乡村，以此大号乡村全面振兴漂亮仗，绘就宜居宜业和美乡村新画卷。[1]西集在遵循《北京城市副中心（通州区）"十四五"时期乡村振兴规划》[2]的基础上，将建设生态休闲小城镇作为建设目标，多措并举，以村落治理成果改善民众日常生活。本章以尹家河村、肖家林村、沙古堆村的村落治理实践为例，分析西集在村落治理过程中积累的经验。其中，尹家河村以红色文化为魂，将历史的记忆转化为生动的教育资源，让革命精神引领村落治理；肖家林村以改善人居环境为基础，以"孝"文化为根基，激发乡村社区内在活力，

---

[1]《中共中央 国务院关于学习运用"千村示范、万村整治"工程经验有力有效推进乡村全面振兴的意见》，《人民日报》2024年2月4日，第1版。

[2]《北京城市副中心（通州区）"十四五"时期乡村振兴规划（2021—2025年）》，访问地址：https://www.beijing.gov.cn/zhengce/gfxwj/202202/W020220224402253667288.pdf，访问时间：2024年8月21日。

提升村落治理水平；沙古堆村则以樱桃种植产业提高村民收入，重视教育在村落治理中的重要性。

## 一、尹家河：红色文化与生态休闲

作为潮白河畔的"京东第一村"，尹家河自古便以繁忙的渡口闻名遐迩。村中的百年渡口不仅见证了两岸之间的亲情传递，更在历史中留下了深刻的红色印记。八路军、解放军都曾在此渡河，为中华民族的解放与首都北京的新生贡献力量。如今，尹家河村在国家乡村振兴战略、美丽乡村建设以及西集生态休闲小镇规划的指引下，以红色资源带动村落治理，使当地民众过上幸福生活。

### （一）尹家河的红色历史

悠悠潮白河水，代代尹家河村，北京通州的最东端坐落着一座有六百年历史的村庄。相传明代福建漳州龙溪的尹氏迁居潮白河左岸，建立此村，倚河依姓，遂名尹家河村。尹家河村隔潮白河与河北香河的王店子村相望，静静流淌的河流是北京与河北的自然分割线，是两岸民众情谊的纽带，更是红色文化的诞生地。

尹家河渡口船只往来，人声鼎沸，每一次的渡船都承载着人们对美好生活的向往与追求，也见证了无数次的相聚与别离，百年渡口无声无息地诉说着村落的过往，也憧憬着村落的未来。尹家河的渡口与浮船不仅是地理上的连接点，更是两地人民情感交流的纽带。岁月流转间，两岸民众的温情关怀、邻里间的家长里短、村落间的婚丧嫁娶都通过这繁忙而温馨的渡口辗转传递。在日常的琐碎之外，尹家河渡口亦承载着厚重的历史记忆。

1945年秋，抗日战争胜利后，万名八路军就是从这里的渡口过河前往东北。当时，八路军日夜兼程，尹家河村为他们准备了几条大船，每船摆渡五六十人,村民们昼夜不停助军过河。[1] 1948年解放北京时,该渡口又成为了解放军入京的战略要地,村里的老党员尹宝年回忆道:"1948年进军北京时,当地政府从附近各村调来建桥物资,在村南边搭建一座木桥,在北面搭建一座浮桥,这就成为当时解放军进京的军事要道。"[2] 对于这段红色历史,当地人自豪地讲道:"解放北平时,军队也是从我们这儿过河的。"[3] 在历史的洪流中,渡口记录下了中华民族争取自由与解放的壮丽篇章,为古都的新生贡献了自己的力量。

作为潮白河畔的"京东第一村",尹家河村因其特殊的地理位置而较早留下了红色政权活动的足迹。尹家河地区有西集最早的党支部,1944年7月,中共三、通、香联合县成立,"共产党在西集地区秘密发展中共党员36名,并在尹家河村建立西集地区最早的第一个党支部,党支部书记郑桂森"。[4] 尹家河村成为西集地区红色革命的摇篮,郑桂森带领着尹家河村乃至整个西集地区的早期共产党员为革命事业播下了希望的种子。

1946年,通县单独建县,县委、县政府及西集第二区政府进驻尹家河,县、区政府均设在该村郑桂德家[5],尹家河村更是成为当时政治活动的中心。民主政府时期,尹家河村是党的政策宣传的前沿阵地。政府巧妙地利用民间文艺形式,通过"旧瓶装新酒"的方式使党的方针政策深入人心。如时任县领导的陈平在当地组织儿童团,教他们唱革命歌曲《解放区的天是明朗的天》[6],并宣传"二五减租"等政策,这种接地气的宣传方式,不仅拉近了政府与民众的距离,也极大地激发了群众的革命热情。尽管1946年的春夏之交,由于战局的变化,通县政府人员不得

---

1 《北京城市副中心:百年渡口》,首都文明网,https://www.bjwmb.gov.cn/dongtai/tongzhou/10030696.html,访问时间:2024年8月18日。

2 《红色尹家河》,《北京晚报》2023年4月13日,第8版。

3 《北京城市副中心:百年渡口》,首都文明网,https://www.bjwmb.gov.cn/dongtai/tongzhou/10030696.html,访问时间:2024年8月18日。

4 北京市通州区政协文史和学习委员会编:《颐和西集》,北京:团结出版社,2017年,第380页。

5 陈喜波:《大运河畔的红色村落 下》,《北京城市副中心报》2021年9月2日,第4版。

6 北京市通州区政协文史和学习委员会编:《颐和西集》,北京:团结出版社,2017年,第381页。

不撤出尹家河村，但尹家河的红色记忆却永远镌刻在了历史的长河中。亲历者们回忆道，"当年县政府机关人员非常平易近人，和群众打成一片"[1]，红色文化旧址至今依旧掩映在浓浓的绿荫之中。

### （二）红色文化引领村落治理

2017年，党的十九大报告中提出"乡村振兴"战略，次年，中共中央与国务院联合颁布了《乡村振兴战略规划（2018—2022年）》[2]（以下简称《规划》），为具体推进这一战略提供具体指导。该规划系统性地勾勒出我国乡村未来发展的宏伟蓝图，并确立了以产业兴旺、生态宜居、乡风文明、治理有效、生活富裕为核心要求的全面发展框架。《规划》深刻阐明了乡村振兴战略的基本原则体系，其中"坚持乡村全面振兴"的原则既是对乡村振兴战略内涵的深刻概括，更是对乡村发展多维度的全面考量与规划，它涵盖了经济建设、政治建设、文化建设、社会建设、生态文明建设和党的建设等，村落治理也在其中占据了重要位置。尹家河村以红色文化为抓手，在全方位推进乡村治理的过程中走上乡村全面振兴之路。

挖掘红色文化、推动文化资源的创造性转化是尹家河村村落治理的关键。1946年，通县县委县政府的驻地曾设在尹家河村民郑桂德家[3]，这处宅子几经辗转后归村民庞先生[4]所有。其旧址位于村东南方，有正房三开间，西厢房一间，院内绿树成荫，几株老树见证了岁月的沧桑；枯井一座，虽已废弃，却仿佛在低语着过往的故事。如今，县委县政府旧址

---

1 北京市通州区政协文史和学习委员会编：《颐和西集》，北京：团结出版社，2017年，第381页。

2 中共中央 国务院印发《乡村振兴战略规划（2018—2022年）》，https://www.gov.cn/zhengce/2018-09/26/content_5325534.htm，访问时间：2024年8月18日。

3 北京市通州区政协文史和学习委员会编：《颐和西集》，北京：团结出版社，2017年，第381页。

4 由尹家河村村委会妇协主任赵亚莉女士提供。

经过手续变更已被转移至村委会的名下留用，并将被改造为红色教育基地以助力村落治理。

不仅如此，尹家河的"乡情村史陈列馆"在村落治理中也发挥了举足轻重的作用。尹家河最初的村史馆建于2013年，2018年以来，村委对原有的村史馆进行重新扩建并升级改造，新的村史馆占地面积由原来的100余平方米扩建至近300平方米，馆内精心布置了170余件展品，按照时间与类别，错落有致地摆放在各个展区之中。这些展品承载了尹家河百年来的生活变迁与记忆碎片，从民国初年的古老营业执照到传统民居中拆卸下来的木窗棂；从夏日里清凉解暑的"冰棍箱"，到昔日农户家中不可或缺的称粮"斗"；再到承载着世代农民辛勤汗水的石磨、耕犁，记录着集体经济时代劳动成果的分红清单……这些珍贵的展品源自乡邻村民的慷慨捐赠，"条案几是村西头那谁家给的""冰棍箱是北头的小贩给的""这些农具就是我家的"[1]，它们见证了尹家河民众的日常生活，讲述了村落的历史。通过实物展示、图文并茂的资料解说、现代多媒体互动技术等途径，村史馆为访客营造了一个沉浸式的体验空间，让人们仿佛穿越时空，直观感受尹家河的过往与现在。红色文化是尹家河村村史馆最突出的特点。村史馆特别设立了以"突出党建引领、红色教育、不忘革命先辈"为主要内容的"红色记忆"展区，该展区以"传承红色基因，赓续红色血脉"为主题，依托通县最早成立的县委县政府旧址这一重要历史资源，通过沙盘模型、图文介绍等形式革命英烈的事迹，生动再现了通县早期红色政权的建立与发展历程，其中有关郑会、郑茂庭等革命先烈英勇的事迹激励了后人，传承了当地的红色精神。

尹家河村史馆是通州区第一家对外开放的陈列室，同时也是通州区爱国主义教育基地与地方历史教育基地，是当地村落治理的关键。尹家河村深入挖掘红色革命资源，匠心独运地打造了一个集教育、展示与体

---

[1]《考古文博学院部分学生党员赴通州区西集镇尹家河村开展支部共建活动》，北京大学文博考古学院，https://archaeology.pku.edu.cn/info/1043/2190.htm，访问时间：8月18日。

验于一体的红色文化教育基地，在以红色文化引领村落治理方面展现了非凡的远见。村委以村史馆为核心平台，积极与北京市内各高校、中小学及社会各界机构建立紧密的合作关系，共同探索红色文化教育的新路径，自觉肩负起作为红色村落的社会责任与使命。村史馆自开放以来累计接待观众近千余次，推动了红色文化的传承。2023年，尹家河村委申报的"尹家河红色之魂"项目脱颖而出，荣获"京韵特色社区教育示范项目"殊荣[1]，尹家河村把红色文化融入村庄发展，以红色力量助力村落治理与乡村振兴。

### （三）生态休闲助力村落治理

生态建设是尹家河村提高村落治理水平、改善民众日常生活质量的又一举措。2016年，在《北京市通州区国民经济和社会发展第十三个五年规划纲要》中，西集镇被赋予了"西集生态休闲小镇"的新定位，踏上了以"生态休闲"为核心的发展征途。在此背景下，潮白河畔的尹家河村将在"潮白河运河休闲产业带"[2]建设中发挥关键作用。

绿水青山就是金山银山，百年渡口是尹家河村历史文化的载体，更是当地生态休闲建设的重要抓手。2022年，《北京城市副中心（通州区）"十四五"时期乡村振兴规划》指出"依托潮白河生态走廊，推动潮白河运动休闲带建设，满足群众休闲、健身、交通等方面需求，打造集运动、休闲、健身、娱乐等于一体的滨河运动休闲产业带"[3]。同年年底，北京市园林绿化局牵头完成了《潮白河国家森林公园概念规划》编制，这一规划不仅是对国务院《关于支持北京城市副中心高质量发展的意见》的

---

1 《西集镇尹家河村入选京韵特色社区教育示范项目》，北京市通州区人民政府，http://www.bjtzh.gov.cn/bjtz/xxfb/202312/1685801.shtml，访问时间：2024年8月19日。
2 毛巧晖等：《北运河流域特色小镇建设研究》，北京：学苑出版社，2023年，第101页。
3 《北京城市副中心（通州区）"十四五"时期乡村振兴规划》，北京市人民政府，https://www.beijing.gov.cn/zhengce/zhengcefagui/202202/W020220224402253667288.pdf，访问时间：2024年8月19日。

积极响应，更是通州区与北三县一体化高质量发展示范区及国家绿色发展示范区建设的重要示范工程。2024年，通州区与河北三河、大厂、香河等地将进一步加强合作，携手推进"潮白河国家森林公园"先行启动区的建设[1]，这一举措将实现优质资源的跨区域共建共享，为区域经济的绿色发展注入强劲动力。潮白河国家森林公园的构想将进一步提升区域生态环境质量，并促进沿岸的生态旅游、休闲度假等绿色产业的蓬勃发展。在不久的将来，尹家河村的居民将享受到更加优美、宜居的生活环境。同时，面对国家森林公园的规划，尹家河村村委还计划在渡口处取一块地以供露营、垂钓，打造文旅产业，发展生态经济以改善民众的生活水平。

尹家河村将生态建设融入乡村振兴、美丽乡村建设、特色小城镇建设等规划之中，多措并举，提高村落治理效能与民众生活质量。2018年2月4日，北京市委市政府向各区印发《实施乡村振兴战略扎实推进美丽乡村建设专项行动计划（2018—2020年）》，计划中提到，各区村庄的工作任务包括"全面整治农村环境""加强村庄绿化美化和生态建设""全面开展农村饮用水水质提升和污水治理工作"[2]等。为呼应上述政策，尹家河村曾开展"还村民一泓碧水、两岸清风"[3]活动。在村委会的引领下，村民们自发行动，化身环保卫士，定时清理街道与河岸的垃圾，用实际行动守护着家园的清澈与宁静，改善村落环境治理水平。同时，尹

---

[1] 《潮白河国家森林公园 先行启动区2024年开建》，北京市人民政府，https://www.beijing.gov.cn/ywdt/zwzt/jjtz/lsjnhbfz/202401/t20240117_3537740.html，访问时间：2024年8月19日。

[2] 《关于印发〈实施乡村振兴战略扎实推进美丽乡村建设专项行动计划（2018—2020年）〉的通知》，北京市人民政府，https://www.beijing.gov.cn/gongkai/guihua/wngh/qtgh/201907/t20190701_100221.html，访问时间：2024年8月19日。

[3] 《修座桥吧！通州这地儿人们出行严重受阻！73米的距离全靠人拉！》，搜狐网，https://www.sohu.com/a/321188015_99961867，访问时间：2024年8月19日。

家河村还"以小微工程为抓手,通过硬化、绿化等措施整治人居环境"[1],让村庄面貌焕然一新。近几年来,村内共完成了6条主路和62条巷道的硬化,改造后的道路干净整洁,村民彻底摆脱"晴天一身灰、雨天两脚泥"[2]的出行烦恼。此外,尹家河村还通过创新管理机制,如"双报到双积分"活动招募志愿者,实施"门前三包"[3]责任制,并辅以奖励机制,极大地激发了村民参与环境整治的热情与责任感,形成了长效管护机制,培育了人人参与、共建共享的良好村落治理氛围,为文明村创建工作奠定了坚实基础。

## 二、肖家林:生态建设与文化传承

静静依偎于北运河之畔的肖家林自然风光旖旎,历史悠久。从肖氏家族的驼帮开垦荒地,到植柳固堤抵御洪水,肖家林村的发展与运河结下了不解之缘。近年来,肖家林村积极响应通州区美丽乡村建设的号召,以生态建设提高村落治理水平,通过环境治理、垃圾分类、文化润村等措施实现从"脏乱差"到"生态美"的华丽转身。

### (一)肖家林的村名与运河传统

肖家林村位于北运河畔,其得名与运河有密切的联系。根据当地文史专家杨殿武的考证,很早以前,肖家林村西部曾天然形成了一块堤围,

---

[1] 《文明村镇创建|以创促建,西集镇尹家河村交出"文明答卷"》,首都文明网,https://www.bjwmb.gov.cn/wmcj/wmcz/10040400.html,访问时间:2024年8月20日。

[2] 《西集镇尹家河村道路完成硬化300余户村民告别"出行烦恼"》,中国文明网,http://bj.wenming.cn/tzh/wmcj/wmcztz/202307/t20230725_6641065.shtml,访问时间:2024年8月21日。

[3] 《聚焦区两会|西集镇代表委员们畅谈体会话发展》,"北京西集"公众号,https://mp.weixin.qq.com/s?__biz=MzIxNDUyMjI0Mw==&mid=2247748071&idx=2&sn=ad858b3d2269795e6cbd87b47154efc0&chksm=962b6d606b2aa748d18eda4cf77cf8b6a6bcb1c65af48e678ba18483c0b941514cb7dc05f552&scene=27,访问时间:2024年8月21日。

最早在这片土地上落脚的人是一支肖氏家族的驼帮。堤围上满坡的翠绿植被与茂密的丛林，不仅滋养了大地，也留住了这支远道而来的驼帮。为了在这片肥沃的土地上播撒希望，肖氏族人牵着耕牛，携着犁铧，用勤劳的双手在西堤上开垦出了一片片金黄的田野。驼帮在此定居后，随着人口的不断增加，西堤日渐拥挤。肖氏的第五代族人肖屾便带领肖氏家族向东，移至距西堤500米的地方（今肖家林村核桃坑旧址）。相较于西堤，新的落脚之地更为平展辽阔，只需穿过葱郁的草地，便能直抵北运河畔，是放牧、耕种、捕鱼的理想地段。

运河为肖家林村奠定了繁荣发展的基础，也埋下了安全的隐患。肖家林因运河而拥有了便利的交通。明清两代运河中漕船往来不绝，这使肖家林的经济一度十分繁荣。康熙三十六年（1697），村内的集市应运而生[1]，商铺林立，门店簇拥，字号响亮。但是，运河又时常泛滥，威胁村庄的安全。为了保障漕运的通畅与田园的安全，运河沿岸的村庄多采用植柳固堤的方法，肖家林村也不例外。明代万恭曾对运河沿线的绿植情况描述道："自张家湾以及于瓜、仪，循河两千余里，万历初植至七十余万株。后来者踵行之，则柳巷二千里，卷埽者有余材，挽运者有余荫矣。"[2] 面对自然的考验，肖屾倡议并带领族人在这片土地上广植林木，不仅将西堤与村庄紧密相连，更筑起了一道绿色的长城，抵御着洪水的侵袭，成片的林木赋予了"肖家林"这一村名以深刻的含义和生命力。[3]

世事如棋局局新，因河床淤积、泥沙堆积等自然因素，漕运不得不改道而行，肖家林的地理位置优势不复往昔。此后，肖家林集市的货源日渐匮乏，交易量锐减，昔日繁华的集场逐渐沉寂，最终黯然落幕，成为一段历史的记忆。

---

1　北京市通州区政协文史和学习委员会编：《颐和西集》，北京：团结出版社，2017年，第94页。

2　陈喜波：《漕运时代 北运河治理与变迁》，北京：商务印书馆，2018年，第164页。

3　北京市通州区政协文史和学习委员会编：《颐和西集》，北京：团结出版社，2017年，第93—94页。

如今，随着大运河文化价值的被重新发掘与珍视，肖家林村再次焕发出新的生机与活力。2014年，中国大运河成功入选"世界遗产名录"，成为中国第46个世界遗产项目；2017年，习近平总书记在视察通州时强调："大运河是祖先留给我们的宝贵遗产，是流动的文化，要统筹保护好、传承好、利用好。"2024年是中国大运河申遗成功十周年，千年大运河，十年精彩蝶变，通州区的运河保护与发展工作成效斐然，西集镇更是依托运河有关政策，致力于构建人、地、水和谐共生的"生态休闲小城镇"。肖家林村作为西集镇毗邻运河的村落，直接受益于这些规划，村委根据"生态发展"的核心发展思路，全力以赴投入改善村内人居环境、提升村落治理水平的实践之中。

### （二）环境整治引领村落治理

随着通州区作为"城市副中心"地位的日益凸显，其下辖的乡镇与村落正以前所未有的速度蜕变，展现出一幅幅生态、人文、村风交相辉映的和谐农村新画卷。为改善村落环境，2017年起，通州区便启动了背街小巷环境整治提升工作，并结合美丽乡村建设逐步向城乡接合部、农村地区推广。西集镇积极响应，以打造优美生态休闲小镇、巩固创城成果为目标，广泛动员群众力量，全面铺开环境整治行动。肖家林村也从背街小巷的精细化治理、拆违建绿、推广垃圾分类等方面入手，提高村民环保意识，创新基层治理方式，全方位提升村落治理效能。

肖家林村北有一片荒地，曾是村民们默认的垃圾站，不用的废弃物，如废旧家具、塑料垃圾、枯枝柴草等都会被倾倒在这里。肖家林村的村书记陈瑞霞看到这一现象，觉得"这块地不能就这么荒废啊"[1]，于是她萌生了建造一座小花园的想法。短短几天内，"肖家林"三个字在荒地上赫然挺立，黄杨、月季、碧桃、金枝槐、迎春花等花花草草点缀其间，几

---

[1]《环境整治进行时｜荒草地变花园 肖家林村喜迎新变化》，"北京西集"公众号，https://mp.weixin.qq.com/s/j6LpORX_5XE6rDjMhOCW5g，访问时间：2024年8月22日。

块镌刻着社会主义核心价值观的石头巧妙地融入这片花海之中，昔日垃圾成堆、杂草丛生的景象一去不复返，取而代之的是精心设计的花圃与错落有致的绿植。除了设有专门的花圃外，村庄沿路也布满了花坛，道路两旁、房前屋后百花争艳，肖家林成为名副其实的"花香村庄"。[1]这便是当地村落治理水平提高的见证。

2018年，北京市委市政府出台《实施乡村振兴战略扎实推进美丽乡村建设专项行动计划（2018—2020年）》政策。为全面提升农村人居环境，重点突出"生态休闲科创小镇""首都森林城镇"等主要特色，西集镇结合"疏解整治促提升"，率先启动了覆盖16个村庄的美丽乡村建设项目。该项目严格要求各村庄彻底清除私搭乱建、整治欺街占道等违法建筑现象，同时，项目致力于推进集体土地非宅地上物的有序腾退，力求以高标准、高质量打造"西集生态休闲小镇"。在这次"拆违"过程中，肖家林村积极响应，村民一直配合，村容村貌焕然一新，村落治理取得显著成效。陈瑞霞在此次"拆违"工作中以身作则，主动拆除了自家的二道院和小房子，这一举动赢得了村民们的肯定。于是，村民积极响应，陈瑞霞的三户邻居紧随其后，迅速行动。随后，肖家林村掀起了更大规模的拆违热潮，村民纷纷参与其中，共拆除违法建筑近3200平方米，极大地改善了村民的居住环境和生活质量。[2]通过坚决拆除村内私搭乱建及侵街占道等违法建筑，肖家林的村容村貌实现了华丽蜕变，体现了村落治理的成果。

垃圾分类是肖家林推动环境整治的重要举措，对提升当地治理水平有重要意义。2017年，肖家林村便已经迈出了垃圾分类的步伐。陈瑞霞说，彼时虽未有系统的垃圾分类机制，但肖家林村已率先倡导村民自行

---

1 《我为群众办实事⑥ | 村落阡陌鲜花美 乡村环境更宜人》，https：//mp. weixin. qq. com/s/M_5fC_QKCfLcJkuwD15sUg，"北京西集"公众号，访问时间：2024年8月22日。

2 《美丽乡村建设 | 肖家林村当家人带头拆违村民积极响应》，"北京西集"公众号，http://mp. weixin. qq. com/s/SAAuTxAma29fRFg GNNf LEw，访问时间：2024年8月22日。

购买小垃圾桶进行分类尝试[1]，为后续工作的深入开展奠定了坚实基础。此后，肖家林村又创新性地构建了"五动""五率"[2]工作机制，确保垃圾分类工作能够有力、有序、有效地在全村范围内开展。通过这一机制，村内不仅形成了良好的工作格局，还极大地提升了村民的参与度和分类准确率。为营造浓厚的垃圾分类宣传氛围，肖家林村还采取了多元化的宣传手段。线上，利用微信群等新媒体平台，定期发布垃圾分类小知识，鼓励村民交流分享分类心得；线下，则通过悬挂横幅、张贴海报、文艺宣传、村内广播、入户发放宣传材料等多种方式，将垃圾分类的理念深入人心。此外，肖家林村还定期组织村民开展垃圾分类宣传活动，进一步激发村民的环保意识和参与热情。党员干部不仅在日常工作中积极分享垃圾分类经验，还通过口头表扬等方式激励村民积极参与，在党员干部的率先垂范下，肖家林村的垃圾分类工作取得了显著成效。同时，肖家林村还建立了日常垃圾分类台账制度，对村民的分类情况进行跟踪检查。对于分类不合格的村民，保洁员会耐心指导并现场协助分类，确保每位村民都能掌握正确的分类方法。

凭借这样一系列扎实有效的举措，肖家林村在垃圾分类领域取得了卓越成绩，并于2021年荣获"北京市垃圾分类示范村"称号。这一荣誉不仅是对肖家林村在环保工作方面突出成绩的肯定，更是对其未来继续深化垃圾分类工作、建设文明绿色村庄的美好期许。

### （三）文化传承助力村落治理

文化传承是肖家林村村落治理的又一推动力，也是当地乡村振兴的重要措施。党的十九大报告中提出的乡村振兴战略内涵丰富，既要实现产业振兴，也要基于生态振兴；既要实现社会振兴，也要基于生活振兴，

---

1 毛巧晖等：《民俗传统与特色小镇建设：基于口述史的研究》，北京：学苑出版社，2023年，第143页。
2 《通州区西集镇肖家林村入选北京市垃圾分类示范村》，首都文明网，https：//www.bjwmb.gov.cn/wmpy/ljfl/2022/03/24/883309.html，访问时间：2024年8月22日。

更重要的是要实现文化振兴。"乡村振兴，文化先行"[1]，在乡村振兴和美丽乡村建设的过程中，文化振兴扮演着至关重要的角色，其不仅是乡村振兴的题中应有之义，更对村落治理具有重要作用。肖家林村史的编纂工作便是对村落历史的回眸与展望，也推动力当地的村落治理与乡村振兴。

西集镇的每一个村庄都承载着厚重的历史与独特的文化，在推进美丽乡村建设的同时，西集镇深谙文化之魂的重要性，启动了村史编纂工作。这项工作汇聚了退休老干部、老教师、工人及热心群众的智慧与力量，他们组成的编纂小组，以满腔的热情与严谨的态度，投入到这场文化的寻根之旅中。在编纂过程中，工作人员通过座谈、人物采访等形式深入挖掘各村的历史进程、建筑文化、人文发展、风俗习惯等内容，重点突出村庄特色，挖掘故事编写村史。肖家林村村史编纂工作负责人杨殿武感慨道："我认为开展村史的编纂实际上是文化传承的一种责任，在美丽乡村建设之中，文化的建设必不可少。我想着我是西集镇的人，我生活在肖家林，我得为这儿的文化做点什么。于是我打算用口述史的方式介绍咱们本地的特色故事，这样肖家林的文化就鲜活起来了。"[2]肖家林村历史悠久，底蕴深厚：从古时六位进士的荣耀，到宋代名将杨业后人的传承；从革命先烈杨国章的英勇事迹，到运河畔偶然发现的战国至汉代陶器碎片……这些碎片共同串联起肖家林村悠久的历史脉络，展现出其独特的文化魅力。肖家林的村史编纂工作在杨殿武的规划下稳步推进，他计划按时间顺序"整理出20万字左右的文字材料"[3]，不仅如此，杨殿

---

1  吴理财、解胜利：《文化治理视角下的乡村文化振兴：价值耦合与体系建构》，《华中农业大学学报》（社会科学版）2019年第1期。
2  毛巧晖等：《民俗传统与特色小镇建设：基于口述史的研究》，北京：学苑出版社，2023年，第144—145页。
3  《美丽乡村丨挖故事 写村史，西集"13人小组"为村民留住最美乡愁~》，"文明通州"公众号，https://mp.weixin.qq.com/s/oogNidDSSkYo1j76jYmR8Q，访问时间：2024年8月23日。

武还谈到肖家林村也将仿效尹家河的做法，留出一间房间陈列老物件和文史材料，让更多的村民知家乡、爱家乡。[1]

"治理有效"是党的十九大提出的实施乡村振兴战略五个总要求之一，是乡村振兴的基础，也是乡村民主政治建设的重要保障。党的十九大报告指出，治理有效的实施路径是"健全自治、法治、德治相结合的乡村治理体系"，来实现乡村社会的和谐与繁荣。在乡村熟人社会的环境当中，德治的作用尤为凸显，它根植于深厚的道德传统、习俗与情感之中，能够与法治相辅相成，共同维护乡村的秩序与和谐。如今，中国各个村落的老龄化、空心化问题较为凸显。因此在德治方面，肖家林村将工作重心放在了银龄群体当中，以孝文化为核心，构建了一个充满温情与敬意的乡村社区。孝文化是中华民族优秀传统文化的重要内容，也是提升村民精神风貌、推进乡村治理深入人心的文化力量。对此陈瑞霞谈道："文明乡村的创建，离不开中华民族传统美德的传承。孝道不仅是中华民族千百年来的优良传统，我希望这也成为肖家林村人共同坚守的文化根基。"[2]作为西集镇唯一以"孝文化"为特色品牌的村集体，肖家林村起初也是"摸着石头过河"。2015年、2016年陈瑞霞两次去于家务的仇庄村考察，学习他们在打造孝文化方面的先进工作经验和做法，并结合村内实际，推进村落治理实践。近年来，从景观打造到文娱活动，从日常生活到制度规范，孝文化在肖家林村的每一个角落都得以生动展现。

肖家林村以"孝"为主题，在村委会的外墙精心打造了以"新二十四孝"为内容的孝文化墙。这道文化墙以图文并茂的形式通俗易懂地展现了传统道德文化，既扮靓了乡村风景，又传播了孝文化。为了进

---

[1]《美丽乡村|挖故事 写村史，西集"13人小组"为村民留住最美乡愁~》，"文明通州"公众号，https://mp.weixin.qq.com/s/oogNidDSSkYo1j76jYmR8Q，访问时间：2024年8月23日。

[2]《家风家训|学经验 办讲座 建街道 肖家林村打造特色"孝文化"品牌》，"北京西集"公众号，https://mp.weixin.qq.com/s/vBsDZmsUXf-SgwIUOB9mTg，访问时间：2024年8月23日。

一步关爱老年人群体，肖家林村建设了老年驿站。2018年底，肖家林村老年驿站正式营业，这座占地800多平方米的驿站，设施齐全，功能完善，为老年人提供了一个集日间照料、休闲娱乐、健康饮食于一体的温馨家园。在这里，老人们可以下棋、看书、看电视，享受丰富多彩的文娱生活；同时，驿站还提供经济实惠的三餐服务，让年满60岁以上的老人能够享受到实惠、健康、美味的食物。在一些特定的节日期间，村里还会给70岁以上的高龄老人补贴数百元。除了物质上的关怀，肖家林村还十分注重老年人的精神文化生活。在中秋、重阳等传统节日期间，村里会举办各种丰富多彩的活动，如中秋茶话会、重阳文艺演出等，让老人们感受到节日的喜庆和温暖。2018年中秋佳节即将到来之际，肖家林村开展"悦中秋 阖家欢"中秋茶话会，[1]老人们亲手制作冰皮月饼，与社工们共舞健身操，欢声笑语充满了整个活动室；2021年重阳节，肖家林村邀请明月星火工程文艺演出队为村里老人们送上一场温暖人心的公益演出；[2]2022年重阳，志愿者们为老人们献上精彩的扭秧歌和舞龙表演，老人们则围坐一起品尝蛋糕、畅谈生活趣事，谈论重阳节的习俗，讲述生活中的趣事，畅谈新农村的发展变化，共同庆祝这个属于他们的节日。[3]此外，肖家林村还关注老年人的健康问题，定期开展关于老年人常见病及相关知识普及的知识讲座等活动，提高老年人的健康意识和自我保健能力。

肖家林村以孝文化为中心的德治工作取得了令人瞩目的成效，孝悌家风与敬老爱老的传统美德如春风化雨，悄无声息地滋养着每一寸土地，

---

[1]《新闻速递 | 学做月饼、跳健身操，肖家林村老人齐聚一堂欢度中秋》，"北京西集"公众号，https：//mp.weixin.qq.com/s/kBG2t9lsqCjatNkyCfu7Hg，访问时间：2024年8月23日。

[2]《新时代文明实践 | 孝爱沐重阳！西集镇开展"孝满京城 德润人心"主题系列活动》，"北京西集"公众号，https：//mp.weixin.qq.com/s/MYglbHb-HY9YL88T-c2-5Q，访问时间：2024年8月23日。

[3]《新时代文明实践 | 看表演、包饺子、送健康……西集镇老人这样过重阳节》，"北京西集"公众号，https：//mp.weixin.qq.com/s/NcA51XBgJd_vT2p3-6A80Q，访问时间：2024年8月23日。

影响着每一位村民的心灵。孝文化建设使村民们之间的关系变得更加和谐融洽，邻里之间的互助合作蔚然成风，人们的幸福感与日俱增。村民杨俊华还特意作了一首打油诗感叹肖家林村容村貌、村落文化的改变：

> 打竹板笑开颜，村容村貌大改变。
> 亭子牌楼村中建，健身器材装村前。
> 男女老少齐锻炼，强身健体乐无边。
> 竹板响声连声，大家一道听分明。
> 垃圾卫生搞干净，村里的道路硬又平。
> 路平干净灯又明，生活舒适美环境。
> 竹板响声连声，我给大家说分明。
> 绿化家园美化村，村里积极来响应。
> 村民自觉来执行，路旁屋前绿荫荫。[1]

## 三、沙古堆：农业发展与文教建设

沙古堆是因运河弯道而得名的村庄，当地民众在运河畔的土地上世代耕种，形成了坚忍不拔、勇于创新的精神。20世纪90年代中后期，沙古堆村抓住了樱桃种植这一新兴产业的机遇，通过科学种植、规模经营，实现了从"苦日子"到"甜蜜村庄"的转变，提高了村落治理的水平。在产业发展的同时，沙古堆村还注重文化建设和教育投入，传承尊师重教的优良传统，培养了一代又一代的优秀人才。如今，沙古堆村正以崭新的面貌，迎接着村落治理与乡村振兴的美好未来。

---

[1]《我家每天不一样｜村民出家门就能赏花 大伙儿更爱出来遛弯啦！》，"文明通州"公众号，https://mp.weixin.qq.com/s/e2Wnv6–vxywtOMduav8Jtw，访问时间：2024年8月24日。

## （一）沙古堆的历史与农业传统

千年运河悠然绕过西集镇沙古堆村的边缘，勾勒出一弯弧线。当地人说，每当河流在此处转弯，湍急的河水便会在弯道处形成起巨大的漩涡，水流减缓之际，无数泥沙拥入河畔，日积月累，形成了高耸的沙丘。沙古堆村的沙岗子，便是长年累月的河水泛滥冲击堆积而成。今天的北运河在先秦时期又称"沽水"或"沽河"，汹涌的沽河虽曾带来灾难，却也以它独有的方式塑造了适宜人居的北京小平原，以及平原上错落有致的沙丘。沙古堆村的先人就在其中一个高沙丘上建村。沙丘是沽水堆成的，即"沙为沽所堆"，简言之为"沙沽堆"，古时的"沽"通"苦"，有粗劣、简陋之意[1]，当地人也将其解释为"痛苦"[2]。为了祈求生活幸福，村民就将村名改为"沙古堆"，希望生活能更为甜蜜幸福，久而久之"沙古堆"遂为村名使用至今。

沙古堆村毗邻北运河，长期以来，村民们需要依赖变幻莫测的天气来维持生计。《沙古堆村史志》中记载："本村临近北运河，但我村农民，纯系靠天吃饭。"这种无奈与依赖，在民间流传的俗语中得到了生动的体现——"黑夜下雨白天晴，长得粮食没地盛""有钱难买五月旱，六月连阴吃饱饭"[3]都反映了村民们对适宜天气条件的渴望与期盼。面对天气的变化莫测，沙古堆村的村民们意识到，必须从根本上改善生产条件，才能彻底摆脱苦日子。于是，在20世纪50年代，村民们齐心协力，利用运河畔优越的地理位置和水土条件，修建了引水沟渠，成功地将北运河的河水引入农田，使之成为滋养这片土地的生命之源。这不仅极大地改善了沙古堆村的灌溉条件，提高了农作物的产量和品质，更为村民们的生活带来了翻天覆地的变化。

运河沿线村镇因运河而生、随运河而兴，历经千百年的风雨洗礼，积淀了深厚而独特的历史文化底蕴。随着城市副中心时代的到来，大运

---

1　谷衍奎编：《汉字源流字典》，北京：语文出版社，2008年，第708页。
2　田俊杰编：《沙古堆村史志》，内部资料，2018年，第2页。
3　同上书，第25页。

河不再仅仅是历史的见证者,更成为推动沿线地区发展的重要引擎。在这一背景下,众多古村落如沙古堆村,正依托运河资源禀赋焕发生机。自20世纪90年代以来,沙古堆村充分利用运河带来的水利之便以及独特的冲刷土质条件,逐渐摸索出了一条符合自身实际的产业道路——樱桃种植,这条道路不仅有效缓解了村民们长期以来"靠天吃饭"的困境,更为村庄的可持续发展奠定了坚实的基础,樱桃种植业成为当地村落治理的重要支柱。

（二）樱桃产业引领村落治理

沙古堆村的樱桃种植业兴起于20世纪90年代中后期,在此之前,沙古堆村的传统农业格局以粮食作物为主导,辅以零星的经济作物种植,但尚未形成规模化经营。据《北京市通县地名志》中记载,截至1990年,沙古堆村"耕地3285亩。土壤东为两合土,西为面砂土。主产小麦、玉米,粮食总产178.8万公斤,居全乡第二位。经济作物有花生。产西瓜、蔬菜,其中西瓜种植面积250亩,总产262.5万公斤,居全乡之冠"[1]。如此一个以传统农业为主的村庄在90年代中后期迎来了转折。一次偶然的契机悄然改变了沙古堆村的经济面貌,樱桃种植这一新兴产业在这片土地上生根发芽,并逐渐发展壮大,最终引领村庄走向了特色化、规模化的现代农业发展之路,提高了村落治理水平。

沙古堆村西侧有一个驾校,正是这所驾校不经意间成为沙古堆村经济转型的催化剂。1994年,一位外来的驾校学员与来自沙古堆村的教练在闲聊中,萌生了在村中种植樱桃的想法。这一设想最终推动了沙古堆村樱桃种植业的发展,塑造了今日的"甜蜜村庄"。《沙古堆村史志》记载,"（1994年）镇干部黄勇介绍孙亭来村栽种大樱桃"[2],指的便是这段历史。樱桃种植业的兴起,虽始于一次偶然的机遇,但其却推动了沙古

---

1 通县地名志编辑委员会:《北京市通县地名志》,北京:北京出版社,1992年,第238页。
2 田俊杰编:《沙古堆村史志》,内部资料,2018年,第16页。

堆的产业发展，提高了村落治理效能。沙古堆村发展樱桃种植业具有天然优势，因为当地独特的蒙金土为樱桃树的生长提供了理想的条件。樱桃树根茎浅，对土壤透气性要求极高，而蒙金土恰好满足了这一苛刻需求。在运河塑造下形成的蒙金土以"洪冲积物"为母质，[1]土壤上层为"疏松、多孔隙"的"砂质黏壤土"，下层为紧实的"黏壤土"或"壤质黏土"，排灌条件较好，质地适中，耕性较好，非常契合樱桃的种植要求。然而，仅有优越的自然条件还不足以成就今日的"甜蜜村庄"。沙古堆村老书记皮兆泉及其村干部团队，以非凡的远见卓识和坚定的决心，成为推动樱桃产业发展的关键力量。皮书记谈道："那个时候反对的声音比比皆是……毕竟大家心里都没谱，没有样本可以参照。"[2]面对村民们的疑虑与反对，皮兆泉亲自种植樱桃树，用实际行动证明了樱桃种植的可行性。同时，他们还制定了一系列激励政策，鼓励村民积极参与樱桃种植，得益于彼时村干部们的不懈努力，沙古堆村的樱桃种植业才有了长久的发展。

优质的土壤环境与先进栽培技术的融合，孕育了沙古堆大樱桃的非凡品质，它们珠圆玉润、红艳饱满，不仅果型硕大、果肉厚实，更以其浓郁的口感、甘甜多汁、脆爽味香而著称。2011年，以西集镇为主产区在的"通州大樱桃"被农业部授予了"国家地理标志"称号；2018年，沙古堆村凭借"通州大樱桃"这一金字招牌，荣获国家级"一村一品"示范村的称号。自2022年以来，沙古堆的樱桃种植进入了新的发展阶段，在"退林还耕"政策的影响下，樱桃种植业迎来了产业升级与转型的关键节点。[3]村书记郑红鹏为此多次赴辽宁、山东等樱桃种植先进地区

---

1 全国土壤普查办公室编:《中国土种志 第4卷》，北京：中国农业出版社，1995年，第178页。

2 《京郊樱桃种植第一人》，访问地址：https://beijing.qianlong.com/2021/0608/5887485.shtml，访问时间：2024年8月25日。

3 毛巧晖等:《民俗传统与特色小镇建设：基于口述史的研究》，北京：学苑出版社，2023年，第151页。

考察学习，深刻认识到科学种植与品种优化对于产业长远发展的重要性。针对沙古堆村过去重数量轻质量的种植模式，他积极向村民传递品种改良的紧迫性，并引导部分村民尝试引进、种植优良樱桃品种，有效推动了当地樱桃种植业的品质升级。同时，面对自然灾害等不确定因素的威胁，沙古堆村的樱桃种植者展现出了非凡的智慧与韧性。以曹女为代表的村民，开始探索樱桃种植业的多元化发展路径，依托樱桃种植优势，逐步构建起包括家庭农场、民宿等在内的完整产业链。这种农旅融合的发展模式，不仅增强了樱桃产业的抗风险能力，还极大地丰富了乡村旅游的内涵，吸引了众多游客前来体验采摘乐趣，享受田园风光。产业的发展改善了沙古堆村民众的生活质量，推动了村落治理的发展。

如今，沙古堆村的樱桃采摘、家庭农场、民宿等产业相互映衬，共同绘就了一幅"甜蜜村庄"的美丽画卷。在这里，游客可以亲手采摘新鲜的樱桃，品尝地道的农家美食，感受乡村的宁静与美好。沙古堆村以其独特的樱桃产业与农旅融合的发展模式，展现出了乡村发展的无限可能。

### （三）文教发展助力村落治理

文化建设是沙古堆村村落治理的又一重要内容，自古以来沙古堆便承载着尊师重教的悠久传统。明清时期，沙古堆村便已私塾林立，村中田启友家族所设的家塾打破了姓氏的界限，除收田姓家人之外，也广开才路，有韩姓、曹姓等家子弟"附读"，让不同姓氏的子弟得以共聚一堂。民国时期的教育改良之风也普及到了沙古堆村，村内"拆了大庙建学堂"，以实际行动响应着教育进步的浪潮。受限于资源，沙古堆村仅建成了初小，但"三清殿"前西殿的改造，却为贫家子弟点亮了求知的灯塔。尽管学费问题曾让不少学子面临辍学的困境，但教师们依然坚守岗位，自编教材，既传授四书五经的传统智慧，又引入尺牍、《论说精华》乃至《药性赋》等实用知识。解放初期，沙古堆村也曾办民校、扫盲班等，进一步提高村民文化水平。新中国成立后，沙古堆小学迎来了崭新的篇章。在党和政府的关怀下，学校由人民政府接管，教育的目标更加明确——培养全面发展的社会主义建设者和接班人。这一时期，女孩与男孩一样，享有了平等的受教育权利，学校不仅注重知识的传授，更注重学生德智体美劳的全面发展，鼓号队的成立、节日里的宣传活动、为烈军属拜年以及丰富多彩的文艺演出，都成为学生们难忘的记忆。

正是根植于这份深厚的重教传统与丰富的文化底蕴，沙古堆村较早地意识到了以教育发展带动地方文化建设的重要性。村干部和村民们齐心协力，通过多种渠道筹谋建设沙古堆小学，老书记皮兆泉回忆道："我们村当年建的3层（小学）教学楼，这可是当年全镇第一个村有3层教学楼的……那是1990年，通过县里资助、各企业赞助、村里集资、个人捐助等途径建成的。"[1]建成后的沙古堆至今已有几十年的历史，不仅为本村的孩子解决了上学问题，还吸引着附近村落的孩子来此读书。近年来，随着政府对教育事业的日益重视，沙古堆小学迎来了新的发展契机。政府不仅投入巨资对教学楼进行了加固改造，确保其安全稳固，还精心铺建了大操场，为孩子们提供了更广阔的体育活动空间。随着国家"科教兴国"大政方针的逐渐贯彻，一系列教育政策的落地实施，如"九年义务教育制"的全面普及和"少年儿童权益保护法"的严格执行，让沙古堆小学的孩子们得以享受更好的待遇，真正实现了"有学上、上好学"的梦想。如今的沙古堆小学已与通州区的芙蓉小学紧密相连，成为芙蓉小学沙古堆校区，实现了教育资源的共享与互补。学校的师资力量日益雄厚，教学理念与时俱进，课程设置丰富多彩，不仅保障了孩子们接受高质量的教育，更为沙古堆村的文化建设注入了新的活力与动能。

近年来，沙古堆村还以"美丽休闲乡村"建设为核心，开展了一系列丰富多彩的文化实践活动，村中精心打造的"美丽乡村文化墙"巧妙融合了大运河的壮阔、樱桃的甜美、农耕的辛勤与民俗文化的多彩，通

---

[1]《京郊樱桃种植第一人》，访问地址：http://www.bjmlxc.cn/shownews.jsp?id=20210607160614572375711，访问时间：2024年8月26日。

过生动的墙体彩绘，将一个个动人的故事娓娓道来，实现了"一墙一故事，一街一景观"的独特魅力，吸引着八方游客驻足观赏，流连忘返。为了进一步提升村落的文化内涵和品牌形象，沙古堆村还设计了代表大运河与樱桃的吉祥物"小北"与"小美"，这两个可爱的形象不仅成为村落的代言人，更基于其独特魅力衍生出了一系列文化创意产品，有效促进了村落文化资源的挖掘与转化。2022年，沙古堆村获评"美丽休闲乡村"，[1]成为西集镇"生态休闲小城镇"建设的代表性成就。目前，沙古堆村正全力打造"大运河乡村会客厅"，这一综合性文化空间集乡村旅游服务中心、运河文化图书馆、文创产品展示与售卖、乡村咖啡厅等功能于一体，旨在为游客提供更加丰富、便捷的旅游体验，同时也为村民提供了一个学习交流、休闲娱乐的文化平台。未来，村书记郑红鹏还希望在村落中修建"大运河美育馆"，并邀请非遗传承人入驻沙古堆，以此推动沙古堆村的文化建设，提升村落的治理能效，丰富民众的精神生活。相信在不久的未来，随着诸多项目的逐步落成，沙古堆村的文化特色将越发鲜明，美丽休闲乡村的形象将更加深入人心，村落治理效能也得以进一步提升。

---

[1]《2022年北京市美丽休闲乡村名单公布》，访问地址：http://m.news.cn/bj/2022-07/08/c_1128813899.htm，访问时间：2024年8月26日。

## 第三节　产业发展与致富道路

　　西集镇位于通州区东南部，地处潮白河冲积平原，全镇地势平坦，三面环水，具有良好的农业与商业基础。土壤是西集农业发展的基础。大运河的冲刷与浇灌使西集形成了大片的蒙金土，这种上沙下黏的土壤上层透水性好，下层能够保水托肥，土壤中的氮、磷、钾等微量元素多。产自西集镇、被列入国家地理标志的"通州大樱桃"，形成网红效应的"西集紫优小麦"以及当地出产的玉米、草莓等作物也都得益于蒙金土的滋养。在一批"新农人"的参与、推动下，西集的传统农业为家宴提供了优质的原料，也成为当地三产融合发展的起点。

　　在优越的自然区位条件之外，西集镇还具有悠久的商业传统和多元的生态休闲项目。据史料记载，明朝初期，燕王朱棣率领的平北大军沿大运河北上至通州镇，为迎接大军过河，当地官员在此设立东、西仪仗队。之后，这两地发展为一定规模的聚落，分别得名东仪、西仪。因西仪为交通要冲，逐渐形成集市，先名西仪集，后称西集。历史上的"西集"，在每月的二、五、八、十开集，因商品多样、物美价廉，总吸引远近村民慕名而来，"把日子过红火"成为了一代代西集民众的生活宗旨。21世纪以来，在乡村振兴发展的蓝图中，西集镇依托得天独厚的自然资源，通过产业建设、产业融合等具体举措，着力打造西集生态休闲小城镇，并取得了阶段性成果。"五年来，西集镇延长农业发展产业链条，发展农业创新科技，推动农家体验、农业体验、乡村文化旅游为辅助的生产、观光、休闲、旅游融合发展，打造一、二、"三产融合"的新兴特色休闲农业综合体。"[1]

当下，西集镇整合农业、商业的传统优势资源，推动产业升级，形成了一系列优秀实践成果。如，西集镇以家乡菜打造的品牌"西集家宴"吸引了四方游客的到来，依托小麦种植与面塑打造的三产融合产业链提高了当地农民的收入，围绕樱桃种植与地方文化打造的特色民宿擦亮了西集文旅的金名片。通过产业建设与升级，西集以产业振兴改善民众生活水平，使当地人走上了致富道路。

# 一、西集家宴：从家常菜到地方品牌

"西集家宴"是西集镇政府主办的品牌活动，至今已有6年历史。它以留住西集味道、西集念想、西集乡愁为主线，将家常菜打造为文旅品牌，带动村民走上致富道路。通过从各村选拔厨娘，"西集家宴"活动为妇女展示自己的手艺搭建了舞台，既为她们创业、就业提供了帮助，也为乡村振兴注入了活力。

## （一）大运河孕育出的家常菜

大运河的流动，联通了南北文化，促进了不同区域饮食文化的交流，影响了沿线各地的菜肴风格、菜品样式与烹饪技法。如扬州地区菜肴风格的形成就与大运河的开凿密切相关。大运河打破了扬州地区"江都水断"[2]的旧有格局，沟通起长江、淮河、泗水、汴水等水系，进而推动了

---

1 《推动西集镇经济社会高质量发展，不断增强人民群众获得感、幸福感》，访问网址：http://www.bjtzh.gov.cn/bjtz/xxfb/202203/1517237.shtml，访问时间：2024年8月20日。
2 （北魏）郦道元著，杨守敬、熊会贞疏，段熙仲点校：《水经注疏》卷30《淮水》，第2556页。

扬州饮食与中原饮食的交流。周爱东认为，"在隋唐以前，淮、扬地区饮食的基本风格是朴素，除去用料与风味，意趣上与其他地方并无太大区别。但到了隋唐，扬州饮食开始表现出其精雅的风格"[1]。这一案例也证实了大运河对扬州菜肴风格的影响。菜品样式方面，大运河的流动使其流经地区的"饮食地图"日渐壮大，开发了更多的新菜式。如北京的标志性美食"北京烤鸭"就源自南京的"金陵片皮烤鸭"。相传，金陵片皮烤鸭的烹饪技艺是在明成祖朱棣迁都北京时，与北上的队伍一同经大运河"漂"到的北京城，经过改良后成为风靡京城的挂炉烤鸭。不仅如此，北京烤鸭的原材料"北京鸭"同样得益于大运河。据梁实秋《烤鸭》所写，"北平苦旱，不是产鸭盛地，唯近在咫尺之通州得运河之便，渠塘交错，特宜蓄鸭"[2]。可见，大运河使通州独得养殖"北京鸭"的地理优势，这在一定程度上也保证了"北京烤鸭"的发展与繁荣。作为大运河的北端点，北京被称为大运河"漂来"的城市，北京的饮食习俗、经典菜式中也深藏着许多大运河的历史记忆。

　　作为北运河畔的古镇，西集见证了天南海北美食的交流融合，形成了具有运河特色的饮食文化。历史上的西集人靠水吃水，从家门口的大运河中寻觅鲜鱼，因此当地有"鱼汤泡米饭，县长也不换"的谚语。此外，西集人还表现出了对面食的情有独钟，西集的地方名吃也多和面食有关，如有漕运文化"活化石"之称、最早可以追溯至14世纪、运河开漕节的风味小吃——西集祈饼。据史料记载，开漕节始于明代，是举办于每年三月朔日，为庆祝自南方而来的第一批漕运粮食平安到达北运河北端的大光楼的庆祝活动。相传在这一日，朝中官员、商人会在大光楼庆祝，而西集祈饼就是开漕节的庆典餐桌上必不可少的美食。后来，祈饼传入民间，被民众不断改良，从单纯祈求平安顺遂的贡品，变成了民

---

[1] 周爱东：《略论扬州饮食史的分期》，《扬州大学烹饪学报》2013年第2期。文中提及的鲈鱼脍、金齑玉脍、糟蟹、糖蟹等菜肴的烹饪技法、摆盘样式等，均是这一观点的例证。

[2] 梁实秋：《雅舍谈吃》，北京：现代出版社，2019年，第12页。

间的食品，也被赋予了更多美好的寓意，比如平安健康、福禄、长寿、多子多福等[1]。西集的小吃"咯吱盒"也是一道与运河有关的经典面食。据记载，京杭大运河开漕之际，船工们从山东带来酥脆的煎饼，因日久受潮变得皮软，有人将煎饼卷成卷，切成段油炸，食之香脆，长久不变质，成为陪伴船工远航的美食，在北运河方圆数十里的京东一带民间流传开，这一经过改良过的"山东煎饼"就是如今的"咯吱盒"。有一则至今仍在西集、张家湾等地流传的传说，记载了"咯吱盒"的起源：

辽萧太后有一日准备到延芳淀的行宫，途经北运河码头，看到街巷熙熙攘攘，商幌林立，好不热闹。正在仔细观瞧之时，突然感到腹中饥饿，就叫随从下船备些当地的小吃充饥。不一会儿，随从领着一个店小二抱着瓷坛来了，里面就是一层一层的咯吱盒，当时这个小吃还没有名字，萧太后拿起一块放到嘴里，刚咬了一口，就听"咯吱"一声，豆香四溢，口感甚佳，顿时心花怒放，一连吃了四五块。食后，她问小二，这叫什么名字？店小二机灵，顺口答道：咯吱盒。萧太后听后非常满意，让随从把剩余的连同瓷坛都留在船上备用，同时吩咐当地官吏，今后将其作为宫廷小吃定期进贡。于是，这道小吃就有了名字。[2]

如今的西集民众，人们把制作西集家常菜的技艺视为衡量厨艺的"金标准"。西集祈饼、"咯吱盒"等地方名吃也在历史发展中成为家常菜的代表，在村中各类节庆活动、厨艺大师上频繁现身。

---

[1] 《北京通州：村味》，访问网址：https://nycj.beijing.gov.cn/nyj/snxx/gqxx/436339845/index.html，访问时间：2024年8月27日。

[2] 同上。

## （二）家常菜变身文旅品牌

"西集家宴"由西集镇政府牵头举办，它是以汇集传统地方美食，"留住念想，找寻归属感"作为宗旨，以家宴形式呈现的厨艺比拼大赛。西集家宴的赛程主要分为两大模块：赛前准备和决赛比拼。其中，赛前准备包括厨娘打擂、特色菜单评选、线上征集等工作；决赛比拼则以擂台赛的模式进行，比赛内容是当地红白喜事时招待客人的"二八席"——一种综合满汉饮食特色的席面，讲究八碟八碗，其中八大碗为荤菜、八大碟为素菜，共十六道菜，故称"二八"。可以说，"西集家宴"既是故乡味、故乡情的传承；也给了选手自主创新菜式、摆盘的机会，使参赛厨娘能够全面展示自身实力，推动西集饮食文化发展。

迄今为止，"西集家宴"已成功举办四届，具备较高的知名度，形成了一定的品牌效应，是西集镇推动地方产业建设的重要动力。2017年5月，西集镇正式发布"北京向东是西集"的品牌战略，并推出第十二届樱桃采摘季和第一届"西集家宴"这两项重磅活动，"西集家宴"的问世也填补了西集镇品牌化本土餐饮的空白。第一届"西集家宴"在北京市通州区盛世园林举办，开宴当日，共有来自活动相关单位的嘉宾、国家级烹饪大师、网络美食达人、乡村味道的忠实追随者百余人参加活动。比拼共分三轮，要求参赛厨娘分别制作：精品主食、推荐菜品以及果蔬拌菜"西集大丰收"。经过激烈的角逐，首届赛事评选出金牌厨娘、银牌厨娘、家宴厨娘共计20人，成功打响了"西集家宴"的名气。[1] 2018年5月，第二届"西集家宴"如约而至，赛场的呈现形式更加多元，决赛现场创新性地融入了文艺表演，缓和了比赛的激烈与胶着，评选出仵会冬、王志惠等20位金牌厨娘、银牌厨娘、家宴厨娘。值得一提的是，这一届"金牌厨娘"的获得者王志惠，曾被票选为首届"西集家宴"的银牌厨娘。据王志惠介绍，在第一届"西集家宴"结束后，她将自家厂房改

---

[1] 《北京西集打造生态休闲小镇 首届"西集家宴"品味乡愁》，访问网址：https://m.sohu.com/a/142477639_123753，访问时间：2024年8月27日。

造成了家宴小院，并且经营地有声有色，成为"西集家宴"授权的经营场所之一，可见"西集家宴"的品牌效应对当地民众的积极影响以及对当地产业建设的带动作用。[1]2023年4月，第三届"西集家宴"盛大开幕。据西集镇党委副书记高龙川介绍，本届"西集家宴"延续了传统，持续为西集厨娘提供舞台，进一步引导参赛厨娘带动乡村妇女就业，为乡村振兴注入活力。在此基础上，西集镇还通过联动"西集家宴"与"樱桃节"两大文化品牌，在"樱桃节"上展示家宴美食，促进樱桃销售；与镇内饭店合作，打造"西集家宴"旗舰店和体验店，扩大西集家宴的体验范围等举措，致力于提高"西集家宴"品牌的商业价值，使其成为推动农业发展、促进乡村旅游、探索新兴产业的有力抓手。[2]2024年，第四届"西集家宴"以"醇享乡情"为主题，一改往日的竞赛机制，而是邀请来自西集镇的名厨，共同完成春景、夏吟、秋实、冬韵四类套餐，并在菜品中融入了西集四季时令优质农副产品，体现出西集"家宴文化"的生活美学。

近年来，"西集家宴"逐渐由家常菜变为西集镇推进文旅融合、助力乡村振兴的一大亮点，成为汇聚西集特色美食文化、丰富西集家宴品牌形象、增创名优餐饮效益、拉动西集旅游餐饮消费的重要途径。民以食为天，"味觉"是最容易牵动记忆、唤醒情感的感官；"家宴"则是象征着故土、家乡、家庭的符号。乡村振兴的时代语境下，"西集家宴"以西集饮食为媒介，通过打造"农文旅体商餐"的产业融合发展模式，实现了用"西集家宴"传承西集味、故乡情的初心。

---

1 《寻味记丨品味乡愁 留住念想！第二届西集家宴主推大运河畔的吃食！》，访问网址：https://mp.weixin.qq.com/s/vjXeuhyiFsrUrgASkFgMNQ，访问时间：2024年8月27日。
2 《宾朋齐聚、香飘运河！第三届"西集家宴"擂台赛华丽打响：9位厨娘同台比拼"家宴味道"》，访问网址：https://www.sohu.com/a/668333252_204474，访问时间：2024年8月28日。

### （三）"西集家宴"的金牌厨娘

从全镇的战略布局而言，"西集家宴"是推动西集镇的产业建设的动力、产业融合的现实载体；从村民的生活世界出发，"西集家宴"为许多乡村妇女提供了就业机会，让她们拥有了属于自己的事业，并且能够依靠个人本领，带领全家共同致富，显著地提升了生活质量。在西集镇里，有一批厨娘因"西集家宴"而走红，成了闻名遐迩的"金牌厨娘"，如在首届"西集家宴"获得金牌厨娘称号的韩玉陆，因开设家宴小院而致富的王志惠，还有蝉联"金牌厨娘"、网红餐馆幸福小院的经营者仵会冬。金牌厨娘是"西集家宴"品牌的打造者，也是"西集家宴"品牌的受益者，她们的实践能够令西集家宴造福更多村民，使西集民众切身感受产业振兴的成果。

仵会冬是西集最具代表性的"金牌厨娘"之一。她是通州区潞城镇人，1987年嫁到西集镇王上村，育有一女，曾任村级妇联主任，因其丈夫王连明在家中排行第六，所以她被邻里街坊亲切地称为六婶。早年间，仵会冬从事过不少职业，如驾驶小型巴士、于饭店帮工、在银行食堂工作、销售服装的个体户等。在忙碌、辛勤的工作中，她始终把烹饪作为个人爱好。2018年，仵会冬代表王上村参加"西集家宴"，一举夺魁，获得了"金牌厨娘"的称号。在西集镇妇联专职副主席冯保东的鼓励下，仵会冬将自家的农家院取名为"幸福小院"，为八方宾朋送上一桌西集家宴。2023年，仵会冬在第三届"西集家宴"中，蝉联"金牌厨娘"，成为西集味道的代言人之一，幸福小院也因此获批为西集镇政府授权的"西集家宴体验店"。

仵会冬经营的幸福小院以二八席的经典菜式为主，也有一些创新的菜式，最多可以同时容纳四、五桌食客。最初，幸福小院的知名度并不高，主要靠邻里之间的口耳相传和朋友相互介绍获取客源，所以绝大多数的客人都是回头客，也有零星被介绍过来的新客人。幸福小院有个不成文的规矩——在来到这里之前，至少要提前一天联系仵会冬——确定人数和时间，她再根据情况设计菜单，在客人到达当日去市集购买新鲜的食材。相较西集美食的粗犷、豪放,仵会冬在处理食材时,总是粗中有细,格外讲究。以幸福小院的招牌菜"砂锅豆泡炖肥肠""酱肉"为例,砂锅中的豆泡来自西集独有的卤水豆腐;砂锅的佐料根据食客的不同口味,贴心地为食客准备了香菜、辣椒油、大蒜汁等多种佐料,这也彰显出仵会冬对细节的关注和品质的追求;酱肉,则用佐料炒香后,大火炖一小时,之后改小火再煮两小时,故在出锅时香气扑鼻,颜色鲜亮,肉质软糯,肥而不腻。

这几年来,仵会冬利用网络自媒体宣传西集家宴,为幸福小院打起了新式广告。自2021年起,仵会冬在抖音平台个人账号"幸福小院六婶"[1]累计发表作品290余则,获赞量超过11万,单条最高获得近6000点赞量。在节假日时,仵会冬还会烹饪四喜丸子、蒸肉条、炖肘子等肉类菜品,并将其制作为礼盒,在线上、线下同时销售,常常在短时间内被抢购一空。随着幸福小院的名声越来越响,慕名而来的客人也越来越多,但是这里的价格始终没变,有许多亲友和街坊都担心仵会冬付出多、回报却少。但仵会冬却有着自己的想法:

> 其实吧,我这儿的成本确实高,因为菜、肉、蛋,都是我和我家那口子从市集里挑的最新鲜的,连炒菜的油也是我从多点下单,直接送到家的。这么一算,成本确实高,但我俩就为挣个零花钱、有个事儿做、有人爱吃我们西集的饭,这就是幸福厨娘了。听说这几年参赛拿奖的厨娘只有我在做这个,感觉真挺可惜的,姐妹们的厨艺都很好,如果都干这一行儿就更好了,别浪费咱的手艺。[2]

随着幸福小院成为西集镇政府授权的"西集家宴体验店",如今的仵

---

[1] 截止于2024年8月29日,仵会冬个人抖音账户"幸福小院六婶"累计发表作品320则、获赞量12.1万、单条最高获赞5682次。

[2] 访谈对象:仵会冬;访谈人:王卫华、红梅、徐睿凝、路迪雨婴、杨赫、孙宇飞、赵莎、王子尧;访谈时间:2023年4月26日;访谈地点:北京市通州区西集镇王上村幸福小院。

会冬不仅要为来自四面八方的食客送上一份正宗的西集味道,还致力于把她的幸福、快乐传递给更多的人。此时的她不仅是一名厨艺过硬、技术精湛的"金牌厨娘""老板娘",更是西集镇万千幸福厨娘的代表、西集风味的传承人,为打造"西集家宴"品牌贡献了自己的力量。

## 二、非遗面塑:从农业种植到三产融合

"三产融合"指农村一二三产业融合发展,其定义是以农业为基本依托,通过产业联动、产业集聚、技术渗透、体制创新等方式,将资本、技术以及资源要素进行跨界集约化配置,使农业生产、农产品加工和销售、餐饮、休闲以及其他服务业有机地整合在一起,使得农村一二三产业之间紧密相连、协同发展,最终实现了农业产业链延伸、产业范围扩展和农民增加收入。[1] 近年来,西集镇大力推动"生态休闲小城镇"建设,以当地农业为基础,打造文化产业,推动三产融合进程,改善了民众生活水平,取得了较好的成绩。

### (一)政策引领下的"三产融合"进程

"三产融合"是国家政策与西集"生态休闲小城镇"建设共同关注的话题。国家政策从宏观层面强调乡村振兴应重视"三产融合",并将其多次写入中央一号文件。2015 年,中央一号文件首次提出,通过"推进农村一二三产业融合发展"(农村"三产融合")的途径促进农民增收。[2] 2016 年,中央一号文件再次强调,要推进农村三产深度融合,"推进农业产业链整合和价值链提升,让农民共享产业融合发展的增值收益,

---

1 马晓河:《推进农村一二三产业深度融合发展》,《中国合作经济》2015 年卷。
2 《中共中央 国务院关于加大改革创新力度加快农业现代化建设的若干意见》,访问地址:https://www.gov.cn/zhengce/2015-02/01/content_2813034.htm,访问时间:2024 年 8 月 29 日。

培育农民增收新模式"[1]，强调了农村"三产融合"的重要性与必要性。2022年，中央一号文件提到"持续推进农村一二三产业融合发展。鼓励各地拓展农业多种功能、挖掘乡村多元价值，重点发展农产品加工、乡村休闲旅游、农村电商等产业"[2]。2023年的中央一号文件指出，"培育乡村新产业新业态继续支持创建农业产业强镇、现代农业产业园、优势特色产业集群。支持国家农村产业融合发展示范园建设……实施文化产业赋能乡村振兴计划"[3]，同样强调了"三产融合"的重要作用与意义。2024年，中央一号文件提出，乡村"三产融合"发展的要义在于：要素优化重组、资源整合集成、优势交叉互渗，从而使乡村产业链条延伸，产品开发范围拓展，乡村多样功能挖掘，农民增收幅度提升，实现发展方式创新与产业转型升级。[4]推进农村"三产融合"，不仅是城乡一体化发展战略的重要组成部分、促进农民增收的重要手段和实现农村地区可持续发展的客观要求，也是推动中国实现农业现代化的重要途径。

　　在宏观政策的引领下，西集镇以大运河文化产业带为基础，通过推动"生态休闲小城镇"建设，加强农旅产业的融合，增强乡村发展的内生动力，培育农业农村发展新动能，充分彰显了"三产融合"的战略布局。在空间区位方面，西集镇于2022年11月发布《通州区西集镇国土空间规划（2021年—2035年）》，将西集镇的空间功能，定位为生态休

---

[1]《中共中央 国务院关于落实发展新理念加快农业现代化 实现全面小康目标的若干意见》，访问网址：http://www.moa.gov.cn/ztzl/2016zyyhwj/2016zyyhwj/201601/t20160129_5002063.htm，访问时间：2024年8月29日。

[2]《中共中央 国务院关于做好2022年全面推进乡村振兴重点工作的意见》，访问地址：http://www.lswz.gov.cn/html/xinwen/2022-02/22/content_269430.shtml，访问时间：2024年8月29日。

[3]《中共中央 国务院关于做好2023年全面推进乡村振兴重点工作的意见》，访问地址：https://www.gov.cn/zhengce/2023-02/13/content_5741370.htm?dzb=true，访问时间：2024年8月29日。

[4]《中共中央 国务院关于学习运用"千村示范、万村整治"工程经验有力有效推进乡村全面振兴的意见》，访问地址：https://www.gov.cn/zhengce/202402/content_6929934.htm，访问时间：2024年8月29日。

闲小城镇，提出"围绕生态基础、文化优势、地热资源发展特色产业，重点发挥绿色服务、功能承接作用，建设集观光旅游、生态休闲、科创办公、养生度假功能为一体的特色生态休闲小城镇"的建设要求，以及"实现生态涵养与产业转型协调、文脉传承与旅游休闲结合"的发展目标。[1]产业发展格局层面，西集镇将充分发挥区位、生态和产业资源优势，以两河生态文旅、特色生态农业为带动，促进产业转型升级，助力区域协同发展。同时，西集镇将稳步推进传统产业园区转型升级，鼓励存量更新；加强村庄产业引导，发展全域休闲旅游服务产业，全力推动西集"生态休闲小城镇"建设。[2]西集镇以打造高品质绿色产业为目标，在强调生态保护的同时，以科技农业种植等多种手段推进"三产融合"，兼顾生态环境的保护与民众生活水平的改善，并在近些年取得一系列建设成果。

2021年夏季，西集镇以大运河古风气质为杠杆，为地方特色产业赋能，举办"樱运而生 抖樱而红"第十六届樱桃采摘季暨西仪之集首届汉服文化节系列活动，再现大运河往日的文化商旅繁茂景象，整合了当地樱桃采摘业与运河文旅资源。据媒体报道称，活动吸引4万余人参与，带动樱桃销售超15万斤。[3]另有东升跃阳家庭农场、潮星文旅·马捌家·运河仙草乐园和红樱桃园艺场等产业园区，也通过产业融合的经营思路，积极拓宽业务，有效带动当地就业，促进了农民增收，是对西集镇"三产融合下一盘棋"[4]发展策略的积极响应。如占地150余亩的东升跃阳家庭农场，共种植果蔬品种数十种，是集观光采摘、农耕体验、科普教

---

[1] 《关于〈通州区西集镇国土空间规划（2021年—2035年）〉草案的公示》，访问地址：http://www.bjtzh.gov.cn/bjtz/xxfb/202211/1624847.shtml，访问时间：2024年8月29日。

[2] 《国土空间规划公示 西集镇将打造副中心及北三县生态绿洲核心》，访问地址：http://www.bjtzh.gov.cn/bjtz/fzx/202212/1625616.shtml，访问时间：2024年8月29日。

[3] 《新时代文明实践：通州区西集镇高标准打造生态休闲小城镇》，访问地址：http://bj.wenming.cn/tzh/xsdwmsj/202112/t20211214_6266829.shtml，访问时间：2024年8月29日。

[4] 《特色小镇调研西集行——2023年4月26日调研琐记》，访问地址：https://mp.weixin.qq.com/s/XDFB8849yWYEqXljl5daRw，访问时间：2024年8月29日。

育、亲子娱乐、公司团建为一体的综合性生态示范农场；潮星文旅·马捌家·运河仙草乐园占地面积千余亩，是融合精品民宿、营地露营、中草药种植、民俗演出、药膳养生、亲子互动、科普拓展为一体的多元化农文旅项目。

（二）农业种植：三产融合的起点

农业种植是西集三产融合的起点。当地以紫优小麦的种植为抓手，推进东方紫园（北京）农业专业合作社的规模化生产、成立北京面由心生文化创意产业公司，走出了"三产融合"的坚定步伐。

西集镇位于两河流域冲积平原，地处农作物黄金种植带，具有储量较大的蒙金土壤，十分适宜种植小麦。小麦是我国第二大口粮，主要分布在黄淮海地区，常年播种面积3.4亿亩，具有抗寒、抗旱、抗盐、抗逆等特性，在保障粮食安全、生态环境安全、营养安全和健康安全等方面具有无可撼动的重要地位。一直以来，小麦都是西集镇的主要作物。2019年，通州区妇女联合会为西集镇"三产融合"事业引进的特殊人才杨帆，将由我国自主研发、培育的全新品种"紫优小麦"，种在了西集镇的蒙金土上。

紫优小麦是由中国科学院农业资源研究中心张正斌研究员和徐萍高级工程师利用小偃麦×野生一粒小麦×黑麦复合杂交，选育出的彩色小麦新品种。紫优小麦株高能够达到80厘米，分蘖多，耐晚播，抗冻性较强，抗倒性较强，抗旱节水性强，抗青干强，成熟落黄好，耐阴性强，是林麦间作、节水节肥节药绿色提质增产增效的理想种植作物。[1] 更重要的是，紫优小麦的品质和营养价值较高，能够满足人体对所需微量营养素的摄入需求，符合科学合理膳食营养的基本饮食要求。党的十九大报告指出，中国特色社会主义进入新时代，我国社会主要矛盾已经转化为

---

[1] 徐萍、张正斌：《功能营养彩色小麦产业化》，《中国农村科技》2023年第1期。

人民日益增长的美好生活需要和不平衡不充分的发展之间的矛盾。[1] 21世纪以来，由于现代人对精米、白面、高糖、高蛋白、高油脂食品的偏爱和膳食不平衡，导致肥胖症、高血压、高脂血、高血糖、心脑血管疾病等慢性疾病的患病人群不断扩大，这些疾病成为危害人体健康的隐患。当下，我国的主要矛盾发生变化，民众对饮食健康的重视程度不断提升，日常饮食结构也随之调整，人们的膳食习惯从"吃饱"转变为"吃好"和"吃出健康"。紫优小麦富含花青素、铁、锌、硒、维生素、叶酸等微量营养素和蛋白质，对抗炎、抗癌、糖尿病、心脑血管疾病、贫血病、生长发育不良等有一定的功效。据研究表明，紫优小麦的花色苷还富含有益于人体健康的抗氧化剂，有降低体内炎症和血糖浓度的效果。[2] 因此，将紫优小麦引进西集镇的决策，在响应"三产融合"强调的要素优化重组、资源整合集成、优势交叉互渗的同时，满足了广大民众健康饮食的需求。

紫优小麦一经问世便广受好评，西集人才、技术骨干在此基础上规模化培育紫色农作物，并成立了专门培育、种植紫色农作物的东方紫园（北京）农业专业合作社，既能供给日常所需的优质营养作物，也能通过观光游览、家庭采摘等方式创造利润。据负责人杨帆介绍："2020年，我们的特色农产品紫优小麦及其系列的衍生产品就在通州打出了不小的名气，于是我们决定继续深耕，目前为止已种植出29种紫色农作物。"[3] 2024年，北青社区报副中心版联合通州区科学技术协会，推出了专门服务青少年的副中心科文旅研学营，并将这些青少年的研学见闻，集中刊发在《北青社区报副中心版"科文旅研学副中心"》专栏。2024年7

---

1 《决胜全面建成小康社会 夺取新时代中国特色社会主义伟大胜利——在中国共产党第十九次全国代表大会上的报告》，访问地址：https://www.gov.cn/zhuanti/2017-10/27/content_5234876.htm，访问时间：2024年8月30日。
2 徐萍、张正斌：《功能营养彩色小麦产业化》，《中国农村科技》2023年第1期。
3 《高精尖新奇特 种业大会好看好玩》，访问地址：https://baijiahao.baidu.com/s?id=1776919218518497351&wfr=spider&for=pc，访问时间：2024年8月30日。

月10日，研学营走进东方紫园（北京）农业专业合作社，参观合作社规模化培育和种植的紫色作物。当青少年见到农场内紫色的西兰花、生菜、油菜、甘蓝、胡萝卜以及惊艳的紫色麦浪时，不由感慨道："紫色的蔬菜好漂亮啊！""原来它们有这么多神奇的功效！"[1]

"紫气东来"多用来比喻吉祥的征兆；西集镇以紫优小麦为轴心，以此提升居民收入、拓宽产业链条，开创"东方紫园"的"三产融合"策略，同样可以用"紫"气"东"来这一词语形容。一方面，从紫优小麦到多种紫色作物，再到建成一座颇有规模的"东方紫园"，"三产融合"的发展策略给西集镇的产业建设注入新鲜血液，带来全新的生活气象；另一方面，紫优小麦与其他紫色作物的培育与种植、"东方紫园"的经营与运营等事务，都为西集镇的民众提供了丰富的致富机会和就业条件，村民既可参与到合作社的运营，也能通过学习专业知识，将各类紫色作物引进自家的田地，以点带面地实现西集镇农业现代化。

### （三）"面由心生"：打造三产融合产业链

将国家层面高屋建瓴、论述严密的政策条例，成功转化为西集民众生活中蓬勃生长的紫优小麦、生机盎然的东方紫园，一座座崭新的产业园区、一场场充满新意的文化活动以及一个个如雷贯耳的"西集IP"，这离不开大运河赋予西集这片土地的自然资源、文化传统，也与杨帆等人推动"三产融合"发展的努力息息相关。本节以杨帆助力西集"三产融合"产业链的搭建为例，结合实地走访与调研考察[2]，展示她"面由心生"

---

[1] 《东方紫园：在通州这片"紫色王国"与非遗进行零距离接触》，访问地址：https://mp.weixin.qq.com/s?__biz=MjM5NDA2MTU5Ng==&mid=2671177295&idx=3&sn=79148a182691a5d9cd4ba5c8e153a994&chksm=bd56a66472331393712e9bf1957ed823c913d96db33b3d1744d7c504cc6e714655c6542c4bbd&scene=27&poc_token=HJij0Gajg7w_IIYTz-DsvCem50Gq4VBBDCrOlKxd，访问时间：2024年8月29日。

[2] 毛巧晖等：《民俗传统与特色小镇建设——基于口述史的研究》，北京：学苑出版社，2023年，第158—170页。

的经营之道。

杨帆，通州区台湖人，自小成长于面塑世家，曾追随面塑大师陈素景学习，有着高超的面塑技艺，被人们亲切地称为"通州巧娘"[1]。杨帆是一位善于创新、有丰富管理经验的企业家，她曾下海经商，如今担任北京面由心生文创公司董事长等职务，并因此受到了通州区妇联的重视。2019年，通州区妇联将杨帆作为特殊人才邀请到西集镇，希望她能够推动当地的"三产融合"进程，从而促进农民增收、保护生态环境，服务西集生态休闲小城镇建设。自杨帆来到西集后，先后主持了紫优小麦的引进、"东方紫园"的创建、面塑工作室的运营等多项工作，取得了较好的经济与社会效益。杨帆曾将自己的发展理念概括为"一把麦子一把面"：

先是种小麦，考虑给小麦赋能的事；然后有食品厂，将麦子加工为食品；再一个就是面花、秸秆画。我们用自己的面做面花。那些收完小麦的秸秆，我们再对其进行技术处理，染色，做成秸秆画。[2]

西集镇的"三产融合"肇始于大运河畔蒙金土孕育的小麦、樱桃，而杨帆的"三产融合"，则起源于她耳濡目染的面塑家学。可以说，自紫色小麦到非遗面塑，既容纳了西集镇"三产融合"的基本路径，也涵盖了杨帆的个人兴趣。

近年来，杨帆致力于让更多人认识西集、了解面塑，不断延伸农业产业链、拓展产业范围，将制作面塑的技艺教给来自西集镇的乡村妇女，让她们能够用一技之长，增加收入，提高生活水平。年过五旬的刘静，是杨帆团队中的骨干力量，也是通州区西集镇非物质文化遗产面塑的新

---

1 《北京巧娘"杨帆出海"展现面塑新时代内涵》，访问地址：https://m.thepaper.cn/baijiahao_12992863，访问时间：2024年8月29日。
2 访谈对象：杨帆；访谈时间：2023年4月26日；访谈人：王卫华、徐睿凝、路迪雨婴、杨赫、孙宇飞、赵莎、王子尧；访谈地点：北京市通州区西集镇侯东仪村杨帆工作室。

一代传承人。2019年，刘静在西集镇拜师学习面塑技艺，熟练掌握了属相面花等面花雕刻的基本功。在李桂芹、杨帆等面塑大师的影响下，刘静也逐渐成长为西集面塑的"新生代"力量。

据《北京日报》报道，许多到此学习技艺的村民，在毕业后都成了面点师、面塑师，甚至开始经营起自己的面塑店。如沙古堆村的村民薛立新，如今已是一名正儿八经的面塑培训师，每月的收入要比过去多3000元；陈桁村的李艳军，在参加西集镇举办的农村实用人才培训后，以其出色的手艺加入了刘静的团队。[1]作为民众口中的"通州巧娘"，杨帆的"巧"体现在"巧手"，熟稔一道道繁复的面花工序，游刃有余，炉火纯青；她的"巧"也体现在"巧思"，在指尖运筹帷幄，用指尖的力量推动西集镇的乡村振兴走进现实、走向未来。

### 三、特色民宿：从农村老宅到文旅宠儿

2021年10月16日，时任北京市委书记蔡奇、市长陈吉宁，在调研城市副中心调查研究文旅产业发展时，曾一同来到西集镇沙谷堆村，察看"田里花间"和"向北"两家特色民宿经营现状。蔡奇强调，要深入挖掘整合当地特色资源，与环球主题公园做好衔接，利用闲置房屋，引入社会资本参与，打造精品民宿，吸引更多游客住下来，带动村集体经济发展。[2]特色民宿是西集镇打造生态休闲小镇，推动经济转型发展中的重要一环。通过建设特色民宿，西集的农业得以向生态农业、农旅融合等方向发展，承接北京城市副中心、大运河文化带、环球影城所带来的发展机遇，为当地民众提供就业机会，促进村民收入的增长。

---

1 《面塑达人带着乡亲奔富路》，访问地址：https://www.beijing.gov.cn/gate/big5/www.beijing.gov.cn/renwen/sy/whkb/202211/t20221123_2864381.html，访问时间：2024年8月29日。
2 《蔡奇、陈吉宁到城市副中心调研，谋划文旅产业发展蓝图》，访问地址：http://open.bjtzh.gov.cn/kftzh/c110062/202111/1496016.shtml，访问时间：2024年8月30日。

## （一）"新农人"开创新产业

大运河"臂弯"里的沙古堆村，有悠久的村史、三面环河的独特地貌。芦苇翠绿、白鹭停歇，大运河滋养了沙古堆村，沙古堆也随着大运河的变迁不断发展。出产于沙古堆村、入选"国家地理标志"的大樱桃，是村里的老书记皮兆泉和现任村支部书记郑红鹏等沙谷堆人用心呵护的村落基业和集体财富；当下家喻户晓、为许多村民带来就业机会和收入的特色民宿，则是新时代返乡创业的"新农人"的智慧结晶。

"新农人"指具有"互联网基因""文化基因""创新基因""自组织基因"的新型农民群体，体代表着"农民新群体""农业新业态""农村的新细胞"，能够为村落发展注入新的活力。[1] 作为"新农人"的民宿经营者是村落发展的新活力，他们用实践推动了村落的文化建设与互联网技术普及，深刻影响了当地村民的生活。在一次自然灾害的影响下，沙古堆村的樱桃收成并不理想，这也让曹女萌生了新想法。"樱桃产业因为靠天吃饭，它不靠谱。所以我当时就想，农业也要做，然后也做一些农业周边的一些事儿。"[2] 曹女等返乡创业代表的"新农人"，不断通过延长产业链等方式，探索村落发展的未来方向。

2014 年，"中国大运河"被列入"世界遗产名录"，大运河文化带的保护工作受到国家与社会的日益关注。2017 年，习近平总书记在北京通州调研时提出，"要古为今用，深入挖掘以大运河为核心的历史文化资源"[3]。2018 年，北京市委常委会审议通过了《北京市大运河文化带保护建

---

[1] 阿里研究院：《发现新农人——2014 新农人研究报告》，访问地址：https://wenku.baidu.com/view/074a03bfd35abe23482fb4daa58da0116d171f63.html?_wkts_=1690260292588&bdQuery=%E5%8F%91%E7%8E%B0%E6%96%B0%E5%86%9C%E4%BA%BA%E2%80%94%E2%80%942014%E6%96%B0%E5%86%9C%E4%BA%BA%E7%A0%94%E7%A9%B6%E6%8A%A5%E5%91%8A，访问时间：2024 年 8 月 30 日。

[2] 访谈对象：曹女；访谈人：王卫华、路迪雨婴、杨赫；访谈时间：2023 年 7 月 4 日；访谈地点：西集镇沙古堆村村委会。

[3] 《习近平在北京考察：抓好城市规划建设 筹办好冬奥会》，访问地址：http://www.xinhuanet.com//politics/2017-02/24/c_129495572.htm，访问时间：2024 年 8 月 30 日。

设规划》。此后，以通州为中心的北京大运河文化带建设在文化与生态等方向取得了诸多成绩，大运河文化资源成为西集文化与旅游业蓬勃发展的动力源。有学者认为，面对代表着传统与现代面向的文化资源，西集能够通过发展民宿产业成为大运河与环球影城的"中转站"，以此带动本土产业的兴旺与发展。[1]作为大运河畔的小镇，西集镇因北运河的湿地养育与恢复通航得以发展起游船、钓鱼等休闲活动，为当地旅游业发展奠定了良好的基础；同时，自沙古堆村驱车至环球主题公园，仅需10分钟车程。于是，曹女等返乡创业的"新农人"在觉察这一商机后，开始兴建起沙古堆乃至西集镇最早的民宿产业。

在推动建设乡村特色民宿这一新型产业的过程中，西集镇的"新农人"不能只依靠对故土的一腔热爱，还要"眼光向外"，参加各级政府组织的培训，通过学习互联网技术、积极交流经验等多种方式，增加受益人数，用自身行动推动村落建设的方向与进程。一方面，这些"新农人"需要向下扎根，充分了解当地的资源情况与所面临的现实问题，并通过整合当地优势资源，拓宽产业链条，实现提供就业机会，实现集体增收的目标；另一方面，"新农人"们也要紧密关注民宿行业的整体发展趋势，及时掌握最新政策、先进理念，优化现有管理模式。同时，还要敏锐地捕捉潜在商机，实现西集镇乡村特色民宿的可持续发展。

在各群体的协作与努力下，如今的西集镇沙古堆村，1650余亩林果长势良好，并可通过网络平台销往全国各地；一间间民宿精致舒适，来往游客络绎不绝。自四面八方而来的游客，既可以在沙古堆村观赏大运河的风物、美景，也能品尝到产自"京郊樱桃第一村"的美味樱桃，还能在这里享受到拥有全套现代化设备的高端民宿。2021年9月20日，北京环球度假区开园。沙古堆村的民宿经营者敏锐地抓住商机，利用沙古堆村距离园区只有十多分钟车程的优势，发展出以当地的樱桃种植业为

---

[1] 毛巧晖等：《北运河流域特色小镇建设：实践与问题》，北京：学苑出版社，2022年，第117页。

基础，整合大运河、环球影城、城市副中心等内外部资源的特色民宿，为村落的发展注入了活力。

（二）老宅变民宿：擦亮文旅产业的金名片

随着大运河文化资源的开发程度日趋提升、地方文化的活化利用，以及环球影城的正式投用，西集镇成为游客理想的住宿地，区政府认识到西集民宿对推动产业建设和带动村民致富的重要作用，迅速制定了一系列政策，这为返乡创业的"新农人"创造了便利条件，也为特色民宿的发展提供了规范与保障。

2021年，北京市通州区文化和旅游局等八部门共同印发了《通州区促进乡村民宿发展的实施意见》，从经营主体、经营用房、生态环境、公共安全、从业人员、规范经营等六个方面对民宿的经营提出了要求。[1] 同年，《北京市通州区人民政府公报》规定，经营者需填写企业名称、经营地址、建筑面积、楼层、客房数量、床位数、餐厅数、餐位数、法定代表人与主要负责人的联系方式等基本信息，经村集体经济组织与乡镇政府审核后提交到区乡村民宿发展工作小组办公室，再次通过审核后才能获得开办民宿的正规资质。[2] 据沙古堆村的民宿经营者曹女说，当她看到政策的大力扶持与清晰的流程规范时，她意识到终于等到了发展乡村特色民宿的机遇。曹女经营的"田里花间"民宿是沙古堆村最早的乡村特色民宿；曹女其人，也是西集镇"新农人"的典型与代表。

曹女，生于1984年，她自幼生长于沙古堆村，曾在北京服装学院服装设计专业学习，是从京郊农村走进城里的大学生。毕业后，曹女任职于一家广告公司，几年后，她辞去了城市里的工作，回到沙古堆村创业，并于2018年建立曹女阳光农场，又于2019年建立"田里花间"民宿。

---

[1] 《通州区促进乡村民宿发展的实施意见》，《北京市通州区人民政府公报》2021年第3期，内部资料。

[2] 《通州区乡村民宿申请表》，《北京市通州区人民政府公报》2021年第3期，内部资料。

"田里花间"民宿是由曹家"老宅"改建成的。老宅的房梁、基石都还在，房屋中使用的部分摆设是老物件。其中一间最受欢迎的客房，摆放着一个古色古香的方形柜子，那是曹女母亲的嫁妆。老榆木制作的木制大门、餐厅中的充满古典韵味的屏风，都增添了老宅子特有的风味。同时，民宿又创造了现代人所习惯的舒适整洁与便利条件。厨房中既有中式的摆件与家具，同时准备了中式、西式烹饪所用的各种设备，能够满足国内外游客的多种需求。客房设置了独立的卫生间、淋浴室，使游客在感受农村乡土生活的同时也能享受到现代生活的便利。

　　在经营"田里花间"的过程中，曹女探索出一条适宜本地特色民宿的在地化经营、管理模式。曹女认为，樱桃产业是沙古堆村相对成熟的产业，因此她将在此出产的"通州大樱桃"的品牌效应作为创业生长点，并据此形成三个产业板块：作为都市休闲基地的阳光农场、供游人观光住宿的"田里花间"民宿、线上的樱桃销售直播间。经过几年的努力，曹女的"农业+"经营模式基本成型，还有效地带动村民再就业。此外，曹女还积极学习线上直播的技术，期望借此进一步扩大"通州大樱桃"的销路。

　　曹女目前已在微博、抖音、小红书、微信公众号与视频号等平台认证了"田里花间"民宿和自家的阳光农场，并定期发布推广文字，让西集镇乡村特色民宿的知名度又上了一个台阶。系统学习互联网技术后，曹女还帮助本村村民开展直播带货，推销当地的农产品。2022年初，沙古堆村的街道上到处是架着手机直播，通过网络渠道售卖咯吱盒、花馍的村民。村中的民宿经营者们也不时参与其中，帮助他们利用互联网技术扩大销路、提高收入，形成了较好的带动效果。

　　自2019年以来，曹女便开始投身于沙古堆村的特色民宿建设，致力于打响西集镇乡村特色民宿的招牌、亮出这张推动西集镇产业发展与民众致富的金名片。产业建设前期，以曹女为代表的"新农人"不断分析、研判建立乡村民宿的可行性，并将全部家当投身于民宿的建设与运营中，让"田里花间"民宿"亮"在西集；产业建设中期，在区、镇两级政府的带动与扶持下，西集镇的乡村特色民宿形成规模，这也让西集镇各具特色的民宿亮在通州、亮在北京；近年来，随着政府不断优化、规范乡村特色民宿的审批与经营流程，帮助经营者优化运营模式，民宿经营者也不断学习互联网技术，让西集镇的民宿、樱桃、风景在互联网上成功"出圈"，在更广阔的平台上亮出了西集镇特色民宿的金名片。

## 第四节 文艺传承与西集人的精神世界

大运河滋养着西集的风土，孕育出丰富的文艺资源，也培育出一批批致力于文艺传承的作家、手工艺人。西集曾诞生过著名的乡土作家刘绍棠，他的作品记录了西集民间的智慧与民众的生活景象，给一代代西集人留下了深刻的印象。在刘绍棠的影响下，西集诞生了民间作家社团两河文学社，社内的作家沿着刘绍棠的步伐，为传承乡村文化、丰富民众生活做着不懈的努力。西集的民间手工艺也十分发达，当地诞生了通州大风车、团花剪纸等非物质文化遗产，其代表性传承人梁俊、王文敏等用自己的实践改善了传统技艺，并不断探索非遗传承的路径，展示西集民间技艺的魅力。

## 一、乡土文学与运河情怀

西集的乡土文学承载了民众的运河情怀，丰富了民众的精神生活，为区域文化建设起到了推动作用。西集乡土文学体系的发展与刘绍棠密不可分，这位著名的现代作家从北运河畔民众的生活中取材，写出了《青枝绿叶》《蒲柳人家》等小说，创立了"大运河乡土文学体系"，使西集的乡土文学带有浓郁的"运河味"。刘绍棠的乡土文学创作在中国文学史上留下了浓墨重彩的一笔，至今仍有多元的价值。他的事迹被记录于档案馆、图书馆中，他的作品得到了形式多样的改编，不断强化着西集民众的运河情怀。刘绍棠的事迹还鼓舞了家乡民众的文学热情，为他们埋下了"文学梦"的种子。在他的影响下，西集出现了以"两河文学社"为代表的民间乡土作家社团，他们沿着刘绍棠的道路，用文字记录运河畔的风土民情，抒发心中的运河情怀。

## （一）乡土文学的多元价值与资源转化

刘绍棠是西集乡土文学作家的代表，他的作品记录了西集的风土民情、地方历史，是人们了解西集文化的钥匙，具有多元的价值。在当下的区域建设中，人们积极探索刘绍棠文学作品的资源转化路径，用多种方式展示西集乡土文学的魅力，提升民众的地方认同感。

### 1. 刘绍棠乡土文学的多元价值

刘绍棠的作品中记录了丰富的民间叙事与民间文艺，对人们了解西集的地方历史、民间风俗，开展地方文物保护工作有重要意义。在小说《京门脸子》中，刘绍棠借用民间叙事描绘了"我"所生活的运河畔的历史：

> （鱼菱村）没有成文的村史，每个村子的来历都是口头相传。鱼菱村三分之一是清朝王室跑马圈占的旗地，三分之一原是财主家的锅伙，外来的长工娶妻生子，安身立命，三分之一是大河上的客船、货船和渔船泊岸，船夫、纤夫和打鱼的搭起窝棚遮风避雨，日久天长也就形成了居留地。[1]

---

[1] 刘绍棠：《京门脸子》，载刘绍棠：《刘绍棠小说精选》，成都：四川人民出版社，1999年，第265页。

传统社会中各村落并没有成系统的、文字记录的村史，村中的人们用传说讲述村落的由来，并口耳相传至今。刘绍棠广泛搜集了民间的传说，将他们写在小说里，为后人了解村史留下资料。他这样描述自己写《京门脸子》的过程，"大量引用当地的民间故事、传说、奇闻、俚曲；甚至抒情状物，往往也以闲笔方式，杂以民间文学之妙趣"。他认为自己的运河乡土文学就是"文人创作的民间文学作品"[1]。随着时代的变迁，即使一些民间传说被逐渐遗忘，刘绍棠的作品还能为人们了解村落历史提供资料。

刘绍棠的文学创作还能对人们了解西集的民间文艺活动与民众的交往交流方式提供资料。在《京门脸子》中，刘绍棠介绍了西集一带年节时唱戏的景象：

> 鱼菱村每年挂锄时节，到外村扛长工的人要歇上十天半月；在北京做买卖和在天津卫耍手艺的人，也都回家歇伏。春节前后，也是如此。于是，他们便串连起来唱戏。自由结合，各尽所能，会唱京戏的唱京戏，会唱梆子的唱梆子，会唱落子的唱落子。京、评、梆烩成一锅，忙坏了任劳任怨的蹩脚琴师，一把胡琴独挡三面。至于行头，也不难解决。鱼菱村有会攒花、制鞋的工匠，冠盔、朝靴、玉带、头面都能拼凑出来。蟒袍虽然难做，却也有办法因陋就简。裁得高粱纸，画上图画，粘贴在长袍上，穿起来像不像三分样。他们或是在大空场上摆地摊儿，或是在土地庙前垒土台，紧锣密鼓，乱打家伙，琴师变奏，手忙脚乱。演员们并不要求配乐如何的严丝合缝，反正是各唱各的调儿，扯着脖子喊叫，各显神通就是了。乡亲们对于这种杂乱无章的一团混唱，戏称之为狗打架。这个自乐班，也就被叫做狗打架班。[2]

---

1　刘绍棠：《蒲柳人家》，武汉：长江文艺出版社，2020年，第240页。
2　刘绍棠：《京门脸子》，载刘绍棠：《刘绍棠小说精选》，成都：四川人民出版社，1999年，第272页。

刘绍棠笔下的乡村是真实的：村民自发组织的艺术团体并不精湛，但他们却用戏曲自娱自乐，享受愉快的闲适时光。正如他小说中所写，西集的民众因陋就简、各施所长，组织起不专业的剧团去撂地演出。他们的唱腔与表演或许并不吸引人，但这种演出却能够很好地调剂日复一日的辛勤劳作。"关系的凝结是提升组织团结，乃至社区团结的关键力量"[1]，在演出的过程中，各村的民众相互协作，互相配合，提升了村落共同体的凝聚力。刘绍棠对"狗打架班"的描写能令人们了解到村落中民众的交往交流方式，有助于人们进一步理解传统村落凝聚力形成的方式。

刘绍棠的文学创作还能为地方文物保护起到推动作用。刘绍棠说，自己在《地火》中描写了辽代耶律阿保机的晾鹰台，在《豆棚瓜架雨如丝》和《渔火》中描写了明代徐达、常遇春的点将台和明成祖朱棣的驻跸台。这些古迹已不见踪迹了，但他在小说中却特意把它们记录下来，希望唤起今人群策群力，将旧景重现。[2] 刘绍棠写得比较详细，又直接出过力的古迹是李卓吾墓。1973年，刘绍棠就作《吊李卓吾墓》诗：

　　赤子来而赤子去，先生真乃一大奇；
　　七十老翁何所欲，百折不挠究真理。
　　历史无情却公正，盖棺未必已定评；
　　三百五十二年后，古墓新碑不朽名。[3]

1985年，这首诗在《诗神》上发表。刘绍棠说自己作这首诗主要有两个目的——对李卓吾事迹的钦佩与对李卓吾墓保护现状的惋惜。刘绍棠赞扬李卓吾是明末大学者，又为他因遭谗害，被人逮捕入狱，自戕囚室，在墙壁上用血书写"七十老翁何所求"的事迹而惋惜。后来，李卓

---

1　毛巧晖、王晴：《民间花会与社会治理——以北京市通州区里二泗小车会为中心的讨论》，《社会治理》2021年第8期。
2　刘绍棠：《蒲柳人家》，武汉：长江文艺出版社，2020年，第239页。
3　王培洁：《刘绍棠年谱》，北京：文化艺术出版社，2012年，第92页。

吾就被葬于通州北关外。1954年，因建工厂的需要，通州人民政府为李卓吾迁坟立碑。但是，历经时代的变迁，李卓吾墓没有得到很好的保护，墓碑几近被毁，当地甚至建起厕所，污秽先贤。于是，刘绍棠又在写诗之余向通县人民政府建议为李卓吾迁葬，这个建议于1982年被采纳。[1]此时，刘绍棠给周扬写了一封信，请他为李卓吾墓题碑，周扬也欣然同意，并题写"一代宗师李卓吾之墓 周扬敬题"[2]。从诗歌写作到四处奔走，刘绍棠以身做表率，彰显了乡土文学对通州文物保护工作的作用。他的诗文令人们重视李卓吾墓的历史价值，而他为保护李卓吾墓所做的努力又使这位大学者终于能在风景秀丽的西海子公园安然长眠。

西集的乡土文学具有多元价值，能够推动区域的历史文化建设。以刘绍棠为代表的乡土文学作家在运河畔民众的生活中取材，用文学性的语言记录了西集的民间叙事与民间文艺活动，展示了民众对村落历史的记忆与他们在民间文艺活动中的交往与互动，有助于后世人们更好地了解西集民众的生活。同时，乡土文学的作家们还推动了文物保护工作的进展，他们的作品能够让更多人认识到特定文物的历史价值，激发起他们保护文物、传承文化的热情。

2.西集乡土文学的资源转化路径

以刘绍棠为代表的西集乡土文学作家创作了多样的作品，为西集留下了宝贵的文化资源。通过档案馆、图书馆建设，小说的影视化改编等方式，西集围绕刘绍棠文学的资源转化进行了积极探索。上述实践能够进一步挖掘、转化刘绍棠，进而丰富民众的精神生活，培养民众的运河情怀，推动村落文化建设的进程。

通州档案馆的"大运河文库"是收藏、展览刘绍棠乡土文学创作成果的资料库，为培育西集民众的运河情怀起到了重要作用。1990年起，通县（今通州区）档案馆就开始策划为刘绍棠等人建立名人全宗档案，

---

1 王培洁：《刘绍棠年谱》，北京：文化艺术出版社，2012年，第92页。
2 刘绍棠：《我是刘绍棠》，北京：北京十月文艺出版社，2018年，第149页。

希望将名人在个人、家庭和社会活动中的历史记录下来，包括自传、回忆录、文学创作的手稿、各类笔记及重要的往来函电、生平的重要活动照片与录像等。当时的档案馆负责人向刘绍棠表达了为他建立名人全宗档案的意愿，刘绍棠遂开始翻找资料，并将其分批运到档案馆。1992年，"刘绍棠文库揭幕仪式"举行，刘绍棠也被授予了"人民作家、光耀乡土"的荣誉称号。如今的"刘绍棠文库"是一个大约40平方米的房间[1]，收藏了包括20世纪50年代出版的《青枝绿叶》、小说残稿、刘绍棠的日记本等珍贵史料，刘绍棠还耐心细致地为这些收藏品逐一写了说明。[2]

"刘绍棠文库"中有一封未寄出的信，能够让人们领略乡土作家的深厚运河情怀。这封信是1993年刘绍棠写给王震将军的，希望他推动大运河的保护与治理，信中说：

> 借此机会，我为我的家乡向您提出一个请求：我的家乡北京通县，是京杭大运河的起点。大运河和万里长城，是中华民族的奇迹和骄傲，世界闻名，国际瞩目。
>
> 通县境内的大运河，遭受几十年严重污染。高碑店污水处理厂一期和二期工程完成，通县境内大运河1993年还清百分之五十，1995年全境还清。因此国家应该抓紧进行对通县境内大运河的全面开发。恳盼您能关心过问此事。[3]

由于王震将军的离世，这封信最终未能寄出，但它反映了以刘绍棠为代表的乡土作家心中高涨的运河情怀与对家乡的热爱之情。被收入通州档案馆后，这封信能够向一代代来此参观的民众展示刘绍棠为保护大运河进行的奔走，人们也能更深刻地理解大运河能在当下得到良好的治

---

1　王培洁：《刘绍棠年谱》，北京：文化艺术出版社，2012年，第452页。
2　中国青年网：《"运河之子"的运河情》，访问地址：https：//baijiahao.baidu.com/s?id=16609322203404186087&wfr=spider&for=pc，访问时间：2024年8月26日。
3　同上。

理与保护是来之不易的。凭借"刘绍棠文库"在内的多个资料库，爱国主义教育基地通州档案馆陆续举办了"三大三强"（大学习、大调研、大讨论，强素质、强作风、强效能）[1]、"老少运河行 镜赏靓通州"[2]等多个宣扬运河文化的主题活动，持续发挥着"传承运河文化，发挥档案馆资政育人的作用"[3]，培育着民众的运河情怀。

除"大运河文库"外，与乡土文学、刘绍棠相关的资料、档案库还有很多。西城光明胡同45号院是刘绍棠在1957年买下并曾居住的地方，他曾在这里夜以继日地工作，写出了多篇小说。[4]如今，这座故居被辟为刘绍棠乡土文学研究会，研究会曾于2007年组织"纪念著名作家刘绍棠逝世10周年暨刘绍棠乡土文学研讨会"[5]，于2012年组织"刘绍棠乡土文学暨纪念《讲话》发表70周年学术研讨会"[6]，进一步彰显了刘绍棠的乡土文学创作与运河文化的密切联系，使刘绍棠的运河情怀被更多人所了解。此外，通州图书馆也有专门展示运河文学与文化的区域——运河文献资源中心（原"运河文库"）。资源中心的编辑团队以80后、90后为主力军，有浓烈的运河情怀与深厚的知识储备，每年都在北京城大大小

---

1 北京通州官方发布：《"为国守史 讲好副中心故事"通州区档案馆开展"三大三强"主题活动》，访问地址：https://baijiahao.baidu.com/s?id=1768846987815005272&wfr=spider&for=pc，访问时间：2024年8月26日。

2 通州机关工委：《通州区关工委携手区档案馆"老少运河行 镜赏靓通州"主题教育活动在京杭大运河书院举行》，访问地址：https://mp.weixin.qq.com/s?__biz=MzA4NTE3MDI0Mg==&mid=2653026412&idx=1&sn=aeb0d80215ad91382f0ce9dddc1356a5&chksm=84095941b37ed057246ea6bde6d6ab0558d930f288a73cdaa19a462586187e37877ab5972632&scene=27&poc_token=HGo90WajBdXPGsnr7Pgr315YPaR46xfsMO2OrTqr，访问时间：2024年8月27日。

3 通州区档案馆：《走进通州档案馆，感受运河文化魅力》，访问地址：https://m.btime.com/item/router?gid=4514pnl5boe8cbogeqb5mqq8p8d，访问时间：2024年8月27日。

4 陆杨：《天妒英才叹早逝 乡土文学犹垂香 探刘绍棠北京故居》，《时尚北京》2013年第2期。

5 郑恩波：《纪念著名作家刘绍棠逝世10周年暨刘绍棠乡土文学研讨会在京举行》，《文艺理论与批评》2007年第4期。

6 章正博：《刘绍棠乡土文学暨纪念〈讲话〉发表70周年学术研讨会综述》，《文艺理论与批评》2012年第5期。

小的书市上搜索资料，不断丰富图书馆的馆藏。[1] 运河文献资源中心有一个展柜，其中专门放置了刘绍棠的文学创作成果与相关资料，向人们诉说着刘绍棠等乡土文学作家为传承运河文化所做的努力。

总之，刘绍棠的乡土文学创作是一笔宝贵的文化资源，是区域文化建设的动力。刘绍棠的日记、小说、信函被收集、展示，向人们诉说着西集乡土文学作家心中的运河情怀，彰显着运河文化与西集的密切联系。藏有刘绍棠作品的档案馆、图书馆还组织了各类活动，以乡土文学作品展示运河文化，彰显了西集民众与运河之间的密切联系。

刘绍棠的小说还被改编为连环画、电视剧、话剧等多种形式，成为展示西集风土民情的"底本"。1983年，刘绍棠的小说《渔火》被张企荣改编为连环画，由刘世铎绘画，于天津人民美术出版社出版。连环画兴起于20世纪初的上海，一度作为最普遍的民众教育工具而获得了繁荣的发展。[2] 连环画《渔火》再现了小说中春柳嫂子勇于反抗，摆脱指腹为婚的韩小蜇子，与阮碧村美满结合并走上革命道路的故事，既宣传了新思想，也展示了北运河畔民众勇于反抗的精神。[3] 1987年，西安电影制片厂将刘绍棠的小说《碧桃》（原题《芳草满天涯》）改编为电影《野妈妈》，获得了社会各界的欢迎。吴兴以《人间自有真情在》评论这部电影，认为它写了一个普普通通的少女在血雨腥风中的浩然正气，在谣言围剿中的忍气自信，在生活磨难中的含辛茹苦，在铁窗镣铐中的义无反顾，主人公碧桃的理智、人性美、民族气质都让人为之动容。[4] 2019年，取材于刘绍棠小说《渔火》《蒲柳人家》的话剧《运河1935》上演，讲述

---

1　北京日报：《书香沁润千年之城》，访问地址：https://www.beijing.gov.cn/ywdt/zwzt/jjtz/jkwwptsj/202408/t20240828_3783567.html，访问时间：2024年8月29日。

2　毛巧晖：《通俗演绎与运河文化的重构——以刘恩东连环画创作为中心》，《创意设计源》2024年第2期。

3　常结巴讲故事：《故事连环画〈渔火〉》，访问地址：https://www.jianshu.com/p/5f03fbc3f7f2，访问时间：2024年8月31日。

4　吴兴：《银海行》，福州：海峡文艺出版社，1990年，第130页。

了通州运河儿女在面临中华民族危机时，以朴素爱国热情抗击日本侵略者的故事，展示了运河风貌、运河精神。运河这一意象在话剧中频繁出现，如周瑞在牺牲前说，"大哥，你是大运河上的太阳，我周瑞也是运河上的一盏渔火"，话剧的最后高奏《义勇军进行曲》，其背景就是大运河上熊熊燃烧的烈火。[1] 靳文泰评价这部话剧，"当属思想性、艺术性、观赏性均有一定深度的作品"，认为它多层面、多角度地展示了北运河人民的生活，给人一种波澜起伏的立体感。[2] 被改编后的乡土文学作品获得了更广泛的影响力，展示了北运河畔人民的精神风貌，推动了运河畔的区域建设与历史文化传承。

### （二）两河文学社：当代乡土作家队伍

刘绍棠的文学创作还为西集人种下了"文学梦"的种子，推动了两河文学社的诞生。两河文学社是诞生于2015年的西集乡土作家社团。这一年，曾做过中学语文老师的于大明与镇政府文史馆工作人员吴德龙等人提出了创办文学社的想法。2016年5月7日，经过一年的筹备后，文学社正式建立，于大明任社长、郑增顺任常务副社长、杨殿武任副社长、吴德龙任秘书长、吕作华任常务副秘书长、王健任副秘书长。2017年，通州区文联、区作协、西集镇党委政府联合举办"美丽西集 品味乡愁——纪念刘绍棠逝世二十周年祭奠活动"。在随后的纪念诗会上，区文联樊淑玲主席为两河文学社授牌。[3] 自此，一个传承家乡文化、彰显运河精神的文学社团逐渐形成。

两河文学社的"两河"之名指西集境内的北运河与潮白河，这两条河流塑造了西集优美的风景，也滋养着西集民众的精神世界。文学社以"在平凡的生活中享受文学创作带来的快乐"为宗旨，社内成员有退休教

---

1 王培公、陈建忠：《运河1935》，《大舞台》2022年第2期。
2 靳文泰：《精准的选择可贵的创造观话剧〈运河1935〉》，《中国戏剧》2020年第8期。
3 万龙文化艺术中心：《运河文化 乡土文学——纪念刘绍棠逝世二十周年》，访问地址：https://www.sohu.com/a/131480863_418283，访问时间：2024年8月30日。

师，有村镇机关的退休干部，有工厂退休的工人，还有土生土长的西集农民。尽管身份不同，但这些作家都热爱运河文化、喜爱文学创作。

两河文学社的成员对刘绍棠有着特殊的感情。20世纪70年代，刘绍棠曾回归乡村，为一批农民子弟办了文学培训班，展开了一次"文学启蒙"。这次机会让西集的很多文学爱好者有机会在大师身边讨论诗和远方[1]，为他们种下了文学梦的种子。如今，两河文学社中的多位成员都能回忆起自己与刘绍棠相处的点点滴滴。文学社的副社长杨殿武已年逾70，年轻时与刘绍棠的相遇是他至今难忘的经历。杨殿武说，他与刘绍棠的相遇是在1969年，那时自己在肖家林村担任村干部，而刘绍棠已经是成名的大作家了，见一见刘绍棠一直是自己的梦想。后来有一天，他看到大堤上有一个人在草里坐着，远远叫了一声"大爷"，那个人站起来，戴着眼镜，三十来岁，挺魁梧的，这个人就是刘绍棠。他跟刘绍棠去了家里：

> 沙子堆的地，上面全是稿纸。刘绍棠点起煤油灯，屋子北边的墙上有一个自己钉的三层书架，上面放着发黄的五几年的报纸。另一边有一个麻袋，麻袋边是书桌，桌子旁边是一张床，床上支着蚊帐。桌子上啊，摞着很厚的两摞稿纸。[2]

刘绍棠简朴的生活与高涨的文学创作热情给杨殿武留下了深刻的印象。他将刘绍棠视为自己文学创作的"偶像"，至今仍笔耕不辍地为保护、传承家乡文化而努力。

文学社中还有很多人有过与刘绍棠相处的经历。文学社的副社长郑

---

[1] 北晚在线：《通州大运河畔的乡土文学社 农民子弟拿起笔来也不含糊》，访问地址：https://baijiahao.baidu.com/s?id=1584840215699903818&wfr=spider&for=pc，访问时间：2024年8月31日。

[2] 访谈对象：杨殿武；访谈人：王卫华、徐睿凝、孙佳丰、路迪雨婴、杨赫、孙宇飞、赵莎、王子蔚、王子尧；访谈时间：2023年4月12日；访谈地点：西集镇两河文学社办公室。

增顺曾和杨殿武一起参加1979年通州文联举办的文学创作班，得到了刘绍棠的亲自指导。文学社成员田万生还记得刘绍棠坐在大运河边感叹，"运河要是得到治理该多好，河中间再有一条小船，轻轻地划过来"[1]的场景。

另外有一些社员并没有直接接触过刘绍棠，但他们读过刘绍棠的作品，并因为这些作品而爱上了家乡文化与运河文化。"两河文学社"的成员刘月英是首任社长于大明的学生，曾任通州四中的校领导。她的文学启蒙发生于中小学时期，那时的她读着刘绍棠的《青枝绿叶》，慢慢感悟、品味着家乡的运河文化[2]。总之，"两河文学社"的成员因种种原因邂逅了乡土文学，感受了刘绍棠等作家笔下的运河之美，他们沿着前辈的脚步，继续用文字书写运河情怀，传承家乡文化。

"两河文学社"的活动地点并不显眼，但社中的作家们为运河文化的传承做出了卓越的贡献。文学社位于西集镇政府大街的一个小院里，院内最后一排平房最里面的一间就是文学社的地址。社内只有一台电脑、一个打印机、一张上下铺的床，一张放着毛笔、砚台、社内出版物的桌子，再加上几把椅子。虽然环境简朴，但社员的文学热情却十分高涨。2015年，文学社的作家们参与了《颐和西集》的编写工作[3]。这本书收录了文学社内多位成员的作品，全面描绘了西集镇的历史、文化、古迹、人物。如，书中关于西集的乡土文艺就收录了文学社于大明的《臭椿为何是树王》、吴德龙的《侯各庄村名的传说》《曹刘村的传说》、刘月英的《"九条江"与"桥上庄"》等作品，展示了西集丰富的乡土文艺资源。关于运河与西集民众的生活，书中则收录了于大明的《野趣潮白河》、郑

---

[1] 通州融媒：《爱上大运河》，访问地址：http://rmtzx.dayuntongzhou.com/web/app/huanxing.jsp?id=57847，访问时间：2024年8月25日。

[2] 访谈对象：刘月英；访谈人：王卫华、徐睿凝、孙佳丰、路迪雨婴、杨赫、孙宇飞、赵莎、王子蔚、王子尧；访谈时间：2023年4月12日；访谈地点：西集镇两河文学社办公室。

[3] 北京市通州区政协文史和学习委员会、北京市通州区西集镇人民政府编：《颐和西集》，北京：团结出版社，2017年。

增顺的《板凳》、王友昌的《鱼鹰船》等文章，体现了西集作家的运河情怀。2020年，《颐和西集·民间故事集》出版，这本书收录了60余则民间叙事，是两河文学社成员参与搜集、整理、改编的。文学社的成员们以西集流传的民间叙事为切入点，用更具可读性、文学性的语言展示西集的民俗文化。以文学社常务副秘书长吕作华改编的《白庙红庙与白马关帝庙》为例，这则传说讲述的是通州的两处地名——白庙、红庙的来历。

> 据传，关羽的坐骑赤兔马与赵云的坐骑小白龙曾一起找机会下界，玉帝发现此事后便派关羽下界捉拿这两匹马。一日，两匹马来到通州城中最大的关帝庙，赤兔马发现庙中自己的塑像不够灵动，一怒之下将塑像踢的粉碎。两匹马闹出的动静惊动了关公，他带周仓下界很快降服了两匹马，并将他们带回天庭。在关公降服马的时候，通州东边有不少人看到一匹白马从空而落又凭空消失，西边也有人看到一匹红马从天而降又凭空消失。于是，天降神马的事就在百姓之中传播开了。后来，朝廷出资在两匹马落地之处分别修建了白马庙与红马庙，现在庙已损毁，但红庙与白庙的地名留存至今。通州城关帝庙的老道长亲眼目睹了白马的英姿，又看到了赤兔马破碎的雕像，他觉得是关老爷换了坐骑，于是就重新为关羽塑了一尊白马雕像作为坐骑。这就是通州城中白马关帝庙的由来。[1]

吕作华整理的传说解释了红庙、白庙与白马关帝庙的由来，记录了民众对地方历史的记忆。为了增强传说的可读性，吕作华还花费不少笔墨交代传说的背景，如他写关羽在世间干出了不少至今家喻户晓流传千古的伟业，包括温酒斩华雄、三英战吕布等。此后，吕作华又引经据典

---

[1] 北京市文学艺术界联合会、中共北京市通州区西集镇委员会、北京市通州区西集镇人民政府编：《颐和西集·民间故事集》，内部资料，2020年，第1—5页。

地介绍了赤兔马的来历，他说据三国志记载，赤兔胭脂驹浑身上下火炭般，无半根杂毛，从头至尾长一丈，从蹄至顶高八尺，嘶鸣咆哮有腾空入海之势。在传说的最后，吕作华又写了一首诗概括这则民间叙事：

> 赤兔白龙私下凡，只为怀旧念从前。
> 关帝庙中塑白马，离奇故事永流传。

吕作华等西集作家用更精练的语言改编了当地的民间叙事，为传承地方文化做出了贡献。

另有一些文学社的成员不仅收集、整理民间叙事，还致力于阐释民间叙事的成因，进一步解读运河文化的内涵。以两河文学社成员王友昌搜集的《宝剑镇河神》传说为例，这则传说认为辛集的真武庙能够镇住河神，因此运河泛滥时不会由南向北直戳北岸河堤，而是冲击南岸河堤，拐弯儿向东流去。王友昌对运河河水流向的问题很感兴趣，于是他在20世纪60年代向华北石油地质勘探队的成员询问了这个问题。对方回答，你们村方向地层从沙层变成了黏土层，几个世纪前这个地方确实是主河道，如果都是沙土层你们村就有被冲毁的风险，但运河涨水冲不动坚硬的礓泥层，所以才会改道向东。这个解释令王友昌十分欣喜，他将自己探究这一问题的经过写在传说文本的后记中，并说，"在辛集流传了几百年张天师的神剑和符语，镇住了河神保住了村庄的传说，终于还原了真相"[1]。两河文学社的作家们用高涨的热情改编民间文学文本，探究北运河上的种种地理现象，他们的创作为运河文化的传承起到了推动作用。

两河文学社的作家们还积极参与各类文学活动，不断提高自己的创作水平。2017年，文学社组织了纪念刘绍棠逝世20周年征文活动，一周之内收到投稿30篇，其中有26篇得到发表。值得一提的是，时任社

---

[1] 北京市文学艺术界联合会、中共北京市通州区西集镇委员会、北京市通州区西集镇人民政府编：《颐和西集·民间故事集》，内部资料，2020年，6—8页。

长于大明没有一篇作品入选。他说自己也写了文章，也改了很多遍，但是大家讨论之后还是觉得不好，所以就没有收录。于大明的以身作则证明了两河文学社是一个用作品质量说话的地方，虽然社内的成员都是来自乡土、草根的作家，但他们热爱文学创作的心是纯粹而炽热的，"人情、身份都不管事儿"[1]。在"中仓杯"文学比赛、建国70周年征文大赛、"话·运河"文学大赛等比赛中，文学社的成员也积极投稿，并获得了良好的成绩。

两河文学社的作家群体们不仅追求自己的文学梦，还主动担负起传承村落文化的重任。文学社在成立后就一直想效仿刘绍棠，给西集的中小学生办一次文学培训，首任社长于大明说，我们想把通州乃至北京的好作家请来，给孩子义务上课，不收孩子钱。万一这些孩子里诞生了下一个乡土文学作家呢？我们得先鼓励孩子们把笔拿起来。[2] 副社长杨殿武参加了通州区宣讲团，以《一个农民的文学梦》为题进行演讲，并多次提到"刘绍棠走了，西集运河文化不能停止"。近年来，杨殿武还承担了肖家林村村史编纂的重任。村落的历史往往没有详细的文字记录，杨殿武就多次召开座谈会，邀请熟悉村落历史与文化的老人共同讲述村落故事，他进行记录。回家后，杨殿武再进行整理、考据，最后拿到文学社打印、校对。经过杨殿武的整理，肖家林村的手工艺人，革命烈士、村干部等形象被一一记录，肖家林的生活画卷以文字的形式得以展现。王安也是两河文学社的成员，他不仅热爱文学创作，还对西集丰富的民间文艺有极大的兴趣。他主动拜访西集的老艺人学习民间歌谣、戏曲，掌握了西集民间传统的歌、夯歌、喜歌、运河号子、相声，对家乡的历史也了如指掌，成为了一名"全能"的民俗精英。王安还因帮友人搜集老物件而爱上了民俗收藏，并逐渐收集了上百种、几百件珍贵的民俗老物

---

1　北晚在线：《通州大运河畔的乡土文学社 农民子弟拿起笔来也不含糊》，访问地址：https：//baijiahao.baidu.com/s?id=1584840215699903818&wfr=spider&for=pc，访问时间：2024年8月31日。

2　同上。

件，如宣统时期西集镇的粮食计量工具异形公平斛、20世纪西集镇盖房砸地基用的槐木夯等农具、工具、商具、玩具等[1]。两河文学社的成员们各有所长，为西集民俗文化的传承与发展起到了推动作用。

两河文学社聚集了西集一批热爱家乡文化、具有运河情怀的作家群体，他们沿着刘绍棠的脚步，用自己的方式推动了西集民俗文化的传承与发展。文学社中的作家们大多是草根出生，他们虽有不同的生活轨迹，但都有着对文学创作的热爱之情。作家们将自己文学创作的梦想与传承家乡文化的责任相结合，他们撰写了多样的文章介绍西集的风土民情，还主动参与村史编写、民间叙事搜集整理等工作，为西集的文化建设做出了重要贡献。

以刘绍棠为代表的乡土文学作家为运河畔的民众留下了宝贵的精神财富，丰富了运河畔民众的精神世界，强化了他们的运河情怀。时至今日，刘绍棠的文学创作仍然具有多元价值，能够帮助人们了解西集的民风民情，调动起人们保护历史文物的热情。随着刘绍棠的乡土文学作品被不断改编，北运河畔民众的精神风貌得到了更广泛的传播，西集人的运河情怀也被进一步强化，他们对家乡文化、运河文化的认同感也进一步增强。在刘绍棠的影响下，西集还出现了以"两河文学社"为代表的乡土作家群体，他们怀着强化的运河情怀与对家乡文化的认同感，不断推动着村落文化的传承与发展，为村落文化发展做出了贡献。

## 二、民间手工艺与非物质文化遗产保护

运河带来的便利交通推动了西集的商业繁荣，也使当地的民间手工艺得以不断发展，传承至今。随着非物质文化遗产保护运动在中国的兴

---

[1] 访谈对象：王安；访谈人：王卫华、徐睿凝、孙佳丰、路迪雨婴、杨赫、孙宇飞、赵莎、王子蔚、王子尧；访谈时间：2023年4月12日；访谈地点：西集镇两河文学社办公室。

起,西集的大风车、团花剪纸等民间手工技艺被认定为市级、区级非物质文化遗产,成为西集优秀传统文化的代表。这两项技艺的代表性传承人梁俊、王文敏都成长于西集,他们的经历反映了北运河畔民众生活的变迁,他们传承的技艺展示了西集民间文艺的魅力。

(一)梁俊与通州大风车的技艺传承

风车是北京民间常见的玩具,逢年过节都能在孩子们的手上看到它的身影。虽然常见,但制作风车的技艺却是"艺好学,精难得,创新难"[1],而西集武辛庄村一位名叫梁俊的老人就凭借精湛的风车制作手艺获得了"非物质文化遗产代表性传承人"等美誉,还登上多家媒体,向全国各地展示了西集的民间手工技艺。

风车旧称"八卦风轮",是具有吉祥寓意、历史悠久的民间玩具。梁俊这样讲述风车的来历:

> 据说在很久之前,天上有一只十头鸟,它本是王母娘娘出行时的侍卫,但因偷吃了天庭的米被贬下界。王母娘娘下令砍掉它的一个头以示惩戒,并且要它戴罪立功,下界后多为老百姓做好事。但是,被砍去一个头的鸟心中愤愤不平,来到人间后一直为非作歹,到处害人,而且这只鸟的头被砍掉后一直留有伤口,在它经过的地方都留下了许多污血,使百姓遭殃。这件事惊动了周文王,他让姜子牙去除掉大鸟,让百姓重新过上好日子。姜太公临危受命,决定用乾坤杆、八卦风轮来镇压这只鸟。乾坤杆高3丈6尺5寸,八卦风轮则由一个中心轴与12根黄色棱条按八卦组成。风轮的外圆代表一年,12根条代表12个月,每根条有2个头,共24个头,寓意24节气。做好后的风轮固定在支架上,安装于乾坤杆上,再将四道符咒贴在杆上,降妖的法器就做好了。风轮迎风而转,时刻不停,符咒上的法力随之被不断

---

[1] 王卫华等:《千年运河润京城》,北京:团结出版社,2022年,第241页。

激发，最终镇压了大鸟。后来，姜子牙制作的法器被人们不断效仿，人间也迎来了太平景象。[1]

梁俊讲述的传说不仅展现了风车所承载的美好寓意，还体现了历代手工艺人在风车制作工艺上的讲究。代表365天的乾坤杆、代表12月与二十四节气的风轮使一个常见的民间玩具成为中华传统文化的载体。"风吹风车转，车转幸福来"，当孩童拿起一只只风车玩耍时，旋转的风车便能够表达出民众对家庭幸福、四季平安、海晏河清的期盼。

梁俊的风车制作技艺继承自家族长辈，又在自己的实践中不断创新、发展，最终成为蜚声全国的非物质文化遗产。梁俊的爷爷是裱糊匠，会做风筝、花灯和大风车。春节前后，梁俊的爷爷就骑着小毛驴去庙会，贩卖风车，为养家糊口奔走。梁俊的父亲子承父业，也学习了高超的风车制作技艺。梁俊则因小时候家里穷，上不起学，就在家中跟父亲学习风车制作，不到20岁他就全面掌握了风车制作的40道工序。[2]当时的梁俊想，制作风车好玩儿，能给人带来快乐，还能赚些钱补贴家用，何乐而不为呢？在之后的几年里，梁俊就不停地做风筝，赶上过年就骑着自行车走街串巷地卖。[3]计划经济时代，梁俊到村办铸造厂上班，成为一名模具工，制作风车的时间就比较少了。但是，这段经历却让他学会了机械制图和看图，对他提高自己的手工技艺有所裨益。尽管没有足够的时间制作、贩卖风车，但这时的梁俊还是没有放下自己喜欢的风车制作，他仍然会在逢年过节时做上几个送给亲友、邻居的孩子们。改革开放后，时代的春风又吹响了梁俊心中的大风车，他把握住这个机会，重操旧业，并积极思考改进传统制作技艺的方法。

梁俊从选料开始，不断思考改进风车制作技艺的方法，让传统手艺

---

1 访谈对象：梁俊；访谈人：王卫华、徐睿凝、孙佳丰、路迪雨婴、杨赫、孙宇飞、赵莎、王子蔚、王子尧；访谈时间：2022年9月1日；访谈地点：西集镇武辛庄村。
2 吴惟：《手艺北京 民间艺术的知性之旅》，北京：北京图书馆出版社，2006年，第55页。
3 邱阳主编：《城市主题 寻找老北京城》，北京：中国旅游出版社，2006年，第188页。

再度焕发生机与活力。为了寻找最好的材料，梁俊不辞辛劳从距家50里之外的香河县大黄庄烂塔窑的地下30米深处找来了做泥鼓用的优质泥；从河北张北地区订购了做风车骨架用的秫秸秆；从天津订购了进口的牛皮纸做泥鼓的面；从云南订购了蜡染用的民间染料；从四川订购了新的竹子，将它们削成竹篾用于制作风轮的骨架。备足上好的材料后，梁俊又开始思考改进技艺的切入点，他首先从风轮的大小上做文章。传统的10轮大风车孩子们玩起来不方便，梁俊就压缩风轮的直径，用自行车的车条截成一节节的铁丝做轮轴，增强风轮的力度。此后，他又把传统风车的8条帛纸改为24根纤维布彩条，并改进了骨圈、轮的着色，将风车染为红、黄、绿三种颜色。梁俊说，风车的"红"象征火红的太阳，"黄"象征炎黄子孙，"绿"象征自然生态中的地球。他精心设计的风筝迎风而转，声音清脆嘹亮，具有更强的吸引力。[1] 1987年春节，梁俊带着他的通州大风车到红桥市场销售，原本准备卖两天的货一个上午就被抢购一空，可见风车的魅力之大。[2] 从红桥市场到八里庄市场、大观园、地坛庙会，再到宾馆、博物馆、圆明园、亚运村，梁俊的风车随风而转，既给人们带去了欢乐，也为他带来了好运，让他获得了可观的收入，得到了"风车大王"的美誉。[3] 凭借高超的风车制作技艺，梁俊先后进入北京民间艺术家协会、北京民间玩具协会，获得了民间玩具工艺大师称号，让更多人意识到西集民间手工艺的魅力。2007年，梁俊传承的"通州大风车"技艺被认定为北京市级非物质文化遗产，这一荣誉既是对西集民间智慧的肯定，也是对梁俊为改进风车制作技艺所做努力的肯定。

梁俊之所以能使西集的民间手工艺成为非物质文化遗产项目不仅因为他为改进手工技艺所做的努力，还因为他积极为大风车寻找发挥魅力的平台。1997年，梁俊先后做了双轮、3轮、5轮、7轮、10轮、20轮、30轮等7种风车，在春节北京民间艺术展示周期间摆出了"一帆风顺"

---

1　邱阳主编：《城市主题　寻找老北京城》，北京：中国旅游出版社，2006年，第188页。
2　范益来编著：《传统体育》，北京：北京出版社，2022年，第85页。
3　邱阳主编：《城市主题　寻找老北京城》，北京：中国旅游出版社，2006年，第188页。

字样的风车阵。迎接香港回归时，梁俊设计了百轮风车，寓意香港百年回归。当时，他在新东安市场举着足有十几斤重的大风车左右翻动，赢得在场观众不绝的掌声与赞颂。1999年，他又为庆祝中华人民共和国50华诞制作了50轮风车，被北京民俗博物馆收藏。2001年申报奥运会期间，他的"五环奥运风车"在北京城的大街小巷哗哗作响。新中国成立60年时，他又设计了60轮的风车为祖国庆生，并编了顺口溜，"手举风车六十铃，迎接国庆在北京。全国人民齐欢唱，祖国昌盛永长青"[1]。在梁俊的推动下，通州大风车被更多的人所了解、喜爱，并在国家级活动中频频露面，获得了多项荣誉。

在通州大风车被认定为非物质文化遗产后，梁俊仍不断探索新路径推动这门技艺的传承与发展。80多岁时，梁俊仍然自己制作风车、研究如何改进手艺，他制作的风车有几十种，最大的有300轮。50多年来，梁俊制作的风车已累计超过20万个，是名副其实的"风车大王"[2]。现在，梁俊已年逾90，制作风车的主力变成了他的儿子和儿媳，他的孙子还会将家里制作的风筝放到网店中售卖，进一步打响通州大风车的名声。梁俊深知创新对非物质文化遗产传承的重要性，他说风车好学好做，从前村里有四五家都做过风车，但创新难，现在还在坚持做风车的只剩他们一家了。他和他的家人在不断探索的是一条让大风车迎合时代之风不断旋转的道路，是利用民间手工技艺致富的道路，这也是他心中非遗保护应走的道路。

梁俊的通州大风车是西集民间手工技艺的代表，它承载着民众对美好生活的心愿，寄托着人们快乐的儿童时光，并在全国民间艺术的殿堂上获得了一席之地。"艺好学，精难得，创新难"，风车本是西集常见的民间玩具，但以梁俊为代表的西集手工艺人却用自己的实践推动这门手艺不断发展，日益精进，最终成为享誉全国的非物质文化遗产。梁俊的

---

[1] 王卫华等：《千年运河润京城》，北京：团结出版社，2022年，第241页。
[2] 范益来编著：《传统体育》，北京：北京出版社，2022年，第87页。

探索推动了西集非物质文化遗产保护的开展，也展示了西集民间艺术的发展潜力。

（二）王文敏与团花剪纸的技艺传承

团花剪纸是具有中国特色的传统剪纸艺术门类之一，其精髓在于"团"，能够很好地展现剪纸多次折叠、重复造型的特点。团花剪纸是用一张正方形纸，经多次折叠后，以正方形纸的中心点为辐射点，将其分成若干等份，只在折叠后的一份上进行剪制的艺术。打开剪制的纸张后，每个图形自成单元又相互连接，一幅或方或圆、连续重复的团花剪纸艺术品就完成了。[1]传统的团花剪纸有许多吉庆的图案，如《富贵有余》《二龙戏珠》《金玉满堂》[2]等。逢年过节，西集的民众都会购买或自己制作团花剪纸贴在窗户上，用精巧的剪纸烘托隆重祥和的气氛，也表达出自己对未来一年诸事顺遂、平安吉祥的期盼。

通州地区的团花剪纸距今已有200余年的历史，尤其以张家湾、永乐店、于家务、西集等地的剪纸艺术最具代表性。其中，西集王庄村的王文敏还凭借自己的技艺成为通州区区级非物质文化遗产项目"通州团花剪纸制作技艺"的代表性传承人。王文敏的剪纸手艺是家族传承的，多年来他一直钻研团花剪纸技艺，在传承中不断创新，创作了许多古朴独特、写实创新、构图多变又兼具生活气息的作品。在王文敏的记忆中，过去农闲时节妇女们都要做针线活，他们剪鞋样子、绣花、缝缝补补，自己的母亲上过私塾，手又巧，经常在白布上画样子，然后再进行刺绣。母亲的巧手给王文敏留下了深刻的印象，家中的枕头、肚兜、鞋上大多有母亲自己绣的图案。小时候的王文敏娱乐方式也不多，他就照着大人们剪下的印迹自己剪纸玩，母亲和外祖母也会指点他，教给他一些剪纸的方法，他自己也时常琢磨这些花纹如何剪制。久而久之，王文敏的剪

---

[1] 王继红：《团花剪纸》，沈阳：辽宁美术出版社，2013年，第8页。
[2] 韩靖编：《中国民间吉祥剪纸300例》，南昌：江西美术出版社，2011年，第77—79页。

纸技艺愈发精湛，他对这门手艺的热爱之情也愈发高涨。

团花剪纸技艺对王文敏的影响是深远持久的。1969年中学毕业后，王文敏参军入伍，成为当时军营中为数不多的"读书人"，负责单位的文化宣传工作。这一时期，王文敏的剪纸技艺得以施展，他绣过五角星、伟人像，陆续绘制了多个板报、宣传画。军旅生活不但没有减少他对剪纸艺术的热爱，还令他有了新的创作灵感。此后，红色故事成为他剪纸艺术中的常见题材，顺应时代成为他剪纸艺术的特点。刚刚退伍时，王文敏也尝试过许多职业，如继承父亲的技艺做首饰盒等，但这段时间他都没有放下自己的剪纸技艺，一直不断练习和探索。王文敏说，"很多艺术都是相通的"，他所从事的不同职业也为他剪纸技艺的提升有所裨益。为了更好地彰显团花剪纸的魅力，王文敏也对传统剪纸技艺进行了革新，如将剪纸的尺寸扩大到四尺，选用更不易褪色的红宣纸作为材料，将花鸟鱼虫、山川河流、人物场景都纳入剪纸题材之中，使剪纸的表达更为多元，适用场景也更为广泛。凭借自己的探索与实践，王文敏的剪纸技艺得到了社会各界的认可，他于2007年被评定为"民间文化品牌艺术家"，于2008年被授予中国民间文艺家协会铜奖，作品《五十六个民族五十六朵花》《托起明天的太阳》被中国农业博物馆收藏。团花剪纸技艺也于2009年被认定为通州区非物质文化遗产，展示了西集民间手工技艺的魅力[1]。

在自己的技艺被评定为非物质文化遗产后，王文敏并没有放缓自己的脚步，而是继续为非遗保护贡献自己的力量。2011年，王文敏曾登上中央电视台向世界各地的民众展示自己的剪纸技艺，他精彩的剪纸作品赢得了满堂的掌声与赞颂。在节目上，王文敏还现场教授了外国人如何剪出蝴蝶与中国结，他精巧的设计、高超的手艺又令国内外嘉宾纷纷为之赞叹。[2] 近年来，王文敏还主动走入中小学，为在校的学生开展校本课

---

[1] 王卫华等：《千年运河润京城》，北京：团结出版社，2022年，第249—254页。
[2] 央视网：《特殊技能〈团花剪纸〉表演者：王文敏》，访问地址：https://tv.cctv.com/2011/08/28/VIDE1355632538627453.shtml，访问时间：2024年8月31日。

程，让更多的孩子认识非遗、体验非遗，了解家乡的非遗文化。对于来求教的人，王文敏也从不私藏，而是将自己的艺术心得、剪纸技法都倾囊相授，希望尽快培养出新的非遗传承人。[1]

团花剪纸技艺诞生于西集民众的生活之中，是人们装点家具，表达美好心愿的民间手工技艺。在王文敏等人的传承、创新之下，这门民间技艺登上了更大的舞台，成为西集民间文化的代表，被更多人所知晓。在非物质文化遗产保护运动的背景下，王文敏主动担负起传承文化的重任，他推动传统技艺的创新发展，走入学校让学生了解家乡的非遗，用自身的实践为非遗注入动力。

总之，西集的水土滋养着当地的文学与艺术，哺育了一批批文学家、艺术家，丰富了当地民众的精神生活。从著名作家刘绍棠到两河文学社中的乡土作家，从梁俊的大风车到王文敏的团花剪纸技艺，西集的作家与手工艺者为传承、发展地方文艺做出了诸多贡献。在他们的努力下，西集的文艺资源顺应时代的变迁，在创造性转化与创新性发展中迸发着新的生命力。

---

[1] 王卫华等：《千年运河润京城》，北京：团结出版社，2022年，第254—255页。

第三章

作为文化根脉的大运河与民众的日常生活

——基于永顺、台湖两地的调查

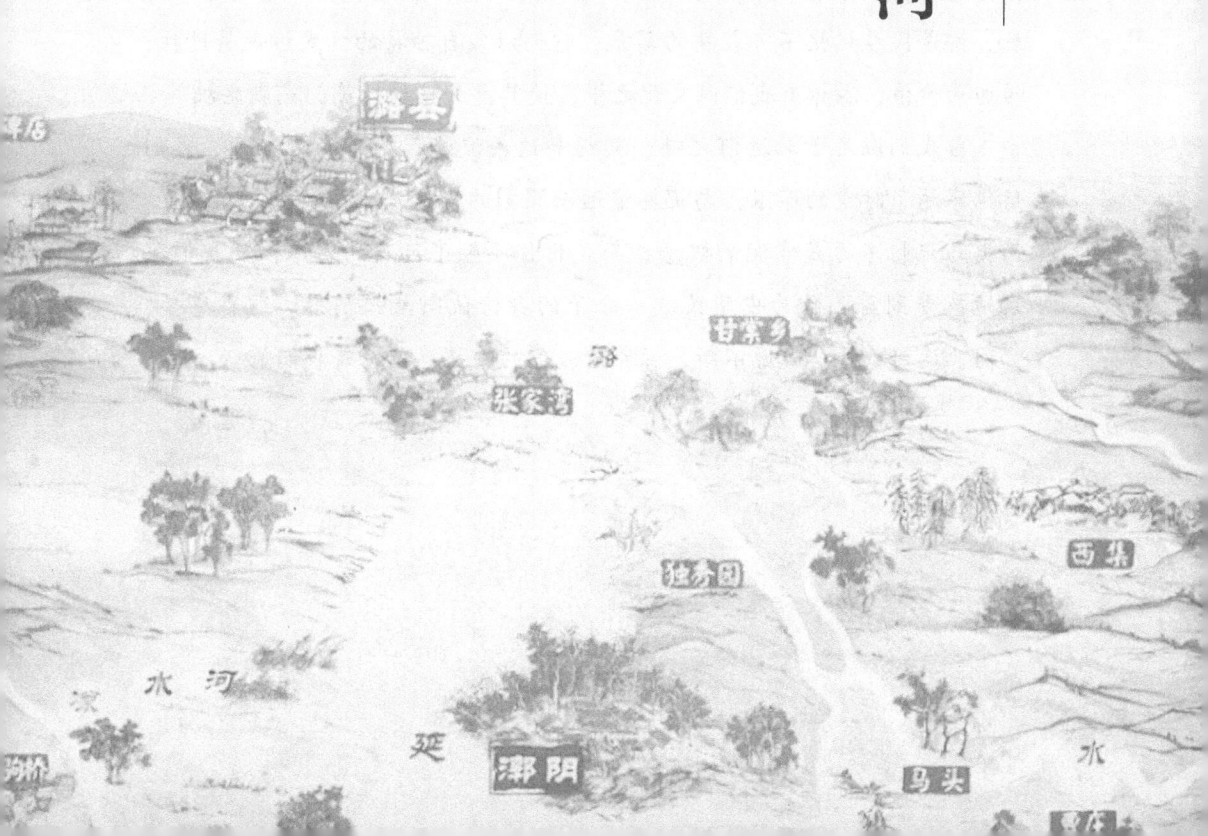

北运河，这条古老而充满活力的水道，不仅是物资流通的主动脉，更是文化传承的血脉。它见证了无数运粮船队的往返，那些船只不仅承载了粮食与物资，更背负着关于漕运的艰辛、革命的烽火以及沿岸民众丰富多彩的生产生活记忆。这些记忆如同运河中的碧波，既有宁静之美，又蕴含深邃之意，它们不仅仅是过往的回声，更是民族性格与文化精髓的集中展现。

　　以北运河为中心，其周边的文化遗产构成了一个独特的文化场域，为我们提供了一个审视过去、感知当下、展望未来的独特视角。在这里，历史的真实面貌与记忆的创造性重构交织在一起，共同编织出一幅丰富多彩的文化图景。无论是口耳相传的民间故事，还是历经沧桑的古迹遗址，都是民族记忆不可或缺的篇章，它们以各自独特的方式诉说着过往，传递着价值，滋养着我们的文化之根，使其更加枝繁叶茂，充满生机。

　　当我们驻足于北运河之畔，凝视着这条流淌了千年的河流时，我们仿佛穿越了时空的界限，与那些遥远而深刻的记忆产生了共鸣。在这里，历史与记忆不再是空洞的概念，而是化作了触手可及的实体，让我们深切地感受到自己作为中华民族一分子的身份认同与归属感。这种感受，如同北运河之水，源源不断，滋养着我们的心灵，激励着我们前行。

## 第一节　运河历史文化遗产中的民族记忆

### 一、漕运生产的历史记忆

"历史记忆"这一概念，最初由莫里斯·阿布瓦赫在其著作《集体记忆》中引入，旨在揭示历史本身所蕴含的记忆属性。王明珂进一步阐释了这一概念，指出"历史记忆"实则是人们对过往的追忆与叙述，这一过程往往涉及对记忆内容的筛选、想象与重构。他区分了两种形态的"历史"：一种是客观存在的历史事实，即那些真实发生过的过往事件；另一种则是被加上了双引号的"历史"，即人们通过记忆与表述所构建的历史版本，这正是王明珂所强调的"历史记忆"。[1]

以北运河为例，这条河流作为中国古代漕运体系的关键动脉，历经千年沧桑，见证了无数的繁华与变迁。其深厚的历史不仅承载着经济上的辉煌成就，更孕育了丰富多彩的文化底蕴，深深烙印在中华民族的记忆之中，成为我们集体记忆中不可或缺、熠熠生辉的一部分。

---

[1] 屠含章：《历史记忆、历史-记忆或历史与记忆？——记忆史研究中的概念使用问题》，《史学理论研究》2022年第1期。

## （一）漕运繁荣的辉煌篇章

漕运，即利用水道调运粮食，是中国历史上十分重要的经济制度。19世纪末康有为有言："窃漕运之制，为中国大政。所以充太仓而供玉食，实京师而备不虞。"[1]足见漕运在中国历史上的重要性。

### 1.漕运制度的建立与发展

秦朝统一六国之后，建立封建王朝，实行中央集权制度，为了削弱个各地区的政治军事力量，废除了分封并销毁六国的长城和兵器。同样为了削弱地区的经济力量，对各地也实行了规模巨大的税收制度，将地方财产汇集进朝廷，税收形式则以粮食为佳。但古时车马技术较为落后，运送极为缓慢不便，而水运则更适宜于远距离的货物运输，漕运便在此背景下诞生。自秦汉起，历朝历代将田赋之粮通过水道送至都城[2]，后分发给百官作俸禄、军队做粮饷。宋元两朝漕运规模差异较大，宋朝朝野官员数量较多，政治组织规模较大，再加上军队为防御北方入侵，多驻扎在京城附近，因此漕粮运送数目较多。元朝时期北方民族入主，都城不再需要重兵把守，因此漕粮需求量较低。至明朝，明成祖迁都北京，同样重兵驻京，漕运又重新扩大规模。据李文治、江太新统计，宋代中期（998—1100）每年漕粮运送约为600万石，元代中期（1308—1329）每年漕粮运送为287万石到353万石不等。明代中期（1425—1572）则回升至300万到600万石。[3]

漕粮制度有三个主要部分，分别是征收、运输和交仓。朝廷在各省设立征漕州县，将征收所得漕粮通过运河运输北上，在漕运码头交接转运。漕运码头是漕运制度中重要的一环。明清时期，作为粮食入京的中转站，通州漕运码头涉及漕粮的调配、物流、仓储等各方面因素。其存在既凸显出古时中央集权政府的组织能力、也展现了以此制度为轴心各

---

[1] （清）康有为著，汤志钧编：《康有为政论集》，北京：中华书局，1981年，第354页。
[2] 陈峰：《漕运与中国的封建集权统治》，《西北大学学报（哲学社会科学版）》1990年第2期。
[3] 李文治、江太新：《清代漕运》，北京：社会科学文献出版社，2008年，第7—8页。

地民众的日常生活。通州永顺地区早在元代就有漕运码头存在，曾有言"通惠河，即元郭守敬所修故道也"[1]。光绪时期《通州志》有记载："历元明，漕运粮艘均驶至张家湾起卸运京。"[2]但后来修缮不利，通惠河淤泥堆积无法行船。明代前期，漕运码头位于南部的张家湾，卸粮之后需用车马驮行数日入京，车马劳顿，花费不菲。嘉靖七年（1528），巡按直隶监察御史吴仲上奏开凿通惠河，历时近半年修缮完毕。畅通之后的通惠河重新作为入京运粮船的水道启用，连带从通州到张家湾的运河道也重新修通。当时张家湾地区居民众多、民宅拥挤，刚好北部通州城有旧坝为基础，可作码头。于是漕运码头从南部张家湾转移至通州城外的河道西侧，分为入京漕运与入通州漕运两部分，且分别位于北关东侧与东关处。张家湾也因商贾云集、漕运发达和战略地位重要而闻名天下，有"大运河第一码头"之称。

清朝时期承袭明制，对漕运也给予了高度的重视，征服江南后不久，就确立了每年从江南运送至北京400万石粮食的制度，一直维持到19世纪中叶。为保证政策实行，清朝顺治年间修建内河五闸堤工，康熙年间疏通城东护城河，直到道光二十九年（1849）清政府还大修通惠河。后来，随着清政府的逐渐衰落，1901年运河漕运被下令废止，通州河上的民间运输还保留着一定的活力，在停漕到抗日战争期间，通州作为码头的职能依然存在。直到1943年，运河因为大旱停流，运河上的民间客货运输彻底停止，曾经依靠运河生存的人们纷纷改行，另寻营生。

2. 永顺镇的漕运生产特色

永顺镇在漕运体系中的地位尤为突出，被誉为"千里运河第一镇"。作为北运河的起点，永顺镇承担了连接京城与漕运主干道的重任。历史上，怡贤亲王允祥奉命治理大运河，将通州段确立为北运河的起点。《畿

---

[1] 中国水利史典编委会编：《中国水利史典 运河卷一》，北京：中国水利水电出版社，2015年，第175页。

[2] （清）高建勋等修，（清）王维珍纂：《光绪通州志·卷三》，国家图书馆藏。

辅通志·河渠略》记载："（白河）雍正三年（1725）大水，堤岸埽坝，多有冲溃。"怡亲王允祥受令治水，他于南北运河各建坝开河，减水分流，别途归海。又将诸河分为四局，"北运河"为其中一局。雍正四年（1726）二月怡亲王、大学士朱轼奏议言，"臣等查水利所关最重，河道贵有专官。我皇上轸念直隶地方，特命怡亲王兴修水利，遍阅诸河。凡有应加疏浚修筑之处，现在逐一兴工。若不特设专官，工程难以稽核。应如怡亲王等所请，直隶之河分为四局……其北运河为一局。旧有分司亦应撤回，令通永道就近兼辖。其管河州判等官悉听统辖"。这里不仅是南北物资交汇的重要枢纽，更因其便利的交通条件成为经济、文化发展的中心。正是漕运带来的经济繁荣，使永顺镇成为京畿重地，影响着地方文化和社会生活。

如果将京杭大运河两岸由漕运兴起的村镇比作千万明珠的话，大运河北端永顺镇的新建村便是第一颗闪耀着历史光辉的明珠。[1]永顺镇下辖新建村的漕运文化积淀更为显著，体现出村落形态与漕运码头的紧密联系。新建村位于通州城外的北关区域，历史上一直与漕运码头保持着紧密的关联。漕运时代，这里是粮食、木材等物资的集散地。新建村下属的皇木厂、盐滩等自然村各自发挥着不同的功能，形成了完整的漕运生产体系。

皇木厂作为储存皇家木材的场所，为京城建设提供了大量木材。"珍贵木材在此处被抬到岸上存放起来，并且设立了厂子进行保护和管理，之后适时经陆路运送到北京的各个皇家建筑工地，而储存皇家木材的地方就被称作皇木厂。随着厂子周边逐渐形成村落，皇木厂便也成了村名。"[2]

盐滩村则是存储与分销食盐的重要地点，承担了京城与北方各地的

---

[1] 毛巧晖等：《北运河民俗志·第一卷·基于文献与口述的考察》，北京：中国戏剧出版社，2019年，第28页。

[2] 周良、通州区图书馆编：《大运河源头第一镇》，内部资料，第31—33页。

盐业贸易。"盐厂主要用来存放和外销南方运来的食盐，从沿海一带出产的盐，经大运河运到张家湾的盐厂，再经附近骆驼店的骆驼销往北京、京畿、华北、外蒙古甚至俄国。"[1]

马厂和姜厂子亦与运河有着密切的关系。马厂是古时官方养马的地方。基于漕运，通州城内设有各类粮仓，其中储存的豆类是马粮的上好选择，且调运方便，于是马厂就建在了通州城附近。姜厂子位于盐滩村南面，南方的生姜通过漕运至此存放，同样备以提供京城与北方各地食用，久而久之形成村落，以姜之名界定村名。[2]

永顺镇的漕运生产特色，不仅体现在村落的经济结构上，更体现在其与运河的紧密互动中。漕运带来的生产方式、生活习俗以及社会网络塑造了村落的历史记忆，使得运河成为地方文化的重要组成部分。这种运河文化深深植根于村民的日常生活中，形成了独特的地方认同与文化传承。

（二）漕运对地方社会与文化的影响

1. 漕运与地方经济的互动

漕运对地方经济的促进作用尤为显著，尤其体现在码头经济的发展上。"通州因漕运而兴盛，州民因漕运而富裕，各业依漕运而兴旺，南方富商船家，北方大贾车主，咸会通州。"[3]作为漕运重要节点的通州，因其交通便利、地理位置优越，逐渐形成了以漕运码头为核心的经济网络。运河沿岸的码头带动了商贸活动的繁荣，大量货物在此中转，吸引了来自南北各地的商贾。商人们携带各类商品，如粮食、盐、木材等，聚集于通州北关地区进行交易。地方市场因此逐渐发展起来，推动了手工业

---

1 周良、通州区图书馆编：《大运河源头第一镇》，内部资料，第34—35页。
2 《北京市通县地名志》编辑委员会：《北京市通县地名志》，北京：北京出版社，1992年，第75页。
3 毛巧晖等：《北运河民俗志·第一卷·基于文献与口述的考察》，北京：中国戏剧出版社，2019年，第11页。

和物流行业的兴起，通州地区成为京城物资供应的重要枢纽之一。来自江南塞北、川渝南粤等地的货物纷纷通过运河运输进入通州流转，使这里成为南北商品的集散场地，南北经济交流的一处中心。[1]

这些职业不仅展现了运河文化的深厚底蕴，也体现了运河沿岸居民的智慧与勤劳。码头的设立不仅带动了大批装卸工、搬运工的就业，还催生了其他一系列与漕运密切相关的生计方式。

在皇木厂、盐滩、下关村等地，除了传统的装卸搬运工作外，捕鱼业也是村民们的重要生计之一。坐落于运河沿岸，这些村落拥有丰富的水资源，这为村民们提供了得天独厚的捕鱼条件。王振海、王振江兄弟便是下关村中以捕鱼为生的典型代表。兄弟二人自幼跟随父亲学习捕鱼技巧，对运河的水文特性了如指掌。他们平时跑船走运输，当渔汛来临时，便会驾着自家的小船，在运河上辛勤劳作，用渔网捕捞各类鱼鲜，以补贴家用或进行市场交易。王氏兄弟的故事，是下关村乃至整个运河沿岸捕鱼业繁荣发展的一个缩影。[2]

船工则是漕运系统中最为核心的劳动力。他们驾驶着大大小小的船只，在运河上往来穿梭，负责将漕粮及其他重要物资安全、准时地运送到目的地。这些船工们常年漂泊在江河之上，以船为家，形成了独特的"水上社区"。他们的生活节奏紧密围绕着水流与季节的变换，既充满了艰辛与挑战，也孕育了独特的船工文化。在繁忙的漕运季节，船工们往往昼夜不息地航行，他们凭借精湛的驾船技术和团结协作的精神，确保了漕运物流的顺畅无阻。

"南通州，北通州，南北通州通南北"，运河带动了物流行业的快速发展。通州的物流体系包括了粮食、木材等大宗货物的储存、运输，以及各种日常用品的贸易。通过运河，来自南方的货物可以迅速抵达北方市场，而北方的特产也可以通过水路运往南方，形成了双向的物流网络。

---

1 孔凡英：《试论清末民初通州社会经济发展变迁》，首都师范大学硕士学位论文，2008年。
2 毛巧晖等：《北运河民俗志（第一卷）》，北京：中国戏剧出版社，2019年，第32—35页。

漕运码头不仅仅是物资的中转站，更是连接南北经济的纽带，使通州在漕运体系中扮演着至关重要的角色。

2. 民俗文化中的漕运记忆

漕运不仅推动了地方经济的繁荣，还深刻影响了通州及周边村落的民俗文化。运河边的生产习俗是村民日常生活的重要组成部分。例如，在皇木厂，村民们会定期从运河中挖取河泥，用于改善农田的土质。这种传统的耕作方式依赖于运河的资源，体现了运河对农业生产的支持。此外，捕鱼也是运河周边村民的重要生计之一，盐滩、下关等村落的居民世代以捕鱼为生，形成了与河水密不可分的生活方式。村民们利用鱼鹰捕鱼或在冰面上凿洞捕鱼，成为地方渔业文化的一部分。

在节庆与信仰活动方面，运河文化也有着独特的表现形式。每年春季，当漕运重新开启时，永顺镇的码头都会举行盛大的开漕节，这一节庆活动不仅是庆祝运河重新通航的仪式，更是地方信仰与漕运文化的结合。村民们会在祭坝仪式中祭祀河神和历史上治理大运河的英雄人物，如吴仲等，祈求运河通畅、漕船安全。这类祭祀仪式是运河边村落重要的信仰活动，反映了漕运与地方宗教信仰的深刻联系。

运河文化中的集体活动也是民间漕运记忆的重要组成部分。码头工人、船工等在从事重体力劳动时，往往会通过号子来协调彼此的动作、缓解疲劳。号子不仅是一种劳动工具，更是运河文化中的集体记忆。

运河村落的文化活动也受到了漕运的影响。由于漕运带来了大量的商人、工人和船工，不同地方的文化在运河沿岸交融，形成了丰富的地方文化。北关地区的节庆活动、庙会以及戏剧表演等，都是这一文化交融的体现。会馆文化在通州也有深远的影响，商人和漕工们建立的各类会馆，如江西漕运会馆，不仅是商贸往来的场所，也是文化交流的重要平台。在这些会馆中，来自南北各地的人们聚集一堂，分享彼此的风俗习惯和生活经验，形成了独特的文化氛围。

漕运不仅推动了通州地区的经济发展，也深刻影响了地方社会的文化构建。文化是社会行为与结构互动的产物，既是经济活动的附属品，又塑造着社会认同与地方意识。漕运作为历史上重要的经济体系，不仅带来了物质资源的流动，也带动了文化的传播与融合。运河沿岸的集体劳动号子、船夫歌谣等，都是这一文化的体现，它们不仅仅是劳动工具，还是文化认同的载体，帮助沿河居民在共同的经济活动中形成了深厚的文化联系。同时，会馆的兴建为外来商人与当地居民之间搭建了重要的文化桥梁，促进了多元文化的碰撞与融合。因此，漕运不仅是经济现象，更是构建地方文化记忆和身份认同的重要因素。

### （三）口述历史与运河记忆

漕运作为通州历史文化的核心，承载了丰富的民间记忆，尤其通过口述历史保存了许多与漕运相关的生动故事和生产生活的细节。这些记忆既反映了运河对地方经济和社会生活的深刻影响，也展现了运河沿岸居民的智慧与适应能力。在运河记忆的共享过程中，通过将发生在从前某个时间段中的场景和历史拉进持续向前的"当下"的框架之内，构造了一个享有共同经验、期待和行为的"象征意义体系"，从而激活、唤醒和强化了多维的运河流域村落文化认同体系。[1]在新建村、永顺镇等沿河村落，年长的村民们仍然清晰记得漕运时代的种种景象，这些故事充满了对过往生活的怀念与智慧的传承。

1. 打冰

清末民初，北运河优良的水质使其成为北京冰窖的主要冰源。冬季一到，运河结冰，便开始了一年一度的打冰活动。对于许多村民来说，打冰是他们农闲时补贴家用的重要方式。村中的老人们至今记得，打冰的场景热闹非凡：成群结队的工人手持简单的工具，切割运河上的厚冰层，随后通过木制滑道将冰块运送到河边，再装车运往冰窖中储藏。这不仅是繁重的体力劳动，也是共同参与的活动，体现了劳动群众中的团

---

[1] 毛巧晖、张歆：《运河记忆与村落文化变迁：以北京通州里二泗小车会为中心的考察》，《西北民族研究》2021年第2期。

结合作精神。

据口述历史记载，打冰的过程是村民们重要的集体劳动体验之一。工人们往往从早忙到晚，冰块被切割成规整的块状，用滑道一块块输送到窖内。对参与者而言，虽然过程辛苦，但每个人都依赖着这种方式维持生计。冰块被储存起来，夏天用于保存食物，也用于制冰水售卖，成为当时市场上抢手的商品。打冰活动在运河沿岸的集体记忆中扮演了重要角色，并被代代相传。

2. 趟大鞋

在永顺镇，装卸工"趟大鞋"的故事也经常被提及，成为运河文化中代表性的民间记忆。这些工人主要负责将运河船上的粮食和其他物资卸下。由于劳动强度大，工作环境艰苦，工人们通过巧妙的方式补贴家用：在卸货时，他们用宽大的鞋子夹带一些粮食。这个行为被称为"趟大鞋"，虽然是小偷小摸，但在当时的艰难生活条件下，成为工人们机智应对生存压力的手段。

"趟大鞋"的行为不仅展示了漕运时代普通劳动者的智慧，也反映了工人们在生活困境中的灵活应对方式。村里的老人们经常会讲述这一故事，以此传递过去劳动者的艰辛与聪明才智。这种生活方式在口述历史中成为独特的记忆，代代相传。

3. 捕鱼

捕鱼作为运河流域居民生计的重要组成部分，也在口述历史中占据了重要地位。新建村的老人们回忆起利用鱼鹰捕鱼的场景，这种古老的捕鱼技艺是该地区传统渔业文化的代表。鱼鹰经过训练后会潜入水中捕捉鱼类，渔民则负责收回鱼鹰和它们捕获的猎物。这种人与自然和谐共生的技艺，展示了村民对自然资源的深度依赖和利用。

冬季捕鱼则是一种不同的体验。在北方寒冷的冬季，河面会结冰，村民们会在冰面上凿洞捕鱼。这种捕鱼方式不仅需要技巧，还需要对冰面厚度和水下环境有深入了解。此外还有一种抄网捕鱼。这些捕鱼技艺不仅展示了村民与自然和谐相处的智慧，还体现了他们对运河资源的依赖。通过这些技艺，村民们不仅能够维持生计，还逐渐形成了独具特色的地方文化。捕鱼的故事和经验通过代代相传的方式得以延续，成为运河文化中不可分割的一部分。

在这些口述历史中，村民们对运河的记忆不仅限于具体的生产活动，更多的是运河作为文化象征的重要性。村中的年长者常说："运河就是我们的母亲河。"这不仅是一种情感上的依恋，更是一种文化认同。很多老人从小就与运河结下不解之缘，他们经常回忆起童年在运河边捕鱼、游泳的时光，运河不仅是生活的依赖，更是村落共同体的象征。

无论是打冰、捕鱼，还是工人们的"趟大鞋"故事，运河不仅为村民提供了经济支持，还塑造了他们的文化生活。这些故事在村落间代代流传，成为运河文化中不可或缺的一部分。

## 二、革命故事

革命故事不仅是地方历史的叙事载体，更是集体记忆的核心构件。在文化记忆理论中，阿斯曼提出，集体记忆通过故事、仪式、纪念活动等方式代代传递，构建起人们对自身历史与文化的认同。这一理论在运河沿岸的革命历史中得到了生动体现。从义和团运动到抗日战争再到解放战争，运河两岸的村民通过口述和集体活动，不仅传承了英雄的事迹，还将这些记忆融入了地方文化。革命故事成为地方社会的精神支柱，村民通过缅怀先烈与英雄，塑造和强化了地方文化认同。这一传承的过程，也反映了文化实践对社会凝聚力与历史记忆的重要作用，彰显了地方社会在历史巨变中的坚韧与力量。

### （一）运河民众的团结与抗争
1.回汉互助

自清末至民国，运河沿岸的回汉民众展现出强烈的团结精神，特别是在外来侵略和内部压迫面前，体现了同仇敌忾的民族力量。通州作为北运河的核心枢纽，历史上多次面临列强的入侵威胁。尤其是在义和团运动和八国联军侵华战争期间，回汉两族不分彼此，携手抗击外敌。

义和团运动爆发后，通州成为抵抗帝国主义入侵的重要战场之一。在这一背景下，运河沿岸的民众展现了极强的团结互助精神。北关码头上做苦力的脚夫傅德寿与他的三个结义兄弟东关的陆德文、南关的于德源、西关的纪德兴是码头工人中的代表性人物，他们组织起码头工人和附近的农民，传授义和拳，积极投入抵抗外国侵略的斗争。[1] 这不仅仅是一场武力上的对抗，还体现了在外来压迫面前，运河沿岸的劳动者们所表现出的强烈民族团结意识。

1900年八国联军侵华期间，通州再度成为战场。马海晏将军和其子马麒率领的甘军与八国联军在通州及周边的杨村等地展开激烈战斗。[2] 马海晏将军出身回族，他与汉族村民共同组成抗击外敌的武装力量，展现了回汉两族在抗击外来侵略中的深厚情感与合作精神。这场战斗尽管极其艰难，甘军和当地百姓却取得了一定的胜利，阻止了敌军的快速推进，赢得了民众的广泛赞誉。

北关清真寺的碑刻详细记录了这段历史，尤其强调了回汉两族在抵抗外国侵略时的合作与牺牲：

> 在真主谆教下，与汉民杂处，患难与共，聊度时光，清光绪二十六年夏秋，通州义和团奋起，北关尤烈，不分民族，同仇敌忾，英勇反清灭洋，不幸，八国联军侵入通州，此寺被焚，后有城内高乡老，寺内蓝阿訇相继鼎力，于原址复建而规制微陋焉。[3]

---

1 金星华主编：《通州》，北京：北京图书馆出版社，1999年，第97页。
2 张振德、赵喜民主编：《西北革命史》，西安：陕西人民教育出版社，1991年，第306页。
3 毛巧晖等：《北运河民俗志·第二卷·图像、文本与口述》，北京：中国戏剧出版社，2020年，第45页。

这段碑刻铭记了通州回汉人民如何在生死存亡关头，共同御敌的辉煌时刻，象征着两族之间的友谊和血肉联系。这种精神不仅在义和团时期得到体现，还延续至民国抗战期间。

2.运河抗战的历史事件

运河沿岸的抗战历史充满了民众自发组织的英勇事迹。在日军入侵后，通州及其周边地区成为抗战的重要战场。面对日军的压迫，运河流域的百姓组织起了自卫队和游击队，开展了激烈的反抗活动。

抗日战争期间，通州成为日军重要的军事占领区。1935年11月，汉奸殷汝耕成立了"冀东防共自治委员会"，不久改称"冀东防共自治政府"，并在通州和唐山等地设立了保安队。随着抗日战争的全面爆发，日军在通州设立了由细木繁领导的特务机关，展开严密的情报网，以加强对华北的控制。1937年7月29日，保安队队长张庆余与二队长张砚田策划了一场起义，他们联合队员向日军发起突袭，成功捣毁了日军在通州的指挥机构，并逮捕了汉奸殷汝耕。这次起义得到了通州百姓的广泛支持，也进一步激起了民众对汉奸的强烈愤恨。[1]

通州武术之乡陆辛庄的村民也曾积极参与抗日战争，陆辛庄村的季增太、季增年、季守珍、季增检、季增录、季增申等36人主动投身到抗日将领赵登禹将军的二十九军中，当武术教官。村里现如今还流传着一首抗日歌曲，当时的村民们曾在花会上当着日本兵面前高唱这首歌，如今每当人们讲述此事都大呼惊险过瘾。"要说我们陆辛庄人就是胆子大，当时大家当着鬼子的面，竟然高唱这首抗日歌，日本人好像听不懂，可在场的中国人都听见了，着实为陆辛庄捏了一把汗。"[2]

进入解放战争时期，通州再次成为军事争夺的焦点。其中最为人津

---

[1] 《1937年"冀东保安队"起义评析》，人民网，访问网址：http://dangshi.people.com.cn/n1/2016/0711/c85037-28543511.html，访问时间：2024年9月13日。

[2] 《【通州地理】牛掰！咱通州有个武术之乡！乾隆钦封小五义！杀得侵华日军哭爹喊娘！》，北京通州发布，访问网址：https://mp.weixin.qq.com/s/c3L2p-m8RaV4EaCzmiHy9A，访问日期：2024年9月13日。

津乐道的故事便是"解放军奇袭通州城"。

1947年2月，冀东14军分区的主力部队在拔掉多处敌人据点后，秘密集结于香河、通县交界地带准备发起新的攻势。根据冀东军区的指示，司令员曾雍亚决定利用敌人麻痹大意的时机，对通州城发起突袭。2月9日晚，5000名攻城健儿在月色的掩护下，悄无声息地逼近通州城。凭借着出其不意、攻其不备的战术，我军迅速占领了城外的岗哨，并成功突入城内。在激烈的巷战中，我军各部队英勇作战，以少胜多，迅速瓦解了敌人的抵抗。至10日凌晨，通州城内的国民党县政府、县党部、保安司令部等重要机构均被攻占，守敌被全歼。此役不仅歼敌千余人，还缴获了大量武器装备和军用物资，解放了被押的"政治犯"390人。[1]

通州之战的胜利，是运河沿岸人民解放战争史上的重要篇章。它不仅展示了人民解放军的英勇善战和人民群众的强大支持，也预示着通州乃至整个华北地区即将迎来全面解放的曙光。随着炮声隆隆，通州城上空奏响了胜利的序曲，为运河抗战的历史增添了浓墨重彩的一笔。

（二）革命英雄与运河村落的历史记忆

运河村落不仅是漕运时代的重要节点，也是革命斗争中涌现出无数革命英雄的地方。在抗日战争和解放战争期间，运河两岸的村庄成为革命力量的重要据点，许多平凡的村民在战争中成长为英雄，成为地方记忆中的重要人物。

革命英雄的故事，在当地通过口耳相传的方式广泛流传。这些口述历史中的英雄人物形象，不仅为村落赋予了精神象征，也成为社区历史的象征。英雄们的事迹通过民间讲述、碑文纪念和地方集会得以延续，形成了地方性的"英雄崇拜"文化，这种崇拜不仅是对个人的纪念，也是村民们寻求精神慰藉的方式。通过这些记忆，村民们不仅纪念过去的

---

1 《【史说通州】解放军奇袭通州城》，网信通州，访问网址：https://mp.weixin.qq.com/s/q2Hj92Mj-A01xBII4KlITQ，访问时间：2024年9月13日。

英雄，更在日常生活中建构他们对家乡、国家和集体的认同。

1. 周文彬

周文彬的事迹不仅作为个人的英雄壮举被记载，还通过社区集体的纪念活动，成为通州地区集体历史的一部分。周文彬（1908-1944）是朝鲜平安北道人。1914年，周文彬随父侨居通县后加入中国国籍。1916年，入读通县潞河小学。1922年，考入潞河中学。在其二哥金永镐影响下，积极参加社会活动。1926年，加入中国共产党。1927年，大革命失败后，他继续坚持党的秘密活动，先后发展了五六名党员，成立潞河中学党支部，并任党支部书记。1936年，调任唐山市工委书记，在华东电料行以修理收音机为掩护，开展党的秘密工作。1938年3月，领导矿工反对英国资本家的罢工斗争。同年7月，领导了冀东抗日大暴动。后任冀东地委书记兼八路军第一支队政治部主任，坚持冀东东部地区的抗日游击战争，参与创建了冀东抗日根据地。1939年底，任冀察热区党委冀东分委委员，巩固发展丰润、滦南、迁安老根据地。1943年夏，任冀热边特委组织部长。1944年10月16日，在丰润县张庄子召开"双减"（减租减息）会议时，被日伪军包围。次日，在杨家铺掩护其他同志突围时，头部中弹牺牲，时年36岁。2015年8月，被列入第二批600名著名抗日英烈和英雄群体名录，其英勇事迹被后人传颂不衰。[1]

2. 杨秀英

杨秀英的故事同样是民间英雄记忆的典型例子。杨秀英，1902年生于通县前北营村，自幼家境贫寒，早年丧母，以稚肩撑起家庭重担。后嫁入小甘棠村，自学中医，乐善好施，成为村民信赖之人。1944年，中共通县一区区委在小甘棠村开展工作，杨秀英积极参与抗日斗争，贡献显著。1945年春，她担任妇救会长，同年6月加入中国共产党。抗战胜利后，她领导土改与反霸斗争，有力打击了地主恶霸势力。

---

[1]《周文彬：投身中国革命的朝鲜抗日英雄》，中国军网，访问网址：http://www.81.cn/yl_208589/10194752.html，访问时间：2024年9月13日。

面对国民党反动势力的反扑，杨秀英采取隐蔽斗争策略，继续支援前线，确保物资供应。然而，恶霸地主陈国治勾结国民党匪徒，对小甘棠村发动突袭。在危急关头，杨秀英为保护党员干部和群众安全，挺身而出，自称是唯一党员，英勇就义于敌人枪口之下，年仅45岁。杨秀英的事迹传遍了小甘棠村，乡亲们悲痛之余，更被她的大无畏精神和牺牲精神所震撼。[1]

革命故事典范传，满腔热血铸真情。运河文化中的革命故事不仅通过口述历史得以传承，还通过节庆和纪念活动不断延续。2014年8月31日，十二届全国人大常委会第十次会议经表决，通过了《关于烈士纪念日的决定（草案）》设立烈士纪念日的决定，以法律形式将9月30日设立为中国烈士纪念日，并规定每年9月30日国家举行纪念烈士活动。从此，每年的国庆前夕，通州区都会在大运河森林公园周文彬烈士雕像前举行隆重的通州区烈士纪念日公祭仪式。这样的纪念活动不仅是对先烈的缅怀，更是通过集体仪式增强地方的认同感。

3. 李文斗

李文斗，原名丛学海，1926年5月出生于台湖镇水南村，1944年初参加革命，9月加入中国共产党，并开始了他艰难而光辉的革命生涯。年仅18岁的他，在那个寒冷的初春夜晚，迎来了三位地下工作者徐得福、李连田、程付宝的到来，这次相见改变了他的命运。他决定为革命奋斗，改名李文斗，避免暴露身份。李文斗的首要任务是发展水南村的地下组织，他成功地说服村里王甫入党，王甫随后改名为王臣川。在上级的指导下，李文斗开始组织村里人民进行抗租减息，破坏敌人的军事设施，并为村民主持公道，解决他们的困苦。李文斗的英勇事迹逐渐传开，他的行动让国民党闻风丧胆。

---

[1] 《杨秀英烈士》，首都文明网，访问网址：https://www.bjwmb.gov.cn/ylsj/2024/03/22/10059716.html，访问时间：2024年9月13日。

国民党准备通过水南村的凉水河大桥支援南线兵力时，李文斗带领村里的孩子们燃烧桥梁，成功阻止了敌军的前进，这次行动让敌人损失惨重，李文斗的身份也因此暴露。他开始受到国民党的追捕，无法回家，妻子王氏也带着两岁的女儿四处躲避。

李文斗的勇敢不仅仅在破坏敌人设施上，还展现在他与敌人的正面交锋中。1947年夏天，国民党的一个壮丁队在村里横行霸道，李文斗埋伏在路边的青纱帐里，待敌军路过时，一举击溃壮丁队，打死两人，重伤两人，轻伤三人。这次伏击行动大大挫败了敌人的士气，李文斗的威名远扬乡里。

随着革命形势的发展，李文斗被上级调入"三通香"联合平郊武工队，成为一名真正的武工队战士，并在1946年担任通县五区公安助理。面对敌情恶化的局势，李文斗毅然决然地选择留在水南村，继续开展地下工作。他成功发展了更多的党员，甚至带领王甫加入了第四野战军，并为新中国的解放做出了杰出的贡献。然而，李文斗的生命却在1947年9月戛然而止。他在团瓢庄村被国民党抓捕后，遭受了严刑拷打，但宁死不屈，最后在敌人的枪口下壮烈牺牲，年仅21岁。李文斗的牺牲不仅让乡亲们铭记，也让他成为当地人们心中的英雄。[1]

革命故事作为集体记忆的重要组成部分，深刻塑造了地方的社会认同与文化认同，为后代人构建了学习与效仿的典范。运河两岸的村民通过代代相传这些革命故事，不仅确认了自身的历史归属感和身份认同，还促进了民族精神的持续传承与地方文化认同的强化。这一过程体现了文化实践在维系社会结构和促进文化多样性中的关键作用，是文化动态性与连续性并存的生动例证。

---

[1]《乐和台湖连载之三十六：革命烈士李文斗》，台湖之窗，访问网址：https://mp.weixin.qq.com/s/hoSZNFgfHpxE9eFoceAmWg，访问时间：2024年9月13日。

## 三、生产生活的技艺

技艺的萌芽，深刻反映了人类社会的适应性与创造性。在北运河沿岸，漕运的繁荣与人口的集中不仅促进了物资的交流，更为当地手工艺技艺的孕育与发展提供了肥沃的土壤。这些技艺，最初源自人们为满足基本生活需求而进行的简单劳作，它们随着历史的演进，逐渐融入了地域特色与文化元素，形成了丰富多样、独具特色的工艺体系。

技艺的传承与发展是一个动态的社会文化过程，它体现了人类对自然环境的适应与改造能力。在北运河区域，手工艺人们通过长期实践，不断摸索出适合当地气候、材料与文化需求的技艺方法，这些技艺不仅满足了人们的日常生活需求，还成为地方文化的重要组成部分，承载着丰富的历史记忆与文化意义。

在北运河沿岸，各种手工艺技艺不仅是物质生产的手段，更是民俗活动的载体，它们融入了当地的节庆、信仰、习俗等各个方面，形成了独具特色的民俗风情。例如，永顺与台湖地区的玉器制作技艺、料器制作技艺、单琴大鼓等非物质文化遗产，不仅具有高超的艺术价值，还深深扎根于民间，成为地方文化认同的重要标志。

### （一）传统美术与手工艺

#### 1.料器制作技艺

料器，这一古老的艺术品，古时亦称琉璃，民间亲切地称之为小玻璃玩意儿，其形态千变万化，小至珠饰、猫形摆件及十二生肖等，种类繁多，数以百计；大则塑造为雄鹰翱翔、鸽子翩翩、狮虎威猛、麒麟祥瑞等鸟兽鱼虫，同样拥有数百种之丰。这些作品色彩斑斓，创意无限，不仅点缀了人们的日常生活，更极大地丰富了人们的精神世界。

料器的制作工艺可追溯至3000多年前的琉璃艺术，历经发展演变而来。在中国，北京与山东博山并称为料器的两大传统生产基地。关于北京料器的起源，虽具体年代尚待考证，但流传着一个有趣的传说：相传明朝宣德年间，一位姓李的书生赴京应试未果，经济拮据之际，他巧妙地将玻璃手镯加热软化后重塑成小巧饰品出售，意外大受欢迎，从而开启了北京料器的制作历史。[1]

至于通州地区的料器生产，其起始时间因历史资料匮乏而众说纷纭。据老一辈民间艺人回忆，这一技艺可追溯至清朝末年，至今已逾百年。特别值得一提的是，1916年，台湖镇东下营村的高俊赴北京拜料器大师李春润为师，历经长达13年的潜心学习，终于在1929年成功制作出小料鸟、十二生肖等作品，并在北京市场亮相，标志着料器工艺正式传入通州区台湖镇东下营村。高俊因此被誉为北京料鸟、料兽及料器花的先驱，为北京料器工艺的发展做出了不可磨灭的贡献。随后，台湖地区逐渐兴起了如"蒋记"（前营蒋文奎）、"郭记"（东下营村郭海全）等知名的料器作坊，进一步推动了这一传统技艺的传承与发展。

1973年台湖公社开始发展料活加工，在此之前料活没有大规模建厂，都以家庭工坊的模式进行生产，后逐渐形成有规模的三个行业领头人：朱家堡的陈富、西下营的刘殿举和东下营的刘长兴。1975年春，台湖料器在广交会打出名号，赢得诸多外国商人的喜爱，销量大增。为了满足市场，三位领头人纷纷扩大规模、征招工人，台湖政府也动员各家各户加入到料器生产行业中。台湖逐步成为"料器之乡"，激起相关从业人员的生产热情。改革开放后，台湖镇可谓村村有料器加工厂，户户有能工巧匠，料器艺术在台湖妇孺皆知。当地谚语直言："要看姑娘巧不巧，先看料活好不好。"[2]料器手艺成为家庭手工业不可或缺的一环，更是构成社会评价的重要标准。台湖的料器专业村后来便如雨后春笋般不断涌现，专业户最多时达400多个，工匠数量达数千人，产品亦远销日本、韩国、新加坡、马来西亚、美国、俄罗斯、澳大利亚等国家。[3]由此观之，料器

---

[1] 毛巧晖等：《北运河流域特色小镇建设研究》，北京：学苑出版社，2022年。
[2] 程行利：《乐和台湖》，北京：团结出版社，2021年，第266页。
[3] 同上书，第267页。

工艺在台湖地方社会被广泛认同，更处在不断传承、发展的良性运作中。

2. 玉器制作技艺

在玉器制作领域，尽管机械化与半机械化生产已逐渐成为主流，手工技艺也逐渐趋向模式化，但台湖玉器制作技艺仍以其独特的大件玉器制作技艺，在非物质文化遗产的璀璨星河中熠熠生辉。这一技艺对工匠的技术水平、体力储备及耐心考验均达到了极致，每一件大件玉器的诞生，都是对"匠心"二字的深刻诠释。

台湖镇的玉成轩工艺品厂，便是大件玉器制作领域的佼佼者，而张玉成师傅则是该厂内一颗璀璨的明星。自1974年起，张玉成便踏入玉器雕刻的世界，专攻玉石大象的雕刻，数十年如一日的磨砺，让他在这一领域达到了炉火纯青的境界。他亲手雕刻的大象，无论大小，皆栩栩如生，其中最大的一件重达13吨，体积庞大，工艺复杂，无不彰显着工匠的非凡技艺与不懈追求。

大件玉器的制作，是一场对技艺与毅力的双重考验。从开凿、运输到切割，每一步都需精心策划，稍有不慎便可能前功尽弃。而张玉成及其团队，正是凭借着对玉石的深刻理解与精湛技艺，克服了重重困难，完成了这一件件令人叹为观止的艺术品。2019年，张玉成因其在玉器制作领域的杰出贡献，荣获"中华传统工艺大师"称号，这是对他艺术成就与非遗传承工作的高度认可。

在玉成轩工艺品厂内，还藏有一件镇宅之宝——"九龙玉海"。这件作品以其庞大的体积、精湛的工艺和独特的文化价值，被誉为当今世界形体最大的玉器作品。它不仅占据了整整一间房的空间，其艺术魅力更是跨越了时空的界限，赢得了国内外众多专家学者的赞誉。中华宝石玉文化研究会副会长齐石成先生与北京大学教授崔文元等权威人士，均对其给予了高度评价，认为其质地纯正、雕工精湛，具有极高的收藏价值。[1]

台湖玉器制作技艺，正是这样一门融合了传统智慧与现代审美的艺

---

[1] 毛巧晖等：《北运河流域特色小镇建设研究》，北京：学苑出版社，2022年。

术。在这里，每一件大件玉器都是工匠们心血与汗水的结晶，它们不仅承载着丰富的文化内涵，更见证着匠人们对美的永恒追求与不懈探索。

3.传拓技艺

传拓，这一古老而精湛的技艺，通过在器物表面覆纸并施以拓包捶打，精妙地捕捉并再现器物上的文字与图案，成为融合古文字学、考古学、金石书画篆刻等多重艺术形式的综合表达。传拓的历史源远流长，可追溯至东汉时期，最初服务于帝王功绩与儒家经典的镌刻保存，随后在唐代碑刻的广泛流行中，孕育了丰富的碑拓书法作品。宋代"金石学"的兴起，更是将青铜器铭文与石刻文字的研究推向高潮，为传拓艺术增添了深厚的文化底蕴。至清代，碑学复兴，研究对象拓展至砖瓦、甲骨等，传拓技艺的表现内容与形式愈发多样。民国初年，碑学因碑拓而得以传承，书法亦因碑拓碑学的繁荣而焕发新生，传拓艺术在此过程中发挥了不可替代的作用。

郭兵，一位生于1969年、现居北京通州的艺术家，自幼便对中国传统文化艺术怀有浓厚兴趣，尤爱书法与绘画，更在传拓领域展现出非凡造诣。他深耕传统文化艺术图书出版策划近30年，成功推出4个系列共30余本著作，其中《中国名砚》系列尤为引人注目。在深入研究清末民国时期的传拓艺术后，郭兵不仅追溯至汉唐两宋的传拓技法，更在十余年潜心钻研后，掌握了全形拓技艺的精髓。他所拓制的青铜器、木器、紫砂壶及古砚等作品，不仅造型精准、结构严谨，且墨色浓淡相宜，立体感强烈，充满了浓厚的传统韵味。

2019年，郭兵正式拜入民国传拓大师马子云弟子纪宏章先生门下，成为北京通州区非遗项目传拓技艺的传承人，并兼任北京工艺美术学会理事、通州区博物馆传拓艺术顾问及中国文房四宝协会砚鉴赏鉴定委员会的传拓专家委员。他倾注心血编纂的《中国传拓艺术》一书，共计约70万字、1100页，全面而系统地阐述了传拓艺术的发展历程、工具材料、对象类型、表现形式以及多种技法，包括平拓、颖拓、全形拓、树叶拓、鱼拓等，并深入探讨了传拓作品的题跋与补绘再创作，是业界内一部极具价值的独立图书项目。

近年来，郭兵积极推广传拓艺术，已在通州区博物馆、北京物资学院、北京外国语学院等多地举办传拓作品展、讲座及体验活动近百场，极大地促进了传拓文化的传播与普及。目前，他在通州宋庄的工作室继续开展传拓艺术的教学与体验活动，致力于将这份古老技艺传承发扬。其创立的"点墨传拓艺术工作室"更是积累了大量传拓作品，涵盖砖瓦、碑碣、青铜器、紫砂壶、竹刻、扇骨等多个类别，总数达180余件（幅），其中不乏经过题跋与补绘二次创作的精品。题跋作品占据多数，跋文累计超过五万字，每一幅作品都经过精心托裱，部分还配有画框，以便于展示与保存，充分展现了郭兵在传拓艺术领域的深厚造诣与卓越贡献。

### （二）传统表演艺术

#### 1. 胡家垡村高跷老会

通县地区的民间花会高跷，作为一种历史悠久的群众性舞蹈艺术，自古以来便在这片土地上生根发芽，绽放光彩。据1987年的不完全统计，通县共有28档高跷队伍，它们以精湛的表演技艺和丰富的文化内涵，深受民众喜爱。

高跷的起源虽众说纷纭，但多数老艺人追溯其历史可至百年甚至更久。如大杜社乡六郎庄与宋庄乡翟里村的高跷队，均声称其历史可追溯至百余年前；而徐辛庄平町村与西集村的高跷，则明确记载为光绪年间组建，历经百年沧桑。更有甚者，如台湖乡胡家垡村。胡家垡高跷会有400多年的历史。明末清初，因永定河流域道教文化传入而生，延续到光绪三十二年（1906）重修关帝庙期间。[1]

胡家垡高跷会，以其独特的角色设置和精湛的技艺闻名遐迩，主要

---

1 《乐和台湖连载之五十四：胡家垡村高跷老会》，台湖之窗，访问网址：https://mp.weixin.qq.com/s/7RVz-LKZ9Zzn5JFBINzVXg，访问时间：2024年9月13日。

角色共12个，分为四跳：大头行（扮演武松）、小二哥（扮演哪吒）、舞扇（扮演燕青）、膏药；四唱：渔翁（扮演肖恩）、渔婆、樵夫、老坐子（扮演仙女）；以及四打：两锣、两鼓。演出前一个月，会员们便紧锣密鼓地排练，专攻腿法、技法和棒法。表演当天，演员们精心化妆、着装，登上高跷，装备齐全，以凸显角色特色。大头行作为领头，率先出山门，运用蹲桩、别黄瓜架、苏秦背剑等技法迎接舞扇的出场，舞扇则以其灵活的引逗作用推动整场表演。随后，其他角色在舞扇的引领下依次登场，通过各自独特的技法与舞扇互动，展现高跷会的魅力。队伍边表演边行进，穿越村庄，引来村民们的热烈反响，小孩们手捧糖葫芦、棉花糖，大人们则鼓掌喝彩，一路追随。胡家堡高跷会以其高难度动作著称，如金刚铁板桥上跳板、劈大叉、翻越八仙桌子落板凳等绝活，赢得了"京东第一会"的美誉。新中国成立前后的代表人物有王太、陈华、王士昆、张元等，他们的风采至今仍被传颂。高跷会不仅技艺高超，还注重唱词，各角色唱词多为四六八句，富有韵律。此外，高跷会还积极参与庙会、节日及庆祝活动，尤其农历正月十二、四月十七的庙会，更是重头戏，祈求风调雨顺、五谷丰登。抗日战争胜利及新中国成立等重要时刻，高跷会也受邀表演，展现了其社会影响力。然而，随着老辈演员的退休和年轻人兴趣的转移，至上世纪90年代中期，胡家堡高跷会停止了演出活动。2019年，台湖镇通过人员和资金下沉的方式，支持胡家堡村依托高跷会，开展培训、展示、互动活动，活跃非遗传承环境，打造文化活动品牌。

2. 单琴大鼓

单琴大鼓，作为通州区的重要非物质文化遗产，起源于民国时期，带有浓郁的京腔京味特色，其创始人为通州马驹桥人翟青山。20世纪30年代，翟青山在天津演出奉调大鼓时，因三弦伴奏过于响亮，逐步改用扬琴伴奏，融合西河大鼓与乐亭大鼓的唱腔，最终形成了单琴大鼓这一新曲种。翟青山在1934年凭借单琴大鼓在电台播唱一炮而红，被誉为"单琴大王"。此后，单琴大鼓在京津地区广泛传播。

翟青山的弟子沈长禄，生于1923年，是单琴大鼓的第二代传人。沈长禄自 1938 年拜翟青山为师,成为单琴大鼓的杰出传人。他的演唱风格甜润细腻,操琴与唱腔配合默契。建国初期,他不仅在天津广播电台演出,还参与了密云水库建设期间的慰问演出,用单琴大鼓为劳动者鼓舞士气。他的即兴创作和表演,赢得了广大观众的喜爱。

改革开放后,随着农村文化生活的丰富,沈长禄继续在村里演出单琴大鼓,受到了乡亲们的欢迎。他的弟子张宝增、张洪荣、孙艳芹等人继承了他的技艺,成为单琴大鼓的第三代传人。张宝增、张洪荣等人不仅精通琴艺,还积极创作新段子,其中《反腐倡廉好》等曲目在多次演出中引起了强烈反响。[1]

第四代传人中,陈辰和胡伟继承了这一艺术形式,继续推动单琴大鼓的发展。陈辰自 2007 年起拜张宝增为师,学习单琴大鼓,表演风格规整严谨;胡伟则于 2019 年拜孙艳芹为师,继续传承这门传统艺术。

### (三)传统技艺与民俗

1. 椒麻鸭翅烹饪技艺

饮食文化与大众的生活息息相关。台湖的椒麻鸭翅正是其中的代表美食之一。根据清史《宣统帝起居注》记载,椒麻鸭翅起源于清末宫廷的御宴全鸭席,由御厨朱七发明。清朝灭亡后,战乱使这一宫廷菜流入民间,经过多位名厨传承,如鲁菜大师苏德海、便宜坊第五代传人程明生等,延续至今。

尽管外观与普通的"卤鸭"相似,椒麻鸭翅的制作从原料到技艺都有独特之处。首先,鸭翅必须选自大运河上的鸭子,因为运河地区因水资源丰富而适合养鸭,曾是北京烤鸭原材料的供应地。制作过程中坚持古法,分为腌制、炸、烧、爊等步骤。腌制阶段采用 20 多种材料调配秘制酱汁,保证鸭翅入味。炸的过程中先用大火快炸,再转用文火慢炸,使得表皮酥脆。烧则是将鸭翅与秘制料包一同放入高汤中慢烧,让汤汁

---

[1] 毛巧晖等:《北运河流域特色小镇建设研究》,北京:学苑出版社,2022 年。

入味。最后，燖的环节则通过收汁和拢芡使鸭翅味醇形美。这一系列复杂的工序不仅确保了椒麻鸭翅的美味，也使它成为承载地方文化与记忆的重要美食，传承了台湖的文化精髓。

2.老南关串茶（黄芩茶）制作技艺

老南关串茶（黄芩茶）制作技艺是通州区非物质文化遗产的代表性项目之一，源自当地悠久的民间传统。黄芩茶，又称串茶，因黄芩花的形态像串串小花得名。这种茶早在千年前就在北方地区广泛使用，尤其是在历史上的两次"茶禁"时期，当地居民因无法获取传统茶叶，便用黄芩作为代替，逐渐发展出独特的泡茶文化。黄芩茶的特点在于其色泽金黄，口感清爽，具有去火和保健的作用，这使得它在当时的民间深受欢迎，并在黄芩产区广泛流传。

黄芩茶的制作技艺至今得以传承，得益于几代技艺传承人的不懈努力。其中，李立军是这一技艺的代表性传承人，他从小随祖辈学习黄芩茶制作，后重操旧业，继续经营老南关茶馆，将这项技艺发扬光大。近年来，随着健康意识的提升，黄芩茶不仅在家庭中使用，还逐渐进入商品化流通，成为更多人喜爱的饮品。

通过漕运文化的滋养，永顺和台湖地区发展出了丰富的手工艺和传统技艺，这不仅展示了当地居民的创造力，也体现了文化与环境的紧密联系。在这片土地上，漕运推动了物质与文化的交流，为料器、玉器、传拓等技艺的传承提供了土壤。这些技艺随着时间的推移，逐渐融入了现代生活，并通过世代传承不断发展。传统工艺不仅是物质生产的手段，也承载着丰富的文化内涵与地方记忆。正是在这种文化传承的背景下，永顺地区现拥有6项非物质文化遗产，包括少北拳、老南关串茶（黄芩茶）制作技艺、王氏拔罐刺络疗法、传拓技艺、单琴大鼓、古法斫琴技艺等，而台湖地区则有7项非物质文化遗产，包括玉器制作技艺、料器制作技艺、传统琵琶制作技艺、椒麻鸭翅烹饪技艺、单琴大鼓、古旧家具修复技艺、刘记酱卤技艺等。这些项目不仅保留了手工艺的精髓，也在不断创新中焕发出新的活力，展示了文化传承与社会发展的良性互动。

## 第二节　运河民俗与社区共同体建设：
##　　　　发展与传承

德国社会学家滕尼斯在其著作《共同体与社会》中，认为共同体是基于持久、真正的共同生活与共同记忆而自然形成的社会组织形式。他将传统的共同体形式划分为血缘共同体、地缘共同体与精神共同体三种类型，其中最原始的血缘共同体结合最为紧密，并逐步发展为地缘共同体，地缘共同体进一步发展形成精神共同体，而精神共同体是心灵与生活的相互关联，是"真正的人和最高形式的共同体"[1]。蕴藏在文化中的精神性的共同因素推动了共同体成员的相互认同感的建构与增强，推动着以文化为纽带的区域社会建构一种超越血缘、地缘、业缘的文化共同体。[2]

非物质文化遗产作为由地方社会民众共同创造、全体享有的区域性文化传统，在维系和重塑社区共同体结构中扮演着不可或缺的角色。《保护非物质文化遗产公约》指出"非物质文化遗产世代相传，在各社区和

---

[1] ［德］斐迪南·滕尼斯：《共同体与社会：纯粹社会学的基本概念》，张巍卓译，北京：商务印书馆，2019年，第65页。

[2] 杨文：《区域社会共同体建构的文化逻辑——以清江流域撒叶儿嗬为对象的考察》，《湖北民族大学学报》（哲学社会科学版）2024年第2期。

群体适应周围环境以及与自然和历史的互动中，被不断地再创造，为这些社区和群体提供认同感和持续感"[1]。非物质文化遗产承载了一个群体历史记忆和文化认同，维系社区成员情感联系和社会互动，社区成员通过共同参与与传承文化实践不断强化对共同体的归属感和责任感，非物质文化遗产也在实践中凝聚为民族身份的标识、文化认同的依据。

大运河作为维系古代中国大一统局面的政治、经济、文化纽带，凝结了沿岸劳动人民的知识与智慧，承载的是运河沿岸民众的文化记忆，具有"地域范围广、空间表征多样，动态性强、文化内涵丰富、主题和表现形式多样、功能与价值多元、整体性强"[2]等特点。北运河是京杭大运河的重要组成部分，台湖镇与永顺镇的民众在运河的沟通与漕运过程中创造并不断传承着以河流为依托、与社会生活及文化活动密切相关的运河民俗。作为一种"活态"文化，运河民俗不仅是历史的遗存，更以包容性的姿态塑造并刷新着沿岸社区文化生活的形貌与日常记忆，在当代社会转型的时代背景下仍然具有强大的生命力与凝聚力，因此亟待重新审视运河民俗的社会功能与活态实践，探究作为地方性文化传统的运河民俗如何整合两镇社区共同体的社会机制与内在文化机理，同时挖掘作为公共文化的北运河民俗如何构建区域性社会共同体的文化路径。

## 一、漕运与区域社会共同体的建设

### （一）漕运的历史背景

漕运，作为通过水道运输粮食的经济制度，在中国历史上占据了极为重要的地位。历史上，北运河的漕运可以追溯到秦汉魏，兴盛于隋唐，

---

[1]《保护非物质文化遗产公约》，《中华人民共和国全国人民代表大会常务委员会公报》2006年第2期。

[2] 吴茂英：《遗产、游憩与文化自信：中国大运河的经验》，杭州：浙江大学出版社，2022年，第1页。

繁荣于金、元、明、清各代。北运河的漕运事业不仅仅在于连接京师与东南各地的粮食运输，更是保障京城物资供应的生命线。北运河段的重要交通枢纽通州也得名北运河的漕运，即"取漕运通济之义"[1]。

通州繁盛的漕运事业离不开内外通达的漕渠。漕渠可分为两种：一种是外省远程运输漕粮到达通州的河道，统称外漕渠（简称外河），主要指北运河；一种是漕粮运至通州码头，经官府验收后，再盘运入京、通各仓的河道，统称里漕渠，主要指通惠河。全面分布的漕渠大大地便利了通州的漕渠事业，通州的漕运码头也在历朝历代的漕粮转运中担当着重要漕运枢纽的角色。自元代到明代中前期，通州最重要的水陆转运码头之一是位于通州东南角的张家湾码头，设有划分严明的上、中、下三个码头分别负责周转漕粮、砖料及商贸物资。明代嘉靖七年，朝廷派吴仲主持疏浚通惠河，吴仲在通惠河上兴建五座河闸，并在通州城北门外通惠河口南侧主持修建了一座石坝码头，漕粮经石坝转入通惠河一直抵达北京城大通桥码头。同时为了转运通仓的漕粮，吴仲在通州城东关外修建了一座土坝码头，漕粮在此卸载后，通过州城东门运往通州仓库储存。通惠河上的五座水闸与通州城的土坝和石坝合称为"五闸二坝"。随着时间的推移，通州码头逐渐崛起取代了因清嘉庆年间运河改道而衰落的张家湾码头而成为新的漕运中心，张家湾码头则逐渐转向以商业和客运为主。至清代，通州的土坝和石坝两个码头已发展为朝廷专用的重要码头，也是大运河北端最为重要的两个漕运枢纽，极大地提高了漕粮的运输效率和入仓速度，在漕运物资中转过程中占据极为重要的地位。[2]

北运河沿岸的仓储设施与漕运业务紧密相连。自金元时期起通州就成为了一个关键的仓储点，由于漕粮从运河运达通州后不能立即进入京城，政府便在通州设立了中转仓库以暂时存放这些粮食。金代，通州建

---

1 郑建山：《通州民俗文化》，桂林：漓江出版社，2013年，第162页。
2 毛巧晖等：《北运河民俗志·第一卷·基于文献与口述的考察》，北京：中国戏剧出版社，2019年，第4页。

有太仓、丰备仓和通积仓三座主要粮仓；到了元朝，为了满足日益增长的漕运需求仓库数量则增加到了13座。到了明代，通州的国仓经历了政策上的转变，从之前的中转仓库发展为最终的存储仓库，进一步巩固了其在漕运中的核心地位。明朝在通州建立了大运东仓、中仓、西仓和南仓四座国仓，洪武二年徐达攻克通州后由孙兴祖在潞河西侧建造了城墙以保护这些重要的仓储设施。仓储的重要性不断提升，明代通州的仓储达到仓房数千间储粮数百万石的鼎盛规模，为此朝廷设立重兵防守，并不断增设漕仓进一步扩大粮食储备。进入清代，通州虽然仍然是一个重要的商贸和仓储中心，但其仓储规模有所减少，通州仓库逐渐转变为京城粮食市场的辅助性"天子之外仓"，主要作用是调节京城的粮食供应以保持市场的稳定。

1901年，大运河历经数百年的官方漕运最终宣告停止，随之而来的是相关职能部门的逐步撤销与改组。尽管官漕的历史落下了帷幕，民商用运输却依然繁荣兴盛，并一直持续至抗日战争初期。在此期间，通州城的民间贸易活动从未中断，村民们甚至依靠船运为生，通州作为码头的功能并未随漕运制度的终结而衰减。数百年的漕运历史虽然已成往事，但运河对通州人民的生活依然至关重要，他们对运河的情感贯穿了整个历史时期。

（二）漕运与商业贸易驱动下的区域融合

北运河的漕运不仅是经济活动的重要组成部分，更是沿岸区域社会共同体建设中富有深远文化意义的关键环节。漕运活动与沿线的商业贸易相辅相成，共同推动了不同地域和民族的交融与互动。漕运带来的多元文化、商业习惯、社会规范与地域认同逐渐渗透进沿岸地区的社会肌理，形成了独特的区域社会共同体。漕运活动推动了经济形态的演进，并深刻塑造了区域社会的文化格局与社会秩序。随着漕运与商业贸易的频繁互动，沿岸居民逐步积淀出了共同的集体记忆、社会规范和区域认同，共同体意识也得到强化，表现为漕运与区域社会共同体相互依存的结构性机制。在这一内在文化机理的推动下，北运河沿岸的区域社会共同体逐渐凝聚成形。

1. 漕运中的回汉共融与抗敌互助

自元朝以来，回汉两族在通州地区的交融互动随着漕运的发展逐步加深，形成了一个以劳动分工和经济协作为基础的区域共同体。元朝时期，回族人因马政和牛市的推动而逐步定居通州，大运河的开通及通惠河的修建使通州迅速发展成为京畿地区的交通枢纽，回族人通过马政、牛羊贸易等方式与当地经济紧密结合。元朝通州设立了皮货所负责牛羊行业的管理，并对回族和其他色目人实施优惠政策吸引大批回族人迁入通州，回族社区得以形成并逐渐繁荣。与此同时，漕运体系日渐发展完善，漕粮制度也随之成为通州经济的核心，粮食的征收、运输及仓储各个环节均依赖大量人力物力，直接推动了回汉两族在经济活动中的分工协作。回汉两族在商贸体系中的分工也在漕运活动中愈发明确，回族人掌握了通州的经纪行当，承担了漕粮验收、调配等重要任务，而汉族则在商贸、运输等领域扮演了重要角色。漕运贸易所衍生的各行各业均需要包括回族与汉族在内的多民族共同参与，经济上的紧密联系进一步强化了两族在劳动分工基础上的"有机团结"，两族在生产与生活中也实现了高度的交融共生。

19世纪中叶列强入侵导致的战争与动荡摧毁了通州百姓基本的经济生活，漕运的式微与中断也使仰赖运河漕运为生的回汉民众失去其生活来源，在这一背景下，回汉两族对漕运活动的共同参与转向共御外敌与民族互助。八国联军侵华时期，通州的回汉民展现出强烈的民族团结精神，在北关、马头、张家湾等地同仇敌忾、奋勇抗敌。这种在危机中的协作还延续到了战后对彼此的相互救济，回汉两族通过粥厂、救济等形式实现了民族互助，回族贫民与汉族等其他民族的穷苦百姓均可接受清真寺的救济，对共同命运的响应使回汉两族之间发展出超越民族界限的情感认同与人文关怀。相互扶持与协作的传统在社会动荡中进一步得到深化，回汉两族之间的纽带也实现了从以经济分工和文化互动为基础的共同体向政治命运共同体的转化。[1]

2. 基于贸易空间的身份认同

北运河作为贯通南北的交通大动脉,在承载漕粮运输的同时也推动了沿岸城市尤其是通州的繁荣与发展,使其成为一个重要的商业和文化中心。在此背景下,会馆的兴建与发展成为了漕运事业的重要延伸。会馆不仅是商业活动的核心场所,更成为外地同乡商人聚集和互助的重要平台,外地商人从而构建起基于会馆这个贸易空间的独特的身份认同。

会馆作为一种由地缘或业缘关系组织起来的机构,最初的功能主要是为外地人提供休息和交流的场所。随着时间的推移,会馆的作用逐渐扩展成为同乡商人共商事务、互助合作的中心。这些机构不仅能够提供物质上的支持,成员还通过会馆组织的集体活动加强彼此之间的情感联系与身份认同,如刘征认为会馆"如同地方的祠堂,由私人集资兴建,但具公有的形式,起着协调和互助的作用。会馆对于某些商业、手工业行会来说,甚至还发挥着行业管理的职能"[2]。而由于通州独特的地理位置和漕运背景,会馆的功能进一步得到了扩展和深化,形成了许多独具特色的漕运会馆为漕运体系服务,成为官吏、官兵以及商人们处理漕运事务的关键场所。

漕运经济的繁荣孕育了漕运会馆,建构了基于贸易空间的身份认同。会馆通过祭祀活动、庙会和戏曲等形式建立商人之间的集体记忆,同时同乡商人的身份认同也得到强化。认同感不仅体现在日常的商业合作中,还通过积极参与如捐资修建庙宇等公共事务进一步巩固了商人群体在地方社会中的地位,此外外地商人对地方宗教与文化的资助也推动了当地社会的文化繁荣,山西商人资助大悲寺的兴修、山东商人集资重修三义庙等都是这种社会参与的具体体现。

---

[1] 张青仁、梁家欣:《运河纽带与民族交往交流交融——基于通州北运河流域的田野调查》,《西北民族研究》2022年第1期。

[2] 刘征:《北京会馆纪事》,北京:中国戏剧出版社,2015年,第3页。

通过会馆这一物质载体，外地商人在通州形成了以同乡关系为基础的利益共同体。在经济活动、文化生活和社会参与等方面相互支持，商人群体的凝聚力得以增强从而逐渐形成了强烈的身份认同。会馆的存在和发展使得北运河沿岸的社会结构变得更加复杂而丰富，通州不仅是漕运的中心，还发展为一个包容多元文化、经济活跃的社会共同体。外地商人通过会馆这一载体将自己的文化与身份融入地方社会，从而实现了贸易空间与身份认同的有机结合。

3. 时令节庆仪式的集体记忆

在通州地区，漕运的季节性节律带动了与之相关的节令性仪式庆祝活动，开漕节和停漕节等节庆活动沉淀为运河流域内的集体记忆，逐渐成为漕运活动的象征以及民众在长久共同生活空间中对漕运文化传统的共享与传承。

开漕节和停漕节最早起源于对吴仲等疏浚通惠河功臣的祭祀活动，随着时间的推移，这些原本带有强烈官方色彩的仪式逐渐演变为全民共同参与的节日。开漕节是新一年度漕运开始的标志，通常在每年阴历三月初一前后举行，南来第一批货船抵达北关码头标志着通州进入一年一度的节庆高潮。开漕节当天的祭祀活动由官方主持，政商各界代表齐集石坝共同参与这一庄严的仪式，朝廷和地方官员会在祭祀仪式结束后巡视码头以检验新一年度的漕粮。官方主导祭祀仪式结束后民间的狂欢活动随之展开，狮子舞、花会、双石会等各类民间表演轮番登场，漕运文化在此类集体活动中得以传承，通州的社会生活和文化景观也得到极大丰富。与开漕节相对应的停漕节则在秋末冬初举行，随着漕运的逐渐停滞，大小官员依例到庙宇上香以酬谢神灵的庇佑。然而，随着清末"停漕改折"政策的颁布和陆路运输的兴起，运河漕运逐渐衰落，开停漕节这一与漕运密切相关的节日也逐渐消失。尽管如此，这一节日所承载的文化记忆却深深地影响了通州的地方社会和文化景观。开停漕节不仅是一个季节性仪式，它还发挥着教化民众、凝聚人心、促进交流等多重功能。各类花会、戏班、杂耍等民间文艺活动借此机会展演和传承，为不同身份的民众提供了交流互动的舞台，也促进了南北文化的交融。开停漕节凝聚了沿岸民众对漕运这一经济命脉的集体记忆，漕运文化得以在通州乃至整个运河流域内代代相传，成为这一地区独特的文化遗产。

4. 多元信仰与情感凝聚

大运河不仅是一条物资运输的要道，也成为信仰与文化传播的通道。随着运河的开通以及后来漕运事业的兴起，逐渐形成了一个多元化的信仰体系。这种信仰不仅与水相关，还深深地植根于因人口流动而带来的多样性文化背景中。

与水有关的神灵崇拜源自运河经济的繁荣与人口的流动，大运河的开通和漕运事业的兴盛使得大量南方船商、漕丁聚集于北关，共同的经济基础催生了当地多元化的信仰体系——北关地区既有本地的地方性水神，也有随运河而来的南方水神。妈祖信仰就是在这一过程中由南向北传播并在通州扎根的典型例子。作为东南沿海渔民共同供奉的海神，妈祖在明清时期沿京杭大运河逐渐向北方传播，通州的天妃宫正是这一信仰在北方的物质载体，妈祖信仰在北关的落地无疑与"吃运河饭"的各类人群的共同精神需求密切相关。除了全国性神灵妈祖，通州北关还存在着小圣这样的区域性水神信仰。小圣庙供奉的小圣原型滕经的传说在各地具有相似的模式，通过生前的义行、死后的灵验事迹以及后来的皇家敕封而成神，逐渐被沿河地区的民众广泛接受和崇拜。小圣信仰的形成与传播与大运河的流动密不可分，通州也因为水运河的重要节点成为了这一信仰的承载地。此外，通州的多元信仰体系中还包括真武、龙王、金龙大王等神灵，其功能大多为护佑水运、平息风浪，与通州作为运河交通枢纽的地位紧密相连。

通州的信仰体系中还包括了少数民族的宗教活动，如回族的清真寺。这些宗教建筑不仅见证了元代以来回民在通州的迁徙和定居历史，也反映了多民族共居的和谐图景。北关清真寺自元代建立以来经历了多次重建，漕运衰落后也依然作为穆斯林信仰的中心。尽管漕运已成历史，回族社区依然保留了他们的宗教传统，清真寺作为穆斯林日常宗教生活的重要场所，多元信仰和文化交流的传统仍在延续，信仰的空间功能也在不断调整以适应新的社会条件。

通州北关的多元信仰体系是运河经济与社会结构的直接产物。运河促进了物资的流通的同时推动了人口的迁徙与文化的交流，形成了一个由本地与外来信仰共同构成的复杂宗教网络。虽然一些信仰随时代变迁已逐渐消失，但它们所代表的文化记忆和情感凝聚力依然在通州的历史与人文景观中留下了深刻的印记。

在传统的运输经济背景下，沿岸区域通过北运河的漕运事业得到整合。漕运不仅是物资的流通渠道，更通过其沿岸居民共同创造的运河民俗和非正式的社群组织，增强了集体的情感联结，激发了身份认同。沿河地区的居民因共同参与和依赖漕运而形成了基于河道空间的文化一致性，同时也与河道外的区域产生差异性。内外互动的过程推动了沿河区域社会的整合，构建起了以运河为核心的紧密区域共同体。

## 二、运河遗产与社区共同体的巩固

通州运河沿岸的村落在20世纪的巨大变革后发生了翻天覆地的变化。自1901年漕运彻底中断以来，漕运及其带来的传统商贸逐渐退出了民众的日常生活。尽管生活在运河沿岸的居民因生产生活方式的转变逐渐与运河疏离，但运河景观所承载的历史记忆仍然深深植根于他们的集体意识之中。对于生活在运河沿岸的村民而言，祖辈依靠运河谋生的历史不仅是他们宝贵的文化遗产，更是指引他们未来发展的重要精神灯塔，他们普遍认同祖辈因运河而富足的历史，持续传承着运河所带来的文化与经济遗产。

（一）运河记忆与回汉共同体的延续

以北关地区的新建村为例，虽然漕运已退出历史舞台，但回汉两族的深厚关系延续至今，成为运河遗产的重要组成部分。祖辈们依靠运河讨生活的历史在回汉两族之间建立起了深厚的友谊与互助关系，这种关系在当代的日常生活中表现为彼此守望相助、红白事的集体参与以及新建村高跷会等传统活动。尽管随着城镇化建设许多传统活动已不再举办，但回汉民众的日常互动依旧充满融洽，彼此之间的尊重与理解也已内化为日常习惯。

此外，族际收养与族际通婚成为了回汉两族关系进一步交融的生动体现。回溯至20世纪五六十年代，回汉两族之间的族际收养现象因贫困家庭问题较为普遍，而现在回汉通婚则成为新建村两族互动交融的新表现，村民们普遍认为通婚是相互尊重与理解的结果。族际收养与通婚现象的广泛存在说明了两族在社会环境下的相互依存与融合，而这一融合正是在对祖辈互动交融传统的继承与发展的基础上得以实现的。

在此基础上，运河沿岸的回汉民众也积极投身国家建设。特别是在20世纪50年代响应国家号召，参与陕甘宁等地的建设以及密云水库等重大工程。改革开放后，回族同胞继续发挥其从商的传统形成了一系列具有特色的商业街区与历史文化遗产地，如小楼饭店、烤肉季、大顺斋等。如今，通州回汉两族共同为城市副中心的建设贡献力量，继续传承和发展着这一地区的文化和经济遗产。

（二）符号化的运河号子与社区共同体

运河文化是运河及其沿线居民在运河开凿和同行过程中共同创造、传承并延续的文化。这种文化经过长期积累，逐渐形成了涵盖物质与精神层面的完整体系，成为一种跨区域的、综合性的文化系统，并随着时间和空间的变化不断演变和扩展。运河社会文化是一个广泛的概念，因划分标准不同而呈现出多样的文化类型，因此其内涵较难明确界定。但关于运河社会文化的认识和理解总体而言应注重其"运河性"特点，即多种文化的融合或跨学科的组合，如商贸文化、建筑文化、曲艺文化、饮食文化、信仰文化以及民俗风情等多个领域均包含在运河社会文化之中。

通州的运河号子是漕运时期通州船工们劳动智慧的结晶，也是北京市重要的民俗文化遗产之一，是通州区独具特色的文化标志。运河号子伴随着漕运的兴盛而产生，通州永顺镇的新建村则是运河号子的重要传承点之一。漕运停航后，标志性传承人赵庆福以及赵氏家族成为这一文化的主要传承者。非物质文化遗产从传统社会进入现代社会的过程中，会经历以符号化为主要特征的现代变迁，逐步从地方性标志文化转变为区域性共享的文化符号。在社会流动性日益增强的背景下，运河号子的区域文化符号属性愈加突出，呈现出传承地域扩展、传承人群扩大的趋势，使得运河号子超越了传统村落的界限在更广泛的区域社会中凝聚了文化认同，构建起了社会关系的连接。

在运河号子的符号化发展过程中，根据运用的目的及程度的区别可以分为"完全"和"半完全"两种符号化类型。"半完全"式符号化是指文化传承与创造的主体通过对运河号子的动作、唱词、音调等元素进行符号提取进行现代化的加工以产出新的文化现象。这种新的文化现象是运河号子的变体，能够摆脱其原有的文化语境和传承环境，获得更广泛的社会文化认同。自2016年以来，北京物资学院试图融合运河号子、京杭大运河文化和校园文化，通过现代舞蹈和艺术形式重新演绎运河文化，历时两年创作完成了舞剧《运》。全剧的六个部分沿着四条时间线展开叙述，分别是清朝末年、北平解放前夕、改革开放后、步入新世纪，通过四代运河边普通家庭的生活故事[1]，表达了运河文化的包容与坚韧。为确保舞剧的真实性，编创团队特别邀请了运河号子的传承人赵庆福老人参与舞剧编排，为演员们传授号子演唱技巧和传统动作。这种"传帮带"的模式最大限度地确保了舞剧的"通州味儿"，也使舞台表演更具文化深

---

[1] 《我校大型原创舞剧〈运〉元旦首演——开创高校美育新模式 弘扬运河文化、传承民族精神》，北京物资学院，访问网址：https://news.bwu.edu.cn/info/1003/37708.htm，访问时间：2024年9月14日。

度和历史厚重感。整部舞剧以运河号子为核心线索，将传统非物质文化遗产与当代舞蹈相结合，打破了传统运河号子的地域局限，这一非物质文化遗产也在当代艺术中找到了新的活力。2022年，《水稳号儿不急》参加展演，根据通州运河号子"水稳号儿不急，词儿带通州味儿，北曲儿含南腔儿，闲号儿独一份儿"的特色符号上进行创新性的艺术加工。《水稳号儿不急》是在传承基础上进行创新的例证，深刻地展现了运河文化的传承与现代立意的融合。尽管拉纤行漕的职业早已不复存在，号子所依赖的环境也发生了巨变，但其凭借强大的自适性和变革能力依然能够在现代社会找到新的表达方式，运河号子走出"家族传承"的模式而成为文艺创作的一部分。运河号子以经过改良与改造的运河号子文化符号得以进一步传播。

"完全"式的符号化是指在最大限度保留运河号子原有文化语境和核心传统的基础上，实现其跨越地域的多地区传承实践，包括运河号子队以及学校、传承基地等场域的教学等。2006年，运河号子入选北京市非物质文化遗产名录。在非遗语境下，运河号子被赋予了公共文化属性，通过符号化形式突破传统的传承空间与场域，从而成功实现跨地域的传承与传播，成为全国民众共同认可和共享的文化符号。运河号子通过"号子进课堂"等活动鼓励传承人在中小学校园中推广运河民俗，成功实现了其跨越传统劳作场景的符号化传播，不仅使运河号子在校园环境中获得了超越其原生场域的认可，也使其符号化为更广泛的文化资源展现在年轻人的课堂和舞台上。这种符号化的形式淡化了号子与其原始劳动场景的紧密关联，还为其在更广泛的空间和场域中的展演与传承提供了可能。

运河号子队也是这一符号化过程的具体表现形式。运河号子在被重新发掘后，受到了通州区政府的高度重视。在通州区文化馆的推动下，主要由赵庆福、赵义强等传承人担任主力、由居住在通州的老年人组成的通州区运河号子队于2009年左右初具规模，在经历了演出机会少、人员流动性大的艰难初创期后，随着2016年通州迈入建设城市副中心的新历史阶段，号子队也逐渐承接越来越多的演出任务，到2019年运河号子队已经参与了数百次演出和活动，演出足迹遍布京津冀各地。

同时，社交网络和自媒体平台的高度普及也为运河号子进入范围更大、受众更广的民众日常生活提供了可能，凝聚起以运河为依托的更大范围、更多人群的生活与情感。政府部门通过社交媒体发布"通州运河号子"相关的知识科普、传承活动以及文艺节目等信息；代表性传承人将自己所独享的记忆通过口述、文字和视频的形式记录下来，使其成为社区和更广泛社会群体可以共享的文化资源；普通民众则通过短视频等社交软件分享运河号子的相关片段。不同地域的多元主体在由政府、传承人和民众共同构建的共享符号网络中，共同创造和分享着不同场域和语境中的运河号子文字、音频、图像、视频等多模态的符号化内容与生活。这些运河号子文化符号不仅丰富和拓宽了民众的日常生活与公共文化体验，也使运河号子成为各地域民众交流与互动的媒介，进一步扩展了其传承和传播的空间。

此外，运河号子所蕴含的不畏艰险、勇于战胜困难的信念与乐观主义精神以及团结互助、吃苦耐劳的价值观是中华民族共享的精神理念，这些价值理念为运河号子通过共享符号网络的传播和运河号子队的表演实践跨越区域空间，赢得广泛文化认同提供了共同的心理基础。运河号子作为一种具有强烈象征意义的劳动号子，凭借其独特的艺术形式和内在价值获得了超越地域的文化认同。在不同地域、不同民族的民众通过运河号子表演的仪式空间中，身体力行地参与到文化交流中建立起跨地域的文化联系。这种对运河号子文化的认同进一步升华为对共同精神家园的认同。此时的运河号子从原本局限于运河沿岸的劳动文化逐步融入中华民族的精神传统中，展现了从精神文化层面构建中华民族文化共同体的巨大潜力。

## 三、城乡社会变迁中的运河文化传承与社区建设

### （一）台湖演艺小镇建设的运河文化根基

城镇化与乡村振兴是城乡发展过程中密不可分的两个维度。近年来随着城镇化建设的推进，我国乡村得到了显著发展。然而，在以城市化和现代化为主要评判标准的体系下，乡村及其文化往往被视为需要改造的落后存在，其真正的价值和意义常常被忽略。因此在城镇化的过程中，必须重视乡村及其文化的独特性。这个要求也是乡村振兴的任务之一，乡村振兴不仅应体现在经济发展上更应注重文化和精神的复兴，而这一课题的答案或许可以在非物质文化遗产的保护与传承中找到。作为中华优秀传统文化的有机组成部分，非物质文化遗产凝聚了乡村文化的精髓，承载了乡村社会的生活智慧与经验。其保护与传承为乡村振兴注入了深厚的文化底蕴和精神动力，也为实现城乡协调发展提供了有力支撑。重视非遗的保护有助于打破传统城镇化叙事中对乡村的边缘化与他者化倾向，同时能凸显乡村在新时代发展中的主体性作用。乡村文化通过非遗传承得以延续和焕新，也得以展现出独特的文化价值和生命力，为城乡融合发展注入新的创造力与文化认同感。

运河文化对于台湖镇具有深远的历史和文化意义。作为京杭大运河的重要节点之一，台湖镇自古以来就因其便利的交通和丰富的水资源而繁荣。运河不仅带来了经济上的繁荣，也促成了不同地域文化的交汇融合，塑造了台湖独特的文化底蕴。运河文化所承载的开放、包容、互通精神至今依然在台湖镇的社会生活和文化传承中体现，为该镇的城镇化发展提供了重要的精神动力和文化资源。随着萧太后河——北京地区唯一一条以人命名的河流的通航，围绕她的众多民俗故事逐渐流传开来，成为理解台湖地域文化特色的重要线索，而这一深厚的历史文化背景也牢牢嵌入台湖演艺小镇的建设中。

然而，与大部分特色小镇"经济搭台，文化唱戏"的理念不同，台湖小镇致力于实现文化与经济的共同繁荣，摒弃了只考虑商业需求的

"一条街"模式。台湖演艺小镇不把自我定位局限于开发区、文创区或娱乐区,而是更突出文化的魅力与内涵。依托运河历史文化,将萧太后河水引入演艺小镇与台湖公园的水系相连,串联起演艺功能节点打造出以自然亲水、运河文化延展为特色的小镇水环境。同时,萧太后河古码头遗址公园的建设成为展示运河文化的重要窗口。

(二)非遗传承与台湖演艺小镇的双向互动

北京城市副中心投资建设集团董事长李长利明确表示希望以此为契机将台湖演艺小镇打造成中国特色小镇的示范标杆,这一目的要想达成应深入挖掘和弘扬传统的、地方性的文化特色,这正与台湖镇丰富的非遗资源相衔接。演艺小镇与非物质文化遗产的保护和传承之间存在相互影响、协调统一、互利共生的关系。作为非物质文化遗产传承的天然载体,演艺小镇在设计中融入非遗元素能够丰富其历史文化内涵,以非物质文化遗产为核心推动相关产业的融合与发展以提升小镇的景观设计水平,还能够有效促进非遗的保护与传承。台湖镇的非遗文化资源包括玉器制作技艺、料器制作技艺、传统琵琶制作技艺等,其中玉器制作技艺是台湖镇重点发展的非遗文化资源之一,传承人张玉成与台湖演艺小镇的建设之间形成双向良性互动,为更好地建成和完善台湖演艺小镇贡献了非遗力量。

玉器制作技艺作为工艺美术产业的重要组成部分,具备文化产业的所有要素:从文化角度来看,玉器制作技艺历史悠久、底蕴深厚,是中华文明不可或缺的一部分,曾对中华民族文化和世界艺术产生了重要影响,在全球文化艺术领域占据着举足轻重的位置,并在国际交流中发挥着独特的作用;从产业角度而言,玉器制作技艺是传承"工匠精神"的重要载体。作为台湖镇的非物质文化遗产项目,玉器制作技艺的代表作品"九龙玉海"和"春水玉"等被安置在台湖镇文体中心和双益发文创园内,直观地向民众展示这一技艺的精湛工艺与台湖镇的历史积淀,而不仅仅是停留在抽象的概念上。因此,玉器制作技艺的传承与发展为台湖演艺小镇的文化底蕴提供了有力支持。

台湖镇的玉器制作技艺可以追溯至元代，至今已有700多年历史，并且代代相传，其作品具有很高的艺术、学术、文化、科学、历史、社会和民俗价值。它凝聚了台湖人的劳动和智慧，作为历史的见证象征着人类文明与智慧。玉器制作技艺的传承不仅涉及原料采集、鉴别、加工等具体工艺层面，还蕴含了东方文化中独有的内涵，如静思、律己等特质。在台湖演艺小镇建设过程中，张玉成的工作室也被列为京津冀文化旅游的重要站点，观赏玉器制作过程及其产品成为当地旅游的重要内容。通过独特的实践体验与深厚的文化内涵，台湖演艺小镇形成了别具一格的旅游资源，不仅推动了当地旅游业的发展，还促进了玉器产品的销售。因此，台湖演艺小镇的文化旅游项目为打造高品质的旅游产品提供了有力保障，能够满足游客多样化的需求，拓展旅游空间，同时有效结合当地的文化、商业和旅游资源促进区域的综合发展。

可以看到，台湖演艺小镇的建设不仅受益于非遗文化的深厚底蕴，还在不断反哺非遗的传承与发展。随着城市副中心建设的推进、国家大剧院台湖舞美艺术中心的落成，一批老旧厂房被改造成现代化的演艺空间，使演艺逐渐成为台湖小镇新的文化名片。这一过程中，台湖演艺小镇的繁荣带动了非遗项目的发展，尤其为玉器制作技艺及其传承人张玉成提供了更多的发展机会。2019年在镇政府的支持下，张玉成的玉成轩工艺品厂顺利入驻双益发文创园，开设了自己的玉器制作工作室，其代表作"九龙玉海"也得以免费展示于园区文化馆和台湖镇文体中心。此外，台湖镇政府还为非遗传承人提供了经济支持。自2022年起，镇政府将非遗传承人的年度资金补助从3000元提高到5000元，并因张玉成获得"中华传统工艺大师"称号而奖励了4万元。在此基础上，镇政府领导还前往张玉成的工作室进行授牌仪式以激励他继续在非遗技艺的创新与发展上做出贡献。与此同时，随着演艺小镇建设的深入，通州区政府还通过开办市集、举行技艺分享会等形式为非遗传承人提供更多展示平台，进一步提升了玉器技艺的知名度。玉器制作技艺作为"非遗+旅游"

的结合点，张玉成的工作室被列为京津冀文化旅游的一个重要站点从而吸引了大量游客参观体验。

玉器制作技艺承载着丰富的历史与文化内涵，但其因无形性难以独立存在。台湖演艺小镇作为非遗传承的天然载体，构建了一个集传统技艺、文化体验和经济发展于一体的多维平台，推动了非遗在现代社会中的生存与创新。演艺小镇不仅促进了非遗经济的发展，还为非遗的传承与创新提供了"见人、见物、见生活"的现实场景。通州区、台湖镇和国家大剧院通过多方协作积极举办非遗展示与交流活动，不仅保护了非物质文化遗产，还促进了传统技艺的延续与现代融合，实现了非遗在新时代的创新发展。

（三）文化传承与社区建设

在非遗的语境中，社区是一个极为关键的概念，是指那些直接或间接参与某个或某系列非遗项目的实施、传承，并认同该非遗项目为其文化遗产的一群人。社区的规模可以很大或很小，具有灵活性和多样性，是非遗项目保护与传承的主体[1]。以台湖演艺小镇为例，政府、参与非遗项目实施、传承的居民和外来文化工作者构成了一个活跃的非遗传承社区。同时，台湖演艺小镇的非遗开发并非孤立存在，它与国家层面、北京市及通州区的非遗实践保持着紧密的联系和互动，形成了一个广泛的传承和开发网络，共同推动非遗的发展与创新。

非遗的传承与台湖小镇建设是由多元主体共同运作发力的结果，其中起主导与决策作用的是代表官方的政府部门，通过提供场地和资金支持，以及在宣传推广、制定优惠政策等多方面的帮助，行政力量为玉器制作技艺的传承与发展提供了重要的推动力；非遗传承人如张玉成的作用尤为关键，他继承了传统技艺的同时还在不断创新中使玉器技艺保持

---

[1] 杨利慧：《社区驱动的非遗开发与乡村振兴：一个北京近郊城市化乡村的发展之路》，《民俗研究》2020年第1期。

活力，通过自我完善和技艺改进将玉器制作的精髓与当代需求结合，不断推出兼具传统和现代美感的玉器作品；媒体的宣传推广也为玉器制作技艺的普及和推广发挥了重要作用，通过报道传承人的故事、展示玉器制作的过程和文化价值，进一步扩大了公众的认知度和关注度，国家大剧院及双益发文创园等文化机构则通过策划非遗展览、文化交流活动为玉器技艺提供了更多展示平台；与此同时，企业通过创新经营模式挖掘玉器文化的市场价值，将传统技艺与现代消费需求相结合推动文创产品的开发与推广，拓宽了玉器作品的销售渠道，使其走向更广阔的市场。多元主体的共同参与与合作形成了一个系统化的非遗保护与传承机制，实现了传统文化与现代社会需求的有机融合。

尽管台湖演艺小镇的非遗传承机制已初具规模，但在现有的保护体系中非遗传承人与台湖演艺小镇的各个参与主体在合作中仍存在一定的"区隔"，玉器制作技艺并未真正走入普通民众的日常生活，居民对技艺本身及其所承载的文化内涵知之甚少，即便一些民众愿意参与到玉器技艺的保护与传承中来，也缺乏实际有效的参与渠道。这种双重"区隔"阻碍了非遗文化与社区的深度融合，非遗保护工作在社区内部难以获得持续的动力。

非遗传承不应该仅仅是文化精英和传承人的责任，更应该成为社区每一位成员自觉参与的事业。通过开展诸如非遗技艺体验日、文化传承工作坊、社区文化节等互动性强的活动，能够让民众更加直观地接触和了解非遗项目，激发他们对非遗文化的认同感与责任感。如此非遗便不再只是台湖演艺小镇的一个静态展示，而是变成与居民生活息息相关的动态传承。同时应确保民众参与非遗保护的渠道畅通，政府及相关文化机构需要建立开放的参与机制，普通民众才能有机会通过各种平台参与到非遗的保护与传承工作中来。通过设立社区非遗管理委员会、开设非遗保护与传承志愿者项目以及线上线下的互动平台，居民可以直接参与非遗项目的讨论与决策甚至成为非遗技艺的学习者和传播者。只有通过广泛的参与在社区中打破非遗与群众之间的隔阂，让民众积极参与到非遗保护与传承的过程中，才能真正构建起一个以运河文化遗产为依托的有机社区，才能够保证台湖镇的运河文化遗产这种重要历史资源焕发出新的活力。社区建设也才能从外部的扶持和行政力量的推动转向依托于内部居民的主动参与从而生发出持久的动力，促进文化的延续与社区的繁荣。

在以漕运经济为主导的传统运河沿岸社区中，运河文化通过沿岸居民的日常劳动和生活实践逐步形成了以漕运劳动为核心的集体记忆、社会规约以及非正式的社群组织。这一文化体系不仅将个体与家庭、私域与公域通过公共文化活动紧密相连，还在不断的情感交互中激发了社区成员的身份认同感，最终构建并凝聚起以运河为中心的区域共同体。

运河是物资流通的渠道以及承载精神与文化、促成民众社会互动和文化交流的重要纽带。随着社会的不断发展，尤其是在区域流动性日益增强的背景下，原本依托运河而生的沿岸社区开始与更广泛的区域社会建立联系，运河文化凭借其独特的历史底蕴和文化价值逐渐走向大众视野从而成为区域文化的重要符号。通过符号化的转型，运河文化不仅超越了原有的地理和社会边界，还逐步成为增强区域社会共同体的重要文化纽带。通过代代相传和不断创新，运河文化的元素已从地方性文化现象发展为更具广泛影响力的文化资源，在不同区域社会中激发出共鸣，强化了社区之间的文化认同感。

在非物质文化遗产保护的时代背景下，运河文化的公共属性得到了进一步的强化，继续作为地方性的文化符号继续发挥作用，并逐步上升为国家层面的文化象征成为连接不同社区与群体的重要文化桥梁。运河文化的独特历史内涵和丰富的文化价值使其成为公共文化领域的焦点，受到更大范围的社会关注与认同。通过各种文化活动、展演以及节庆仪式，运河文化在现代社会中的传承方式得到了创新和拓展，作为一种活态文化展现出强大的生命力与适应性。进入现代社会，运河文化在人民日益增长的文化需求与传统文化创新的双重推动下，成功实现了从传统乡土社会到现代区域社会的跨越。通过将运河文化融入市场空间与公共文化空间的整合，运河文化不仅成为区域社会文化认同的重要来源，还为沿岸民众提供了持续丰富的精神文化支撑。

运河文化的传承关乎历史的延续，更关乎现代生活的构建。在以运河为核心的文化认同中，来自不同地域和群体的成员通过共享的文化空间逐步形成并建构起新的区域共同体。共同体延续了历史的记忆，在新时代展现了运河文化强大的适应力与创新力，成为区域社会发展的重要文化推动力。

## 第三节　当代运河民俗文化传承的新路径

北运河自古以来不仅充当着中国水运交通的命脉,更是滋养沿岸地区的生命源泉,不仅为周边村镇提供了生计与生活资源,还孕育出众多以运河风貌为核心的民俗文化传统。随着时代变迁以及运河地区社会自身发展,跨越历史长河传承至今的诸种运河民俗文化面临着新挑战,如何把握时代脉搏、顺应当代社会发展的新要求,从而在新时代获得新位置,是运河民俗文化当代传承所要应答的核心问题。

要发掘传统运河民俗文化的当代价值,使之把握新发展机遇,就需要从空间再造、定位转换、引入新主体参与等多个方面重塑其传承路径。空间再造将文化传承与空间重构相结合,从空间意义上有机整合民俗文化资源,旨在使运河民俗文化突破旧有单一展演场景,以更加灵活的方式嵌入多元生活及文化消费情境之中。以运河号子为代表的传统文化借由多种传承手段创新,寻求从行业民俗到公共文化的定位转换,创造与民众日常生活的新联结,则旨在契合新的时代要求,走出其与当代社会的脱节及滞后困境。此外,地方文化能人等新参与主体的引入以及多元主体协同参与新模式的探索,也能激起民俗文化传承"活水",使运河民俗文化传承发展获得源源不断的新动能,找到与新时代社会相适应的方式,在当代焕发出新光彩。

## 一、社会变化与民俗文化的空间再造

从漕运繁盛到官方停漕,从运河断流到承接当代城市空间格局调整及区域协同发展的新要求,北运河地区历经了诸多重大社会变迁,运河流域人民的生存状态及文化生活也始终随时代而变。这些来自社会内外的变化压力与动力不仅深刻影响了运河子女同运河民俗文化及运河历史形成联结的方式,也为当代运河民俗文化传承发展提出了新的时代要求。为顺应时代潮流、把握时代脉搏,以通州为代表的北运河地区社会探索出了借助空间再造培育民俗文化传承新动能的创新发展路径。在台湖演艺小镇的空间再造实践中,社会变迁、时代潮流即与运河人民的民俗文化传承创新智慧相交融,共同开辟出当代运河民俗文化传承的新道路。

### (一)运河地区的社会变化与时代脉搏

百余年来北运河地区经历了诸多社会变化,其中尤为重要的包括清末官方下令停漕,以及其在当代所承接的多个新时代使命。前者直接改变了运河的现实功能,造成运河地区人民的生计之变,从而扭转了运河地区的社会发展方向及历史命运;后者则将运河拉入更广阔的时代发展图景之中,为当代运河地区社会发展安排了新位置、提出了新任务、注入了新动力。

1."停漕":生计之变与记忆的沉淀

在相当长的历史时期内,运河流域的人们依运河而生,其经济、社会及文化生活都受到运河的滋养,生计方式、社会关系和文化形式内容都留有运河漕运的印记。漕运通行之时,码头附近往往是经济繁荣、社会交往与流动频繁的地域,也由此诞生了诸如运河号子、开漕节与停漕节这样具有鲜明地域特色的民俗文化。

光绪二十七年(1901),清政府下令"停漕改折",大运河官方漕运历史宣告结束,[1] 以往作为运河地区生计与生活中心的漕运制度退出历史舞台,运河地区人民的社会与文化样貌随之发生改变。昔日仰赖漕运维生的人们不得不寻找其他生计出路,开停漕节、运河号子等与漕运紧密关联的民俗文化暂时沉寂,运河地区诸村落间经济与社会往来也暂时陷入停滞。如果说停漕之前运河地区的社会生活大多围绕大运河这一中心而运转,那么停漕之后,运河流域的人们则开始以运河为起始点向外四散。这一方面在相当长时期内使运河地区人们陷入迷茫,他们不得不脱离世代熟悉的生活方式,在一波又一波时代变化潮流中寻找新的位置;另一方面,这种自上而下的强力变革实际上又为运河地区人民提供了新的刺激,推动他们向外求索,客观上为运河地区社会发展注入了新活力,也促使运河地区社会打开与更广阔外部世界互动交流的大门。

在大运河停漕百余年后的今天,我们看到漕运的停止以及随之而来的社会变化并未扼断运河地区的活力,长久以来受运河滋养的人们承继了祖辈对北运河的情感,关于运河的历史、故事与传说代代相传,逐渐积淀成为流域人民共同的"运河记忆"。[2] 早已失去实际漕运功能的旧码头、堤坝、部分已经干涸的河道等设施近年来得到越来越多的修缮保护,成为运河记忆具象化的物质载体,许多新生代运河子女或许已对这些设施的原初功用感到陌生,却依然能与这些保留在其生活世界中的物件形成情感联结,因为这些老旧物件与他们的祖辈有关、与从身旁流淌而过的运河有关。而像运河号子这样的民俗文化也随着社会发展水平和大众文化认知能力的提高而逐渐重新焕发生机,在官方政策鼓励和政府资助下,在地方精英(能人)、传承人以及普通民众的努力下,以非物质文化遗产和地方特色民俗文化的新面貌再次站上历史舞台,也因其作为文化符号所具备的代表性、象征性、感染力和凝聚力,发挥着唤醒运河记忆、

---

1 毛巧晖等:《北运河民俗志(第二卷)》,北京:中国戏剧出版社,2020年,第14页。
2 毛巧晖、张歆:《运河记忆与村落文化变迁:以北京通州里二泗小车会为中心的考察》,《西北民族研究》2021年第2期。

承载人们对于运河深厚情感的效用。

无论是停漕还是现代社会发展变迁，运河地区社会难免被时代之潮卷入其中，但运河人民与大运河的情感联结、围绕大运河的集体记忆以及因大运河而结缘的人与人、人与物之间的重重羁绊，或许会时而变淡时而突出，却从不会彻底斩断。

2. 时代脉搏：城市副中心建设与京津冀协同发展

停漕百余年来，运河地区不仅与其他地区一样随国家、时代大势而变，经历了从农业社会到工业社会再到后工业社会的一般发展历程，[1] 还在近年来接受了愈来愈多的新时代使命。从城市副中心建设到京津冀协同发展再到顺应中国式现代化发展思路，无一不是为当代运河地区空间建设及民俗文化发展指明了新方向、提出了新要求。

（1）城市空间格局调整的新要求

2016年5月27日，习近平总书记在中共中央政治局会议上部署了建设"北京城市副中心"相关任务，自此，通州进入高速发展的副中心时代。[2] 城市副中心建设旨在开发利用北京东部空间，疏解北京非首都功能，理清"都"与"城"间关系，并与京津冀协同发展的重大战略相互配合。

运河文化在建设城市副中心任务中的重要性也在习近平总书记"大运河是祖先留给我们的宝贵遗产，是流动的文化，要统筹保护好、传承好、利用好"的重要指示中得到了肯定与强调。[3] 运河地区从历史长河中积淀而来的诸民俗文化是先辈留给我们的遗产，也是为发展中的城市副中心注入文化灵魂，是将其打造为一座历史文化之城的珍贵资源。北京城市副中心建设已经并将在相当长时期内持续影响运河地区的社会发展

---

1 毛巧晖、张歆：《运河记忆与村落文化变迁：以北京通州里二泗小车会为中心的考察》，《西北民族研究》2021年第2期。
2 陈强：《以改革创新提速副中心建设》，《北京日报》2024年7月15日。
3 《文脉华章｜大运河是祖先留给我们的宝贵遗产，是流动的文化》，央广网，访问网址：https://news.cnr.cn/native/gd/sz/20240622/t20240622_526759056.shtml，访问时间：2024年9月7日。

道路与民俗文化的传承路径，能否处理好城市新格局建设与运河文化赓续之间的关系，不仅会影响城市副中心建设的效率和进程，更事关当代运河民俗文化的活力与命运。与此同时，运河文化亦能为城市副中心建设注入活力，一方面彰显其文化底蕴，使运河故事成为城市副中心的"金名片"，另一方面以民俗文化遗产及相关创意产业带动整个运河文化带的协同发展，是不可忽视的城建资源。[1]

（2）线性文化遗产与京津冀协同发展

"线性文化遗产"是近几十年来国际遗产保护研究领域提出的一个新概念，简单来说是指"在拥有特殊文化资源集合的线形或带状区域内的物质和非物质的文化遗产族群"，长城、大运河都可视作线性文化遗产的代表。[2] 北运河横贯京津冀，沿途孕育了一系列运河物质文化和民俗文化集群，这些诞生于相似的生态环境与生计条件、在历史上密切交流互通的运河遗产有着不可断绝的亲缘关系，也成为当今京津冀协同发展的关键突破口和着力点。以线性文化遗产的新视角重新审视当代运河民俗文化赓续的新路径，促使我们跳出单一地区、单一文化保护传承的旧模式，探索京津冀跨区域协同开发利用运河文化资源的新路径。

（二）当代运河民俗文化的空间再造：以台湖小镇为例

空间再造是克服民俗文化传承疲软、激发当代运河民俗文化发展新动能的重要举措。以通州台湖演艺小镇为剖面，我们得以窥见运河地区社会如何立基于自身深厚的民俗文化底蕴，利用空间再造重整资源、整合多方力量，把握城市副中心建设和京津冀协同发展的时代脉搏，为盘活运河民俗文化活力开辟新道路。同时，台湖特色小镇的空间再造实践作为典型案例，也可为其他地区运河民俗文化传承发展提供经验借鉴、

---

[1] 王洪见、王敏等：《用大运河文化赋能北京城市副中心建设》，《北京财贸职业学院学报》2021年第4期。

[2] 单霁翔：《大型线性文化遗产保护初论：突破与压力》，《南方文物》2016年第3期。

指明未来方向。

1.台湖的运河民俗文化状况

台湖镇地处北京城市副中心通州区西南部，因近年台湖演艺小镇的建设和发展吸引了社会目光，其将文化旅游空间再造与民俗文化、非物质文化遗产的当代传承有机融合的发展路径，不仅是对文化资源与产业资源相互转化模式的探索，更为运河乃至更广泛地区民俗文化和非物质文化遗产传承创新提供了新思路、新样板。

台湖民俗文化的空间再造离不开该地区丰富的非物质文化遗产及其他民俗文化资源。其中，已认定的非物质文化遗产包括玉器制作技艺、传统琵琶制作技艺、椒麻鸭翅烹饪技艺、料器制作技艺等传统技艺，以及单琴大鼓、胡家垡高跷会、次渠小车会等传统表演。[1]此外，另有一些台湖民俗文化如药王庙庙会、蹦蹦戏、安定营皮影戏，虽未经非遗正式认定，却早已与台湖的人文乡土相融，是台湖人民生活中不可或缺的文化和生活元素。[2]

台湖虽有比较丰富的运河民俗文化资源和非物质文化遗产资源，显示出其深厚的文化根基，但在实际社会生活中、在民俗文化赓续问题上，其长期面临着一系列困难和挑战。

首先是民俗文化资源开发仍不充足，尽管已有不少民俗文化项目进入非物质文化遗产名录，台湖仍有许多颇具地方特色、能够为北京地区文化宝库增添多样性的民俗文化尚被忽视，这主要缘于各主体对于部分接地气、具备高度日常性和生活性的民俗文化的遗产性价值重视不够，未能有效包装、宣传和展示台湖民俗文化的深层价值。此外，许多民俗文化如传统琵琶制作技艺，因其本身就比较远离普通大众日常生活，加之在发展过程中传承动力不足、未能实现贴合时代的创新性传承，致使其成为一种仿佛仅存在于非遗名录之上以及少数传承人眼中的民俗文化，

---

[1] 毛巧晖等：《北运河流域特色小镇建设研究》，北京：学苑出版社，2022年，第176页。
[2] 同上书，第180页。

因为找不到适宜的方式拉进与普通民众的距离，而有脱离"民俗"原本意涵的危险。

民俗文化挖掘力度不足和不均衡、民俗文化脱离大众而成为少数人的文化，台湖运河民俗文化赓续面临的这两方面主要问题也是许多其他地区同样陷入其中的困境。而台湖主动进行民俗文化空间再造、打造民俗文化一体化展示空间"台湖演艺小镇"正是为了突破传承动力不足、资源分配不均、传承创新形式单一、部分民俗文化脱离大众等运河民俗文化发展的屏障。

2. 文化空间与空间再造理论

此处所选取的分析案例"台湖演艺小镇"是典型的民俗文化再造空间。首先，其是一个文化空间，演艺小镇并非建筑物和景观的堆积，其空间性也绝不局限于物理环境，而是囊括了"特定活动方式和共同文化的形式及氛围，兼具空间性、时间性、文化性"[1]。

同时，不同于运河民俗的原初起源地（运河流域的各个村镇）这样的民俗文化"生活态空间"，台湖演艺小镇是一个民俗文化"再造空间"，其是在政策支持下、在政企民等多主体共同努力下，以台湖地区丰富的民俗文化及非物质文化遗产资源为基础，有意识地设计、构造出来的一个文化空间，旨在通过传承策略创新，借助可用科技手段，在此空间内集中展示、展演和传承台湖地方特色民俗文化。[2]

与其他民俗文化再造空间类似，台湖演艺小镇也利用文化要素凝缩的思路，将体现台湖特色和风格的建筑、民俗文化表演以及来自外部的现代文化元素一并移植、重塑并安置在此一再造空间之中，以期达到打造既富有民俗文化气息又带有现代文化创意特点的聚合性文化空间。

台湖演艺小镇所实践的民俗文化空间再造旨在从空间、时间、关系

---

[1] 陈虹：《试论文化空间的概念和内涵》，《文物世界》2006年第1期。

[2] 陆朋：《民俗文化传承的再造空间研究——以车溪土家族旅游风景区为例》，博士学位论文，武汉大学，2017年。

（包括人与人之间关系、物与物之间关系以及人与物之间关系）等多角度为民俗文化重新安排位置，进而从空间意义上有效整合民俗文化及文化遗产资源。对于陷入传承困境的运河民俗文化及文化遗产而言，在理顺当地文化资源状况及发展需求的前提下，建设如台湖演艺小镇这样的再造空间，为民俗文化提供新的展演、交流场所和新的产业化机会，有利于推动民俗文化传承形式的多元化，找到运河民俗文化当代赓续的新突破口。

3.台湖演艺小镇的空间再造实践

（1）台湖演艺小镇的战略定位与发展目标

特色小镇发端于浙江的创新型区块与县域经济社会发展模式，随后被全国不同城市及地区学习并发展成多种民俗文化空间再造路径。[1] 2015年底国家发改委、财政部及住建部则开始在全国范围内开展特色小镇建设运动。[2] 台湖演艺小镇自规划建设以来始终立足于通州城市副中心发展目标，与张家湾设计小镇、宋庄艺术创意小镇一齐成为首都城市副中心特色小镇建设标杆。

台湖演艺小镇对自身的规划紧密围绕着城市副中心建设的任务，自我定位为城市副中心拓展区，充当副中心与周边乡镇、城乡接合部的过渡带，旨在通过绿色生态建设和演艺小镇民俗文化建设为台湖城镇化注入新动力。可以认为"生态"与"文化"是演艺小镇推动建设和发挥功用的两大主要方面。就前者而言，台湖小镇期望经由对自有生态环境资源的保护和利用，提升副中心生态涵养能力和宜居水平，打造中心城区外围生态绿璧。就"文化"而言，台湖演艺小镇致力于将自身打造成为首都副中心的一张文化名片，一方面主动充当运河民俗文化和非物质文化遗产传承与创新性转化基地，另一方面又积极建设特色演艺、现代文化消费和文化旅游创意园区。

---

[1] 张霞儿：《景观人类学视角的非遗特色小镇建构路径探析》，《贵州民族研究》2019年第3期。

[2] 毛巧晖等：《北运河流域特色小镇建设研究》，北京：学苑出版社，2022年，第175页。

此外，台湖演艺小镇还重视从交通、产业等方面实现与更广阔外部世界的互通互联。其不仅积极建设与环球影城以及其他副中心特色小镇的道路交通，还利用地理和资源优势寻求与环球主题公园等文旅项目的对接，同时打造配套的食宿服务设施。就发展目标而言，台湖演艺小镇核心锚点在文化产业，围绕小镇的演艺特色主题，在国家及首都政策指导下坚持市场主导的经营模式，同时全力做好交通及其他基础设施后勤建设工作，为首都城市副中心发展增添一抹亮色。明晰自身定位，充分发掘可用资源潜能，同时积极寻求与外部的交流互通，或许正是台湖演艺小镇近年来高速发展的秘诀。

（2）演艺小镇民俗文化空间再造的成果

①文化地标：国家大剧院台湖舞美艺术中心

国家大剧院台湖舞美艺术中心是台湖演艺小镇引入"国字招牌"的成功实践。[1] 其不仅与会展贸易中心一齐成为演艺小镇的地标建筑，还起到引领小镇整体文化产业发展的龙头示范效果。舞美艺术中心为小镇提供了多场公益演出，拉近了台湖及城市副中心居民与国家级高水平文艺表演之间的距离，使首都核心区文艺作品有了下基层、进京郊的机会。落地台湖的大剧院演艺团队还与台湖地区村民积极接洽，提供舞蹈排练指导等资源，使演艺小镇建设真正触达和惠及普通民众。[2]

②运河民俗文化的新舞台：从文创园到艺术节

为使再造空间有效充当运河民俗文化及非物质文化遗产推广、传承及创新发展的新舞台，台湖演艺小镇打造了像双益发文创园和台湖文化艺术节这样的民俗文化展示空间。

由老旧企业工厂改造而成的双益发文创园引入了几十家文化企业，涉及非物质文化遗产、戏剧影视等多种文化项目，为台湖运河民俗文化传承创新提供了便利和具有集群效应的物理空间与产业发展氛围。尤其

---

[1] 毛巧晖等：《北运河流域特色小镇建设研究》，北京：学苑出版社，2022年，第199页。
[2] 同上，第194页。

特别的是园区内还有一家公益文化馆——萧太后河文化馆，馆内展览着千余件民间藏品，包括多个古代少数民族语种字典、各种材质的印刷活字以及许多辽朝珍贵藏品。[1]

自2011年起连续举办多届的"台湖镇文化艺术节"则将更多普通民众拉入运河民俗文化的世界之中，一方面鼓励爱好文化艺术的周边村镇居民编排节目参与舞蹈、歌咏等比赛，为大众搭建起展示文艺特长、人人都可参与的舞台；另一方面艺术节也激发了大众对于其他台湖小镇文化艺术表演的兴趣，促使更多民众在闲暇时间前往观看公益演出和民俗文化展览。

③文化+产业融合发展

台湖演艺小镇实现了民俗文化与产业的融合发展。一方面为民俗文化资源有效转化为产业资源提供了平台，另一方面又为产业发展中注入了文化内涵。台湖小镇不是零散文化要素与产业两张皮的简单组合，而是在再造空间中构建民俗文化同产业相互嵌入的融合、有机整合的一体化平台。[2] 台湖演艺小镇中民俗吸纳产业资源是为了拓宽民俗文化与更普遍大众的接触面，为民俗文化传承注入新动力；产业接纳、整合民俗文化及非物质文化遗产，则是顺应当代体验经济、文化创意产业风潮，为产品附加高文化价值，同时推动民俗文化与当下生产、生活方式的相融，实现民俗文化的活态传承。

上文所提到的国家大剧院台湖舞美艺术中心就在其剧场空间内为台湖民俗文创产品开辟了展区，旨在以"艺术（文化）+售卖"方式助力本土民俗文化传承与商品化。[3] 此外，小镇内的"小剧场、小书吧、小工坊"，以及双益发文创园中随处可见的咖啡馆和非遗体验活动，都让我们看到台湖演艺小镇切实贯彻了文化与产业有机整合的发展策略。[4] 在这里，

---

1  毛巧晖等：《北运河流域特色小镇建设研究》，北京：学苑出版社，2022年，第202页。
2  张霞儿：《景观人类学视角的非遗特色小镇建构路径探析》，《贵州民族研究》2019年第3期。
3  毛巧晖等：《北运河流域特色小镇建设研究》，北京：学苑出版社，2022年，第194页。
4  同上书，第194页。

运河流域传统民俗文化和非物质文化遗产与现代文化艺术消费产业以各种创新形式相互融合，人们既能体会运河民俗文化的厚重与传承的不易，又能感受到现代文化消费、体验经济与民俗文化的相互赋能。

④旧空间的新生机：工业建筑空间再造

台湖演艺小镇开发过程中不仅新建了一大批地标建筑、文化创意空间，还充分利用和再造了先前遗留下来的多个工业建筑空间。前文提到的双益发文创园主体前身即为双益发肉制品厂，肉制品厂在遭疏解之后，因其开阔的空间和便利的地理位置而得到台湖演艺小镇的重新开发利用，摇身一变成为文化创意园区，昔日的加工厂房变为剧场、摄影棚和办公空间，从荒废和被遗忘的命运中逃脱出来而获得了新的位置与价值。[1] 类似地，知名的台湖演艺车间也是由养鱼厂改造而来，新文化空间保留了先前工业建筑的特点，同时又对内部空间进行重新规划分配，使其既留有工业建筑风格又具有完备的文化空间功能。[2]

对于这些废弃、闲置的工业建筑，演艺小镇没有选择贸然拆除或弃之不顾，而是发挥文化创意对其进行空间再造，充分显示出空间与文化的相互成就，空间再造给予民俗文化以新的展示空间和传承手段，而民俗文化对空间的介入则能使后者从简单的物理空间转变为富有文化意涵、经济潜能和审美趣味的新文化空间。

（3）演艺小镇民俗文化空间再造的意义

①丰富民众文艺生活，拓宽民俗文化受众群体

在台湖演艺小镇，无论是举办多年的"台湖文化艺术节"，还是国家大剧院提供的公益演出，都为台湖及周边地区民众提供了前所未有丰富、便捷的文艺资源，提高了运河民俗文化的触达性，打造出在家门口就能看到演出展览的便民文化圈。此外，台湖演艺小镇的民俗文化空间再造还将原本不属于台湖地区的人们吸引而来，拓宽了运河民俗文化的受众

---

1 毛巧晖等：《北运河流域特色小镇建设研究》，北京：学苑出版社，2022年，第201页。
2 同上书，第202页。

群体，在传承民俗文化的同时以再造空间为核心向外进行"文化辐射"，扩大了运河民俗文化的辐射范围，带动运河文化带其他城市和地区协同推进民俗文化传承，培育出更多关心、关注运河民俗文化传承的民众。[1]

②重塑社会文化空间，盘活乡镇文化活力

台湖演艺小镇这样的文化空间由于是在原有文化基础之上有意识地设计规划和建设而成，其相较于民俗文化起源地的"生活态空间"，在布局规划、空间分配重整方面会有更高的自由度和自主性，可以视作是多主体共同努力下对社会文化空间的不断重塑。运河流域许多原先仰赖漕运或农业而生的村镇在近几十年的现代化发展大潮中逐渐衰败或空心化，作为村镇共同体根基与灵魂的民俗文化也因传承动力不足或传承手段单一而趋于沉寂，因而再造民俗文化空间是挽救失落乡镇、激发运河民俗文化传承活力的重要创新途径。[2]台湖演艺小镇的建设与发展就回应着新时代乡建和城乡一体化发展的新要求，并深刻影响了台湖镇乃至更广阔区域的社会文化空间样貌，起到盘活乡镇文化活力的成效。

③提供商业化机遇，为民俗文化传承增添新动力

文化与产业相融合的布局战略以及充足、高可得性的资金支持为台湖演艺小镇中的民俗文化提供了商业化机遇，进而为民俗文化保护传承提供了基本保障，民俗文化/非物质文化遗产+旅游的双赢模式也为民俗文化+产业创新性发展注入了新动力。

演艺小镇作为再造空间成为民俗文化活态传承的新载体，其并非固守于原初的民俗文化形态，而是为运河民俗文化寻找新的传承空间、传承手段，将文旅消费、智能科技等当代文明进步新要素融入其中，以期实现民俗文化的延续与更迭。力求在同处民俗文化空间内同时整合抢救

---

[1] 陆朋：《民俗文化传承的再造空间研究——以车溪土家族旅游风景区为例》，博士学位论文，武汉大学，2017年。

[2] 桂胜、陈山：《乡村振兴中村落民俗文化再造空间传承模式之认识》，《河北学刊》2020年第3期。

性保护、生产性保护和整体性保护三大保护路径。[1]

④助力城市副中心建设及首都"四个中心"功能建设

台湖演艺小镇自始至终以助力首都城市副中心建设为核心自我定位，在民俗文化空间再造实践中积极开发文化艺术项目、发展文化创意产业，还建设了台湖文化艺术公园这样融文化和生态于一体的公共休闲空间，以既有高覆盖率湿地植被、多样湿地物种，又有契合台湖本土运河文化的内部景观设计的新城市文化空间，为首都"四个中心"（尤其是文化中心）功能建设以及城市副中心绿色高质量发展注入了活力。[2]

（4）演艺小镇民俗文化空间再造存在的问题

台湖演艺小镇的运河民俗文化空间再造实践除产生以上多种成效外，在民俗文化传承方面同样存在一些问题。

①演艺小镇整体发展以"自上而下"布局规划为主，与地方社会仍存在不小的距离感和疏离感。无论是国家大剧院台湖舞美艺术中心，还是双益发文创园，都大体遵循着自上而下统筹规划的模式，普通民众对于演艺小镇的空间规划没有发言权，更多像是相对被动地接受呈现在演艺小镇中的文化艺术产品。台湖舞美艺术中心虽有通过指导民间舞蹈演艺团队的方式尝试与基层社区相接触，双益发文创园也有向本土民俗文化项目开放空间，但总体上台湖地方社会与普通民众对于演艺小镇及其间的民俗文化参与感和认同感不强，更多只像是前来游览和观看演出的外部人员。这种与地方社会的距离感说明台湖演艺小镇尚未真正实现在地的有机嵌入，这势必也会影响到小镇民俗文化的展演与传承成效，一定程度上削弱了特色小镇最初推动运河民俗文化传承的愿景。

②呈现在演艺小镇中的台湖运河民俗存在文化元素碎片化、脱离原有社会生活语境的危险。小镇在国家大剧院台湖舞美艺术中心、台湖演

---

1 桂胜、孙仲勇等：《文化空间再造与少数民俗"非遗扶贫"的路径探析——基于鄂西恩施市的田野考察》，《西南民族大学学报》（人文社会科学版）2019年第1期。
2 毛巧晖等：《北运河流域特色小镇建设研究》，北京：学苑出版社，2022年，第205页。

艺车间、双益发文创园等多处都为当地民俗文化提供了展示、传承和商业化创新的舞台，但仍然缺少一块专门用以整体展示台湖民俗文化及非物质文化遗产资源的空间。目前这种分散呈现诸文化要素的方式存在将民俗文化从其原生社会生活语境中抽取出来的危险，可能造成民俗文化碎片化或意涵的扭曲变形。未来，台湖演艺小镇有必要在整体呈现民俗文化方面继续下功夫，探索将"生活态"与"表演态"在再造空间中有机结合，实现运河民俗文化活态传承的多元路径。[1]

## 二、从行业民俗到公共文化：运河号子的传承与创新

历史上的通州运河号子依托漕运而兴衰，运河停漕后相当长的时期内其险些陷入没落之境，但又仰赖其难以掩盖的民俗特色光芒、丰厚的历史及当代意义，最终在多方的共同努力下使运河号子在当代获得了新的生存空间。为使运河号子不仅仅停留在历史文化、行业民俗的层面上而在当代获得新的生机与活力，近年来，从政府到传承人、从文艺工作者到普通民众，各主体通力合作，不断探索着赓续运河民俗文化血脉、推动运河号子从行业民俗到公共文化转变的创新发展之道。如今，运河之上虽已不见齐声喊唱着通州号子的船工，富有节奏、鼓舞人心的号子却突破了传统的劳动场景，从船上走上舞台、走进校园，以曲调和唱词为载体，将历久弥新的运河文化和世代不忘的运河精神播撒到更多人心中。

### （一）围绕漕运的船工号子

长久以来，激荡在运河之上的通州船工号子以其极富地方特色的韵

---

[1] 桂胜、陈山：《乡村振兴中村落民俗文化再造空间传承模式之认识》，《河北学刊》2020年第3期。

律和唱词一直牵动着运河流域人民的心。尽管随着时代变迁和社会发展，运河地区业已吸收了许多新兴文化要素，现代文化产业方兴未艾，运河号子的当代命运却始终萦绕在每个运河子女的心头，如何使通州船工号子获得新传承动能并焕发新生机，成为当代运河民俗文化发展的重要问题。在此时代背景下，了解通州运河号子的特点及流变状况，把握其历史及当代意义，能够为我们理解通州运河号子在当代实现从行业民俗到公共文化的定位转变、探寻传承方式创新的新路径奠定良好的基础。

1. 通州运河号子及其流变

（1）运河号子的特点及种类

在通州地区漫长的漕运历史中，船工们在日复一日的行船劳动中编唱了留存至今的运河号子。通州运河船工号子属于北京地区六种劳动号子之一，因隶属于口传民间音乐，其具体产生年代已不可考，仅能通过演唱者的回忆追溯至清道光年间。[1] 通州运河号子在光绪二十七年（1901）清政府下令"停漕改折"后相当长一段时期陷入了沉寂和被遗忘的状态，直至1987年开始得到重新发掘和整理。[2]

目前已知的通州运河号子包括10种：起锚号、揽头冲船号、摇橹号、出仓（或装仓）号、立桅号、跑蓬号、闯滩号、拉纤号、绞关号以及闲号。[3] 它们分别对应漕运行船的不同任务阶段，各个子类具体号子的旋律、唱词都有符合相应劳作阶段需求的特点，同时，还存在"一号多用"与"同号多曲"现象，显示出通州运河船工号子的内部多样性与演唱灵活性。[4]

"水稳号儿不急，词儿带通州味儿，北调含南腔，闲号独一份儿"是通州运河号子的独特风格特征。[5] "水稳号儿不急"是与其他流域（如黄

---

[1] 郑建山：《通州民俗文化》，桂林：漓江出版社，2013年，第162页。

[2] 毛巧晖等：《北运河民俗志（第一卷）》，北京：中国戏剧出版社，2019年，第83页。

[3] 郑建山、常富尧：《通州运河船工号子》，《北京观察》2017年第10期。

[4] 同上。

[5] 同上。

河）号子进行比较而言的，体现出运河作为人工河平稳的水流特征深刻影响了运河号子的音律风格。"词儿带通州味儿"强调的是运河号子用词带有明显的通州本土语言表达印记。"北腔含南调"彰显了漕运带来的南北文化交流与互融。而"闲号独一份儿"则指明通州运河号子包含其他地区河号中鲜见的"闲号"（即船工歇息时所唱号子）。此外，就演唱方式而言，十类号子中唯有起锚号是船工齐唱，其余均以"一领众和"的方式完成。[1]

从通州运河号子的种类、特征可以看出，其是在漕运船工独特的劳作过程和劳作方式中形成的，是运河船工集体智慧和合作演唱的结晶。在每个具体行船阶段，船工们都会配合手头劳动唱响相应的运河号子，号子的音律与船工的身体动作相互配合，一齐绘就一幅恢宏的劳作画卷。

（2）通州运河号子的历史流变

运河号子既生于船工的漕运活动，自然也与漕运共兴衰。漕运兴盛时运河号子的唱词最为丰富完整，传唱也最广。到光绪二十七年大运河官方漕运停止，民商用运输虽仍存在，运河上的船只数量依旧大不如前，运河航运颓势难改，掌握运河号子的一部分船工也离开航运业。直至1943年大旱造成运河断流，通州地区生态和社会环境发生巨大变化，民商用运输也彻底停摆。[2] 自此，失去了口传号子的船工群体，船运这样以往完全依靠人力的重体力劳动也逐渐被取代，运河船工号子可以说是彻底失去了其存在和传唱的根基，由此陷入了漫长的沉寂和被遗忘时期。

运河断流30余年后，以通州文化馆前职工常富尧为代表的文艺工作者才陆续开始了通州运河号子的重新发掘与整理工作，命途多舛、几乎就要消失于历史长河之中的通州运河号子终于重见天日、重获生机。[3] 如今，尽管运河上船工们繁忙劳作、即兴编唱号子的场景已再难复现，以

---

[1] 郑建山、常富尧：《通州运河船工号子》，《北京观察》2017年第10期。

[2] 毛巧晖等：《北运河民俗志·第二卷·图像、文本与口述》，北京：中国戏剧出版社，2020年，第76页。

[3] 同上。

往作为行业民歌而存在的通州运河号子却并未被彻底遗忘,而是在各路民俗文化保护工作者以及运河民众的共同努力下,转化成为能够唤醒通州运河子女集体记忆的重要公共文化,在新时代继续充当着新的社会角色、担负着新的时代任务。

2. 运河号子的历史与当代意义

(1)历史意义

①实际功用

历史上的通州运河号子诞生于实际漕运场景之中,直接服务于繁重的货运劳动,船工们一边行船运货,一边喊唱各类号子,利用号子的词调提高劳动积极性、统一劳动步调、提升劳动效率。[1] 负责领唱的船工会根据实际劳动状况即兴编词,实际起到指挥集体劳动的效果。其余船工则在跟唱中协调各自的劳动节奏,激发和体会集体劳动的力量。因而,通州运河号子是紧密嵌入在船工实际劳动中的民间艺术,以文化艺术元素的形式直接参与了运河流域的社会生产与物质财富创造。[2] 同时,运河号子并非某个特定个人的创作成果,而是由世代船工群体在长期劳动中集体创造和持续传承的。

②文化艺术价值

除服务于船运劳动的实际功用外,运河号子自诞生之时起就蕴含着不容忽视的文化和艺术价值。

首先,通州船工号子作为运河传统民间音乐,具有直观的审美价值。无论是在劳动中亲身编唱运河号子的船工,还是在河岸边驻足聆听号子的运河居民,都能直观感受到号子与劳动相结合所带来的那种震撼和鼓舞人心的效果。平稳悠远的曲调,带有通州特色的唱词,以及不时冒出来的南方民歌音调,都使人感知到力与美的绝佳融合,富有缓解辛劳、

---

[1] 郑建山、常富尧:《通州运河船工号子》,《北京观察》2017年第10期。

[2] 朱叶莉:《论民俗文化的艺术内涵与生命意识——川南"盐工号子之考据"》,《求索》2011年12月刊。

抚慰人心的效果。

其次，运河号子以独特方式实现了对劳动人民实际劳作活动与日常生活的艺术化表达和升华。船工通过编唱运河号子，将对船运劳动的理解和感受融入其中，以看似更加轻松的形式加以表达，形成劳动人民生活艺术与智慧的结晶。

最后，船工号子凝结了运河流域劳动人民在困苦中保持乐观、积极进取的精神。以运河号子之音伴随繁重的船运劳动，是通州船工在现实生活与劳动压力中为自己找到的精神寄托和情绪出口。他们面对漫长的河运路程、时有危险的河流以及不能松懈的重体力劳动，选择以文化艺术创作方式为日常劳动注入活力，积极完成工作，这种不屈不挠、直面危险的精神正是使运河号子经久不衰的音律之魂。

（2）当代意义

首先，通州运河船工号子在当代虽已失去其最初承载者（船工）及展演的原生场景（运河船运），却在各路文化艺术工作者及运河民众的共同努力下，以运河历史民俗文化的形式保留了精髓，获得了新的保护和传承机会。作为运河流域传统民间音乐的独特代表，通州船工号子具有鲜明的地域特征和劳动阶级色彩，承载了运河地区生态、生计及社会文化的历史。经历再发掘的通州运河号子也成为运河人民集体记忆的载体，在当代社会中起到凝聚社会、巩固运河子女与运河民俗文化情感联结的作用。

再者，从漕运兴盛期到清末停漕，从运河断流再到新时代民俗文化再发掘，通州运河号子可谓命途多舛。对其历史流变进程的梳理为我们走近运河民俗文化及社会兴衰提供了一个切面，我们可以借助对通州运河号子发展命运的了解来理解通州乃至更广阔运河流域社会的时代变迁。

此外，作为由底层劳动人民集体自发创造出来的文化艺术形式，通州运河号子反映了以船工为代表的劳苦大众面对生活重担顽强拼搏、乐观向上的生活智慧与精神。在当代，我们了解运河号子、为其探寻新的保护传承和创新发展路径，也有助于将这种劳动人民不屈不挠的"运河精神"代代相传，并使其有可能在新时代获得新意涵。此外，从文艺创作角度看，通州运河号子作为一种极具本土地域特色的民间音乐形式，还可能为当代文艺创作者提供灵感。

（二）运河号子的当代传承与新生机

要探索通州运河号子当代传承的新路径、为其新时代发展注入新动力，关键是要实现运河号子从行业民俗到公共文化的定位及发展方向转变。行业民俗是通州运河号子的历史定位，仰赖于运河号子在漕运中发挥的提高劳动效率的实际功用以及传达船工精神、对劳动人民的生活进行艺术表达的文化艺术价值。随着漕运的消失，以往作为行业民俗的运河号子与当代社会生活产生了脱节，日渐滞后于现代民俗文化发展需要，此时，发掘其当代新价值、将运河号子打造成为融入人民日常生活的公共文化则成为确保运河号子赓续的首要任务。近年来，通州地区借由组建运河号子队、与高校合作创排新编舞剧以及推动运河号子进校园等方式不断探索扩大运河号子社会接触面、培育新一代传承群体的新型传承路径，为通州运河号子的当代传承发展带来了新生机。

1. 运河号子的当代适应性

（1）作为行业民俗的运河号子：脱节与滞后

最初以行业民俗形式存在的通州运河号子在历经大运河停漕、运河断流以及现代交通运输方式革新等外部社会变化后基本失去了原有生存环境，逐渐与现代社会发展脱节，陷入了相当长时期的沉寂状态。

与此同时，通州运河号子相对单一的旧有传承方式在当代也显现出局限性。停漕之前，运河号子的领号有三种主要传承路径，其中家族传承占据主导地位，师徒传承和互学传承则作为补充。[1] 这些传承方式基本还是局限于家族、乡村熟人社会以及行业内部，限制了运河号子的可触

---

[1] 北京市通州区文化馆编：《不能隔断的记忆》，北京：大众文艺出版社，2010年，第119—120页。

达群体。随着运河流域社会的现代化、城镇化发展以及船工行业的解体，以上三类传统传承方式已再难持续实现有效传承。通州运河号子若想在当代社会获得新的文化位置、持续扩大自身影响力，就需要探索多样化、创新性传承模式，突破自身作为行业民俗的旧有定位。

（2）发掘运河号子的当代价值

以通州船工号子为代表的运河民俗文化虽可能存在滞后发展乃至与现代社会脱节的危险，却也因其凝结了社会发展历史、集体记忆与运河精神，而值得在当代文化版图中获得一席之地。随着社会发展和经济水平提高，当代公众越来越重视文化艺术享受，追求精神富足，其寻求与传统文化联结的热情高涨，而运河号子在审美、文艺演出等方面的潜在价值则恰好可以契合现代社会的文化价值追求。自1987年开始由文化精英带头进行的通州运河号子再发掘、整理与记录工作，是发掘运河号子当代价值的起点。若要进一步提升通州运河号子的当代适应性，使之在现代社会中获得新的传承空间与新生机，则还需在推动运河号子由行业民俗转化为公共文化方面做出更多努力。

2.成为公共文化：运河号子传承路径创新

（1）理解民俗文化的公共性

在运河号子仍被通州运河上辛勤劳作的船工吟唱的时期内，其是作为一种少数群体熟知的行业民俗而存在的。但此时，通州运河号子作为一种非物质民俗文化本身已有内在的"公共性"，由船工群体集体创作、共同享有的运河号子因其文化感染力而始终具备向更大范围传播、成为运河地区人民集体认同的文化事项的倾向、潜力与冲动。[1]运河号子虽产生于特定行业，但因其具备与其他劳动号子、运河民间歌谣的亲缘性，具备与运河流域社会和民众日常生活的联结感，扩大自身影响力、为更多人所熟知和分享而非仅限于特定群体，才是使运河号子更有价值和社会存在感的关键。

---

[1] 高丙中：《作为公共文化的非物质文化遗产》，《文艺研究》2008年第2期。

漕运时期的通州运河号子因与船工日常劳动紧密结合得以深深嵌入地方社会，在当时就已是具备相当公共性的民俗文化事项。后随着清末停漕、运河断流以及通州社会的飞速现代化发展，运河号子逐渐与社会现实以及民众需求脱节，其公共性也趋于削弱。如今，随着经济发展与人民生活水平的提高，重新发掘传统民俗文化、重构社会公共文化的呼声渐长，通州运河号子也获得了在新时代重获公共性、由传统行业民俗转化为当代公共文化的机会。

在号子传承人、文艺工作者以及地方政府等各方共同努力下，通州运河号子于2006年认定成为北京市级非物质文化遗产。[1]这种对传统非物质民俗文化的遗产化认定本身就是当代公共文化生产的新机制之一，至此，通州运河号子在官方体制层面上部分完成了权力主张、价值评估和社会命名，获得了官方认可的公共文化位置。[2]

值得注意的是，官方的认可和遗产化认定并不是通州运河号子寻求向公共文化转变的全部。在制度层面获得位置固然重要，但只有在传播度、影响力以及认同感等方面获得更广泛大众的认可，并实现大众对于运河号子传承的积极参与，才算是真正将运河号子变成富有时代性的新公共文化。[3]

为进一步提升通州运河号子的当代公共性和公众认知度，获得大众发自内心的认同感，地方政府、传承人及其他文艺工作者作出多种尝试，开辟多元传承创新路径，旨在为运河号子注入新的时代内核，使之焕发新生机。

（2）运河号子队：从船上到台上

为提升通州运河号子的公共性，将其从局限于船工日常劳动的狭窄展演场景中解放出来，为之提供更大的公共文化舞台，通州重新组建了

---

[1] 毛巧晖等：《北运河民俗志·第二卷·图像、文本与口述》，北京：中国戏剧出版社，2020年，第77页。

[2] 高丙中：《作为公共文化的非物质文化遗产》，《文艺研究》2008年第2期。

[3] 同上。

多个运河号子队。最早成形于2009年前后的通州文化馆号子队在近年建设首都城市副中心的历史机遇下，多次参加民俗文化演出活动和传统民间音乐比赛，承接多个文化宣传任务，还成为"北京（国际）运河文化节"、"通州区运河文化艺术节"的保留节目。[1]

为契合京津冀协同发展战略，推动运河流域文化交流，通州运河号子队还参加了多个文化交流活动，不仅在"大运河游船京冀通航仪式"、[2] 2024京杭对话"千里运河千里行"这样的仪式活动中表演船工号子，还自发组建"通武廊""京津冀"等跨地区运河号子表演队，不时前往津冀地区交流与演出。[3]

四处奔忙表演的号子队将通州船工号子从船上带到台上，将原本充当功能性音乐的劳动号子转化为仪式节庆与公共艺术表演的有机部分，使更多民众获得接触、了解运河号子乃至参与传承的机会，在一次次重新唱响中不断扩大通州运河号子的社会影响力。

（3）新编舞剧助力现代音乐创新

作为一种极具审美价值和本土地域特色的民间音乐形式，通州运河号子具备为现代音乐、舞蹈及其他文艺创作提供灵感的潜能，而将传统运河号子的音律唱词与现代艺术形式融合创新，也有助于提升其当代表现力和感染力，使之在更大的舞台上、在更多受众面前展现新生机。

一方面，通州运河号子队对运河号子的展演形式进行了创新，创作了像《水稳号儿不急》这样内容更加丰富、演员更加多元、舞美更加华丽的新型运河号子作品，真正实现将传统船工号子精髓同现代音乐艺术表演形式有机结合。[4] 另一方面，运河号子特色音乐被引入高校新编舞剧

---

[1] 毛巧晖等：《北运河民俗志·第二卷·图像、文本与口述》，北京：中国戏剧出版社，2020年，第88页。

[2] 《运河船工号子入藏博物馆》，《北京青年报》2024年6月24日。

[3] 《新生的运河号子，在更多人口中传唱》，新京报，访问网址：https://www.bjnews.com.cn/detail/1719154275129027.html，访问时间：2024年9月7日。

[4] 同上。

之中，与现代舞蹈一齐讲述运河故事、传达运河精神。由北京物资学院筹划创作的舞剧《运》正是这一民俗文化传承创新思路的实体化成果，其不仅赋予运河号子以新时代呈现形式，还在编导和展演过程中将运河号子及其所承载的运河记忆、运河精神播散到师生、演艺人员、观众以及更多人心中。[1]

（4）号子进校园：铸就新一代的运河记忆

为进一步扩大运河号子的潜在传承群体，近年来通州区坚持推进"运河号子进校园、进课堂"工作，赵义强、常富尧等运河号子传承工作者积极参与相关项目，进入北京多所中小学讲授运河号子非遗传承课，力图在讲述运河故事、教授运河号子的过程中培养新一代对于运河文化及运河号子的兴趣，将他们打造成小小传承人，向孩子们传达不屈不挠、乐观进取的运河精神，铸就新生代的新运河记忆。[2]

此外，通州许多学校十分重视运河民俗文化的引入，自发开设相关兴趣班及校本课程，鼓励师生开展了解运河文化、学习运河民俗的课余活动。[3] 这些课程与活动得到了师生的积极响应和一致好评，显示出运河号子等民俗文化对新生代的吸引力以及年轻一代对于运河厚重历史文化的关心与自觉参与。

3. 运河号子传承的未来方向与潜在挑战

（1）生活化活态传承与空间再造相结合

通州运河号子在从行业民俗转化为公共文化的过程中做出了许多传承方式创新的尝试，已使号子脱离了"玻璃罩式的馆藏"保护方法。[4] 未

---

1　毛巧晖等：《北运河民俗志·第二卷·图像、文本与口述》，北京：中国戏剧出版社，2020年，第92页。

2　《新生的运河号子，在更多人口中传唱》，新京报，访问网址：https://www.bjnews.com.cn/detail/1719154275129027.html，访问时间：2024年9月7日。

3　毛巧晖等：《北运河民俗志·第二卷·图像、文本与口述》，北京：中国戏剧出版社，2020年，第94页。

4　刘笑岩：《蓬安县非物质文化遗产保护与传承的反思——访谈"嘉陵江船工号子"传承人有感》，《西华师范大学学报》（哲学社会科学版）2013年第4期。

来若想使运河号子在现代社会中以更加有机、灵活的方式继续存在并契合时代需求，就需要进一步探索运河号子的生活化活态传承路径，创造运河号子与通州人民日常生活的新关联。以往运河号子是作为劳动歌谣在船工们的日常劳动与生活情境中发挥作用的，如今我们则要在社区活动、文化表演、节日庆典等场景中主动呈现运河号子的原初或改良形式，使民众有机会体会到运河号子丝毫不减的磅礴气势和震撼人心的情感冲击，想办法使运河号子在当代通州人民的公共文化生活中占据一席之地。

对通州运河号子的生活活态传承还可与民俗文化的空间再造结合起来，在政府、企业、民众等多主体合力之下，通过有意识地规划构造民俗文化新空间，或是将像废弃运河码头这样旧有的船工号子场景空间重新修缮和利用，为通州号子的展演与传承提供场地。

（2）推动文旅融合，挖掘运河号子的当代价值

要继续挖掘运河号子的当代价值，推动其在现代社会的有机传承与创新，就需要顺应时代发展潮流，探索运河号子民俗文化与旅游产业的融合之道，将通州运河号子以表演项目的形式嵌入当地文化旅游场景之中。文旅融合能够为运河号子的当代传承创新提供新的展演空间、搭建新的施展平台，使之借助旅游产业发展需求，在旅游新场景中扩大影响力和民众参与度，潜移默化地以新路径实现通州运河号子在新时代的变通发展。[1] 同时，将通州运河号子表演节目作为亮点引入当地旅游场景之中，也能提高对周边及外地游客的文化吸引力，提升游客的文化体验感。

在推动通州运河号子与旅游场景的融合时，还需把握好民俗文化移植的尺度，避免对运河号子的碎片化、简化呈现，处理好文旅融合与保护民俗文化完整性的关系。

---

[1] 邹淑珍，冯海潮：《非物质文化遗产在新时代文旅融合下的时代价值——以山东长岛渔家号子为个案》，《长春大学学报》2020年第9期。

（3）引入新媒体与现代科技手段，丰富运河号子的呈现和传播形式

目前对于通州运河号子传承路径的创新多局限在线下空间以及表演形式的拓展，对新媒体以及现代科技手段的引入仍相对欠缺。未来，可以借助音视频等多媒体技术，利用短视频、直播等新媒体平台，进一步提高运河号子的触达能力，使更熟悉新媒体的年轻一代以及没有条件实地观看运河号子现场表演的人群获得接触、了解通州运河号子的机会，最终实现运河号子传播度与社会影响力的提升。

此外，增强现实（AR）、虚拟现实（VR）等现代科技的应用，也可以为运河号子的体验与创新性传承带来全新的可能。可以通过开发虚拟场景尝试还原早已不复存在的运河船工劳动场景，使人们能够借助VR、AR设备身临其境地体验在运河号子声中共同劳动的情境，以更具体验感和冲击力的方式向大众传达历久弥新的运河文化与不屈不挠的运河精神。

（4）突破"条块分割"局限，推动民俗文化交流，助力京津冀协同发展

通州运河船工号子作为北运河民俗文化的重要组成部分，与津冀乃至更广泛的大运河其他地区的劳动号子及其他民俗存在天然的亲缘关系。为突破现今民俗文化传承存在的"条块分割"局限，避免行政区划对民俗文化完整性和地域关联性的破坏，在未来需要持续推动通州运河号子与津冀乃至更广泛地区的民俗文化交流，构建运河民俗文化传承发展的跨区域协调机制，使民俗文化互动合作为京津冀协同发展贡献一分力量。[1]同时，还需以各种方式促进通州运河号子的国内外交流，使船工号子走出通州，不仅将其打造成为首都城市副中心的文化名片，更要使之成为世界舞台上有能力讲好中国故事的中国文化名片。

---

1　田敏、侯小琴：《"条"与"块"的分割与整合——从"号子之争"看非物质文化遗产的保护》，《中南民族大学学报》（人文社会科学版）2009年第4期。

## 三、能人参与与民俗传承的动力重构

在当代运河民俗文化传承自上而下模式后劲不足、面临瓶颈的情况下，重视和发掘多种地方文化能人，使之在维持与重构民俗文化传承链条、推动运河民俗文化转译和对外沟通以及整合资源、推进民俗文化空间再造等方面发挥引领和带动作用，是实现运河民俗文化传承创新动力重构的关键举措。近年来，通州民俗文化传承中涌现出非遗传承人、文化工作者以及扎根地方的外来者三类代表性地方文化能人，这些文化能人与地方社会、政府、学术机构、企业等多主体通力合作，打造出通州运河民俗文化传承的"能人+"模式，使运河民俗文化经由全社会共同参与在新时代焕发着新生机。

### （一）能人参与激发运河民俗传承新活力

1. 在民俗传承框架下理解地方能人

（1）何为地方能人

地方能人简单来说即是地方上有突出能力、能够凭借一己之力影响和带动社区发展的人。学者李强彬曾为"乡村能人"下过一个较为完整的定义，除强调他们的个人优势及影响力外，还特别指出乡村能人往往掌握一定的社会话语资源，在地方社会中具有非正式权威，因而能扮演社会整合角色。[1]另有学者从乡村振兴角度区分了三种能人类型：经济能人、专业技术能人以及政治能人。[2]

围绕民俗文化传承主题，我们重点关注地方"文化能人"（即地方社会中在文化艺术领域有专长的人群）对于运河民俗文化传承创新的参与，如何推动实现对旧有传承机制的突破和革新，达成民俗文化传承的动力重构。

---

[1] 李强彬：《乡村"能人"变迁视角下的村社治理》，《经济体制改革》2006年第5期。

[2] 段雨：《地方能人在乡村振兴过程中的利弊分析：基于鄂西南X县的实证研究》，《安徽农业科学》2022年第18期。

### （2）文化能人的作用

早在党的十七届六中全会通过的《中共中央关于深化文化体制改革推动社会主义文化大发展大繁荣若干重大问题的决定》文件中，"重视发现和培养扎根基层的乡土文化能人"的重要性就已得到肯定。[1] 地方文化能人除了自身具备文化艺术方面的特长，往往还有传授和分享技艺、主动宣传民俗文化，以使更多民众接触、了解和掌握民俗文化的热情与动机。[2] 许多文化能人在自身技能精深到一定程度后，便会萌生推广民俗或挽救濒危民俗的想法和行动，自然而然地成为某种民俗文化的"代言人"和领头人。

地方文化能人在传承民俗方面所能发挥的主要作用有二，一是通过传授民俗文化知识技艺，扩大其影响力及潜在传承群体范围，由此实现对特定民俗文化传承链的维系和重构；二是文化能人凭借自身在社会关系、经济政治资本等方面的优势，整合社会与政治资源，帮助特定民俗文化获得官方认可和资本引入，利用新获资源实现传统民俗文化传承方式创新。向运河民俗文化传承中引入地方文化能人，使之发挥维系和重构民俗文化传承链、充当本土民俗文化与外部社会沟通桥梁、资源整合以及多元价值挖掘的作用，有利于革新民俗文化旧有单一传承模式，为当代运河民俗文化传承与创新注入新活力。

#### 2. 运河民俗文化传承中的能人参与路径

以通州永顺镇与台湖镇为例，运河民俗文化传承中的能人参与路径大致有三条，分别对应三种地方文化能人类型。在这里我们各举一例加以讨论。

##### （1）代表性传承人：维系和重构传承链

在运河民俗文化传承中发挥根基性作用的第一类地方文化能人是各种民俗文化及非物质文化遗产的代表性传承人，如通州运河号子传承人

---

1　肖剑忠：《乡土文化能人：繁荣乡村文化的主力军》，《杭州（我们）》2012年第5期。
2　同上。

赵庆福、赵义强父子，台湖玉器制作技艺传承人张玉成等。

这类文化能人主要通过家传、收徒等方式传承所掌握民俗文化知识与技艺，他们往往将一生大部分时间、心力耗费在掌握和传授民俗文化之上，正是在传承人们呕心沥血的努力下，许多曾经濒危的民俗文化才没有断了血脉而得以存留至今。运河号子的传承人赵庆福就可谓是一本通州船工号子的活字典，他总是毫不吝惜地向感兴趣的人讲述运河故事、展示运河号子，还将自己的子女培养成为运河号子的新时代传承人，发挥了维系和重构通州运河船工号子传承链的重要作用。[1]

除了通过家传、收徒等方式维系传承链条，许多运河民俗文化和非物质文化遗产的传承人还在积极探索当代全新传承路径。还是以通州运河号子传承人赵庆福、赵义强为例，他们不仅主动配合运河号子的搜集整理工作，积极参与各类民间音乐演出和文化宣传活动，还跟随运河号子一同走进学校，在课堂上传授运河号子、传递运河精神，主动突破运河号子单一家传模式，以"民俗文化＋教育"的创新方式扩大运河号子的潜在传承群体。[2]

（2）文化工作者：负责文化转译，充当沟通桥梁

并不掌握具体技艺但熟悉运河民俗文化，对民俗文化传承问题有兴趣、有能力的文化工作者，是地方文化能人的第二种。这类文化能人对民俗文化传承工作的引领、带动作用体现在他们为了看似与自己无关的文化事项日夜奔忙。如果说传承人主要负责的是技艺的教授、民俗文化的传播，那么文化工作者们承担的则是民俗文化的书面记录与转译工作。

以在20世纪80年代最先重新注意和发掘运河号子的文化工作者常富尧为例，在其他人都以为通州运河号子早已失传因而放弃搜集的时候，他继续利用闲暇时间四处打听和记录，最终为运河号子留下了珍贵的书

---

[1] 毛巧晖等：《北运河民俗志·第二卷·图像、文本与口述》，北京：中国戏剧出版社，2020年，第82页。
[2] 同上书，第93页。

面和音频记录。[1]此外，多年来常富尧还自觉充当通州运河号子与外部社会沟通的桥梁，正是他当年提议将通州运河船工号子列入市级非物质文化遗产申报名单，这才促成运河号子的遗产化。[2]自从找到运河号子传承人赵庆福记录和录制号子资料，常富尧就与赵家结下了密切关系与深厚友谊，时至今日仍可经常看到常富尧老先生与传承人赵义强一同出现在运河号子的表演现场，一齐喊出气势磅礴的号音，令人仿佛重回漕运繁盛之日。

（3）扎根地方的外来者：资源整合与空间再造

坐落于通州台湖镇东下营村的北京文旺阁木作博物馆，是另一位文化能人王文旺先生的杰作。不同于各个运河民俗文化和非物质文化遗产传承人，也不同于常富尧这种生于运河、熟悉运河的本土文化工作者，木作博物馆创办者可以说是一位运河民俗文化的外来者。

来自河北衡水武邑县的王文旺先生是木匠出身，为寻找工作和创业机会先是辗转到海淀再经招商引资来到台湖。落户台湖20年间，王文旺先生先后开办北京文旺阁古典木器厂、北京文旺阁古典家具销售中心，并在2014年将公司更名为"北京文旺阁文化传播中心"，实现了从木器修复到文化产业的转型。[3]如今已有不小名气的文旺阁木作博物馆自2005年开始筹划、2008年以非营利形式向公众开放，直至2016年获得官方正式批复和资质授权。[4]如今王先生的博物馆内设多个部门，馆内已有藏品十余万件，包含"大运河文化展"在内的常设展览12个，还自主开发研究了上百种木作手工作品。文旺阁不仅遵从初心，以展览方式为大众提供古代木作技艺及运河民俗文化科普，还贴合如今的"体验经济"风潮，开设近20种木作体验课程，鼓励和吸引大众亲身学习木作技艺、感受木

---

1 毛巧晖等：《北运河民俗志·第二卷·图像、文本与口述》，北京：中国戏剧出版社，2020年，第84页。
2 同上书，第85页。
3 毛巧晖等：《民俗传统与特色小镇建设》，北京：学苑出版社，2023年。
4 同上。

作魅力。[1]

王文旺馆长虽非本地人，在留居台湖20年的时间里却也已经深深扎根于此，文旺阁木作博物馆的成功、与台湖本土社会的相融，以及王馆长本人获得的"北京市劳动模范""市民学习之星""通州工匠"等荣誉称号，都使得王馆长这个通州运河民俗文化的外来者，逐渐取得了地方文化能人的位置。[2]

王文旺先生作为文化能人为运河民俗文化传承贡献力量的路径也与其他人不太一样，更多是通过资源整合和空间再造来实现的。王馆长以做木工起家，本身就掌握着高超的木工技艺和文化资本。在创建文旺阁木作博物馆前，他曾在多地创办木器修复、古典家具销售企业，在此过程中积累了相当丰厚的经济资本。此外，作为被台湖地方政府主动邀请入驻的民营企业家，且在之后相继获得多个官方称号，王文旺先生拥有广泛的社会关系网以及与官方政府的密切联系。[3]正是这些经济资本、文化资本和社会资本，使得王文旺先生相比其他文化能人在推动民俗文化传承创新方面具备更强的资源引入与整合能力。同时，文旺阁木作博物馆也是民俗文化空间再造的典范，为集中展示和传承传统木作文化及运河文化开辟了公共空间。

## （二）发掘多元主体参与传承的赋能潜力

如前所述，在运河民俗文化传承中，非遗传承人、地方文化工作者，以及像王文旺先生这样具备强大资源整合能力、扎根地方的外来者三类地方文化能人既各司其职又通力合作，一齐发挥着引领、带动运河民俗文化传承的作用。与此同时，运河民俗文化的传承也不能只依靠几个关键的文化能人，而要拓宽思路，将能人引领与多元主体参与相结合，打

---

1 《关于我们》，北京文旺阁木作博物馆，访问网址：http://www.wenwanggemz.cn/bk_END1597310572390.html，访问时间：2024年9月14日。
2 同上。
3 毛巧晖等：《民俗传统与特色小镇建设》，北京：学苑出版社，2023年。

造民俗文化传承的"能人+"模式，发挥协同效应，营造全社会共同参与运河民俗文化传承创新的氛围与空间。

**1. 打造民俗文化当代传承的"能人+"模式**

从通过传授民俗文化知识与技艺维系和重构传承链的非遗传承人，到充当本土民俗文化与外部社会转译者和沟通桥梁的地方文化工作者，再到逐渐扎根、具备资源整合和空间再造能力的外来文化人才，地方文化能人的参与为通州运河民俗文化的传承与创新注入了新活力。与此同时，文化能人毕竟只是人群中的少数，要想开拓具备可持续性的民俗文化传承路径，还需要将文化能人的参与同其他主体的努力相结合，打造民俗文化当代传承的"能人+"模式。

（1）能人+地方社会

在通州运河民俗文化传承中，各种文化能人在技艺传授、民俗文化转译以及资源整合等方面起着引领和带动作用。与此同时，生于地方社会的文化能人在开展地方民俗文化传承工作时也必须仰赖地方社会民众的支持和参与，以使民俗文化传承的观念和精神真正嵌入到社区之中。

台湖文化能人王文旺在建设木作博物馆、推动民俗文化传承时就遵循此道，自觉承担起为当地村民提供公共文化、以博物馆带动地方民宿产业发展的社会责任。[1] 这种双赢之举一方面为王文旺先生个人赢得了赞誉和地方能人的社会地位，木作博物馆也因此得到当地社区的大力支持；另一方面，当地村民也在博物馆举办的文化展中丰富了闲暇生活，增进了对木作文化及运河民俗文化的理解，其文化自觉性有所提升，对民俗文化传承事项的配合度和参与度也相应提高。

（2）能人+政府

地方文化能人在民俗文化传承中能否有效发挥作用，除了与其自身能力、文化觉悟、可得资源等有关，还受到才能施展平台的影响。地方

---

[1] 毛巧晖等：《民俗传统与特色小镇建设》，北京：学苑出版社，2023年。

政府若能营造鼓励和支持地方文化能人参与民俗文化传承的政策环境，为其搭建得以施展个人才能、带动民俗文化传承的平台，文化能人则会更乐于参与民俗文化传承，也更可能在政府所搭建平台上做出成绩。[1] 外来文化能人王文旺之所以能打造出木作博物馆这样的新公共文化空间，一定程度上也离不开台湖、通州乃至北京市政府在背后的支持与背书。[2] 这种官方力量的支持使文化能人更有干劲也更有能力参与民俗文化传承，而文化能人利用官方资源推动地方民俗文化传承创新又反过来起到了弥补基层文化人才短缺的作用。[3]

（3）能人+学术机构及企业

发掘民俗文化在教育领域的潜在价值，同时以教育培养新时代民俗文化人才，是当今民俗文化与非物质文化遗产传承的重要路径创新。许多地方文化能人也已意识到与高校学术机构合作的必要性。运河号子传承人赵庆福就参与了北京物资学院新编舞剧《运》的创作过程，与高校师生一起寻找讲述运河故事、传达运河精神的最佳形式。[4] 文旺阁木作博物馆馆长王文旺也积极寻求与多所首都高校的教育合作，文化能人走进高校担任行业导师，将民俗文化传承带入高校人才培养体系之中，同时以木作博物馆这个文化空间为实践基地，为高校师生提供亲身学习木作技艺、体会木作文化的平台。[5]

除与学术机构开展人才教育方面的合作外，文化能人还可以利用自己的文化和社会资本，作为地方社区的代表与企业洽谈文化创意产业及文旅融合等合作项目，发掘民俗文化的商业化价值和潜能，为运河民俗

---

1 黄江平：《重视发挥乡土文化能人在文化建设中的积极作用》，《毛泽东邓小平理论研究》2014年第1期。

2 毛巧晖等：《民俗传统与特色小镇建设》，北京：学苑出版社，2023年。

3 黄江平：《重视发挥乡土文化能人在文化建设中的积极作用》，《毛泽东邓小平理论研究》2014年第1期。

4 毛巧晖等：《北运河民俗志·第二卷·图像、文本与口述》，北京：中国戏剧出版社，2020年，第93页。

5 毛巧晖等：《民俗传统与特色小镇建设》，北京：学苑出版社，2023年。

文化传承和创新性发展注入新动力。

## 2. 能人参与民俗文化传承的局限与展望

多种类型地方文化能人的协同参与以及"能人+"的多主体参与模式的确能够极大地赋能运河民俗文化的当代传承创新，但与此同时，要想最大程度发掘能人参与的潜能，还需要对过度依赖能人的潜在问题、文化能人及普通民众间关系问题等进行深入思考和反思，并进一步探寻运河民俗文化传承自下而上参与动力不足的解决之道。

（1）过度依靠特定文化能人的潜在问题

地方文化能人固然在参与运河民俗文化传承方面具有诸多优势，能够从维持传承链、帮助文化转译以及整合资源等多角度起到引领和带动作用，但如果一味依赖特定文化能人，将运河民俗文化当代传承的希望大都寄托于他们身上，则可能反被能人的局限性所钳制。文化能人毕竟也是会经历生老病死的普通人，他们也会有无力参与民俗文化活动的一天，因而仰赖地方文化能人而开展的民俗文化传承活动具有潜在的不稳定性，存在断层的危险。

为减少文化能人民俗文化传承功能发挥的不稳定性，未来有必要持续主动发掘新能人、适时引入外来文化人才以扩充运河民俗文化传承创新的人才库，完善文化能人等地方文化人才的培养体系，保证文化能人队伍的稳定以及民俗文化传承创新工作的可持续推进。

（2）对文化能人与普通民众间关系的再思考

大部分文化能人都能意识到民俗文化既来自于地方社会，就必须动员社区及大众参与到传承与创新工作中来。但在探索如何更好地处理文化能人与普通民众（及社区）间关系时，仍有许多问题值得我们思考。

一是文化能人的代表性问题，文化能人若想获得地方社会的支持与认可，就需要向大众证明自己有能力、有决心代表社区推进民俗文化的相关传承创新活动，万不可倚仗自身在文化资本、社会资本等方面的优势，就想当然认为自己无需获得大众支持便可打着传承民俗文化的旗号四处活动。二是如何处理好文化能人个人利益与地方社会公共利益的问题。文化能人积极参与民俗文化的传承创新活动，固然是出于分享知识和技艺、促进民俗文化传播交流以及推动新时代公共文化建设等利他动机，但其中也或多或少夹杂着文化能人对经济收益、社会地位与赞誉以及政治影响力等个人利益的寻求。在鼓励、支持地方文化能人参与民俗文化传承的过程中，需要健全监督和平衡机制，确保民俗文化传承创新真正惠及大众，确保地方社会公共利益不受到损害。

（3）探索自下而上参与动力不足的解决之道

在地方文化能人主导的运河民俗文化传承模式中，尽管社区、政府、学术机构以及企业等多元主体或多或少已参与其中，但普通大众多数时候依然是站在民俗文化外围的被动观赏者和文化产品的消费者，其对民俗文化传承的创造性参与仍相当有限。若要充分发挥文化能人在民俗文化传承中的引领、带动作用，真正激活民间传承与创新活力，就需要在未来持续探索将大众的运河记忆、与运河的情感连接转化为其自觉参与运河民俗文化传承动力的新路径，借助媒体宣传与现代科技手段提升大众对于运河民俗的文化自觉。

从台湖演艺特色小镇的空间再造实践，到通州运河号子借助多种民俗文化传承创新方式实现从船工行业民俗到大众公共文化的转变，再到代表性传承人、文化工作者及扎根地方的外来者等文化能人积极发挥民俗文化传承的引领、带动作用，正是这些多主体协同推进下的文化传承新路径使得运河号子、玉器制作技艺等运河民俗文化没有湮没在历史的长河中，而是在与更广泛大众的接触中，在与运河人民日常生活的相融中，在走出传统单一展演场景、走入更多文化空间的创新发展中，把握住在当代焕发新活力的历史机遇，为推动京津冀协同发展及打造首都城市副中心的文化"金名片"贡献出一份力量。

## 第四节　运河文化与美好生活未来建设

　　文化是一个国家、一个民族的灵魂，时刻浸润着人民群众的美好生活。在党的二十大报告中，习近平总书记强调"满足人民日益增长的精神文化需求"，并将"丰富人民精神世界"作为中国式现代化的本质要求之一，体现了习近平文化思想以人民为中心的价值底色。运河文化是中华历史文化中极具特色的一个文化体系，它以庞大的、跨流域的复合水利工程为载体，并由社会、经济和自然环境等因素综合作用而成，它随所经地区的差异而具有不同的地域特征，由于行业因素的影响而带上相应的行业特色。运河文化的沿承发展与城市发展、乡村振兴以及民众的日常生活紧密相关，关系着人民美好生活的未来建设。因此，我们需要在认识、了解与传承运河文化的基础上，把握人民美好生活新期待的文化使命。

### 一、作为美好生活资源的运河民俗

　　运河文化是在运河开凿和通航过程中，长期积淀形成的全部物质文化和精神文化的总和，是一个以时空辐射为演变特征的跨区域、综合性的文化系统。与其他文化相比，运河文化有着显著的"运河"特征和开放、沟通、区域的特性，其形成与发展离不开人，尤其是"运河人"，运河文化是运河区域民众所创造的文化本身与文化形成过程的结合。也正是如此，运河文化历久弥新，既是城市的精神文脉，又承载着宝贵的文化记忆，是区域发展的"根"和"魂"，是一种流动的、有生命力的文化。运河文化不仅是历史的见证者，更是美好生活的塑造者。

（一）作为无形资源：融入现代生活

运河文化承载了丰富的历史信息和地方记忆，通过不断的"物化"过程，转化为可见可感的文化存在，成为连接过去与现在的桥梁。涉及众多门类的运河文化，总体而言是一个独特的文化综合体。

新建村作为北运河沿线的重要村落，保留了许多历史的印记。新建村民的生产生活方式与漕运这一经济活动联系密切，漕运的兴盛与衰落能直接影响到本地村民的生活。在包括新建村在内的永顺镇，漕运不仅是一种经济行为，更是一种文化现象，深刻影响了运河沿线地区的社会结构、经济发展和文化形态，其历史实践催生了丰富的文化创造，例如运河号子、运河传说以及运河民俗等，这些文化形式不仅反映了漕运工人的劳动生活，也体现了沿岸居民对运河的深厚情感。比如，运河号子是船工们在劳作时为了协调动作、鼓舞士气而创造的一种劳动歌曲，其节奏和旋律与漕运实践紧密相连，并成为运河文化的重要组成部分。而随着文旅融合的发展，运河号子的文化实践成为吸引游客的文化项目之一。在运河地区的文化活动中，运河号子的表演已然成为展示地方文化特色的重要内容。此外，在社区文化建设和节日庆典中，其表演活动成为凝聚社区精神、传承地方文化的重要方式。

除了漕运文化所含的运河号子、码头等文化遗产等，运河文化还包含众多门类，如曲艺文化、建筑文化、民俗信仰、饮食文化等。以永顺镇为例，镇域内民俗信仰丰富，涵盖了与庙宇、自然和日常生活中的各种信仰和祭祀形式。河神祭祀、庙宇信仰、妈祖信仰、民俗仪式等等，这些民俗信仰既是民众精神世界的重要组成部分，也是地方文化的重要特征，为民众提供了精神寄托、促进社会和谐、传承文化、促进经济发展等多方面的作用，为人们创造更加美好的生活。此外，北运河地区的饮食丰富。台湖地区的椒麻鸭翅等制作技艺被列入非物质文化遗产保护名录，这些饮食及其制作技艺是运河地区饮食文化的代表，更是中国传统文化的重要载体。永顺镇和台湖地区的曲艺文化多姿多彩，传统和现代交相辉映。运河号子、京剧、评剧等曲艺丰富多彩，秧歌会、高跷会、蹦蹦戏、小车会及单琴大鼓等深受群众喜爱，体现了运河沿岸人民的智慧和创造力，也展现了他们对生活的热爱和对美好未来的向往。曲艺文化与民间传说故事之间存在着密切的联系，两者相互影响、相互促进。运河地区的民间传说和故事精彩纷呈，人物传说、地名传说、庙宇传说、自然传说、小圣庙传说以及各式各样的民间故事等等在北运河流域口口相传，其内容涵盖人物、风物、劳动和社会生活等方面，反映了运河文化、地方历史和民众生活的方方面面，不仅是地方文化的重要组成部分，也是民众认同构建和文化交流的重要载体，满足了人们对于精神生活的需求，通过合理利用和创造性转化，可以成为推动乡村振兴的重要力量。

永顺镇和台湖镇的民间手工艺有众多门类，有玉器制作技艺、花馍制作、传统琵琶制作技艺、料器制作技艺，其内容涵盖了饮食、工艺、民俗等多个方面，是区域旅游业和经济发展的重要资源。通过保护和传承这些技艺，这些地区能够吸引更多的游客，促进当地经济的多元化发展，同时也为居民提供了就业和增收的机会。而民间传说故事和民间技艺的发展创新密切相关，具有地域特色的环境和文化，能够激发艺术家和非遗传承人的创作灵感，如玉器制作和料器制作。非遗传承人在创作的过程中，能够自然而然地考虑到本土文化特色，从而运用至其创作过程中。比如玉器大师张玉成在制作"春水玉"这一作品的时候，就考虑到了台湖镇的地域文化，即台湖一带曾名为延芳淀，萧太后河流经于此，辽代契丹游牧民族有个传统习惯，每年不同季节要进行巡游和狩猎，称为四时捺钵，延芳淀就是辽代皇族权贵举行春捺钵的地点，"春水玉"正是表现辽代契丹人在春季，用鹘（海东青）捕鹅雁的狩猎活动的玉雕作品。

运河文化是一个整体性的文化现象，它凝聚了我国古代劳动人民的智慧与汗水，见证了中华民族的历史变迁。这些运河文化的宝贵遗产，在当代致力于发掘区域历史文化资源、创建地方文化品牌的形势下，显得尤为重要。

### （二）作为有形资源，赋能美好生活

如前节所述，运河文化是一个独立的文化综合体，包罗万象，涵盖了建筑、艺术、文学、商贸、信仰等许多方面，在无形中滋润了生活在运河边的人们的生活。在大运河成功申遗十周年之际，大运河文化带建设、大运河国家文化公园建设方兴未艾、成绩斐然，运河文化正逐渐从"摸不着"转化为"看得见"和"摸得到"，在新时代焕发出新的光彩。

运河地区的群众文化生活多姿多彩。台湖镇的秧歌队、舞蹈队、舞龙舞狮队、小车会等民间文艺团队，由村民们自发组织，他们用舞蹈、歌曲、戏曲等曲艺形式，传承着运河地区的文化特色。此外，国家大剧院台湖舞美中心与台湖镇政府合作，共同举办文化惠民活动，为民众提供免费或低价的戏曲演出；台湖演艺车间内的庆礼堂以沉浸式演出形式上演北京曲剧，为民众提供近距离观赏戏曲的机会；非遗琵琶艺术馆展示了琵琶制作技艺，并举办音乐沙龙活动，邀请音乐大师和学者进行授课。此类文化艺术活动，都在继承传统曲艺的基础上，加以创新，不仅丰富了周边居民的精神生活，也让他们感受到大运河文化的魅力。运河文化为人民的精神世界赋能，让老百姓们熏陶出一种美好的精神修养和精神气质，展现出人民国泰民安、载歌载舞享受幸福生活的繁荣景象。

运河地区将文化力量转化为发展能量，以运河文化引领区域经济社会发展。北京地区加强对大运河的活态保护，串联人文和生态景观，打造特色彰显的大运河文化旅游带，以文化赋能经济高质量发展。以台湖演艺小镇为代表的特色小镇建设；以北京艺术中心、北京城市图书馆等

为代表的文化地标建设。此外，最能体现大运河国家文化公园建设先进性的，就是坐落在运河沿线的众多博物馆，随着大运河国家文化公园的建设，一批新的博物馆和展览相继问世。北京大运河博物馆、文旺阁木作艺术博物馆等等，这些博物馆作为文旅融合的优质目的地，从建成开放起，就带给百姓们源源不断的惊喜，迅速成为深受广大观众特别是年轻人喜爱的网红打卡点。

此外，随着大运河国家文化公园建设的推动，沿线区域生态环境质量改善，生态环境保护和文化传承紧密融合，推进了区域协调发展、绿色发展和高质量发展。如台湖演艺小镇为了响应退林还耕政策，演艺车间旁的土地被改造成稻小蟹艺术农场，农场保留了原本的农田种植功能，同时作为农业文化旅游、体验、研学的场地对外开放，实现了农业与文旅产业的有机结合。通过恢复稻田养蟹的耕作历史，不仅保护了农田生态系统，还提升了土地的使用价值，促进了生态与经济的双赢。台湖镇的生态建设惠及了运河沿线的百姓，让老百姓看得见、摸得着，让大运河的生态文明真正成为属于人民的、属于生活的景观，同时也吸引了广大游客，增强了地区的吸引力。

因此，大运河文化带不仅仅在文化层面上发挥着作用，实际上还构塑了一个生态带、经济带、旅游带。运河文化融入到了地区的经济社会发展和民众的日常生活中，在无形和有形中为人民的美好生活建设提供滋养，也为全人类的文明与进步提供中国智慧、中国经验和中国方案。

## 二、运河民俗与乡村振兴的区域实践

民俗文化从乡村中来，也终将回归到乡村中去。[1] 乡村见证中华民族

---

1 滕慧君、任聪聪、石丽芬：《乡村振兴战略下民俗文化的现实困境和发展路径》，《吕梁学院学报》2023年第13卷第6期。

发展变迁，滋养着中华文化，是中华儿女广袤的精神家园，乡村的发展一直牵动着万千人民的心。乡村振兴战略强调围绕产业、人才、文化、生态和组织多方面开展工作，为推进乡村振兴指明方向。在新征程上，以文化赋能乡村振兴，对绘就乡村和美画卷，走好中国特色社会主义乡村振兴道路具有重大意义。运河民俗作为中华优秀文化的重要组成部分，能够有效推动运河沿线地区的乡村振兴，而以运河民俗赋能乡村振兴过程中效果显著、极具特色的区域实践当属特色小镇的建设，其中以台湖演艺小镇为代表。

### （一）因地制宜，深耕资源优势

每个乡村都是独一无二、无法复刻、不可取代的。各个乡村基础条件存在差异，其鲜明特色、发展模式、措施路径也不尽相同。"乡村振兴的普遍性在于百花齐放的普遍性，乡村振兴的特殊性在于可发展类型的特色性。"[1]普遍性指向乡村振兴要面临的人口流失、土地过度开发等共同难题；特殊性集中表现在乡村的发展现状、经济基础、生态环境、文化禀赋上，乡村振兴是普遍性与特殊性的统一。在乡村振兴过程中，部分乡村忽视实际条件，盲目仿效他村成功经验，丢掉自身特色。不少雷同式乡村易使大众审美疲劳，低水平、同质化的文化现象屡见不鲜，削弱了乡村独特性、代表性和可识别性。因此，要因地制宜、因势利导，适当谋求个性化、差异化、特色化发展。北运河地区的特色小镇建设从一开始的规划就理清了以何种文化赋能，依托本地特色，创新融合谋求发展，探索本村的个性发展道路。

台湖特色小镇的建设聚焦演艺资源的引入，大力发展演艺产业。小镇的建设秉承着"特而精、小而美、活而新"的规划建设理念，致力于成为展现城市副中心文化魅力的新名片和中国特色小镇的示范标杆。近年来，随着国家大剧院台湖舞美艺术中心的入驻，台湖镇正在逐渐转型

---

[1] 吴雨星：《论乡村振兴的普遍性与特殊性》，《现代农业研究》2019年第3期。

为一个文化艺术中心，并举办了诸多品牌文化活动，诸如台湖爵士音乐节、台湖星期音乐会等。除此之外，镇域内的老旧厂房也被改造成了演艺的新空间，吸引了郎朗、陈敏正等文化名人入驻创作，让"演艺"成为小镇的新名片更上一层楼。

演艺小镇的建设除了重视文化发展之外，也注重生态建设。2022年，台湖镇坚持"生态台湖 演艺小镇"的发展定位，推动了文化、产业、乡村振兴等领域的高质量发展。小镇成功举办了台湖爵士音乐节、台湖儿童戏剧周等文化活动，展示了其独特的文化魅力。台湖演艺小镇的发展规划还包括利用环球主题公园的产业溢出效应，吸引相关剧目演出、彩排、舞美设计制作等功能向演艺小镇延伸。特色小镇的建设最大限度地尊重和挖掘地域文化本身的内涵与价值，将与地域文化相互联系的要素整合进其村庄发展的地方性中，并在其文化圈影响范围内充分发挥文化的价值与功能[1]，实现地域文化资源价值变现，最终促进其乡村振兴，是一种扎根于本土的创造性过程。台湖演艺小镇就根据本地特色进行设计规划，既有人文的塑造，生态的巡礼，也有耕读的智慧和美食的回味。

（二）运河文化在乡村振兴中的利用实践

从本质上来说，地方文化融入乡村振兴的过程就是以人为中介、文化与经济相互作用的过程。在文化的形成和发展过程中，自然与社会系统通过影响人类活动而对文化施加影响，而文化反过来也对能对人类以及所处的系统产生影响。本节将从人才、产业、文化、生态四个方面来阐述运河民俗助推乡村振兴的实践内容，并落到其互动机制是一个多方主体联结的过程这个观点来讨论。

1. 运河民俗助推乡村振兴的实践内容

（1）人才兴旺：运河民俗在人才振兴中的利用实践

人才振兴是乡村振兴的关键所在。北运河地区培育了一批具有本乡

---

[1] 张燕子：《传承与延展：村落文化再生产实践》，硕士学位论文，华中科技大学，2020年。

本土特色的运河人，他们是新乡贤、新农人、能人和精英等多种身份。他们在运河文化的创造与传承过程中，自觉地参与大运河文化建设，"民众在遗产地进行记忆传承、地方认同与国家认同的建构、塑造自我身份等文化实践"[1]，有意地进行遗产保护并实现大运河文化的价值再生。

在运河民俗文化传承创新及运河地区乡村振兴的实践中，诸多非遗传承人和能人精英被发掘和引入其中，他们的参与不仅发挥着重塑运河民俗文化当代价值的榜样和桥梁作用，还以一己之力带动了当地乡村生活及文化水平的提高。前文介绍过的台湖文旺阁木作博物馆馆长王文旺以及玉器制作技艺传承人张玉成的故事，即是新乡贤参与运河民俗文化当代传承与乡村振兴相融合的典例。王文旺先生建立的木作博物馆一方面为运河民俗文化当代传承搭建了新平台，另一方面还为丰富农民文化生活和帮助农民再就业提供了支持。而张玉成先生在台湖演艺小镇中开设的工作室，则成为文旅融合带动台湖地区城镇经济发展、提升乡镇居民文化自觉与自信的重要站点。

（2）产业发展：运河民俗在产业振兴中的利用实践

产业振兴是乡村振兴的重点。对于特色小镇的建设来说，就是发展以文化旅游为核心的乡村旅游产业，以文化产业带动产业振兴，促进农文旅融合发展。

台湖演艺小镇的产业振兴实践实际上是一个多方面的系统工程，旨在将传统文化与现代演艺产业相结合，打造特色文化产业集群。台湖镇引入国家大剧院、北京曲剧团等高端演艺资源，并与台湖演艺车间、非遗琵琶艺术馆等形成联动，打造演艺集群效应；举办爵士音乐节、星期音乐会、儿童戏曲节等特色节庆活动，吸引游客参与，提升小镇的知名度和影响力。除了以上这些活动，台湖镇还开发了以演艺、非遗、民俗

---

[1]《遗产保护理论丨从"以物为本"到"以人为本"的回归：国际遗产学界新趋势》，丝绸之路世界遗产，访问网址：http://www.silkroads.org.cn/portal.php?mod=view&aid=19442，访问时间：2024年8月25日。

等为主题的文化旅游线路，满足游客多样化的文化需求，并提供了演艺门票、文化纪念品、特色餐饮等文化旅游产品，以此提升小镇的经济效益。演艺小镇的建设充分考虑了台湖的历史文化底蕴和民众的文化需求，通过演艺车间、国家大剧院台湖舞美艺术中心、博物馆和非遗等多方联动，叠加环球影城与台湖演艺小镇之间的联动效应。台湖演艺小镇打造了文化旅游产业集群，提升了台湖本地特色文化的知名度和影响力。

（3）文化利用：运河民俗在文化振兴中的利用实践

一是非物质文化遗产保护与传承。台湖镇积极保护和传承本地的非物质文化遗产，通过举办培训班、展览活动、非遗进校园等方式，让更多人了解这些传统技艺，并参与到非遗项目的传承和发展中，将非遗产品融入景区、民宿、公共文化空间等场景，让非遗走进群众生活，成为台湖特色文化的一部分。二是文化活动组织与推广。台湖镇政府扶持民间文艺团队，如星湖之声艺术团，并提供演出、培训等机会，举办文化节、比赛等活动，定期举办民俗文化节，展示当地的民俗文化，例如小车会、民间曲艺等，丰富居民的文化生活。此外，小镇的传统节庆活动丰富多彩，例如新春庙会、元宵灯会等，吸引了大量游客前来体验，成为推动文化振兴的重要平台。三是文化基础设施建设。文化中心和民俗文化景点的规划建设，为村民提供图书阅览、文化活动等服务以及文化交流的平台，以及将民俗文化融入乡村旅游发展，打造文化展示体验类景点，并保留镇域内的历史遗迹，如萧太后遗址等，并将其作为文化景点进行开发。

（4）生态保护：运河民俗在生态振兴中的利用实践

生态振兴是乡村振兴一个重要方面，村落生态环境是运河文化中"天人合一"观念的重要体现。实施乡村振兴战略以来，特色小镇的建设认真贯彻落实，开展创建美丽乡村活动，积极推进生态文明建设。

运河地区的特色小镇建设将绿化、美化与生态乡村建设融为一体，将生态建设与文化发展、经济发展融为一体，作为生态小镇的重要内容。在台湖演艺小镇的建设过程中，老旧厂房的改造与再利用成为一项重要的生态保护实践，通过对存量资源的改造升级，小镇不仅盘活了闲置资源，还减少了新建项目对生态环境的破坏。例如，台湖演艺车间就是由原有的养鱼厂改造而成，既保留了建筑的历史风貌，又赋予了其新的文化功能。这种改造方式不仅减少了建筑垃圾的产生，还降低了能源消耗和碳排放。同时，小镇还注重与周边地区的协同发展，通过构建设计产业发展所需的生态环境保障机制，为设计产业的蓬勃发展提供了有力支持。这种产业集聚效应不仅提升了小镇的经济实力，还促进了生态环境的良性循环。

2.实践机制：多方主体联结

特色小镇的建设，运河文化扮演着核心角色，在这片土地上繁衍生息。为了传承运河文化，政府、企业、民众、社会组织等多方力量共同参与，各司其职，形成了一个互利共赢的合作网络，共同推动特色小镇的持续繁荣。

在特色小镇的建设和发展中，政府在特色小镇的建设中起到了规划和引导的作用，通过出台相关政策、提供资金支持和优化管理服务等手段，为小镇的建设提供了基础保障。与此同时，政府还通过与企业和其他社会组织的合作，推动了项目的实施。其次，企业作为特色小镇建设的重要参与者，通过投资和运营参与到小镇的建设和发展中。在台湖小镇的建设过程中，北投集团就以投资开发公司的形式来参与到小镇建设中，推动了演艺车间等项目的落地。第三，居民自发组织文化活动，成为小镇建设的参与者，增强了社区的凝聚力和活力。最后，文化和艺术团体、非遗传承人和艺术家等则通过提供文化内容、举办艺术活动和开展文化教育等方式，丰富了小镇的文化生活。整体而言，小镇内各利益相关者之间形成了一种相互依存、动态互动的合作关系。

其中，自上而下的规划模式和自下而上的参与模式值得关注。台湖演艺小镇的建设主要依靠政府的引导和推动，呈现出较为明显的"自上而下"模式，而在小镇建设过程中，非遗传承人以及其他能人精英在政府的引导和支持下，在特定的场域中聚集起来。此外，台湖演艺小镇的建设，并非单纯依靠政府或企业的推动，而是积极鼓励和吸纳民众的参与，将艺术融入日常生活，让小镇真正成为民众的舞台。民众自发组织的文艺团队是台湖文化活力的源泉，从村庄的秧歌队、舞蹈队到舞龙舞狮等民间花会，这些团队不仅丰富了村民的日常生活，提升了个人艺术修养，还通过比赛和表演增进了邻里间的情感交流，为整个社区带来了欢乐与和谐。特别是像前营村舞蹈队这样的典型团队，其成立与发展完全基于村民的自愿与热情，展现了民众对文化活动的强烈需求和积极参与。其次，星湖之声艺术团作为台湖民间文艺的佼佼者，其发展历程和运作模式更是民众参与文化建设的生动写照。该艺术团由爱好文艺的村民和退休回乡人员组成，通过自编自创自演的方式，不仅赢得了当地民众的喜爱，还获得了政府的认可和支持。艺术团积极参与政府组织的各类演出活动，自发地在各村进行巡回演出，普及政策法律知识，带动了各村的文艺发展。此外，非遗传承人也在其中必不可少。张玉成多次向台湖镇领导建言献策，提议镇域内需要建设非遗博物馆。在他和其他非遗传承人的提议下，台湖镇正在将非遗博物馆的建设提上议程，可能在不远的将来，一座展示台湖镇各项非遗、民俗的博物馆将矗立在运河边上。台湖演艺小镇的民众参与实践，展现了其作为"生态+艺术+演艺"为一体的全时活力小镇的特色和魅力，也为其他特色小镇的建设提供了宝贵的经验和启示。

台湖演艺小镇的建设呈现出"自下而上"与"自上而下"相结合的特点。因此，在乡村发展中，需要将"自上而下"与"自下而上"协同发展共建美丽乡村，其中"自下而上"模式是必要补充，民众是"自下而上"模式的重要组成部分。所以在运河文化与乡村振兴协同发展中，"自下而上"的发展模式也是必要补充部分，显然离不开村民、非遗传承人、艺术家等群体的参与，其多元化参与有利于推动运河文化与乡村振兴协同发展实现双赢。

## 三、运河民俗与北运河流域

运河民俗是北运河流域在长期历史发展过程中形成的独特文化现象，它与北运河流域的自然环境、社会经济活动紧密相关。北运河作为京杭大运河的重要组成部分，其水系网络、航道运输、沿岸景观等都为运河民俗的产生和发展提供了物质基础。同时，运河民俗也丰富了北运河流域的文化内涵，使其不仅具有自然地理特征，还蕴含着深厚的历史文化底蕴。"共生"存在于社会生活的各个空间范围[1]，在特定的地理空间里，共生强调的是"生"的相互依赖和共同发展。"'共生'指出了积极主张以'共同性'为基础的共生理念而不是以'竞争'为基础。"[2]日本学者黑川纪章认为，"共生是在对立和矛盾的基础上建立的创造性关系，存在于给予和被给予这一生命系统之中"[3]。因此，在共生的理念之下，运河文化和北运河流域毫无疑问是相互依赖和共同发展着的关系，二者之间交融、互渗、共生，而历史共生、经济共生、文化共生、社会共生是二者共生关系的四种类型。

### （一）历史共生：运河作为文化载体

美国文化进化论学者斯图尔德认为："人类的文化和行为与其所处的自然生态环境存在互相作用的关系，同时把人类文化的各部分看成是相互作用的整体，即一种类似自然生态的概念。"[4]同时，文化生态学"重视文化与环境间相互作用、互相反馈、互为因果的关系，重视人类创造的文化要素在整体环境中的发生、发展以及演变过程，即人类如何适应环

---

1　张晗：《社会共生视阈下的多元文化空间建构——基于盈江县支那乡白岩傈僳族村的人类学考察》，《贵州民族大学学报》（哲学社会科学版）2013年第6期。

2　[日]尾关周二：《共生的理念与现代》，《哲学动态》2003年第6期。

3　[日]黑川纪章：《新共生思想》，杨熹微等译，北京：中国建筑工业出版社，2008年，第6页。

4　季诚迁：《古村落非物质文化遗产保护研究》，中央民族大学博士学位论文，2011年。

境所创造的文化以及文化如何在环境的变迁中向前发展"[1]。运河文化和北运河流域正是如此,二者相互作用、互相反馈、互为因果,并在历史的洪流中不断发展变化却又相互依存。

运河民俗作为运河开凿与治理这一历史进程的产物,与运河形成了紧密的历史共生关系。北运河沿岸的民间信仰和节庆活动,如开漕节、祭坝仪式等,都与运河的漕运活动密切相关,这些活动不仅是对漕运文化的庆祝,也是对运河带来繁荣的感恩。台湖特色小镇的发展更是运河文化与北运河流域共生关系的生动写照。台湖镇历史上东、南、西三面地势低洼,多湖泊湿地,这些自然条件为人类居住和生产生活提供了适宜的环境。京哈高速、京津高速、京沪高速和六环路在镇内交汇贯通,凸显了其地理优势;而其历史更是可以追溯到战国至汉代,辽代时,台湖因围湖设立的方形土岗得名,且因辽圣宗耶律隆绪的游猎活动而被记载于《辽史》,曾是辽代四时捺钵制度中的重要地点,这一制度是契丹社会政治制度的重要组成部分,台湖在辽代文化中的重要地位可以显见,这些都体现了运河沿线的台湖镇与运河文化的紧密联系。

此外,北运河作为历史上重要的漕运通道,是连接北京与南方各省的水上交通要道。漕运贸易的发展和运河文化的积淀更使通州当地形成了成片的运河村落。这些村落依运河而生,不仅是构成运河文化带的重要景观,亦是滋生运河文化的土壤。永顺镇因漕运而兴起,其城镇的规划、建设以及发展与北运河的开发利用密切相关,而作为北运河的重要码头,永顺镇承担着粮食和其他物资的转运功能。漕运的兴起也带动了各种与漕运相关的职业,如装卸工、纤夫、船工、漕丁、骆驼夫等,以及为这些职业服务的辅助行业,如餐饮、娱乐等,这些都在一定程度上影响了当地的社会结构,同时这些职业的兴起更是吸引了大量人口的涌入,并逐渐形成了以漕运为生计模式的村落,如皇木厂、盐滩、下关、牛作坊等。

---

[1] 季诚迁:《古村落非物质文化遗产保护研究》,博士学位论文,中央民族大学,2011年。

运河文化是历史长河中形成的宝贵文化遗产，它不仅承载着丰富的历史信息，也是当地社区文化认同和文化自信的重要来源。通过与北运河流域的共生，可以更好地保护和传承这些文化资源，同时在现代社会中进行创新和转化，使之成为推动地区文化发展的重要力量。在未来，运河文化可以继续作为文化交流的平台，促进不同背景人群之间的对话和理解。

### （二）经济共生：运河带动区域经济发展

北运河通航在很大程度上推动了沿线地区的经济发展。历史上，北运河曾是北方重要的漕运河道，为北京等城市提供了丰富的粮食和物资供应，其繁荣更是带动了沿岸城镇的兴起，形成了众多以运河为依托的商业市镇，而这些市镇的经济发展与运河息息相关，直接影响着沿岸地区的经济命脉。与此同时，运河经济孕育了丰富的运河民俗，比如漕运号子、船工歌谣，这些民俗活动不仅是运河文化的重要组成部分，也是当地经济发展的生动体现。

随着旅游业的发展，运河民俗逐渐成为吸引游客前来的重要资源。例如，台湖演艺小镇引入国内外高水平的演艺资源，打造特色演艺空间，如沉浸式小剧场、户外草坪音乐LIVE现场等，为游客提供了多样化的文化体验；结合农文旅项目即稻小蟹艺术农场，恢复了稻田养蟹的耕作历史，增强了农业文化旅游、体验、研学的功能，进一步推动了文旅融合发展。游客通过参与和体验当地文化活动，不仅加深了对运河文化的了解和认同，也为当地经济发展带来了可观的收益。因此，运河文化与北运河流域的共生关系能够促进当地经济的发展和产业的转型升级，通过发展文化旅游、文化创意产业等方式，运河文化的发展能够为北运河地区带来新的经济增长点，同时有助于传统产业的改造和新兴产业的培育。

### （三）社会共生：运河民俗融入日常生活

运河民俗作为一种地域文化现象，已经深深融入北运河流域民众的日常生活中。从传统节日的庆祝方式到日常生活的行为习惯，运河民俗无处不在。例如，春节、元宵节、中秋节等传统节日期间，台湖镇会举行各种庆祝活动，次一小车会、高跷会、舞龙等的表演，庙会、文化艺术节等的举办，这些表演活动不仅丰富了台湖当地民众的文化生活，也加深了他们对本地文化特别是运河文化的认同感和归属感。

此外，来自不同地域的人们在运河沿岸交流融合，带来了各自的文化习俗，这些文化习俗在村落中逐渐融合，形成了独具特色的运河民俗文化。这种融合体现在生活方式、饮食习惯等各个方面。在永顺镇，运河的开通促进了南北物资的互通有无，同时也引发了人口迁移，永顺镇因此吸引了众多回族商人及劳工，逐渐演变成了一个回族人口密集的区域。据当地居民所述，牛作坊村的回族居民源自全国各地的回族社群，他们在此从事商业活动，担任货物装卸工作，部分人则经营牛羊肉及各式小吃。回族的迁入为北关注入了多元文化元素，由于历史原因，汉族人很少有机会享用牛肉，而回族人的到来使得他们得以品尝美味的牛羊肉。

运河民俗是连接不同地域文化的纽带，推动不同文化背景的人们之间的交流与融合。这种文化的交流与融合，丰富了本地居民的生活，更促进了不同群体之间的相互理解和合作。通过共享文化资源、交流文化习俗，不同群体在相互尊重和互利的基础上共同发展，共同维护和传承运河民俗文化，这正是社会共生理念在运河民俗中的生动体现。

（四）文化共生：运河民俗促进区域文化交流

运河作为一条南北贯通的水道，不仅促进了物资的流通和经济的发展，也带动了文化的交流和融合。运河民俗作为这一文化交流的重要载体之一，在促进区域文化交流方面发挥着重要作用。

在永顺镇，同乡商人结成共帮互助的利益共同体，建立了同乡会馆，如山东籍人士共建的三义庙和江西商人共建的万寿宫。这些会馆不仅为同乡商人提供了活动场所，还供奉了他们的家乡神灵，如许真君。这种信仰的传播和供奉。小圣庙供奉的小圣爷，其传说和供奉在天津、河北、山东等地也有相似之处，表明运河作为交通纽带，促进了信仰文化的传播和交流。各种水神信仰如真武庙、金龙大王庙、晏公庙等也在通州等地广泛分布，这些信仰丰富了当地的文化内涵，也体现了运河沿线各地文化的共通性和差异性。

因此，运河文化作为北运河流域的重要组成部分，其保护和传承对于维护文化多样性和历史连续性至关重要。通过保护运河沿线的文化遗产，能够增强人们的文化认同和历史意识。此外，运河文化与北运河流域的共生关系也能够提高地区的文化软实力和地区形象，通过打造具有特色的文化品牌和旅游打卡地等，可以增强地区在国内外的知名度和影响力，吸引更多的人才和投资。

运河民俗与北运河流域之间存在着密切而复杂的关系。这种关系不仅体现在文化、经济和社会层面上的相互依存和共生发展，还深刻影响着当地居民的生活方式和价值观念。因此，在保护和传承运河文化的过程中，需要充分考虑这种共生关系，以促进运河文化的全面、协调、可持续发展。随着社会的快速发展，北运河流域的开发建设也日新月异，在新的历史条件下，运河文化被赋予新的内涵与精神，即开放包容、创新进取、合作共赢、和谐共生，成为推动地区发展、传承历史文脉的重要力量，也激励着一代又一代人为美好生活而努力。

第四章

# 运河遗产与民众生活实践

遗产，既意味着历史传承，也包含有创造革新。作为世界文化遗产的大运河，其文化内涵既包含了运河本身的符号和价值，也涵盖了运河流域民众的生活变迁。运河的历史形成与功能演替形塑、影响着地方民众生活，与地方文化景观交叠成为民众世代生活不可磨灭的遗产场景。与此同时，人民大众也通过自己的生活创造与时代革新不断丰富对运河文化的认知。北运河流域所形成的运河遗产，既是运河与通州地方文化的复合物，也镌刻着地方民众超越运河生活的时代演绎。

## 第一节 运河历史和生活语境中的遗产

### 一、运河生态与物质文化遗产

运河因独特的地理环境重塑了标志性的物质文化遗产，与此同时，运河生态所需的物质文化景观也有机融入当地的物质文化生活。我们以通州区漷县镇为例，可以尝试讨论下其运河生态与物质文化遗产的关联。

通州漷县历史悠久，现存史料记述最早可上溯至汉代，《后汉书·郡国志》明确记载了泉州的地名，《辽史·地理志》记载漷阴县即是汉代泉州地区的霍村镇。由此可见，漷县在汉代时始称霍村。结合漷县境内的考古资料，在今天的漷县村北、翟各庄村东、马务村东、黄厂铺村西南、觅子店村西、梁家务村西、东鲁村西、靛庄村南等多处地方都曾发现汉墓群，可以反映出汉代时漷县地区的人类活动之频繁和昌盛。除此之外，从于家务乡东马各庄出土的石斧和石磨来看，早在4000多年前的新石器晚期，漷县一带就已经有了人类活动，马头村南、马堤村西南地区发现的战国墓群更进一步印证了漷县的古老历史。作为从一座延续至今千年古镇，漷县在新中国成立后也进行多次行政区划调整。1953年，漷县成为乡政府驻地；1961年，北京市人民公社行政区划调整，将其由行政管理区改为人民公社建置；1965年，漷县人民公社并入马头人民公社；1981年，又改称为漷县人民公社；1984年，漷县人民公社重新更改为漷县乡建置；1990年，更为漷县镇建置；2000年，草厂乡并入漷县镇；2002年，觅子店镇并入漷县镇，基本形成如今相对稳定的辖域面积。

（一）运河遗产依赖地方文化景观

运河遗产和地方文化景观是两个概念。在运河贯通之前，地方原本就存在一些标志性的地方文化景观。由于漷县历史绵长、底蕴深厚等诸多特点，对其人文景观的关注显得十分必要。经过史料搜集和田野考察，我们发现漷县在运河贯通之前就已经行成了标志性的地理人文景观——辽金元延芳淀湿地。虽然在元末明初时，这种景观已经受到了一定程度的破坏。但直到今天，尽管物质文化景观遗存相对不多，如漷县古城、寺庙等在不同时期都受到破坏的现实情况下，这些已经消亡的人文景观仍然在当地民众心中占有极其重要的地位。

延芳淀位于漷县古城西北处，辽金元时期曾因自然风光秀丽、湖泊生态景观良好而被列入皇家苑囿，成为辽代以来帝王巡行狩猎的主要场所之一。考古出土的萧太后石像和景宗石像都证明这里曾经与皇家大型景观建造及祭祀活动密切相关。关于延芳淀地区的生态水环境，有学者曾从内涝湖历史变迁视角对延芳淀进行考察，基本认为，该区域在辽代之前"处于漯水和潞水河流下游漫流区，是一个典型的河网沼泽平原。辽代，出现积水现象，形成湖泊。辽之后，渐渐的由成片湖泊，解体为几个较小的湖泊，最后被开垦为农田。确定辽代（10—12世纪内）是延芳淀大面积积水形成时期。在整个历史时期延芳淀的变迁过程中，辽代水环境具有特殊性"[1]。可见，正是由于辽代时期漷县古城西侧延芳淀地区极好的生态环境，才为辽代帝王捺钵活动的开展奠定了基础。

《辽史·地理志》曾有如下相关记载："延芳淀方数百里，春时鹅鹜所

---

[1] 邵双龙：《中世纪暖期渤海沿岸内涝现象的出现及其成因的个案研究》，硕士学位论文，陕西师范大学，2015年，第20页。

聚，夏秋多菱芡。国主春猎，卫士皆衣墨绿，各持连鎚、鹰食、刺鹅锥，列水次，相去五七步。上风击鼓，惊鹅稍离水面。国主亲放海东青鹘擒之。鹅坠，恐鹘力不胜，在列者以佩锥刺鹅，急取其脑饲鹘。得头鹅者，例赏银绢。"[1]这里提到了当时辽帝带领身着墨绿衣衫的卫士在延芳淀架鹰、放鹰，以及"国主亲放海东青鹘擒之"的壮观场面。这与辽帝在长春等地的春捺钵场景基本类似，在《辽史·营卫志》中同样记载了辽帝在长春州捺钵的场面，"春捺钵：曰鸭子河泺。皇帝正月上旬起牙帐，约六十日方至。天鹅未至，卓帐冰上，凿冰取鱼。冰泮，乃纵鹰鹘捕鹅雁。晨出暮归，从事弋猎。鸭子河泺东西二十里，南北三十里，在长春州东北三十五里，四面皆沙埚，多榆柳杏林。皇帝每至，侍御皆服墨绿色衣，各备连锤一柄，鹰食一器，刺鹅锥一枚，于泺周围相去各五七步排立。皇帝冠巾，衣时服，系玉束带，于上风望之。有鹅之处举旗，探骑驰报，远泊鸣鼓。鹅惊腾起，左右围骑皆举帜麾之。五坊擎进海东青鹘，拜授皇帝放之。鹘擒鹅坠，势力不加，排立近者，举锥刺鹅，取脑以饲鹘。救鹘人例赏银绢。皇帝得头鹅，荐庙，群臣各献酒果，举乐。更相酬酢，致贺语，皆插鹅毛于首以为乐。赐从人酒，遍散其毛。弋猎网钩，春尽乃还"[2]。简要对比不难发现，辽帝在延芳淀及长春州不同地点所进行的春捺钵活动本身并没有太大差别。现在大多数潞县百姓对延芳淀是不可能有历史记忆的，延芳淀对于他们而言，早已经成为一个风景秀丽、翔鹰振天、雁泊鹅游的理想盛景和美丽传说了。尽管景致不再，一些口头叙事与演唱却通过多元形式保留和传承下来。

在明清时期逐渐形成的"潞县八景"中，也有诸多是在运河生态形成之前的文化景观。关于"潞县八景"的由来，确切的记载不可考，但

---

1 转引自张修桂、赖青寿编著：《辽史地理志汇释》，合肥：安徽教育出版社，2001年，第168页。

2 张修桂、赖青寿编著：《辽史地理志汇释》，合肥：安徽教育出版社，2001年，第168—169页。

至少在明代就已经形成，清代得以延续。明代漷县学人董方[1]、清代学人王维珍[2]、李庆良[3]，都曾先后为"漷县八景"题写七律或五律组诗。

漷县八景之一为"泮宫古槐"，当地百姓俗称"学宫"，位于原漷县古城的西北角，学宫内栽植大槐树，"槐花黄，举子忙"，成为古城内最有文化底蕴和诗书画意的景观。这也进一步回应了学宫、古城与北京城的紧密关系。"因学宫大殿之内供奉着孔夫子牌位，故又称文庙。古代科举制度在隋唐时期形成后，每三年进行一次科考，举子在春天到京城去考进士，生员在秋季到省城去考举人。二试错开年份进行。"[4]

漷县八景之二为"禅林宝塔"，位于漷县古城外西北部佑国寺处。据当地学者考证，佑国寺大约兴建于元代至元八年（1271），当时正值元世祖忽必烈迁定大都，考虑到忽必烈经常到延芳淀一代游猎，一批佛教僧众便选择在此处建造了"佑国寺"，取"保佑国家"之意，以迎帝王欢心。据传，元世祖忽必烈还曾亲自到访此寺。[5]"禅林宝塔"展示了漷县古城西门外，穿行于松林小径，古寺肃穆，经幢碑铭，钟铃余响的景象。由于佑国寺早已不存，民众记忆缺失，但我们也能大约想见当年古城信众穿行而来，烧香祈福的场景。

漷县八景之三为"驻跸甘泉"，位于佑国寺前的一口古井处，与"禅林宝塔"相生相伴。"驻跸"的意思指的是指皇帝后妃在出巡过程中，中途暂停或休息。该场景生动展现了帝王巡幸至古井甘泉旁的生动场面。据当地学者考证，辽元时各有一位帝后和帝王曾在此处停留。王维珍诗云，"昔年迎翠华，醴井汲甘芳。三单作军后，流泉空夕阳"。进一步印证了古代帝王曾驻跸此处的历史传说；李庆良诗云，"漷邑临南苑，时巡

---

[1] 董方（1416-1483），字中矩，明代通州漷县觅子店人，1445年中进士，官至间刑部尚书，著有《献狱录》，主持编修《漷县志》及家谱。

[2] 王维珍，号莲西，天津人，清代咸丰年间进士，官至通政司副使。

[3] 李庆良，号友鹤，通州人，清代同治年间举人，画家，善花鸟，代表作《海棠集画记》。

[4] 通州区政协文史和学习委员会、通州区漷县镇人民政府编：《千年古镇漷县》，北京：团结出版社，2013年，第73页。

[5] 同上书，第78页。

位育焉。凤麟在郊薮，沼囿乐天渊。扈从荣茶宴，奎章赋醴泉。省耕来驻跸，讵是为游畋"。补充说明了辽元时期延芳淀与漷县之间的关系。因为漷县离延芳淀很近，所以每年在春耕时，帝王都会来此处游猎，但通常会假借着"躬耕"的名义，实际是来巡幸游乐。"省耕来驻跸，讵是为游畋"即是李庆良对古代帝王的讽刺。当地民众对该水井有深刻印象，直到新中国成立后大家仍旧饮用此井水。一直到20世纪70年代，机井自来水彻底代替了井水后，古井才因失去功能而被填塞。人们在生活水平提高的同时，也失去了一个历史悠久的生活景观、失去了一个旧有的公共空间。尽管如此，当地民众还是通过口头叙事将之保存在集体记忆深处。

漷县八景之四为"远浦飞鸿"，大概区域位于漷县古城西门外靠近延芳淀的水泽地区。此景描绘了在宽广的湖面上，大雁、天鹅时而腾空飞起，时而飞入湖面的美丽景象。董方七律《远浦飞鸿》，"红蓼滩头夕照边，西风又送雁南还。霜来紫塞声光苦，云净清湘影更连。作柱暂时随锦瑟，传书几处忆瑶笺。并州亦是思乡远，数看横飞入鲁天"。1474年，年近60岁的董方被朝廷派往大同府做巡抚，即便在写这首诗时身处太原，"并州亦是思乡远"，在此情境下他回忆起了家乡西城外湖泊里"远浦飞鸿"的场面，诗中充溢着惆怅的思乡之情。据当地学者考证，这处水泊曾经是属于柳林海子的一部分，"原是汉、唐时期雍奴薮的东北部水面，辽时雍奴薮的北部水泊改称延芳淀。辽、金时，萧太后、辽圣宗、道宗、金世宗等帝后们经常在春季来到这里狩猎游幸。元代，延芳淀因洪水而淤成孤立的几处水泊，此处所指的'远浦'是其中之一。元代帝王自元世祖至末帝元顺帝，几代帝王都曾来这里游猎，并在柳林行宫办理朝政。明代，柳林海子再次缩小，但蒲草和芦苇仍然风卷绿波，水草丰盛，住有天鹅和大雁，时而飞起，在蓝空中盘旋，时而落到水面划波，景致引人入胜。到清代此处水泊变成了低洼易涝的荒地，后又被辟为耕地"[1]。

---

[1] 通州区政协文史和学习委员会、通州区漷县镇人民政府编：《千年古镇漷县》，北京：团结出版社，2013年，第86页。

潞县八景之五为"长堤回雁",位于潞县古城北面港沟河的长堤处。当地学者考证,这里"指北齐天保八年修筑的土长城遗址。北齐王朝的北疆外有契丹、柔然等较为强悍的少数民族部落,随时对北齐产生威胁。为了加强防御而确保北方军事重地幽州蓟城的安全与稳定,在万里长城之内,又沿着温水(今温榆河)和潞水(今港沟河及其所注入的凤河、北运河)的右岸,修筑了一道长城,凭借河流为头道防线,河、城联防。隋朝统一中国后,接着是强大的唐朝,这道长城失去防御作用,就被后来的历代王朝当作堤防,变成了'长堤'。明时,此处的长城遗址——长堤尚然高阔,上面滋生许多杂树,夏季像一道绿色长城"[1]。

潞县八景之六为"晾鹰旧台",据当地学者考证,"此景在今永乐店镇德仁务村中"[2],为西北至东南走向,长500余米,宽80余米,高10余米,立土坚固,为自然形成,台内曾有考古发现的战国至汉代墓葬,台顶表面散见有灰、红陶片,足以见其历史悠久。辽代时,帝后至此放鹰擒鸿,故称为晾鹰台。另外,在方圆数十里的水泊和平原内,一座高大的土台突兀其中,实在是一种奇特景象。"文革"后,此台遭到严重破坏,只留下来西北端的一小部分,但仍不失去古韵,现在为通州区文物保护单位。晾鹰台在明清时期已经非常荒芜了,这自然与当时延芳淀一带不再游猎的整体没落有关。晾鹰旧台因景色原本荒芜,在失去功能后便更加荒芜,只能成为一段历史的见证,应该是八景之中一处最具有历史讽刺意味的人文景观。

除此之外,在潞县古城内部,与"潞县八景"的盛名有所区别,被当地人精炼概括的"四台八庙七十二眼井"更加体现了人文景观与民众日常生活息息相关。除了四台、八庙有确指外,由于历史变迁和生活环境改变,"七十二眼井"似乎变成了一个虚数,体现了"井",这种生活

---

[1] 通州区政协文史和学习委员会、通州区潞县镇人民政府编:《千年古镇潞县》,北京:团结出版社,2013年,第91页。

[2] 同上书,第94页。

资源对于古城百姓日常生活的重要意义。"四台"指的是瞻星台、落星台、呼鹰台和晾鹰台,基本与运河没有太大关联。"八庙"具体指的是文庙、关帝庙、城隍庙、庵庙、佑国寺、药王庙、龙王庙和火神庙。关帝庙位于漷县古城内十字街交汇处的东北角,系一个坐北朝南的三进院,"文革"时期遭到彻底破坏。在我们访谈中,老书记徐永库和其他村民都对关帝庙印象深刻,在他们的印象中,关帝庙已经不再是具有神圣性的寺庙空间,而更多是童年求学与玩耍的美好回忆,这是一种因空间职能转换而带来的集体记忆变迁,尽管没有实际信仰活动,但关帝庙的"身份"依旧在记忆中保存下来。火神庙,与药王庙同位于湖城南门外、过护城河的西南角,一进院小庙。由于解放以后,绝大多数庙宇都失去了功能,并陆续遭到破坏,在当前民众的生活记忆中,这些曾经在历史上与古城百姓生活息息相关,充分反映民众精神生活的庙宇,同时失去了物质和非物质双重文化功能,只是零星地散现于民众记忆深处。但是,从这些庙宇所构成的神灵信仰系统及其所在大体方位可以看出,作为一座有官署职衔的古城,漷县古城民众的精神空间是非常多元、丰富的。与"八庙"所代表的精神空间相对,"七十二眼井"更多代表了古城民众的生活空间以及公共空间。"井"作为一种资源型物质景观,不仅为当地民众生活提供了重要的生命来源,而且因打井而构成的村落秩序、组织,以及因用水而形成的公共生活,都成为古城内最有生活情趣的标志性景观。在漷县古城北门外的龙王庙中有一口古井,当地俗称为"三潮井"。这口井的井水特别甜,当地百姓中流传着"潞州二县,就这儿水甜"的说法,除了水甜以外,据传该水井还曾一天变换三个颜色,十分神奇。

(二)运河景观融入地方文化生态

运河贯通重塑了地方文化景观。漷县古城的修建始于明朝,在当地民众的口述中,漷县古城是与北京外城修建同步的,据该镇参与漷县地方志编撰的于富老师考证,"漷县兴建县城时,也是循由内到外的规制进行的。元大德二年(1298),漷州治所南迁到武清县河西务,在那里修建了文庙和白河书院。明至正初年（1341），漷州治所地又由河西务北迁至漷阴县。明洪武四年（1371），漷州同知杨思贤将州儒学迁到漷州新治所（今漷县村）西北重建。漷县学宫的兴建，标志着漷县县城工程的启动。"[1]可见，无论是出于历史考证还是民众记忆，他们都自觉地将漷县古城与明朝修建北京城紧密结合，这既是一种历史认同，又是一种对新政治和文化中心的认同。

漷县古城旧有城墙，大约初建于明代正德初年（1506—1521），最初修建时为黄土夯筑，周长2里，后于嘉靖三十五年（1556）重修，万历四年（1576）重修是该土筑为砖石，万历三十七年（1609）、崇祯八年（1635）、顺治十六年（1659）和同治七年（1868），古城历经坍塌、洪涝等破坏，数次修葺后，古城周长扩大至4里。城开四门，城外环绕护城河。直到现在，漷县村的基本村落秩序大体材沿袭和反映了明清以来的漷县古城空间，当然历经不同历史阶段的拆改、扩张和更新，漷县村的实际面貌已经发生很大改变，深入访谈当地百姓，他们仍会告知你他们心中的漷县古城结构和布局，在他们记忆深处，古城风貌似乎依然那么清晰，那么容易与现在的村落秩序相结合。

以漷县古城为主要区域和中心，自明清以来形成了当地特有的"漷县八景"，并流传至今，其中两处明显是与运河有关联的。漷县八景之七为"春郊烟树"，同样作为自然风光，主要存在于漷县古城东城门外沿河的树林和运河西岸榆林庄附近一片广袤的树林。董方有诗云，"望入天涯绿正匀，几番风雨压眉颦。争穷榆荚遥难辨，遮断杏花半未真。飞絮雪沾南浦草，晴烟莺啭上林春。故乡今亦应如此，满目云山迷渡津"。同样是一首借物咏怀的诗篇，作者为官他乡，却在春日里思念故乡城外"春郊烟树"的景象，只见满眼望去，一片绿色尽收眼帘，春风徐来，榆钱与杏花争相涌现，柳絮纷飞如雪，好一派春光正盛的美妙景象。作为漷县八景中的最后一景，描绘的是漷县古城东北面的京杭大运河。

---

[1] 于富：《北京外城与漷县古镇学宫的修建》，内部资料，未标明时间。

漷县古城与运河的形成密不可分。古城的结构相对简明，古城四方，由城墙围绕，四面设门，北有"拱阙门"，南有"迎薰门"，西有"通都门"，东有"临津门"。南北门之间、东西门之间笔直相对，由街道相连，南北及东西两条正街如"十"字形，将整座古城约等分为四部分。相比较而言，东西两门更为常用，出东门向东可达运河，乘船可至天津，出西门则通往首都京城。

除此之外，漷县位于北运河流域沿岸，村落生产生活不可避免地与运河漕运紧密相连。历史上的漷县古城曾设有衙署，专门负责与北运河漕运有关的河务监管及审判事宜，同时明初还在榆林庄设立漷县钞关来征收漕运关税，一些村落的形成又与北运河修筑堤坝与防汛密切相关，并长期为北运河的防护、清淤及贸易做出贡献。

漷县衙门位于漷县古城内十字街的东北区域，临近古城东门，出临津门向东即通往北运河。与古城内其他建筑相比，衙署占地最大，结构最为复杂。清顺治十六年（1659），漷县并入通州，清政府保留漷县衙署，设立管河州判一职。州判的主要职责有，"职司河务，兼有管辖村庄、稽查地方之责"[1]，即具体负责北运河漷县段的河务工作，掌管漷县所辖的村庄及地方安全事宜。清末民初以来，北运河漕运功能逐渐丧失，漷县衙门也失去原有功能。光绪二十七年（1901）以后，为了响应政府倡导建设学堂的号召，在通州成立了"通州官立小学堂"和西集第一完小之后，漷县于1920年在漷县古城内创办了漷县完小。原通州区进修学校离休教师王文续曾根据在漷县完小任教过的冯学思老师的回忆，专门撰文来梳理漷县完小的创办过程。据他描述，当时创办漷县完小的建议得到了一致同意，但在筹建问题上，最开始提出要通过增收佃租方式来集资，在遭到反对之后决定由漷县村摊派民工，利用旧有的漷县衙门作为房舍。于是，"把漷县原衙署的旧房舍分别整修为教室和饭厅，又盖了

---

[1] 中国第一历史档案馆馆藏：《奏为查明通州漷县州判吴标才不称职请改教职事》，档案号：04-01-13-0044-017。

几间办公室和老师、学生的宿舍，以及厨房等若干间，年底新校舍落成。这是在民国年间通县农村，继西集完小之后的第二所完全小学"[1]。潞县完小的建设得到了潞县村民的大力支持，在此之后还进一步扩大了校舍规模，拆改旧大殿成教室和办公室，以及学生宿舍等。新中国成立后，由潞县衙门改成的潞县小学，仍旧有学生曾在这里度过他们的童年时光，最终在"文革"前后遭到彻底废弃。潞县衙门位于现在的潞县村，对现在的潞县村民而言，潞县衙门是历史上北运河漕运的重要政府管理部门，曾引导潞县村及其他辖区村民积极投身于河工事务，也曾服务于潞县民众的纠纷、安全等，这种历史叙事依旧在民间传承。与此同时，民国以来潞县衙门功能的转换，使其以"潞县完小"的形式进入百姓生活，更多承载了潞县村民的成长记忆，见证了潞县村文化素养的传承与积淀过程。

钞关是明代以来政府施行的一种税收制度和收税机构，因最初用纸钞交税，故而得名。明宣德四年（1429），政府在运河沿线由北自南设立了潞县关、临清关、济宁关、徐州关、淮安关、扬州关等钞关，对运河上的过往商船征收关税。这其中，潞县钞关就设置在榆林庄。清末时期，榆林庄仍旧在维系运河漕运方面发挥着重要作用。郝阔庭保存着祖上传承下的一张宣统二年（1910）通州正堂谕。该官方文书中提到，当年北运河大堤已经修筑完竣，通州府下令各村掌村的正副职带人在运河堤坝栽种伏柳，为避免该项任务有"草率敷衍，不认真栽种"等情况，特派榆林庄的郝国玺前往附近的张家湾、小圣庙、张辛庄、梁各庄、上店、里二泗、姚辛庄、长陵营、马头等村检查柳树成活情况，如果发现有没有栽种的地方还要加以劝导。文书中提到的榆林庄郝国玺即是郝阔庭老人的爷爷。从明清时期大面积栽植榆树，到清末时栽植柳树，既能看到政府对栽植树木以保护运河堤坝、维系漕运的重视，又能反映榆林庄等

---

[1] 通州区政协文史和学习委员会、通州区潞县镇人民政府编：《千年古镇潞县》，北京：团结出版社，2013年，第293页。

传统村落对运河漕运所作出的历史贡献。新中国成立后，为了加强蓄水和防污整治，1967年政府以榆林庄钞关的"四爷台"遗址为据点修建了榆林庄闸，1973年又在东闸基础添建榆林庄西闸，有效控制了上游凉水河入口水位，促进了运河防汛及防污整治的系统工程建设。由于十分临近运河，现在榆林庄党委书记郝洪恩仍旧在"市—区—镇—村"四级河长制中担任北运河潞县镇段担任责任人，榆林庄仍旧在北运河保护工程中发挥关键作用。

潞县有一部分村落的形成与北运河漕运有着密切关系，榆林庄、儒家林、萧家林、陈家桁等村与运河沿岸栽植树木以保持土质、保障漕运有关，杨家堤、马家堤、曹家庄堤等村落则更明显是因修建北运河沿岸堤坝而形成。堤，顾名思义，即堤坝。单从名称上就可以看出，凡是带"堤"字的村落在过去都与运河防汛所用堤坝有着历史联系。驻堤的作用有二，一是通过修建河堤，有效防治夏秋季节的洪灾，减少给周围百姓生活带来的重大损失，二是可以保证运河漕运的稳定。因此，明清以来政府都在河道易决的地方设立专门机构，派遣兵丁、吏役驻防，以防溃堤。这种因特殊功能而形成的人口集聚，渐渐地就形成了村庄，而且由于最初入住人口较少，便有了以护堤杂役姓氏命名的惯例。《潞阴志略》中也有记载"马家堤"，由此可能看出为保护漕运而修建的堤坝，同时也营造了风景秀美的"江南美景"。管庭芬甚至留下《秋日过马家堤诗》诗篇，来赞美其景色美致。"平沙少林木，蜿蜒绕长河。境静秋日凉，土屋八九家。大有桃源风，堤脊俯水涯。遥看塞外山，炊烟出远村。怡情一纵目，忽拥山峦势。杂树互拥蔽，微闻鸟声细。收秣趁晴霁，妇孺尽稚髫。叶叶蒲帆济，翠屏了无际。皎如匹练曳，消我俗尘闲。"[1]从这首诗所描绘的意境可以看出，清末时马家堤已经聚集了若干户人家，在恍如桃源胜景之中，农人、妇孺和稚髫怡然自得地生活。

---

[1] 转引自《潞县方志考略》，王灿炽：《王灿炽史志论文集》，北京：北京燕山出版社，1991年，第195页。

明清时期，通州漕运码头众多，不仅因功能和材质各异，而且码头还时常会受到土质、水性、运河堵塞等诸多情况而发生变迁，像大运河北端的石坝码头和土坝码头都是非常重要的皇家运粮码头，还有如黄船坞这样专门用于运送皇木、金砖和盐的专用码头。在通州城外，张家湾、漷县等还有大量的民用码头和客船码头。永顺镇的小圣庙村和大棚村一带就有一个客船码头，运河西岸的小神庙里还供奉着安清帮护漕小爷王培玉，有很多在此上岸的旅客祭拜渐渐形成一个较大的村庄和市场；还有为方便香客商贩而形成的客货码头，张家湾里二泗村的佑民观，因供奉着天妃圣母娘娘而被来往商旅所膜拜，因香客众多便逐渐在河北岸形成一处码头。可见，由于运河漕运所带来的巨大人口流动及商贸，使得北运河沿岸分布着大大小小、功能各异的码头。

（三）小结

在运河遗产和地方文化景观的传承与发展中，近年来随着北京城市副中心建设和城镇化进程推进，通州漷县再次将打造"延芳淀湿地公园"作为未来城市建设的重要工作之一。该工程力争"建设以北运河河道水质净化为主要核心功能目标，兼顾河道生态，集水质净化、湿地景观、科普教育、娱乐休闲于一体的湿地景观工程。整体湿地景区分为四个区域，分别是湿地保育区、湿地科普展示区、湿地游览区和管理服务区"[1]。未来经过重建后的延芳淀湿地公园也又将跨越数百年后，重新回到漷县当地民众的日常生活。

从漷县的个案可以看出，北运河流域历史悠久、人文底蕴深厚。在历史上最有影响力、被当地百姓视为具有代表性的标志性文化形态主要还是从辽代开始形成。漷县西域延芳淀湿地为辽代帝王春捺钵提供了优越的自然条件，帝王巡幸进一步带动了漷县镇域的发展；明清以来以文

---

[1]《延芳淀湿地工程施工第3标段招标公告》，招标网，2017年11月9日，http://www.bidchance.com/info.do?channel=calgg&id=23763785。

人诗文为印记而流传至今的"漷县八景"描绘了明清时期漷县古城及其周边区域的自然和人文景观，并由此形成了丰富多元的民间叙事；如今，漷县古城虽然早已不存，但描述古城空间结构的"四台八庙七十二眼井"却成为民众追忆古城风貌的精炼概述，内化了当地民众的情感认同。漷县民俗文化，集古代皇家文化、文人雅士文化与地方民俗文化于一体，反映了不同阶层文化之间的相互交融与糅合。

作为北运河流域的重要古镇，漷县辖内诸多村落都与大运河密切相关。漷县村内历史上存在过的漷县衙门曾将河工事务作为重要工作，河务同样成为清政府考量漷县州判是否合格的重要标准；榆林庄的成村原本就与运河有关，在明初曾是运河沿线重要的漷县钞关所在地，明清以来一直承担着栽树防汛等工作；马家堤、杨家堤和曹庄等都与运河堤坝修筑与漕运维护有关；马头村还因运河商贸形成了带有时代特征的马头集，等等。漷县运河文化与地方村落历史及民俗文化相互关联，成为构筑北运河流域民俗文化的重要组成部分。

文化源于民众创造，并为民众所享用、传承。民间艺术是传统村落社区文化的艺术表现，最不易于受制于物质文化羁绊，漷县民间艺术是其整体民俗文化当代传承中最为突出的部分，同时又始终根植于农村社区不断地演进、更新。改革开放以来，漷县大力施行政府引导、社会组织介入和民众主动参与的模式，大大丰富了社区民俗文化新形态，构建了多元新型农村社区文化，促进了农村基层公共文化建设。漷县民俗文化与社区文化建设有机统一。如今，随着北京大运河文化带保护建设、北京城市副中心建设与城乡一体化加速融合，漷县等流域村镇在秉持深厚历史文化、运河文化和民俗文化的积淀基础上，必将重新焕发新机。

## 二、运河生活与非物质文化遗产

非物质文化遗产最能体现运河民众的历史记忆与当代生活。在运河流域诸多民俗文化事象传承中,如今最活跃、最有显示度的还是民间艺术。作为陶冶和丰富民众日常生活的一种艺术种类,民间艺术因其集体性、社区性、共享性和变异性等特征,让民众喜闻乐见,并易于在当代生活中不断转化、创新。与以往繁荣传统村落文化的民间艺术相比,在城镇化和多元文化冲击下,当前运河沿线不同村镇社区出现了新的社区活动形态,这些更具多元化的主题活动大大促进了当地民众精神文化生活,提升了地方文化层次,构建了新时代的地方文化认同。

### (一)非物质文化遗产的民间叙事

北运河流域风物传说存量丰富,涉及民间技艺要素的尤其体现在两大类:一类是解释地方标志性建筑由来的传说,最典型的是彰显地方特有景观的桥庙塔寺类传说,其中也包含有大量体现传统民间技艺的叙事内容。风物传说在解释标志性地方景观的建造时往往都与民间绝技联系在一起,通常这种绝技又都带有超现实性的神秘色彩。最常见的当然是箭垛式人物鲁班传说,通过"鲁班授艺""鲁班神技""鲁班奇巧"等情节来表现建筑精巧、展示建造传奇,另外也时常换以"老道""老头儿""娘娘"等形象出现,有时其他人物形象还会"幻形"为鲁班,这些精彩跌宕的情节与类型都在借助于通过超现实性技艺反映地方历史工匠的集体智慧和惊人创造力。另一类是解释地方村落及村名由来的传说,很多叙事内容直接体现了运河、村落与传统行业的关联。北运河流域有一批村落的由来是伴随运河而形成的,如皇木厂村、砖厂村等,从明朝修建北京城开始,京杭大运河就担负起了南北物料运送的特殊功能,南来货物到京后并不能直接进入北京城,在北运河沿线就形成了诸多聚点,这些聚点的主要功能就是承担转运、囤积以及加工等,日渐形成了各种"厂",如皇木厂、木瓜厂、铜厂、砖厂、花板石厂等,另还有粮仓、盐仓等各种"仓"。以往我们在讨论时更多关注由此集聚而形成了村落，事实上与之相伴随的还有行业聚集。

我们重点关注北运河流域的民间工艺叙事。北运河流域至今传承着以"燕京八绝"为中心辐射形成的体现北京特种工艺体系的工艺类非遗，彰显了北京特种工艺的区域性普及与传播效力，以及当代非遗传承的多元活力。代表性非遗项目有：花丝镶嵌制作技艺（区工艺美术行业协会、区文化馆申报）、花丝镶嵌制作技艺（赵春明，北京东方明艺工艺品有限公司申报）、花丝镶嵌制作技艺（赵云亮，北京文智达文化发展有限公司申报）；靛庄景泰蓝制作技艺（漷县镇政府申报）、黄铜掐丝珐琅制作技艺（北京汉艺煌景泰蓝工艺品有限公司申报）；通州玉器制作技艺（台湖镇政府申报）；通州雕漆制作技艺（漷县镇政府申报）、雕漆制作技艺（王慧茹，北京殷秀云艺术设计有限公司申报）、雕漆制作技艺（王继勇，北京漆艺缘雕刻工艺坊申报）；骨雕技艺（梨园镇政府申报）。

花丝镶嵌制作技艺是北运河流域特种工艺体系中唯一的国家级非物质文化遗产代表性项目。北京地区流传着一则关于花丝镶嵌的"金玉良缘"的传说，主要讲述了一个花丝镶玉的小球薰挽救一段美好姻缘的故事[1]，成熟手艺人赠送给年轻手艺人的小球薰既是作为一种贵重的嫁妆帮助年轻人守护住了姻缘，又代表了手艺的传承，象征着年轻手艺人在掌握这门技艺之后也能守护自己的家庭生活，突显了花丝镶嵌技艺对于手艺人生活的重要性。北运河流域花丝镶嵌技艺在明清时期就已有传承基础，当时通州城内的天聚、瑞源、宝兴等首饰楼都采取"前店后厂"的形式制作和销售此类首饰品，不过行业重心还是在京城，除了清造办处时期集中于宫廷御造以外，清末民国时期在前门、西四、东四、花市一带也分布着大大小小的作坊和金店，流传着关于一些手艺人的传说。张聚伍就是当时行业内十分知名的手艺人，曾在西城羊肉胡同老庆利攒作学徒，后因技术精湛被称为"花丝王"，据说这位花丝王和以往的好手

---

[1] 李苍彦编：《美的传说》，北京：北京工艺美术出版社，1987年，第169—171页。

艺人一样经常承揽宫内活，在宣统皇帝大婚时曾被召进宫给正宫娘娘做首饰。一些其他工匠不敢接的活，花丝王都能游刃有余地完成，"民国期间曾做了24个小饰片，每个1寸见方，用银丝掐出二十四孝图，人物的动态和表情均表现得惟妙惟肖。他还用堆垒方法做过一对华表和一对狮子，每个不过几两重，却能造型生动、玲珑剔透"[1]。通州作为花丝镶嵌工艺的集中传承地始于1958年，在经过公私合营之后，由北京花丝厂，第一、二花丝社，第一、二镶嵌合作社合并组建了北京花丝镶嵌厂，厂址就位于原通州孔庙遗址，自此通州花丝镶嵌成为北京花丝镶嵌技艺传承的重镇。

与花丝镶嵌的多元传承路径相似，雕漆在通州的传承状况较为理想，仅非遗项目就有三种，体现了集体和个人传承的多元性。关于北京雕漆行的工艺变迁，曾流传"金质内胎"的故事。传说古代的雕漆器物多是用黄金做内胎，不似现在多用铜胎的做法。至于发现金胎做法就有一个故事，讲的是一个药铺的掌柜因为捉蝎子时遇到一个老头，经老头点拨回家后翻看自家的雕漆罐儿才发现是金胎的秘密，但他贪心不足还想从老头儿那获取更多，结果之后再也没砸出金胎的雕漆罐儿。[2]故事看似与雕漆本身没有太大关系，告诫众人不能贪心不足，却多少道出了雕漆的技艺发展历程，据说后来很多人听到这个故事以后都去砸雕漆器皿来找黄金，以至于故宫博物院馆藏的一些打有洞眼的雕漆盘都成为"物证"，可见传说本身也多少是存在传说核的。事实上，传统雕漆不仅有金胎，还有布胎、陶胎、木胎、竹胎、锡胎、纸胎、革胎、银胎等多种类型。[3]北运河流域雕漆技艺也有较长的传承历史，规模化的生产大体是自1978年以后以北京凌云雕漆厂为标志而开始的。

骨雕是与牙雕相关又不完全相同的技艺。在北京地区流传着一个有关"骨刻"的凄美爱情故事，讲的是小伙子二喜在拜师学艺时受到了师

---

1　厉宝华编著：《花丝镶嵌》，北京：北京美术摄影出版社，2015年，第35页。
2　李苍彦编著：《美的传说》，北京：北京工艺美术出版社，1987年，第120—123页。
3　李一之编著：《雕漆》，北京：北京美术摄影出版社，2012年，第72页。

傅的青睐和信赖，师傅见其手艺学得好，人也诚恳就想把女儿嫁给他，可由于师傅爱钻营受到别人蛊惑于是反悔了主意，把女儿又许给了小混子花蝴蝶，最后二喜做了一对并蒂同心的骨别子交给彼此，师傅的女儿为了抗婚而吞下骨别子，二喜随后也吞下骨别子。后来人们就以佩戴"并蒂同心"的骨别子来象征对忠贞爱情的追求。[1]故事发生在手艺人的师承之间，前半段体现了传统师承中对手艺、人品考量的基本要求，这种因为徒弟手艺精良而择为贵婿的故事在手艺行并非孤例，故事用后半段烘托了"并蒂同心"这个传统主题花样的特殊意义。北运河流域自清代起就传承着比骨刻更为复杂的骨雕技艺，主要是以牛骨为原料，故事主题多样，也多见反映运河生活的工艺品。

料器虽然不常被纳入燕京八绝，但作为一种基于琉璃工艺发展而来的工艺品，同属于北京特种工艺门类。在北京料器行业一直流传着一个关于其由来的传说，讲述了一位南来进京赶考的秀才因未能中举而无法在京城立足，这时一位铁匠帮助了他，他在报恩时无意中发现了一种彩色石头燃烧后能变幻为不同形状的饰品，在铁匠女儿的帮助下共同发明制作料器，并以此为生[2]。北京料器行发展早，原先在京城传承时吸引不少京郊及外地手艺人学徒谋生，其中来自通州的高俊就是手艺较早的一位，他拜老艺人李润春为师，擅长制作鸟兽、花果及各类料珠，都十分鲜艳动人，逼真活泼[3]。与此同时，高俊还通过手艺传承带动了家乡料器业的发展，当时台湖就有多家料器作坊。到1960年北京料器厂成立时，其中80%都是通州人，可见料器在通州的传承之广泛，由于从业人数多，台湖被业内称为"料器之乡"[4]。

---

1 李苍彦编：《美的传说》，北京：北京工艺美术出版社，1987年，第131—134页。

2 同上书，第164—168页。

3 李俊玲、刘宇编著：《北京料器》，北京：北京美术摄影出版社，2019年，第117页。

4 北京市通州区文化委员会编：《北京城市副中心 通州文化遗产精粹》，北京：北京联合出版公司，2018年，第192页。

此外，北运河流域还存在一些生活消费类的民间工艺，他们是以"京味文化"为核心再现京郊民俗文化特点的工艺类非遗，这种工艺通常出现在庙会、集市、节庆娱乐等消费场所，突显了传统民俗消费文化的多样性与参与性。相关代表性非遗项目有："面人汤"面塑技艺（区档案局、区文化馆申报）、通州团花剪纸制作技艺（西集镇政府申报）、通州大辛庄剪纸制作技艺（张家湾镇政府申报）、空竹制作技艺（宋庄镇政府申报）、风车制作技艺（西集镇政府申报）、风筝制作技艺（永乐店镇政府申报）、"枯木陶"陶器制作技艺（中仓街道办事处申报）、通州青铜器制作技艺（张家湾镇政府申报）、烙画制作技艺（北京葫芦张烙画艺术院申报）、京剧彩塑脸谱（北京兴鑫京艺文化中心申报）、北京绢人（北京唐人坊文化发展有限公司申报）、毛猴制作技艺（张政，北京市通州区民间艺术协会申报）、料器制作技艺（台湖镇政府申报）等。例如，"面人汤"面塑制作技艺是北运河流域最引人注目的国家级非物质文化遗产代表性项目。"面人汤"叙事体系，首先是关于"面人汤"由来的传说。这主要与汤氏三兄弟有关，清末时期他们将传统山东大面人做法改进为小面人，还将竹签面人发展为托板式"匣装面人"，技艺上的创新使得"面人汤"成为独树一帜的老字号。

剪纸作为一种民间广泛存在的日用装饰技艺门类，在通州有西集团花剪纸制作技艺、大辛庄剪纸制作技艺最为典型。谈及剪纸的传说，北京地区流传这样一个故事。有祖孙二人以剪纸为业，他们总是能用一把剪刀几张纸剪出活灵活现的飞禽走兽、游鱼和花草、楼台、人物，也经常帮助同样的贫苦人家。可是慈禧太后要办六十大寿，要求所有人要穿以仙鹤和梅花鹿组成的"六（鹿）合（鹤）同春"图案的袍服。可是穷苦人家都没钱做，有的就逃跑了。秀女因为帮助了一位讨饭的姐姐，结果讨饭的留下的衣裳竟然是六合同春的图样，这样祖孙二人就照着剪出了衣服来穿。不料这事被很多人知道了，都来找她们剪拜寿服，连宫里的太监都来找她们敲竹杠，要求三天剪出万寿（兽）万福（蝠）给老佛爷拜寿。祖孙二人连夜剪花样，最后熬夜被火烧死了。[1] 这则带有阶级色彩的故事重点反映了封建社会统治者的剥削和压迫，侧面展现了普通百姓的日用智慧和精湛技艺。通州西集团花剪纸同样作为百姓日用传承的技艺，主要作品用于年节窗花、婚礼喜花、贺礼礼花等，现在基本以机器剪纸为主；大辛庄剪纸同样展现出浓厚的乡土气息。

### （二）非物质文化遗产的生活呈现

如果将视阈具体到一个镇域范围，漷县就有形态多样的传统民间艺术。民间花会作为集音乐、舞蹈、杂艺等多种艺术形式于一体综合性艺术，在活跃传统村落社区文化和增添节日喜庆氛围等方面发挥重要作用。据悉，漷县民间花会素有"南八会"之称，每年农历正月十五、五月初一都乎前往临近张家湾镇里二泗村佑民观进香走会，"以漷县村者为会头，以靛庄者为会尾，都到靛庄南口外、许各庄西口外空场集合，约有两千人参加表演。由许各庄接茶会负责坐具和茶水。聚齐后自此出发，从吴营村村北过桥，沿十余里香道，直奔里二泗村北大运河南岸庙前空地，花会队伍头尾长有几里地"。[2] 八会争雄的场面常常会将走会氛围推向高潮，"少林会枪舞刀飞，大鼓会鼓声震天，铙钹会铿锵悦耳，狮子会雄狮劲舞，中幡会幡旋杆越，高跷会趣舞圆腔，小车会车倾角戏，龙灯会大地龙腾，开路会飞杈辟道，接茶会顶码接茶，声闻四野，响彻云霄"[3]。

除了民间花会以外，漷县民间工艺美术也非常多元，主要代表项目有靛庄花丝厂的景泰蓝制作技艺、李辛庄传统民间剪纸等，"一把剪刀多有用，能剪龙，能剪凤，能剪老鼠会打洞；能剪鸡，能剪鹅，能剪鲤鱼戏运河"。民谣反映了李辛庄民众的心灵手巧，也表现了他们与运河一衣带水的关联，李辛庄还因带动徐官屯、张庄、小屯、军庄等11

---

[1] 李苍彦编：《美的传说》，北京：北京工艺美术出版社，1987年，第94—99页。

[2] 通州区政协文史和学习委员会、通州区漷县镇人民政府编：《千年古镇漷县》，北京：团结出版社，2013年，第247页。

[3] 同上。

个村建立了民间剪纸艺术小组而被命名为"北京市农民特色文化先进村"[1]。

运河龙灯会是北运河民间艺术的重要表演项目,不仅有成套的表演程式,而且还传承了龙灯制作技艺。龙灯会在表演过程中辅以小车会,成为村落年节最喜庆隆重的文娱活动,属于历史悠久、村民自发组织参与、社区认同度最高、有地方特有文化品牌、最能体现运河文化的民间艺术活动形态。2006年,"通州运河龙灯"作为一种民间舞蹈入选北京市首批非物质文化遗产保护名录。2018年,张庄村作为现今传承运河龙灯的代表性村落成功入选北京市首批传统村落名录,系通州区唯一入选的传统村落。张庄龙灯会除了在年节、二月二龙抬头、三月三娘娘庙走会以外,还有一个较为特殊的祭祀节日和信仰,即农历六月二十四日"冰雹庙"走会。在该村靠近运河边的地方旧时有一座冰雹庙,体现了当地历史上曾因冰雹灾害而引发的民间信仰。冰雹庙也并非个案,通州地区旧时"六月六日,祭龙王,冰雪各神"[2]。在华北地区的河北固安大义店也有类似的"冰雹会"及其信仰,"出于对冰雹的恐怖,出于避免天灾达到风调雨顺物阜民丰的良好愿望,本地不少农村都有冰雹会,但仪式非常简单。讲究礼仪的大村,猪头三牲,香纸齐备,在立夏的第一天,举行冰雹祭会。抬着供品直奔村子西北方向而去。在村子西北方向的田野上,摆设祭品,焚香化纸,香首率众朝西北方向跪拜磕头,连连祷告,就算完成了祭告的仪式。然后将供品抬回家中,做成丰盛的午餐,大家聚餐一顿,将拜神的企求和真诚的心愿尽情地溢于言表,就算完事大吉"[3]。张庄村的冰雹祭祀表现为龙灯会走会,谢兆亮听老一辈讲,每逢农历六月二十四日,龙灯会从村内关帝庙起会,然后前往运河边的冰雹庙,在庙

---

1 通州区政协文史和学习委员会、通州区漷县镇人民政府编:《千年古镇漷县》,北京:团结出版社,2013年,第274页。

2 《通县志要》,民国三十年(1941)铅印本。转引自丁世良、赵放主编,张军等编:《中国地方志民俗资料汇编》(华北卷),北京:书目文献出版社,1989年,第29页。

3 赵复兴:《固安地区民俗辑录》,天津:天津古籍出版社,2006年,第58页。

前焚香和舞龙表演，之后再一路回到村里表演。不过，冰雹庙早在新中国成立前就没有了，新中国成立后的表演活动也主要集中在村内，运河边也因为场地限制，很少专程到运河边进行舞龙表演。现在，每年张庄村龙灯小车会主要集中在春节前后彩排、表演，在村内表演时，多是从村委（原关帝庙旧址）起会，之后沿着村内主街绕游一圈，其间有些村民会在家门口"摆茶桌"，以示对龙灯会的感谢和回馈，龙灯会就会在其家门口表演一番。龙车会的规模及人员构成，现有两条18米长、共7节的长龙，男女各一条（龙头均为男性），正式表演时场上需16人，另有小车会、鼓乐队和替补舞龙人，一次完整的表演大约由50多人组成。与老一辈相比，现在舞龙人大多老龄化严重，村里大部分年轻人都在外打工，舞龙套路也比之前少了很多。

除了运河龙车之外，漷县还有觅子店高跷、徐官屯村路灯老会、西鲁村杈会、三黄庄五虎棍等丰富多元的民间花会。觅子店高跷会。高跷作为传统民间花会中最具代表性、流传范围最广的表演形式，深受各地百姓喜爱。觅子店高跷较长历史，当地人传说已有200多年历史，其角色通常有16人构成，包括公子、药膏、打锣的、敲鼓的、渔樵等等，表演形式多样。近20多年来，年来觅子店高跷除了年节表演外，最重要的活动是参加了喜迎香港回归文艺演出，当时在接到这项任务之后，李福和一改以往成年人的高跷表演形式，首次在村内选拔小孩上跷，在故事和音乐表演上重新编排，经过长期练习和磨合后，将传统民间花会表演带到了国家大型文艺表演活动中，成为觅子店高跷最值得纪念的一件大事。[1]如今，高跷仍旧活跃于当地年节民俗生活中，是当地人热衷参与的社区活动。徐官屯村路灯老会。作为一种地秧歌表演形式，路灯老会集舞蹈、表演、唱词于一体。其角色与觅子店高跷有所类似，由两锣、两鼓、托托、小二公子、樵夫、药包、渔婆、渔翁、俊锣、俊鼓、丑锣、

---

[1] 访谈人：王文超、贾茜、李梦婷；被访谈人：李福和，觅子店人，现任漷县书院主任；访谈时间：2018年7月20日；访谈地点：漷县书院。

丑鼓组成。作为一种村落文化遗产，徐官屯村路灯老会最重要的是保留了带唱词的民间艺术表演，同类很多花会都逐渐没有了唱词，这是非常难得的。演唱形式有独唱、对唱和群唱等，内容也比较多样。

与传统民间艺术相比，新中国成立后和改革开放以来，伴随着国家不同发展阶段，潞县社区活动涌现了新形式，并与传统民间艺术一并成为活跃当地民众日常生活的重要内容与方式。新中国成立后，潞县最有代表性的现代民间文娱活动应该是农村业余评剧团。评剧原本就是华北东部地区较为流行的剧种，尤其是新中国成立前后，国家为了活跃群众文艺，并通过民众喜闻乐见的文艺形式来宣传新政策、新文艺，广大农村涌现了大量的业余评剧团。潞县农村业余评剧团也是在这样的大背景下迅速发展起来的，在马家务、西黄垈、东寺庄、马头和潞县村等多个村落都有了自建自导自演的评剧团。这些农村业务评剧团有其共性，都是自筹经费，没有正规师承学习，全凭个人爱好，为了提高业务水平便通过多种渠道进行学习、钻研；他们共同排演着相似剧目，不但在本村演出，还在周围四邻八村演出，极大了当时农民群众的文娱生活。农村业余评剧团的出现尽管在业务水平上不能与专业评剧团相较，但对传播社会主义新文艺、新思想，繁荣民间文化生活起着特殊历史作用，这是需要给予肯定的。

潞县另一项很有显示度的社区活动是太极拳的普及与开展。北京近郊自古就有习武传统，通州潞县在历史上也曾出过武秀才、武举人，尚武或者以武术作为强健体魄的重要方式，这在潞县地区是有历史根基的。清末民国至今，潞县地区的武术传承几乎没有间断，目前主要传承着李氏太极拳、吴氏太极拳和五行通背拳等。事实上，传统体育民俗在北运河流域有着较为普遍的传承范围和文化认同，这既与地方传统有关，过去运河沿线镖行文化盛行需要大量的武术专业人才，与此同时，这也体现了近代以来传统体育与地方公共文化的相融相生。体育民俗中所蕴含、彰显的仁义礼智信传统美德观念与当前社会主义核心价值观宣传教育也有很高契合度。广大民众通过学习和传承传统体育民俗，达到了强身健体的目标，弘扬了健康向上的村风民风，也为地方文化治理打下了坚实的群众基础。

通过潞县的个案可以看得出，遗产在地方民众生活中已经基本实现了生活化传承。一方面，基于物质文化遗产的民俗记忆构建了老百姓丰富的精神世界。元明清以来的运河历史通过"潞县八景""四台八庙七十二眼井"这些精炼的言语概括得到了世代相传，构筑了多元立体的生态文化景观，为新城镇和新农村建设提供了深厚的文化基础。即便是一个个简单的村名，也同样承载着丰富多样的运河功能和民俗叙事，生动勾勒出了运河与民众生计、命运的关联。另一方面，基于非物质文化遗产的多元叙事重塑着老百姓多变的物质生活。由于非物质文化遗产相对灵活的类型性、适应性和变异性，一些传统的民间技艺、民间美术和民间文学等文化形态在运河沿线落地生根，逐渐形成今天可见的非物质文化遗产和地方名片，为民众生活生计提供了丰富文化资源，成为文化创新创造的重要文化资本。概而言之，运河历史和生活语境中的遗产促进了遗产的生活化传承，为生活革新中遗产的创新创造提供了基础条件。

本节主要通过北运河流域的潞县个案，基于对潞县物质文化遗产与非物质文化遗产的简要概述，勾勒了运河历史、民众生活与遗产存续的关联，阐明了遗产生活化传承的基本观点。当然，在生活化传承的进程中，地方也在城镇化和新农村建设中通过建设博物馆、文化馆、乡情陈列室等积极保护传承地方文化，增进民众的文化认同，这种"馆舍化"体现的是政府层面的保护举措，与遗产生活化传承本身并不相矛盾。遗产的生活传承与"馆舍化"是同一问题的不同层面，既是一个历史事实，也是一个当下仍在不断发生的现实事件，需要整体地、统筹地、发展地看待这个问题。

## 第二节　遗产传承与再造中的民众生活

遗产总是跨越历史变迁、在民众生活中不断进行转型、创新与发展。本节我们集中关注两个发生在北运河边的案例，一是有关手工艺的变迁，乡村手工艺如何从一种生计、产业转向为文化符号；二是有关村落场景的变迁，传统乡村如何因外部文化因素的涌入进而改变风貌风气，引领一种潮流的场景塑造与文化消费。

### 一、技术转移与民众参与

流动的技艺是北运河流域传统技艺的一大重要特点。在运河失去其以漕运为核心的交流功能之后，这些传统技艺的状况如何，以及又将产生或出现哪些新技艺，它们又是如何影响运河流域的村落生活的呢？传统工艺复兴并非始自于非物质文化遗产的本土化实践，而是经历了一个特殊的时期。单就改革开放以来传统工艺的发展历程而言，在非遗运动开始之前就已经呈现了复兴态势，并曾一度受到不同学科的学者关注。无论就其复兴规模还是社会影响力，在一定程度上都无法与当前相比较。[1] 朱霞对这一问题持同样看法，她引入近年来受到关注和讨论的文化层面的"自愈机制理论"来分析传统工艺的活化，认为应当从长时段的历史发展来看待传统工艺的保护与发展问题，"相信在传统文化的记忆库保存着工艺与文化的基因，在适当的时机下自愈机制会发生作用，某些断裂或失传的传统工艺可能重新活化，并回归社会生活"[2]。可见，这种"活化"或者"被利用"绝不仅仅是今天非物质文化遗产语境下才开始发生的。我们有必要兼顾被忽略的历史上曾经发生过的一些特殊个案。

### （一）遗产何以形成

改革开放以来，在一些经济基础条件较好、开放较早的地区，由于各级政府对地方经济的重视与支持，尤其是在鼓励乡镇企业等多元主体经济发展的大背景下，传统工艺门类受到了重视，出现了短期内的繁荣，靛庄花丝厂就是一例。靛庄花丝制作技艺的传承与发展展现出的运河人的生存智慧与文化精神。靛庄，北京副中心通州漷县镇的一个普通村落，位于古延芳淀东北角，通州区政府东南15公里，沿凉水河西岸设村。凉水河发源于北京丰台区，是完全处于北京区域内的一条河流，先后流经丰台、大兴和通州辖区，经靛庄村，在榆林庄闸上游汇入北运河。因此，凉水河也可算作北运河的一个支流，是北运河水系的重要组成部分。如果我们将水运河水系都纳入大运河文化带，靛庄无疑是生长于运河两岸的古村落。

在城市与乡村之间，技艺流动原本是一件很自然的事情。新中国成立以来，类似于花丝珐琅、雕漆等工艺门类被列入"特种工艺"，与一般工艺美术有所不同，这些特殊门类技术水平精湛、成本原料较高，自明清以来产品主要面向皇室及中上层社会。自20世纪初叶起，随着清政府

---

1 王文超：《传统工艺的文化复兴与"非遗"实践》，《民间文化论坛》2019年第5期。
2 朱霞：《传统工艺的传承特质与自愈机制》，《北京师范大学学报》（社会科学版）2018年第4期。

倒台，原清宫造办处这种皇家专属作坊解散，政府成立了工艺局，一方面可以作为承接清宫造办处手艺人社会流向的重要机构，另一方面就是利用这种特种工艺优势资源，在积极推动北京特种工艺进一步发展的同时，将之打造成为中国"技术代表"并走出国门，频频出现在世界博览会的舞台。从那时起，以景泰蓝（珐琅）、漆器、玉器和牙雕等为代表工艺品基本形成了"外销为主、内销为辅"的京作特种工艺市场格局，这种状况一直持续到了20世纪中叶。[1]新中国成立后，将特种工艺品用于出口外销换取外汇仍旧在政府国民经济中占有重要位置，尽管因国家政策而屡受波折，但特种工艺仍旧得到了长足发展，尤其是形成了以城市为中心的发展格局。[2]

改革开放前后，国外市场对中国传统工艺品需求扩大，趁势增加出口成为共识。对于整个北京工艺美术行业而言，情势和目标都具有一致性，北京工艺美术品总公司下属的20余家专业厂家"为适应外贸的需求，不断扩大生产规模，增加产品种类，部分厂家的产品一度出现了供不应求的状况，使该行业在整体上呈扩张之势"[3]。在这样的背景下，原本以城市为中心的特种手工艺生产不得以向京郊农村蔓延，开始利用城郊农村丰富的劳动力资源进行扩大化生产。北京雕漆厂原厂长李一之曾回忆："为了满足外贸出口，北京雕漆厂除了人员迅猛增加外，还积极发展乡镇外加工企业，在京郊大力发展雕漆加工点，有宣武街道雕漆厂，朝阳区东坝、洼里、黄港、孙河、辛堡、七棵树、将台、望京、三里屯，通县西集、大闸，房山县西庄户，密云县太师屯，顺义县李桥、后沙峪、北雾，以及河北省固安、文安、曲阳等雕漆加工作坊40余处，以解决产

---

[1] 吴明娣主编：《百年京作 20世纪北京传统工艺美术的传承与保护》，北京：首都师范大学出版社，2014年，第7页。

[2] 王文超：《传统工艺的文化复兴与"非遗"实践》，《民间文化论坛》2019年第5期。

[3] 吴明娣主编：《百年京作 20世纪北京传统工艺美术的传承与保护》，北京：首都师范大学出版社，2014年，第12页。

能不足的困难。"[1]与雕漆的发展情况相似，京郊珐琅厂也同样在改革开放之初如雨后春笋般涌现，它们作为由乡镇或村镇集体创办的外加工厂或加工点，在充分发挥京郊闲散劳动力资源的同时，大大促进了北京特种工艺行业的整体发展和繁荣，使这一时期北京特种工艺呈现出一派生产上的复兴面貌。[2]这就间接决定了，通过发展传统工艺类乡镇企业，加大出口创汇比重已经成为当时推动农村经济的主要任何和重要路径。这正是我们这里想要谈的流向乡镇的技艺。

传统工艺要得以发展，必然离不开经济繁荣与产业振兴。在改革开放前后，仅就当时的通县而言，经济形态相对比较单一，产业结构以第一产业农业为主导，几乎90%的人口从事农业生产，乡镇企业的发展是比较迟缓和滞后的。"1978年全县乡镇企业只有551个，年产值6000多万元"[3]，单看这一数据肯定不能反映出乡镇企业迟滞的状况，将之与1987年底的数据相比较，"到1987年底，全县乡镇企业已发展到1774个，年总产值近8.6亿元"[4]。比较约10年前后的这两组数字，可以发现，乡镇企业的数量增长到3倍之多，年总产值更是约9倍。这种规模及产值上的快速增长，无疑与国家层面改革开放的政策，以及中国共产党的第十一届三中全会"把全党的工作重点转移到经济建设上来"的重大方针密切相关。

在这样的宏观背景下，整个通县地区解放思想，大力发展农村经济，对全县的生产结构进行及时的针对性调整，通过多种途径发展商品经济。尤为重要的是，确立了基于原有乡镇企业的规模和资源，进一步促进乡镇企业的发展这种发展模式，并将之视为促进农民增收致富的重要路径。当时，通县有一些以生产传统工艺品为主的乡镇企业，包含了靛庄花丝厂的创办和勃兴。一说，1972年，潞县靛庄村年仅32岁的熊振江，在本

---

1 李一之编著：《雕漆》，北京：北京美术摄影出版社，2012年，第54页。
2 王文超：《传统工艺的文化复兴与"非遗"实践》，《民间文化论坛》2019年第5期。
3 中共通县县委宣传部《运河畔上的卫星城——通县》，《学习与研究》1988年第3期。
4 同上。

村组织创办了靛庄花丝厂,创办之初仅有七八个人,厂房就是生产队的7间土坯房。说是厂,但在创办之初更似一个小作坊,主要以手工生产花丝珐琅为营生。这个小作坊日后能得以快速发展壮大,除了熊振江等人的自身努力以外,当然离不开手艺自身的特点以及国内外市场环境。

随着生产规模逐步扩大,队伍也从生产一队向全村辐射,尤其是吸收女性。一方面,女性通常比男性细心、有耐性,手巧灵活,更适合做纤细的工作;但同时,在传统农业经济中,女性往往又在家庭中担当重任,她们不仅要干农活,农闲的时候还要照顾家庭,看孩子、做饭。这种情况下,工厂通常允许她们"带活回家",如有道工序是用乳胶将做好的花丝粘在一起,她们完全可以带回去,闲了就做,做好后拿回去按件计分。这就是最初的村落手工艺共同体的初现阶段,他们依靠的是村落原有的经济合作组织(队)进行资源整合,同一生产队的成员本身就是一个经济单元,他们又长期生活工作在一起,更容易凝心聚力。这种凝聚力就体现在,他们秉持相同的工作目标,共同学习手艺,琢磨技艺,并且逐步有了分工,如后来成为厂长的熊振江擅长管理,刘师傅主要负责钻研制胎,另一位姚师傅则负责点蓝。就是在这种看起来粗糙但又有序的合作中,生产规模逐步扩大。当然还需指出的是,在1972—1983年阶段,社办工厂对北京工艺品公司的依赖性极大,他们需要在生产样式上、市场营销上完全依赖城市。在这客观上也给他们节省了很多时间和精力。他们生产的产品全用都用于出口,通常是经香港出口至欧美国家。

在诸多门类乡镇企业中,传统工艺类只是其中之一种。据统计,在1987年通县全域的出口创汇产品中,乡镇企业共计达到了1.2亿元的出口额,主要集中在工艺美术、机械、纺织和服装四大行业领域[1],尤其是以传统工艺美术品生产为主导,优势格外明显。到1988年,通县各级政府通过发挥民间手艺人的带动作用,调动农民的积极性和参与度,同时为这些乡镇企业在资金、技术等方面创造合作条件,使得全县域的传统

---

[1] 中共通县县委宣传部:《运河畔上的卫星城——通县》,《学习与研究》1988年第3期。

工艺类乡镇企业数量达到了128家，具体门类包含景泰蓝、花丝镶嵌、玉石雕刻、各种料器、仿古瓷器、铜制工艺品以及各种刺绣、纳纱，等等[1]。

对于靛庄花丝厂而言，这一时期最大的变化在于生产规模上的扩大，从原先的村办小厂发展成为了拥有300万元固定资产、500多名职工、年创汇150万美元的通县地区重点外向型企业。在1979—1989年间，靛庄花丝厂累计为国家上缴税金达250多万元，1988年被县税务局评为纳税先进单位。[2]熊振江也因为在经营管理上的突出贡献，以及他本人的努力和公益，在1984、1986和1987年连续3次被评为县级先进个人，1988年还被评为县农民企业家，1989年更是被评为北京市劳动模范。这些荣誉使得靛庄花丝厂几乎成为靛庄乃至整个通州的荣誉和标签，在一段时间以来，它一直作为最具代表性的村办企业，反复出现于各类文史志书中，其影响力不言而喻。《北京市通县地名志》中就这样描述："从业人员530人，年产值1048万元，利润149万元；从业人数、产值、利润均居全镇之首，产品主要供北京工艺进出口公司出口国外。"[3]之后的同类文献中，靛庄花丝厂都被定位为"外向型企业"[4]，顾名思义，这都在客观上说明了其当时已经确立的面向出口生产、创造外汇收入的经营模式。

1988年，北京市成立了集出口生产、科研和信息一条龙为目的的北京首饰出口联营集团[5]，成立原因是基于当时国内首饰品在款式设计、工艺技术等方面存在明显落后于国际潮流的局势，产品的国际市场竞争力不足，为了进一步扩大出口，实现创汇，首饰联营集团总共联合了7省

---

1 中共通县县委宣传部：《运河畔上的卫星城——通县》，《学习与研究》1988年第3期。

2 通州区党史区志办公室编：《通州英模1949—2009》，北京：中共党史出版社，2009年，第184页。

3 通县地名志编辑委员会编：《北京市通县地名志》，北京：北京出版社，1992年，第147页。

4 于哲林主编：《中国外向型企业年鉴》(北京卷)，北京：光明日报出版社，1990年，第148页。

5 《北京首饰出口联营集团成立》，《人民日报》1988年6月20日，第2版。

市51家工贸企业，秉着自愿平等、互惠互利的原则组建，同时联营集团在充分整合资源基础上，为各企业组织货源，推动首饰产品的合作与深加工，共同提高经济效益。1988年前后，通县进一步明确了"走横向联合之路"的发展思路，以期帮助乡镇企业快速发展。所谓的"横向联合"，既是要通过合作联营的方式，打开大门办企业，解决乡镇企业发展亟须解决的资金、技术和设备等难题，从而进一步提升产品质量，提高市场竞争力。就在这一年，靛庄花丝厂确立了与首饰公司的联营，成立"兰靛联营首饰厂"，进一步成为北京首饰出口联营集团的成员厂。在这种横向联合的经营模式下，首饰联营集团就能够从产品需求、设计细节、市场流向等方面为靛庄花丝厂提供便利，同时也进一步带动了靛庄花丝厂的产品种类更新、技术设计升级，在熊振江的带领下，花丝厂根据联营集团提供的原材料和设计要求，开始生产"瓶、盒、桶、罐、蛋、串、坠刷、扁摆件"等10大类2000多种产品。[1]由于注重产品创新，在当年的广交会上，靛庄花丝厂展销了160多件新产品，占到北京首饰联营集团展销全部新样品的三分之一，成交额达到了20多万元。[2]除此之外，靛庄花丝厂还进一步扩大了横向联营主体范围，与河北多家工美企业合作共赢，建立工艺品生产集团，提高本厂的生产规模和营业额。在产品种类上，丰富了首饰盒、彩珠子、彩蛋、彩鸟等品种。到20世纪90年代初期，靛庄花丝厂经过了十多年的创新发展，无论是产品体系还是技术体系上都较为成熟，有了自身相对独立的系统。同时，花丝厂始终秉持着"用户至上，信誉至上"的原则，产品质量取得了免检免验资格，在国际市场上也受到了大量客户的追捧。

在此进程中，原有共同体也出现了分化。在集体走向个体的过程中，个体之间出现了分离，在花丝厂之外还有家庭作坊式小业主。1982年，

---

[1] 于哲林主编：《中国外向型企业年鉴》（北京卷），北京：光明日报出版社，1990年，第148页。

[2] 中共通县县委宣传部：《运河畔上的卫星城——通县》，《学习与研究》1988年第3期。

杨知青返城后，他回到了天坛附近的一家街道珐琅厂工作。由于刘某与杨知青交往甚密，他决定退出花丝厂自己单干。他的工厂就在自家院子里，最初的工人就是妻子和几个亲戚。最初做什么呢？因为刘某特别擅长制胎做造型，当时首饰特别流行，他就和杨知青合作，源源不断地提供新首饰样胎。最初几年有市场，效益不错，生产力不够，他们就雇佣外来农民工。刘某的妻子回忆，当时来的都是二十出头的外地孩子，没结婚就来北京打拼，吃住在刘某家里，边学边做，直到现在他们还有微信往来，足可见关系挺好。刘某形容手艺品市场是"三起三落"，为了应付光景差的年月，他们会经常做"备活"，以备市场之需。1990年代旅游品市场已经火热，但由于他们只做胎，不做成品，所以也不能直接拿到市场上去卖。受制于城乡生产链，导致他们在经营上尤为受到城市市场的波动。

1990年以后，靛庄花丝厂在刚刚建立了相对成熟的技术生产体系获得国际市场认可之时，"由于美国及西方一些敌对势力对我国的制裁和我国外贸体制改革的深入"[1]，使得花丝厂与大多数外向型企业一样，面临着一些困境，主要是由于出口市场受到限制进而导致的生产效益下滑。经过自营出口模式的发展阶段以后，靛庄花丝厂在生产效益上又有明显地提高，1997年实现了创汇100万美元[2]，将自营生产的景泰蓝产品远销15个国家和地区，其中主要销往美国和中国香港，还获得了北京市对外经济贸易委员会颁发的"重合同、守信誉"奖。而此时，靛庄花丝厂的规模和影响也进一步扩大，"占地面积2公顷，建筑面积6000平方米，职工500余人，固定资产1000万元，按工序设置冲压、胎工、丝工、蓝工、镀金5个车间。产品有摆件、挂件两大类1000多个品种。产品销往

---

[1] 中共通县县委办公室：《漷县镇靛庄花丝厂获得自营出口权的启示与思考》，《农村经济与管理》1995年第2期。

[2] 《北京百科全书 通州卷》编辑委员会编：《北京百科全书·通州卷》，北京：奥林匹克出版社，2001年，第55页。

美国、日本、东南亚等二十几个国家和地区。[1]"

2008年6月，北京市通州区人民政府公布、北京市通州区文化委员会颁发，授予"靛庄景泰蓝制作技艺"区级非物质文化遗产。2011年6月，熊松涛获得北京市通州区文化委员会颁发的证书，"通州区区级非物质文化遗产保护项目'靛庄景泰蓝制作技艺'代表性传承人"。

（二）遗产何以发展

在前述靛庄花丝厂的发展阶段中，我们花了大量笔墨在描述不同时期花丝厂如何在熊振江的带领下，抓住重要历史机遇，迎来一个个新的突破式发展。但是，无论是花丝厂在草创期的七八个人，还是1990年代发展至500多人的工厂，花丝厂都在始终依赖靛庄村及周边村民，这些以稳定的地缘关系，甚至夹杂着亲缘关系在内的相对封闭又相互关联的群体给了花丝厂最为稳定的动力之源。这种动力既指的是劳动力，代表花丝厂手工生产的劳动力资源；另一层面也代表了"发展动力"，靛庄花丝厂不仅仅需要养活熊氏家族，它作为一个乡镇企业的代表，更肩负着周边农民的切实民生改善，这也是花丝厂最内生、最持久的动力。

在以靛庄花丝厂为主体申报的通州区区级非物质文化遗产保护项目"靛庄景泰蓝制作技艺"中，它的申报主体"社区"从靛庄及周边村落这样一个不确切的、非固定性的规模及群体上升为漷县镇，在镇政府为申报单位的较为确切的主体中得以传承，对于靛庄花丝厂而言有两方面益处：一是提升了文化共享群体定位，成为一个镇域的文化符号在整个通州区展现，在增强了漷县镇整体文化软实力的同时，提升了靛庄花丝厂的镇域美誉度；二是增加了生产动力来源，靛庄花丝厂除了依赖本村及周边的劳动力资源以外，也进一步吸收漷县镇域内的劳动力资源，在生产中使其共享非遗保护成果。

---

[1] 《北京百科全书·通州卷》编辑委员会编：《北京百科全书·通州卷》，北京：奥林匹克出版社，2001年，第55页。

在非物质文化遗产申报工作前后，靛庄花丝厂的工人仍旧保持相对稳定的规模，主要依旧依赖于本村及周边村民的情况没有发生改变。其中的很多村民都是在这里工作二三十年的老员工，他们感受着花丝厂在物质建造上的变迁，他们的生活也深深受益于花丝厂的经营效益。在非物质文化遗产概念到来之前，村民或工人们感受到的更多是经济效益，以及工厂带给社区的社会公益，如出资援建学校改善了孩子们上学条件，帮助农民购买农机解决农业生产难题，修建沙石路解决村民的出行难题，等等。[1]如今，村民们更是在一个共享的非遗文化社区内获得了地方文化的认同感和自豪感。

近年来，国家大力倡导乡村振兴计划，伴随地方社区对传统技艺类非遗项目的普遍重视，以及国家传统工艺振兴计划的提出，传统工艺成为地方各级政府试图打造美丽乡村和实现乡村脱贫攻坚的重要手段和工具。在这种局面下，单靠地方政府引导和民众热情还不够，相关领域的政策倾斜和社会精英介入已经成为培育传统工艺复兴的重要方式。以贵州为例[2]，从2011年起，以雷山为代表的部分地区率先同相关高校开展合作，通过共建非遗保护与研发中心的形式来深度挖掘地方非遗文化资源，探索保护与传承兼具的非遗产业链，将传统手工艺与现代设计、市场运作有机整合。在这样的前期经验积累下，2015年以来进一步响应国家对非遗传承人试点培训的发展规划，面向全省建设了传统工艺贵州工作站，在全国范围内梳理了非遗保护与传承创新的贵州模式。随着国家文化和旅游部陆续发布《中国非物质文化遗产传承人群研修研习培训计划实施方案（2018—2020）》和《关于大力振兴贫困地区传统工艺助力精准扶贫的通知》，已有经验的在全国推广，并从国家层面号召各地文化部门和地方精英直接或间接地参与到传统工艺的整理、研究、保护和开发进程，

---

1 《北京百科全书·通州卷》编辑委员会编：《北京百科全书·通州卷》，北京：奥林匹克出版社，2001年，第55页。
2 有关传统工艺贵州工作站的发展历程，主要参考赵罡：《由点到面 全面推进——从雷山非物质文化遗产中心到贵州传统工艺工作站的建设探索》，《中国民族美术》2017年第1期。

帮助传承人和地方民众提升产品层次、艺术审美和现代功能，最终达到帮助地方脱贫致富，重构社区文化认同的终极目标。

但是，对于这种帮扶开发有必要吸取前序历史经验，把握尺度。倘若过度涉入很容易造成地方内生力不足，使地方民众沦为新文化产业的低端劳动力，甚至被边缘化。最终就像前述京郊特种工艺浪潮中所表现的那样，一旦缺失了外力引导和产业体系，地方手工艺就会成为虚假的繁荣。有学者已经开始从人类学视角反思这种以设计师为代表的社会精英介入，对地方传统工艺及其社会体系将会造成怎样的影响，依循将传统手工艺看作社区文化重要组成部分的观点，尊重手艺带给手艺人和地方民众的"人类价值"[1]，避免外部介入所造成的地方传统碎片化、地方手艺人的去技能化和地方手工艺的整体异化，由此提出要倡导一种"协同设计"思维模式，要求外部精英与地方手艺人或非遗传承人、地方广大人民群众一道创新、创造[2]，促进地方文化主体自信，加强地方民众对新文化产业的认同感，实现地方社区的整体繁荣和复兴。

正如前文对非物质文化遗产运动大范围开始前的靛庄花丝厂的描述，该厂在改革开放与乡镇企业发展的浪潮中，抓住机会，应运而生，但它并非孤立，在整个京郊农村乃至城市街道，这类作坊式的加工工厂如雨后春笋般兴办。靛庄花丝厂的特殊性在于，在大浪淘沙过后，在绝大多数的工厂销声匿迹之时，它顽强地生存下来。这种"存活"不能完全说是偶然的，多少尤其必然因素，就像前面提到，无论是技术体系的成熟度，还是在寻求联合发展之路，争取自营出口权，顺应时势造就新品牌等路径选择上，靛庄花丝厂都在积极寻求改变和突破，这种顽强使之成为我们今天依然能够看到的这场"运动"之后的"遗珠"。与北京市珐琅厂所承载的国家级非物质文化遗产项目景泰蓝制作技艺相比，靛庄景

---

1　张朵朵：《风险中的具身知识：设计师介入地方传统手工艺的人类学反思》，《美术与设计》2016年第2期。
2　张朵朵：《协同设计"触动"传统社区复兴——以"新通道·花瑶花"项目的非遗研究与创新实践为例》，《装饰》2016年第12期。

泰蓝制作技艺更加代表了生长于民间的，京郊乡镇企业蓬勃发展的力量，体现了传统工艺或者传统工艺美术在京郊农民得以发展的广阔空间和历史潜能，这是其重要的代表性之一。在这个层面上讲，它背后所指代的"社区"可能涵义更为宽广。

可以说，整个靛庄村从事景泰蓝等相关制作技艺的人群都是因靛庄花丝厂的成立才逐渐形成的，普通农民才从发展副业中有个"手艺人"这样一个身份和角色，如果没有这段历史和这个工厂，绝大多数的农民更多地还是与土地相连，或者不容易与这项技艺有如此亲密的关系。

为什么说是景泰蓝相关制作技艺，是因为这项技艺在靛庄的生根不是系统性的，它更多是普通村民对城市特种手工技艺的探索性尝试，在这项尝试的过程中，他们依次经历了"花丝"—"银蓝"—"珐琅"等不同技术阶段。正是由于这种不确切的、不成体系的探索，使得他们有更多选择的灵活空间。我们现在在讨论传统工艺振兴时经常会谈及"市场"，事实上，他们当初就最为关注市场，也最会迎合市场需求选择技术，或放弃技术。

与此同时，在靛庄村，在靛庄花丝厂兴办起来之后，也有一些零星的家庭式小作坊。刘师傅和姚师傅都曾经是办厂之初的老员工，分别擅长制胎和掐丝工序，在工厂发展到一定特殊阶段，他们退出来，自己成立家庭式小作坊，重新组建工人，联络业务和市场渠道。尽管他们最终没能向靛庄花丝厂这样保存下来，也没能成为非物质文化遗产的代表性传承人，但是，靛庄景泰蓝制作技艺非遗项目无疑也是对他们在工艺美术行业的亲身实践给予了政府文化层面的肯定与认可，在这块"招牌"的背后同样记录了他们的历史记忆。

如果说前两个层面都是从历史层面对靛庄景泰蓝制作技艺成为非遗项目的评价，那么面向现实，在国家大力倡导传统技艺类非遗项目的生产性保护以及弘扬工匠精神的大背景下，该项非遗对于当前仍旧从事且正在参与的群体而言，这无疑是一种精神鼓舞。

非物质文化遗产生产性保护是指在具有生产性质的实践过程中，以保持非物质文化遗产的真实性、整体性和传承性为核心，以有效传承非物质文化遗产技艺为前提，借助生产、流通、销售等手段，将非物质文化遗产及其资源转化为文化产品的保护方式。[1]这条原则正面回应了传统工艺究竟该保护还是该发展的问题，也对保护与发展的困境给出了一些方向。

对于靛庄花丝厂而言，他们在没有成为非遗项目之前就一直在从事传承和发展，积极对应市场变化，调查产品结构，初步形成了一定的将传统工艺资源与现代商业产品相嫁接的形式，探索到了一些方向。生产性保护的原则，一方面引起他们保护和传承传统工艺做法的重视，另一方面也给了他们更多的勇气进行创造性生产和转化。这种精神鼓舞也是实际的政策支持。因此，随着当前国家和各级政府对非物质文化遗产的重视和保护政策不断升级，我们也有理由期待在潮县靛庄，今后在该项非物质文化遗产相关政策及项目的带动下，社区营造将发生更多可供外界借鉴吸收的故事。

擦亮"非遗"品牌，打造中国"非遗"品牌，已经成为近年来非物质文化遗产转向文化创意产业和现代生活的重要路径和必然选择。2018年7月27日，由文化和旅游部非物质文化遗产司支持的"首届非遗品牌大会"在广州举行，这次会议的目的是要为全国范围的非遗品牌搭建一个高端的对话平台，通过邀请了百余项非遗项目和品牌的代表，共同聚焦非遗项目和传承人品牌、产品品牌、企业品牌和品牌跨界等要素，从多个层面探讨非遗品牌和相关生态的打造，旨在提升非遗品牌建设的水平，推动中国非遗的传承、创新和发展；同时，从机制探索、资本赋能、人才培养、传播推广等方面，进一步加强非遗品牌建设。在靛庄花丝厂所承载的景泰蓝制作技艺被列入非物质文化遗产保护项目的前后，以熊松涛为当代传承的熊氏家族就积极地打出"熊氏珐琅"的品牌，期望通

---

[1]《文化部关于加强非物质文化遗产生产性保护的指导意见》，文非遗发〔2012〕4号，2012年2月。

过品牌化经营，形成家族品牌特色，增厚产品的家族文化附加值。

## 二、艺术流动与场景塑造

北运河流域乡村风貌的变迁除了得益于内部文化资源的挖掘与利用之外，还需要外部的、新兴文化元素的移入。宋庄画家村的形成及其宋庄艺术小镇的发展就反映了文化艺术流动对乡村振兴及城镇化快速发展的直观影响。

### （一）地方生态与外来文化涌入

宋庄画家村的形成得益于圆明园画家村。20世纪90年代，在圆明园福缘门村方圆20余里、700多户的农家村落里，一批来自全国各地的艺术家开始扎根于此，造就了新中国第一个自发形成的艺术家聚集地。尽管艺术家层次不一，生活状态也千差万别，但"圆明园画家村"的名号逐渐成为北京城重要的新闻热点，标志就是1992年《中国青年报》以"圆明园废墟上的艺术村落"为题对圆明园画家村进行了专题报道。这是我们今天所能见到的绝大部分资料对于圆明园画家村由来的通识性说法。1994年前后，一些艺术家陆续走进了京郊东部的宋庄，一开始是附近小堡村、大兴庄、喇嘛庄、任庄、白庙村等多个村落。直到1995年10月，北京圆明园画家村被彻底拆迁解散后，艺术家集体搬迁到宋庄，小堡画家村的艺术群落开始有规模地生长。

但是在此之前，宋庄地区始终保持自己的文化生态。宋庄，位于北京市通州区北部，西接朝阳区，北面紧邻顺义区，靠近首都机场空港区，东面是河北省三河市燕郊。距首都核心区东直门约22千米，距首都机场约12千米，整体地理区位比较优越。北京东面有两条重要的河流，一条是流经北京北部和东部的温榆河，一条是潮白河干流，宋庄恰好位于两条河流的中部，历史村落生计主要以农耕为主。相较于通州南部及大运河而言，人们更容易忽视通州北部的文化地位，但宋庄也曾出土过石器，反映着通州地区新石器晚期的文明。[1]1988年12月，宋庄境内曾考古发现一辽塔地宫，经过文物分析和相关研究表明，该塔约建于辽圣宗统和晚期至开泰年间，葬主拟为尼姑，此辽塔塔基地宫平面呈圆形，直径约5米，外缘为勾纹条砖所砌，内部为勾纹方砖所垒，三层之下正中是两层整块6厘米厚的长方形青石板，再下为条砖所砌地宫。地宫内出土青砂岩棺形子母石函，有十二生肖及卷云、宝相花纹饰，另有"开元通宝"和北宋铜钱[2]。今天，在宋庄镇草寺村北还保存着一通清乾隆六年（1741）御制的徐元梦墓碑[3]，墓碑原立于今宋庄镇管头村东古去东陵御道北侧，虽然在特殊时期遭到损坏，徐墓园也被平整，但考古出土的物质文化及地上文物都不同程度地见证着宋庄的历史变迁。

宋庄境内行政村较多，由宋庄地名志显示，部分村落始建于元代，大部分为明清成村的古村落。宋庄村是宋庄镇政府驻地的行政村，元代成村，因姓宋名为宋家庄，1912年简称为宋庄。宋庄至今还有一部分满族。宋庄有一处重要的红色文化资源。这里曾是平津前线指挥部旧址。在宋庄镇宋庄村中老镇政府院内。原有一处清末民初建筑，是当地王姓地主的家院，由两所并列的三合院组成，南向，正房各五间，厢房各三间，房屋结构及样式属于近代通州乡间的典型院落。1948年11月，东北野战军挥师入关（山海关）与华北野战军会合，于1948年12月5日发起

---

1　郭炜等编著：《大运河与通州古城》，北京：北京出版社，2018年，第44页。
2　周良等：《通县出土罕见辽塔地宫石函》，《北京文物报》1989年第6期。转引自苏天钧主编：《北京考古集成》（宋辽卷），北京：北京出版社，2000年，第335页。
3　徐元梦，字善长，舒赫禄氏，满洲正白旗人。康熙二十年（1681）进士，曾任户部主事、浙江巡抚、左都御史及翰林掌院学士、工部尚书、户部尚书、内阁学士、刑部侍郎、礼部侍郎等职。徐元梦墓碑，御制徐元梦墓碑为汉白玉制，首高1.6米，宽1.2米，厚0.52米，方额无字；身高2.2米，宽1.12米，厚0.44米，正面周边浮雕龙、云，无首题，右纵刻楷书5行，行48字，左刻满文5行，均系乾隆帝御笔，系表彰徐元梦功绩及表达敬重怀念老臣之意；龟趺高0.88米，残长2.4米，宽1.2米，背无纹饰。2001年被列入通州区文物保护单位。

平津战役。由东北野战军司令员林彪、政委罗荣桓和华北野战军司令员聂荣臻等组成平津前线指挥部，实施对平津战役的战略部署。平津前线指挥部驻河北省蓟县东南隅之八里庄。解放军截断敌军西窜或南逃的通路，将敌分割包围于北平、天津、张家口、新保安、塘沽5个据点。12月22日围歼新保安之敌第三十五军和两个师。24日攻克张家口，全歼守敌第十一兵团所属的一个军又七个师，完成了对天津的战略包围，1949年1月12日，指挥部迁至距北平只有60余华里的通县宋庄镇（今宋庄镇政府院内）。1月14日解放军指挥部发出对天津的总攻命令，经29小时激战，全歼守敌13万余人，生俘守敌指挥盲陈长捷。1月15日解放天津。至此，北平20余万守敌完全陷入绝境，林彪、罗荣桓、聂荣臻在通州五里桥会见国民党华北"剿总"总司令傅作义的全权代表邓宝珊、周北峰，进行和平解放北平问题的谈判。1月17日达成和平解放北平的协议。1月31日，北平宣告和平解放。至此，平津前线指挥部胜利完成历史使命。[1]因此，现存于宋庄的平津前线指挥部成为北平和平解放的重要见证。[2]

元代成村的村落还有疃里、白庙村、邢各庄等。疃里最初为一个渔家村落，俗称网户村。明代时有山西洪洞县韩氏五兄弟迁移至此定居，遂成大户，将村名更为韩家疃，1913年后改回疃里。邢各庄同韩家疃一样，都因姓而得名。白庙村早在元代就已成村，其村名系因建设潮白河边的一座白马关帝庙而得名。传说明成祖亲征蒙古时，见大军前风沙弥漫中，有一神在前面带路，衣冠貌相看起来神似关公，唯独所骑的马是白色的。明成祖凯旋之后，又听闻有白马是关羽助战时的铁骑。于是，明成祖大悦，就下令在正阳门外建设了关帝庙，马要塑成白马，通州卫所属部队随成祖北征，凯旋后也在通州北城建成了白马关帝庙。白庙村

---

[1] 《北京百科全书·通州卷》编辑委员会编：《北京百科全书·通州卷》，北京：奥林匹克出版社，2001年，第213页。

[2] 王岗主编：《北京历史文化资源调研报告》，北京：中国经济出版社，2013年，第237页。

的白马关帝庙也是同样的缘由。[1]可见,白庙村虽自元代成村,但它还与明代屯兵有一定关联。白庙村里至今盛行一个段子,讲的是,从前有一个白庙年轻人外出远行,口渴难耐,恰好前面有一所房屋,一位老大爷倚墙而坐。年轻人连忙上前作揖行礼,想向大爷讨杯水喝。老人也极为热情,拎出水壶倒上一碗就递给了年轻人,随后便问道:"小伙子是从哪里来的啊?"回答,"白庙的"。老人一听,立即就把水夺了回去,二话没说,关上门就不再搭理他了。后来,白庙人出门自报家门都不敢说是"白庙"的,而改口称自己是来自"黑寺"的。[2]白庙村位于潮白河岸边,临河相望就是河北燕郊,潮白河在这里拐了一个弯,而白庙村刚好位于潮白河的西南岸。由于靠近潮白河,历史上的洪涝给白庙村留下了很多灾难记忆。同时,当地百姓也形成了以摆渡和船运为主要谋生手段。据传,白庙在东北三省都有知晓。这主要是由于白庙村是东三省进京的重要咽喉要道,来往的客商较多,但是在这里却发生了多次杀人械斗案件,因此传到了关外,也让白庙村落下了不受人欢迎的名声,才会有老人听到白庙村而闭户的故事。这个故事也反映出历史上白庙村是极为贫困的,百姓生活是非常艰苦的。

明代成村的有师姑庄、摇不动、翟里等。相传师姑庄内有一座观音庵,故名施姑庄,后写作今名。摇不动的村名则具有一定传奇性,该村在明代时初建于潮白河西岸的高地,相传村内有一座砖窑,因潮白河多次泛滥都没有损毁,因此称为摇不动。翟里和大部分村落一样,因姓得名。清代成村的有六合村、北寺庄、辛店等。六合村实则由唐坨、江庄、辛庄、高庄、堤子和知福庄六个小村庄组成,民国时期统称为六合村。相传北寺庄村内曾有一座七圣庙,又俗称北寺。据《宸垣识略》记载北京大栅栏北火扇胡同曾有一座七圣庙,乾隆三十年(1765)重修,"七圣

---

1　周良:《关帝庙与通县地名》,《北京文物报》1998年第1期。转引自苏天钧主编:《北京考古集成》(综述卷),北京:北京出版社,2000年,第631页。
2　张晓春编著:《最美乡村:当代中国乡村建设实践》,桂林:广西师范大学出版社,2018年,第76页。

祠，俗名蝎子庙"[1]。关于北寺庄的七圣庙到底供奉的何方神圣，有何信仰活动，则无重查阅了。辛店，清代成村，始称新店，民国时改为辛店。

由于宋庄镇自古位于潮白河和温榆河两大水系之间，因此对洪涝的灾害记忆较多。晚清时期，潮白河东摆不仅对运河产生了一定影响，更是直接影响了潮白河西岸的宋庄村落。"清道光以后，潮白河在通州城东北的平家疃、北寺庄一带屡次决口东流，因河水不入运河，运河水源减少，对漕运不利。特别是在咸丰三年，潮白河在北寺庄冲决河堤，北运河水势微弱，导致天津漕粮无法运输。于是，清政府屡次修筑潮白河大堤，堵塞决口，以阻挡潮白河决口泛溢，务必使潮白河水全部进入北运河。[2]"如今，由于河道疏通和上游水库水量的控制，宋庄镇域的村民们不用再经受洪涝之苦了。

近年来，宋庄镇域内部分村落通过村史馆的形式传承村落历史与民俗记忆。小堡村史馆，位于宋庄镇小堡村，自2012年建成开放，馆内陈列了漕运文物、农耕文物、文化大革命文物及艺术家作品，实物560件。疃里村史馆，位于宋庄镇疃里村，2017年4月底对外开放，馆内展示了农村老物件、回顾过去生活用品、疃里村发展状况以及疃里艺术团发展历程[3]。

（二）艺术介入乡村的场景重塑

艺术家之所以选择宋庄的缘由，说必然，但也偶然。必然，是因为以小堡村为代表的宋庄当时属于京郊离城市最近的地方，比较符合艺术家创作与交流的实际需求，小堡村又是整个宋庄相对比较贫穷和破落的村子，隔壁的宋庄村经济条件就要好很多。尽管存在一定的偶然性，但是宋庄小堡村的贫穷和空房多，无疑是吸引艺术家集聚的主要因素。除

---

1 刘之光《北京石刻艺术博物馆丛书》，北京：今日中国出版社，1996年，第59页。
2 陈喜波《漕运时代：北运河治理与变迁》，北京：商务印书馆，2018年，第329页。
3 《通州年鉴·宋庄镇》，北京市通州区人民政府官网，网址 http://www.bjtzh.gov.cn/bjtz/fzx/202007/1308596.shtml，访问时间：2022年4月2日。

此之外，村委干部的认知也是一个关键因素。小堡村的村委书记崔大柏曾是一位当地有手艺的瓦木匠，从1988年开始担任村党支部书记。在艺术家进入小堡村后，崔小柏与其他干部的看法不同，他认为："这些个画家没出什么事啊！都在专心画画，安分守己，没有给我们村里带来什么危害。这些人都是国家名牌大学毕业的学生，还有那个理论家老头，他们都是很有学问、很有素质、很有水平的人，有幸住到我们村里了。现在瞧不出来情况，再过十年二十年，你们就会瞧出来了，他们的大学不会白上的，他们在我们村不会白呆的……"[1] 就是抱着这样的思维和认知，身为村委书记的崔小柏接纳了艺术家这个群体。

在艺术家刚刚进入小堡村时，并非没有村民对这个群体质疑。"村子里越来越多的形形色色的外来艺术家，村民们瞧着并不顺眼。男不男、女不女、扎小辫、留长发，要么，那头比农民的头还剃得光——锃光瓦亮，而且牵着大狗，招摇过市，让人看着心里发慌。"[2] 还有的老党员和村民会专门找崔大柏商量此事。毕竟这些艺术家刚刚经历了圆明园油画村的拆散，很多人对这些艺术家的身份难免打上问号，甚至一定程度上将他们与"暴乱分子""破坏和谐稳定"等字眼划等。[3] 而对于这些艺术家而言，他们生活在宋庄，却又不同于一般的城市里，很快融入这个村庄。

宋庄艺术家与农民之间的关系是多元复杂的。经历过一定适应调整后，农民已经参与到了由这些艺术家所构成的艺术生态体系中去，在其中担任原有房东的角色，或者参与到其中公共服务事务、商业活动等环节。根据1993—2007年小堡村从事三产就业人员的相关数据，能够看出宋庄艺术家集聚大大改变了当地的经济结构，小堡村自2000年开始，全部人员都从事第二、第三产业。年人均收入从7992.9元增加到13607.1元，年均增长14.23%。艺术家入驻规模的持续扩大，使得当地租金价格

---

1　王笠泽：《崔大柏不是"疯子"》，《宋庄房讼纪实》，北京：中国政法大学出版社，2013年，第185页。

2　同上。

3　同上。

迅速上升，当地村民收入预期也在不断提高[1]。

那么，艺术家到底对当地产生了怎样的影响呢？我们不妨从政府的一份调研报告中管窥一二。2008年，通州区政府层面的总体观点是，小堡画家村落的形成与发展促进了当地新农村建设。具体表现在四个方面：一是促进了村民就业增收；二是促进了村内产业结构调整；三是明显改善了村容村貌；四是促进了乡风文明。尤其是最后两个方面，他们认为，画家村落的形成，对提高村民艺术修养，改变不良习俗，形成文明的村风民风起到了重要作用。村民艺术素质不断提高。在画家们的支持下，小堡办了两个面向全国培训艺术人才的基地；在画家的无偿辅导下，村里农家有两个孩子考取了中央美术学院等艺术院校。在去年的艺术节上，很多村民都能对一些艺术品发表着自己的见解。邻里和谐得到进一步推进。以前小堡村民平时关注的多是土地及农作物，谈论的也多是家长里短、邻里关系等。受艺术家的熏陶和自己耳濡目染，从对艺术的知之较少和对艺术家的回避，到逐渐接纳艺术家，到自己和孩子同时向他们学习，使得邻里关系更加和谐。文明礼仪深入人心。由于长期接触，艺术家的一些生活方式对村民产生了较大触动。在他们的影响下，村民逐渐改变了说话粗鲁、随地吐痰等不良习惯，使全村逐步形成了文明卫生的生活方式。与此同时，小堡村在为给艺术家创造良好的环境，着力改善基础设施的同时，也改善了本村的基础配套功能性建设。当然，画家群体对小堡村的公益事业和文化建设做了许多贡献，如画家集资捐款为村里安装路灯，自愿捐款为村里修路等。早期到来的艺术家们多是购买了农民的院子，加以改造，打造成符合自己个性的工作室。更多的艺术家租用村里废弃的厂房、人防工事，甚至是养殖场，改造成了艺术家工作室，建成了一个个艺术园区。在乡村经济上，他们的感受当然最为明显，直接促进了该村第三产业的发展，使农民享受到了文化产业的实惠。小堡村村民人均收入已由1993年的3000元提高到2005年的10700元，从

---

1　孔建华：《北京宋庄原创艺术集聚区发展再研究》，《北京社会科学》2008年第2期。

宋庄的最穷村，成为在镇里首屈一指的富裕村。因画家集聚而带来的生活便利更不用说[1]。

2004年，宋庄镇提出了"文化造镇"的口号，让村镇成为服务于艺术家实现个人发展的重要平台。时任党委书记的胡介报很敏锐地感受到，如果单纯依靠招商引资的行政模式是很难吸引艺术家真正地融入，只有一个宽松、包容的艺术生态才能为艺术家提供可以落地扎根的土壤，要真正理解和呵护这些并非社会强势的群体。2005年，宋庄小堡村举办了第一届中国宋庄文化艺术节，当年就吸引了316名艺术家参加，这样一个服务于艺术家的展示、推广的平台就逐渐搭建起来。此后，宋庄还先后成立了北京宋庄艺术发展基金会、中国文创公司、为艺术家专门服务的宋庄艺术促进会等机构。这些机构的产生，为宋庄艺术家集聚提供了平台和服务，为艺术区的发展也奠定了扎实基础。"对一些困难群体的扶助。我们的基金会每年要扶助几十个贫困的艺术家，最多的一个艺术家的扶持是为了给他治病，花去了56万多元。所以宋庄就是以一点一滴的人性化的服务，才影响了中国整个艺术群体。所以他们络绎不绝地一传十、十传百地来到这里，也正是因为这个情况，宋庄的艺术家集聚群从原来的164人发展到现在的1万多人，不仅涵盖了全国各个省市的艺术人才，而且涵盖了37个国家200多位常驻宋庄创作、生活的外国籍艺术家。也正是由于艺术家的集聚．艺术产业也集聚了。"[2]

不过这种状态在一些艺术家的观察视域中则有着"无绪"、多样化、流动性和草根性的特点。"无绪"指的是居住状态，他们可以以一种即为宽松的状态生存，"各种身份、怀着各种目的、来自各个地方的艺术家都可以在这里找到自己的位置"；而之所以能够接纳各个阶层的艺术家，其

---

[1] 中共通州区委研究室：《通州区宋庄镇小堡村新农村建设的调研》，北京市通州区人民政府官网，网址：http://www.bjtzh.gov.cn/bjtz/fzx/2008-04/01/content_1063022.shtml，访问时间：2022年3月20日。

[2] 胡介报：《艺术成就宋庄》，载方李莉主编：《艺术介入美丽乡村建设：艺术家与人类学家对话录》，北京：文化艺术出版社，2017年，第87—88页。

主要原因在于宋庄区域范围较大，"大到一些区域团体和个人难以以一己的趣味爱好和身份等级为标准"进行实际意义上的排他，相对低廉的生活成本为多样化的生活状态提供了可能；这里不仅可以作为艺术家进京的驿站，还拥有低廉的加工和生产成本，人员及生产的流动性十分明显；最后就是草根性，来到这里的艺术家大多出身非名牌院校，处于自由和纯个人化的原生态发展状态，"好画家"和"大艺术家"成为这些草根艺术家的两难处境。[1] 宋庄就像一个"大酱缸"，形塑着一种多样化、原生态的草根艺术生态。在吴鸿看来，除了宽松、包容的生存状态本身之外，这种状态还在一定程度上盲目地破坏着现代艺术。"这种破坏性的力量有时候表现为对所有'经典'盲目的、没有理由的颠覆与嘲弄。它试图用一种最低的形态来抹平各种艺术表现能力之间的级差。而这种的'抹平'的动力不是来自像现代艺术对传统学院派艺术技术主义的反叛与革命，相反，它来自于一种群氓式的对于必要的艺术表现技巧的仇视与嫉恨。这种草根性的颠覆的快感的释放是制约宋庄在技术美学的意义上能有所发展的最大的障碍[2]"。

艺术家居住性聚集往往会带来文化产业的纵向发展集聚，画廊、批评家和经纪人等先后成为艺术集聚区的重要组成部分。2006年12月，北京市文化创意产业领导小组为这里挂牌认定，将宋庄原创艺术与卡通产业集聚区作为北京市10个文化创意产业基地之一进行整体打造，小堡村也就此成为宋庄文化园区的核心和龙头区域。

2008年，中共通州区委研究室在《通州区宋庄镇小堡村新农村建设的调研》中，将小堡画家村的聚集原因归纳为四方面：一是房屋租价低且有特色。小堡村家家户户的院子都很大，房租低，同时，朴素的北方民居易于激发创作灵感，很适合艺术家生活、工作。二是村民广泛接纳。

---

[1] 吴鸿：《"艺术宋庄"的前世今生》，《吴鸿自选集》，太原：北岳文艺出版社，2018年，第136页。

[2] 同上书，第138页。

小堡人始终是以一种尊重、宽容的心态对待艺术家，能够接受他们特立独行、放荡不羁的性格，至少不排斥，让艺术家感到了宽松。三是艺术家群居的特点。艺术家在小堡村租住和创作的成功，迅速吸引了圈子里的熟人、朋友和慕名而来者在这里聚集。四是村里主动提供工作、生活场所。随着画家的增多，村民房子已不能满足他们的需求，村里主动将废弃厂房按要求改造成工作室出租给他们。对有特殊需求的画家，村里出租土地让他们自己建房。而就在当年，小堡村共居住有艺术家250多名，约占宋庄镇艺术家总数的1/3，主要是画家，也有批评家、作家等。大多以租居为主。据统计，艺术家租住农民自建房的占50%，租住改造后的旧厂房的占40%，艺术家自建房屋的占10%。[1]

对于宋庄文化创意产业集聚区而言，艺术品市场体系也在逐渐形成。据悉，2011年宋庄有注册艺术家达到了6000人左右，艺术家结构趋于多元化。一些大型文化创意企业也陆续入驻宋庄，宋庄成为是通州乃至北京的"文化产业基地"建设的重要载体。艺术家聚集的过程带来了原料供应以及美术馆、画廊、拍卖机构、培训机构等文化艺术机构的集聚，形成了艺术品创作生产销售的一体化发展。目前，宋庄比较有特点的美术馆、艺术馆主要有，宋庄美术馆、小堡驿站、上上美术馆、树美术馆等，以及小堡文化馆、宋庄艺会馆等艺术交流中心，另外还有供展陈和销售的画廊、培训学校、画材商店等，以及文化相关制造企业、文化相关服务企业等等，都分散在小堡艺术区的各个主要街道。原有自然村落的空间格局已经被林林总总的艺术区所打破、隔离。宋庄已经不再属于通州的宋庄。[2]

宋庄的艺术生态主要表现在两个方面：一是建筑生态，二是艺术家

---

[1] 中共通州区委研究室：《通州区宋庄镇小堡村新农村建设的调研》，北京市通州区人民政府官网，网址：http://www.bjtzh.gov.cn/bjtz/fzx/2008-04/01/content_1063022.shtml，访问时间：2022年3月20日。

[2] 张晓春编著：《最美乡村：当代中国乡村建设实践》，桂林：广西师范大学出版社，2018年，第245页。

生态。就建筑生态而言，由于艺术家的介入、长期居住以及艺术功能的需求，在宋庄重新翻建了很多功能区。自从2005年宋庄进行整体的规划之后，特别注重对功能区的分化与完善，"整个村落最初只有西南角的村民居住区，随着艺术家的到来，慢慢地向东和向北扩展。艺术家最初来到画家村是租住或者购买村民的房屋，后来随着艺术家人数的增多，可以发展到村子东侧的工厂区，将旧工厂进行改造利用，再后来政府开始介入进行了整体的规划，将工厂区北侧土地卖给艺术家，成为艺术家自建区，而工厂区由政府统一规划开发，成为艺术家别墅区，以及工厂路艺术区沿街商业。而艺术家自建区的东侧则主要是地产商投资开发的住宅楼和空中画廊"[1]。李宝山经过对小堡村的实地调查，综合整体规划和用地布局，对宋庄艺术生态中的村民居住区、政府规划区、艺术家自建区、地产开发区和商业区五个组成部分的存在样态、功能及未来发展规划做了总体描述和归纳。

宋庄的艺术生态，从艺术家的集聚进程来看主要分为两个阶段，一是1993年至2002年这10年间，年平均入驻艺术家为25个；二是2003年至2006年间，年均入驻艺术家113个。这种增加率是十分显著的。在艺术家的空间集聚上，"小堡村域艺术家375个，占53.34%；环绕小堡村域艺术家152个，占21.62%；外围层艺术家176个，占25.04%"[2]。小堡村域艺术家指的就是宋庄原创艺术集聚区的核心区，包括小堡村、小堡村画家大院、佰富苑环岛和东区艺术中心域。次级环绕区主要包括有疃里、宋庄村、大兴庄、大兴艺术空间、喇叭庄、艺术工厂区、徐辛庄、大庞村等，外围区主要指的是北寺、辛店村、任庄、白庙村等其他村落。这其中大多数都是以小堡村为中心，呈环状分布，共有艺术家527个，占比74.96%。他们中间的293人为营造或租用民居的艺术家，占比41.68%。

---

1　李宝山：《北京宋庄画家村聚落建筑空间类型研究》，北方工业大学硕士学位论文，2015年。
2　孔建华：《北京宋庄原创艺术集聚区发展再研究》，《北京社会科学》2008年第2期。

如果说这种参与式的改造，其根本目的都在于为乡民服务，通过空间的再造影响村民原有的生活方式和习惯等等。那么，在宋庄，这种情况是很难看到的。宋庄的房屋全都是由艺术家在设计、施工和运营使用，农民只要让渡了所有权、居住权和使用权，他们与艺术家的生活就是隔离的，彼此可以完全没有任何关系。即便是整个技术集聚区多样化的建筑形态，对于普通的当地老百姓而言也没有太多意义，他们只能客观上受到艺术家群体行为的影响而有一点变化，而这种变化也通常是被动的。

当然，也有观点认为宋庄的建造行为同样具有"强烈的文化自觉"——在创造作品的同时，与生活方式相连，一个不能不引起重视的现象是，有一大批富有个性、体现环保的艺术建筑在这时诞生。在大量的艺术建筑中，我们会发现，不论从外观造型还是内部功能设计，都充分发挥着艺术家的想象力，体现其对建筑和格局的要求，而不是统一设计、建设、装修后租给艺术家的。因此，自建的艺术家工作室绝无雷同。今天我们在宋庄看到的，是每个富有个性的工作室；这些建筑不仅有它的独到之处，而且这些建筑把艺术家的品位、理念很好地沉淀和保留了下来。与历史上留传至今的文化遗产相同的是，宋庄画家村从设计构思之初，即有着一种文化自觉和未来期待，希望它能够传之后世。在不断完善中最终得以保留下来的建筑，事实上也都成了今天我们所看到的文化遗产。宋庄画家村艺术建筑，便是有着这样一种"遗产"的自觉，他们在有限的空间中，努力做得符合生态、保护生态，与某些地方耗费巨资建一些模式化的建筑有着显著的区别。宋庄有一种强烈的文化自觉，他们在旧村改建中不赞成、不允许采取全部拆掉旧建筑这样一种简单、武断、粗暴的做法，因为这样永远不会有历史和文化的积淀，当代艺术更是如此。在这样一种观念引导下，宋庄画家村正在创造一种文化风貌，一种基于乡村格调的人与自然和谐的可持续发展的新格局。[1]

基于宋庄艺术集聚区最具核心竞争力的原创性，相关文化创意产业

---

[1] 孔建华：《宋庄画家村札记》，《中国美术》2012年第4期。

得以形成。由此构成了一种文化经济发展模式。这便是"宋庄模式"形成的内在逻辑。孔建华进一步归纳了这种"宋庄模式"的主要特点,他认为,宋庄模式其实是一种它主要是由市场主导、政府引导的发展模式。宋庄画家村在整个形成过程中,政府一开始并没有给予过多的关注和引导,主要是一种民间的自发行为,这种艺术家的集聚在面对村委会的领导时表现出明显的灵活性,彼此相互接纳则选择共存。"从宋庄原创艺术集聚区发展看,影响因素主要包括地缘规划的协调性、租金价格的稳定性、原创环境的适宜性、艺术产业链的完备度、文化经济政策的宽容和成熟度,这些因素同政府的行为有直接或间接的联系。其中,地方政府的规划又是影响最大的因素。作为推动者,政府的作用是创造宽松的、有利于创意生成和成果转化的社会环境,保证艺术品的正常流通和艺术家的正常生活和创作。在艺术家持续聚集宋庄的过程中,要有意识地将艺术品一级市场直接建在集聚区。"[1]胡介报和崔大柏正是这一时期宋庄地方政府做出宽容引导决策的关键角色,他们为保障宋庄的顺利起步担负起了重要的推动者和挑战者的角色。在宋庄发展起步的初始阶段,他们通过明确"文化造镇"的文化经济发展理念,明晰了方向,为艺术家发展奠定了较为稳定的发展政策。同时,通过创办宋庄文化艺术节,借助节庆活动局面来实现宋庄文化品牌的营销和升级,为艺术家创作与销售提供了一个更为广阔的平台。他们还通过创办宋庄艺术促进会、宋庄文化创意产业发展有限公司,更好地服务于艺术家创作、生产、销售的各个环节,保障文化艺术产业良性运营与发展。"宋庄艺术促进会是艺术家与政府双向沟通的重要管道,艺术促进会反映艺术家的愿望和要求,并以良好的服务赢得艺术家和政府的认可。"[2]他们还积极规划文化创意产业园区,引进知名文化创意机构入住,并在2006年将宋庄原创艺术集聚区申请成为北京市首批认定的十个文化创意产业集聚区之一,进一步规划

---

1 孔建华:《北京市宋庄原创艺术集聚区的发展研究》,《北京社会科学》2007年第3期。
2 孔建华:《北京市宋庄原创艺术集聚区发展再研究》,《北京社会科学》2008年第2期。

引领宋庄区域的整体发展。当然，这一时期的文化艺术集聚仍旧处于初级阶段，依然需要政府大量的投入、引导和推动，消除集聚区的不利发展因素，为艺术家搭建更加有利于创作和发展的艺术生态环境。

宋庄作为一个农村地区发展文化创意产业的新型模式，展现出了独特的发展特点和美好的发展前景。宋庄镇在十余年时间里，因为自由职业艺术家的聚居，其知名度和美誉度迅速提升，由一个名不见经传的普通小镇，发展成为具有重要国际影响的中国艺术名镇，形成了世界最大规模的原创艺术集聚区。宋庄原创艺术集聚区的发展对正在规划和建设中的百万人口的通州新城是一个战略性转折点。宋庄原创艺术集聚区是通州新城建设的引擎，是通州新城国际营销和全球形象推广的城市名片，是通州新城把握全球化机遇的通路。[1]建设文化经济特点，更有利于集合国内外艺术家和艺术机构的资源，丰富艺术交流活动，使之真正成为一个中国与世界进行现代艺术交流的国际化场所。他还进一步提出了宋庄打造文化经济特区的几点建议，包括更新发展理念、合理调整规划、改善内容监管、完善基础结构、培育宽容氛围和加强服务管理。尤其对于服务管理而言，更有益于政府管理部分发挥其资源调度及整合的优势，组建相关机构为宋庄提供更加专业化、体系化的服务，探索建立因需配套服务的管理方式。[2]

宋庄模式的意义也许会正于，它能够给艺术家带来更加持久的生命力和艺术转机。而它也同样存在一些缺憾，在这些发展模式中，当代艺术与艺术家成了中心，我们已经很难简单地去讨论宋庄本身的变化，还有那些祖辈生存在这里的宋庄当地人，他们已经被艺术家淹没，甚至他们的身份也被"老宋庄"的艺术家所取代，一个相融的新宋庄正在成长。与此同时，我们也需要清楚地看到，这也是我们当前在田野调查中所能够直观感受到的，目前整个宋庄而言，仅有以小堡村为核心的区域在快

---

[1] 孔建华：《北京市宋庄原创艺术集聚区的发展研究》，《北京社会科学》2007年第3期。
[2] 同上。

速地发展，而周边村落的变化并不明显。与小堡村隔街相望的宋庄村，尽管也有一些艺术家租住，但是他们似乎与宋庄村本身处于一个隔绝的状态，宋庄村依旧保持着其原本的村落结构与村容村貌，当地村民也未能像小堡村那样在本村实现生计方式的根本转变。

## 第三节　遗产活态传承与民众生活实践

在遗产活态传承与公共文化建设的背景下，如何为民众提供充盈的精神文化需求，以满足其不断增长的物质生活需求，成为一个重要话题。在北运河流域内，我们仍旧以宋庄小镇作为一个研究个案。近年来，随着文化和旅游的融合发展，特色小镇建设又成为一个重要抓手和特点亮点。特色小镇是实现农村特色资源转化，发展乡镇经济的重要举措，通过将地方优质特色的文化旅游资源进行整合，以文化作为核心内容，以旅游为突破路径，打造文旅特色小镇发展的新模式。2016年10月14日，住建部公布了第一批中国特色小镇名单，涉及32省份共127个特色小镇，在小镇类别上分为文化传承型特色小镇、产业型特色小镇和国际性特色小镇，另外还有体育运动特色小镇，其中尤其以文化传承型特色小镇和产业型特色小镇为最多。冬奥会期间，冬奥小镇建设又成为一个新话题。

### 一、遗产在地化与可持续发展

大多数特色小镇都借助于历史文化资源的挖掘与再造，北京古北口水镇和西塘古镇都是典型的例子。古北口镇是第一批全国特色小镇，依托司马台历史遗迹，深度发掘长城文化、边关文化、民俗文化，建设集观光游览、休闲度假、商务会展、创意文化等业态为一体的古北水镇文化旅游区，2017年全年接待游客275.36万人次，实现营业收入9.79亿元，区域经济获得大幅度提升。再如浙江西塘镇。西塘镇是第二批全国特色小镇。西塘古镇依托保存完整的古代建筑、悠久的历史文化和浓郁的江南水乡风情开展文化旅游，通过物件征集、汉服文化、诗歌比赛、音乐演出等系列活动，不断强化游客的参与感和体验感，获得世界遗产保护杰出成就奖、首批中国历史文化名镇、最具水乡魅力影视基地、最具人文底蕴古城镇等称号，2018年"十一"黄金周游客达到56万人次。通过强化培育文化产业，这些特色小镇实现了带动区域经济社会发展的作用。[1] 区别于资源化打造与利用的特色小镇，宋庄艺术创意小镇自从其艺术集聚区形成开始就具有特殊性，这也决定了其特色小镇发展的集群化特色化产业之路。

宋庄镇是北京城市副中心外围第一圈层特色小城镇，与城市副中心共同承接中心城区功能和人口疏解。规划建设宋庄镇是实现北京城市副中心城乡和谐发展、形成城乡共同繁荣局面的重要举措。根据《通州区宋庄镇国土空间规划及控制性详细规划（街区层面）（2020年—2035年）》，宋庄镇将建设成为城乡融合发展、生态与艺术交相辉映的"具有国际影响的艺术创意小城镇"，率先开创北京城市副中心乡镇地区高质量发展新局面。[2] 同时，宋庄还从原先的"中国·宋庄"定位，正朝着"建设世界文化名镇，打造中国文化硅谷"的目标迈进。今后，重点将宋庄镇行政辖区中的城市副中心拓展区部分作为规划发展范围，大体范围为西至朝阳区交界（温榆河），东至三河市交界（潮白河），北至顺义区交

---

1 魏杰主编：《文化经济学》，北京：企业管理出版社，2020年，第190页。
2 北京市规划和自然资源委员会通州分局、通州区宋庄人民政府：《通州区宋庄镇国土空间规划及控制性详细规划（街区层面）（2020年—2035年）草案》，北京市通州区人民政府，http://www.bjtzh.gov.cn/bjtz/home/202112/1506136.shtml，2021年12月31日。访问时间：2022年3月30日。

界，南至城市副中心北边界（潞苑北大街），总面积约98平方公里，人口规模控制在7.3万人。宋庄镇功能定位为建设具有国际影响的艺术创意小城镇，发展目标为北京市创意源地、副中心艺术花园。

随着北京城市副中心在通州区落地并建设，宋庄艺术创意小镇成为北京城市副中心拓展区的9个特色小镇之一，同时与张家湾设计小镇、台湖演艺小镇共同构成北京市政府优先重点建设的"三大小镇"之一。2018年，北京市委领导在视察宋庄艺术创意小镇时，将宋庄置于北京城市副中心的创新发展轴上，突出宋庄在文化旅游主导功能方面的重要作用，使其成为城市副中心的重要文化标志之一。在转向"小而特、小而精、小而美"的精细化、高质量发展阶段，最突出的就是进一步在规划布局、环境品质、基础配套、公共服务等方面提质升级。宋庄也将打造"文化硅谷""世界文化名镇"作为更高的建设目标。发展艺术创意小镇，建设独特小镇、精致小镇、美丽小镇。就具体含义而言，建设独特小镇，就是要打造一条充满惊奇的艺术探访之路，集中展现宋庄艺术魅力和创新活力。建设精致小镇，就是要严格控制小镇组团、街巷和建筑尺度，形成隐逸自然、精致宜人的空间形态。建设美丽小镇，就是要塑造独具气质的艺术建筑风貌，体现城乡交融、内涵丰富的城乡风貌特色。[1]

就宋庄艺术小镇的建设而言，在空间布局上，宋庄镇延续城市副中心生态文明带和创新发展轴，构建"两带、两区"的总体空间结构。其中，两带包括依托大运河生态文明带延长线建设温榆河国际交流带，沿北三县交界地区建设潮白河生态休闲带；两区包括以小堡画家村为基础建设小堡艺术区，以徐辛庄轨道交通枢纽和公共服务职能为基础建设宋庄镇中心区，在宋庄镇中心区引入综合服务、商务服务、文化创意等功能。原有的以小堡村为核心的小堡艺术区，将成为宋庄艺术创意小镇的

---

[1] 北京市规划和自然资源委员会通州分局、通州区宋庄镇人民政府：《通州区宋庄镇国土空间规划及控制性详细规划（街区层面）（2020年—2035年）草案》，北京市通州区人民政府，http://www.bjtzh.gov.cn/bjtz/home/202112/1506136.shtml，2021年12月31日。访问时间：2022年3月30日。

核心区，这里原本就聚集了大量艺术家和艺术相关产业从业人员，今后仍将成为艺术小镇的重要和核心地带。小堡艺术区规划范围大致为，西至六环路，南至京榆旧线，东至通怀路，北至北堤路，总规划面积为6.8平方公里。分北区、中区、南区三部分。

在产业布局方面，宋庄镇将打造艺术创意、综合服务、国际交流、生态休闲四大主导功能。宋庄镇将打造成为高标准、高水平、高质量的宜居小城镇。规划草案提出，完善"通州堰"系列分洪体系，重点推进温潮减河、宋庄蓄滞洪区建设，保障城市副中心防洪安全。同时，打造绿色高效的综合交通系统，实现轨道交通1小时内连接市域主要功能区，到2035年干线公路网总里程达到160公里左右、集中建设区道路网密度达到8公里/平方公里。从不同组团情况看，徐辛庄组团将建设枢纽生活服务小镇，小堡组团将建设原真艺术生态小镇，寨辛庄组团将建设水岸品质生活小镇，尹各庄和富豪组团将建设滨河魅力交往小镇。同时，宋庄镇规划还突出了生态空间特色，即水清岸绿、城乡交融、田园艺韵。到2035年，宋庄镇公园绿地500米服务半径覆盖率将达到100%，建成绿道110公里左右，并将建筑与景观串联，打造集文化创意、休闲游憩、运动健康、度假养生于一体的全域游览体系。

由此，宋庄的定位也由原先的艺术集聚区转向了艺术创意小镇建设。作为北京城市副中心重点打造的三大特色小镇之一，相较于台湖演艺小镇、张家湾设计小镇和古镇而言，宋庄艺术创意小镇更具有发展基础和潜力，将成为北京城市副中心文化建设及构建大文旅格局的重要一环。创意艺术人才的集聚，将使得宋庄从原有的"中国·宋庄"的文化经济发展模式转向面向国际的更高知名度的艺术家群落。

## 二、遗产与生活的共建共生共享

在大运河世界文化遗产与民众生活息息关联的新时代，乡村振兴、城镇化进程在继承和发扬遗产价值的同时，还需要不断补足公共文化服务，为地方民众提供高质量的精神文化需求。以宋庄为例，为了适应宋庄艺术创意小镇的新发展要求，在宋庄艺术创意小镇的发展思路确定之后，原有的以小堡村为核心的艺术集聚区再次成为焦点。由于原有规划尚未全部落实到位，在新的建设过程中，更加强调了对小堡艺术区的较大规模的改造升级，其主导思想是在原有艺术区设计方案基础上，保留现有艺术功能区与艺术空间隔离，增补包括公租房在内的公共服务配套设施，新建一批艺术场馆设施，优化提升艺术区整体环境。通过这些举措，进一步为小堡艺术区的进驻艺术家创造更加优美宜人的生活工作环境。

在存量更新改造过程中，多方力量之间也在不断进行博弈。存量规划是新时代规划设计的一个主导方向，近些年尤其是在一线城市的社区更新与改造中都在不断践行这种理念。"城市大量已有的、新增的矛盾的解决都需要依赖现有已建成的土地资源，而不仅仅局限在旧城，或者说旧城的概念扩大了，包括城市建设、功能发展和生活环境不符合现状或未来城市发展需求、亟待更新改造的城市已建成地区，城市更新除上述的工作内容外，还包括对城市各方利益兼顾的平衡协调"[1]。正是在这样的大背景下，即便是身处京郊的宋庄也自然需要面对怎样才能更加合理高效的使用和分配现有空间资源的问题。已有的调研发现，宋庄至今仍在存在因土地权属和使用方式而产生的错综复杂的利益关系，不同群体的利益诉求构成了多样的社会矛盾和冲突。可以说，这是相对于其他小镇建设而言，最难以解决的问题。基于实地调研、访谈，调研组最终形成了"一轴三区"的小镇结构规划方案，以此打造"特色鲜明、规划有序、产业互动、服务多元、体系完善"的国际化艺术小镇。所提出的三个功

---

[1] 于灏、季羿宇、岳鹏程：《基于多元利益博弈平衡的存量更新策略探索——以北京宋庄小堡地区规划为例》，《活力城乡 美好人居——2019中国城市规划年会论文集》，北京：中国建筑工业出版社，2019年，第1877页。

能区划分分别为：南区为艺术生活服务区，中区为艺术产业综合区，北区为原创艺术体验区。同时，他们还在规划中有意将用地现状特征与未来功能类型相匹配，使得三区的划分恰好形成了不同利益间的界线，由此形成了三种不同的规划实施路径。[1]

当前的基本做法是，原有的小堡村北区主要是艺术家聚集区，现在这里仍旧聚集了大量艺术家工作室、工作坊、小型博物馆、画廊等。现有方案将在北区设计了一条环线，取名为"共享社区环"，通过整合原有工作室和艺术设施等基础资源，结合艺术家生活和创作需求，同时考虑今后文旅融合发展，在这一片区精心织补配套的公共服务设施，进而为艺术社群的构建提供公共空间，具体包括艺术市集、体育设施、精品酒店、大师工坊等等。它们未来的功能将除了满足其日常的公共服务功能之外，还将为大众体验参观提供了更加全面、立体、多样的艺术场景。小堡村中区过去主要是工业区，经过近几年的疏解、腾退，近百余家工业企业全部停产关停，部分厂房也在陆续拆除。小堡村工业区厂房已经累计拆除9万多平方米，其他厂房也将陆续拆除。腾退出来土地一部分用于城市副中心环城绿色游憩环的绿化带建设，一部分用于艺术场馆等项目建设。通过高水平的场馆设计、建设，高质量的策展、布展等，打造一面展示城市副中心艺术文化水平的重要窗口。挨着旗舰美术馆，还将建设一个美术馆群，未来主要由企业和民间机构运营，以市场的力量激发艺术区的活力。艺术区的中区还规划了一处集体土地租赁用房，也就是建在村集体土地上公租房项目，该项目还将提供给青年艺术家一些房源。例如，经过改造升级后的小堡文化广场，就将成为艺术区游客集散地、艺术淘宝地和网红打卡地，为公众呈现一个充满艺术气息的生活社区和富有生活格调的空间。今后将以艺术创意为特色，重点引进"艺术交流展示、文化休闲体验、艺术创意办公、品牌新商业配套"四类业

---

[1] 于灏、季羿宇、岳鹏程：《基于多元利益博弈平衡的存量更新策略探索——以北京宋庄小堡地区规划为例》，《活力城乡 美好人居——2019中国城市规划年会论文集》，北京：中国建筑工业出版社，2019年，第1886－1887页。

态。[1]小堡村南区是原来的村庄所在地，也是大多是小堡村土著居民的聚集地。近几年同样是在有机更新的理念之下，杜绝大拆大建，在原有小街小巷肌理的基础上进行点状更新。通过对小堡村南区的改造，既能够保留以往小堡村的乡土气质，留住上一阶段在艺术家聚集时期形成的独有的村庄气质，还有助于实现小堡艺术区整体的街巷环境改造升级。此外，绿色生态也是小堡艺术区的另一大亮点。利用现有的空地和绿地资源，艺术区内将营造600个生态院落、24处小微绿地、6条结构性生态绿廊、80公顷中央艺术绿野，另外还有150米宽的带状生态屏障。以绿色空间为基底，构成生机勃勃的"艺术之原"。[2]

作为一个生活空间和区域共同体的宋庄，无论是宋庄本地人，还是"老宋庄"艺术群体，抑或是刚刚来到宋庄打工的新势力，他们将在相互接纳、相互包容的磨合互动中实现共融共存。以小堡村为中心的艺术区如何有效协同周边其他村落的整体发展，也将直接关系着这一生活共同体的和谐稳定。现有的基础设施规划都十分注重"共同体"意识，以小堡广场的户外"城市客厅"为例，设计师充分考虑到了不同群体对公共空间的需求，以及空间能够赋予不同群体的社交属性和功能。通过用黄色的线性慢跑道蜿蜒前行，将不同空间串联在一起，连接了各个城市客厅。每个客厅根据不同功能设计为可时而开放时而围合，包括完全开放的欢迎客厅、半围合的社交客厅、有趣味游戏房的玩乐客厅和多功能的运动客厅[3]，城市设计的多元群体交融与平衡理念，也将引导整个宋庄区域内的整体和谐。

当然，对宋庄而言最重要的还在于文化建设。宋庄在特色小镇建设

---

1 《宋庄艺术创意小镇提质升级进行时》，原发表于《北京日报》，转自北京市人民政府网，2021年4月21日，网址：http://www.beijing.gov.cn/renwen/jrbj/202104/t20210421_2364502.html 访问时间：2022年4月20日。

2 《通州宋庄小堡艺术区迎升级：将建美术馆群》，北青网，网址：https://t.ynet.cn/baijia/29904517.html 访问时间：2022年3月25日。

3 《北京宋庄城市客厅微景观设计》，《建筑实践》2021年第10期。

中不断强化坚持党建引领，于 2017 年 8 月成立了宋庄艺术区党委。艺术区党委的主要职能是全面发挥党和政府的引导和扶持功能，全面开展支持帮扶，积极推进区、镇级领导与艺术家交流沟通，通过政策解答、就业扶持等方式为艺术家送关爱，为艺术家群体交流创作提供便利。宋庄镇党委书记柳德利讲道："以艺术区党委为统领，以新联会党支部等为支撑，打造艺术区党建特色品牌。相继组织艺术家赴红色教育点采风和开展共建活动，积极为艺术家群体进行职称评定、社保办理等工作，实现广大艺术家群体紧紧围绕在镇党委周围，党在艺术领域的核心领导作用不断增强。"[1] 这都鲜明体现了党建引领的关键作用。

宋庄不断强化对各种民间协会机构的大力支持，如艺术促进会、艺术场馆联合会、艺术服务业联合会和艺术新联会等，为艺术家的生活和工作提供切实的公共服务保障。宋庄新联会，即宋庄新的社会阶层人士联谊会，于 2017 年 9 月 10 日正式成立，开创了宋庄新的社会阶层人士统战工作的新局面，成为宋庄新的社会阶层人士政治生活中的一件大事。新联会可以联合其他组织举办具有特殊意义的艺术展，如 2021 年宋庄艺术新联会就联合了宋庄艺术区党委和荣宝斋画院，在宋庄镇党委领导下紧紧围绕建党百年，以"'艺'心向党"为主题在宋庄美术馆举办了北京通州宋庄艺术区新联会会员画展。主题展览分为"同舟共济""伟大复兴""众志成城""大好河山"四个篇章，汇聚了 161 件优秀党史题材及现实题材作品讴歌和描绘建党的辉煌历史。展品涵盖国画、油画、书法、版画、雕塑等多个艺术门类，展现了中国共产党带领中国人民走向中华民族伟大复兴的光辉历程，表达了广大艺术家们热烈庆祝中国共产党成立 100 周年的喜悦之情。[2] 宋庄在"留住艺术家"和"走向大众"层面都

---

[1] 《打造中国文化硅谷 北京宋庄建设世界文化名镇》，北京市通州区融媒体中心，2021 年 12 月 1 日。网址：https://baijiahao.baidu.com/s?id=1717924282557443597&wfr=spider&for=pc 访问时间：2022 年 3 月 5 日。

[2] 《"艺"心向党——北京宋庄新联会艺术展开幕》，人民政协网，网址：http://www.rmzxb.com.cn/c/2021-06-26/2890758.shtml 访问时间：2022 年 3 月 10 日。

在积极实践。宋庄新联会副会长梁建平讲道："因为过去艺术家，体制外艺术家是不评职称的，不能评职称的，经过新联会的努力，现在对艺术家们每年有一个职称评定，还解决了很多艺术家的实际困难，作为一个宋庄艺术家，我觉得这么多年见证了宋庄艺术和宋庄这个区域的一个健康的发展，由一个特别原始的一个村落，发展到今天政府定位世界文化创新小镇，我觉得是艺术家和政府共同努力的一个结果。"[1] 职称评定自然是艺术家生态的秩序和良心竞争产生积极影响。2018年，宋庄新联会依托各级机关的鼎力支持，成功突破政策瓶颈，为22名新联会艺术家申报了体制外艺术专业职称。至2019年，宋庄镇首批9名自由职业人才通过专家评审，获得高级和中级职称，并由新联会法人社团身份为他们代缴社保。这也是北京市首次自由职业人才获评职称。[2] 通过党建引领，更新组织制度，帮助艺术家建立良好的艺术市场秩序和艺术家生态。

走向大众，既是宋庄走向文旅融合的重要路径，也便于吸引更多大众多维度参与、深度体验艺术创造。在公共空间建设上，宋庄艺术区启动了小堡南街改造提升二期、首开印象街改造提升等重点项目，改造更新小堡文化广场，升级消费休闲空间。小堡文化广场曾经的设施陈旧、业态低端，人流吸引力与公共服务能力不足，在本次城市更新过程中，其定位于打造成为一个开放式艺术体验商业街区。改造之后的小堡文化广场保持了原有的建筑主体结构，在原街区建筑的基础上做减量和品质提升，重点以红砖与钢结构有层次的结合，提升了建筑外立面及内部空间，突出设计感，全面升级了业态和品牌，广场空间也重新布置了绿化景观、艺术雕塑等，最大限度使用设计力，让小堡文化广场焕然一新。[3]

2021年，宋庄小堡村的村口新添了一处占地上万平方米的开放式线

---

[1] 《打造中国文化硅谷 北京宋庄建设世界文化名镇》，北京市通州区融媒体中心，2021年12月1日。网址：https://baijiahao.baidu.com/s?id=17179242825574435978wfr=spider&for=pc 访问时间：2022年3月5日。

[2] 谈冕、梁脉秋、徐闻：《宋庄：从乡村乌托邦到文化硅谷》，《城市开发》2022年第2期。

[3] 同上。

性艺术公园，吸引了众多艺术、建筑、景观爱好者前往打卡。该项目是宋庄艺术商业示范街的入口，也是艺术创意小镇南区中轴线上的重要节点，与小堡文化广场、印象街项目构成整体景观系统。富有层次感的设计是这个公园最大的亮点。灰砖和暖黄铺装在色彩上碰撞融合，刚硬的底色上传达出了温暖和乐观的感觉，也与公园内的法桐树、银杏树遥相呼应，深秋叶黄，必是一番好景致。穿孔灰色墙砖又与穿孔耐候钢、不锈钢雕塑交替组合，则在构件上实现了传统与现代交融的层次感。[1]

宋庄文化艺术节是宋庄以节庆旅游助力文化品牌发展的重要平台。在持续举办宋庄文化艺术节的过程中，他们又提出了艺术集市的举措，以节庆升级城市文化氛围。所谓艺术集市，是新人艺术家们初露头角的舞台，更是传播名气、做热旅游的有效手段。但人头攒动的艺术活动也带来了更严峻的城市管理挑战。宋庄积极转变社会治理逻辑，变"管理"思维为"服务"思维，以更精细化和数字化手段保障节庆有序开展。2021年宋庄Maker Box艺术市集从众多艺术家中优选了30多位本土艺术家，给他们在市集上展示原创IP和各种巧妙设计的机会，同时借用小堡文化广场的开放空间，将市集展示、互动体验、潮玩美食完美融合，在吸引大量游客参与互动的过程中，艺术家既时尚又前卫的摊位总能让游客享受自由玩乐的乐趣。[2]同时，为了进一步拉近大众与艺术的距离，宋庄还推出了业态宜游化。所谓宜游化，主要针对过往宋庄艺术家大多属于闭门创作，与大众之间的距离甚远，人们很难了解艺术家工作室的真实情况，难以通过交流和互动了解艺术家的创作过程及所思所想，通过"宋庄艺术游指南"，大众能够很容易地获知先关艺术家的主要简历及创作风格，并可通过预约进行线下交流。借助网上平台，宋庄区域内所有的消费场所也能得到直观的视觉呈现，方便大众打卡体验。

宋庄作为艺术创意小镇，与张家湾设计小镇和台湖演艺小镇在艺

---

1 谈冕、梁脉秋、徐闻：《宋庄：从乡村乌托邦到文化硅谷》，《城市开发》2022年第2期。
2 同上。

文化产业链上互补共生，宋庄尤其突出了其在博物馆、美术馆和艺术馆等城市公共艺术领域的重要功能。现有较知名的艺术机构有宋庄美术馆、北京当代艺术馆、宋庄当代艺术文献馆、树美术馆、AQART 美术馆、上上美术馆、明耀美术馆、北京新世像美术馆、国防艺术区、中捷当代美术馆、山海美术馆、一耕美术馆、国中美术馆、万山河艺术馆、九至美术馆、文艺美术馆、伯揆美术馆，等等。此外每年还在新增各种名目和形式创新的场所，还有一些场所也在向宋庄聚集。声音艺术博物馆原址位于东城区史家胡同，现迁址宋庄镇小堡村，占地面积 10 亩，建筑面积 6000 平方米。声音博物馆将声音作为展陈核心，设有面向声音艺术家与学者的专业档案馆，可听到老北京的、大自然的、语言的、音乐的等丰富多彩的声音，了解声音与整个世界的关系。博物馆内开辟了两层楼的空间，为孩子们提供"音速童年——我们一起玩声音"互动游戏空间，并为声音艺术家提供长期驻留项目，此外博物馆内还建有"分响美食"餐厅、烤肉餐厅，为游客提供一段可听声音、玩游戏、看表演、品美食的特别休闲时光，将身临其境的声音体验发挥得淋漓尽致。在声音艺术博物馆内还设计有一栋三层纯水泥浇筑的若谷楼，为给道路拓宽让路，整栋楼向院子里做了平移，外立面参差独特富有美感。博物馆内设计有各种演出空间和鸽哨基地，将定期举办电子乐、噪音、摇滚、鸽哨表演等类型多样的艺术演出。[1] 另外，2021 年，一处 600 平方米、拥有巨大落地窗的艺术书店也成为小堡文化广场改造提升后的最大亮点，这是宋庄艺术创意小镇引入的首家艺术书店，可供市民、艺术家休闲、交流，同时常态化运营文创复合空间、艺术品市集、画廊功能，进一步激发艺术创作活力。[2] 艺术书店的融入也将进一步丰富宋庄艺术功能的多样性。

---

[1] 《全市首个声音博物馆落户宋庄镇》，北京市通州区人民政府网，2021 年 11 月 26 日。网址 http://www.bjtzh.gov.cn/bjtz/xxfb/202111/1499897.shtml，访问时间：2022 年 4 月 2 日。

[2] 《宋庄艺术创意小镇提质升级进行时》，原发表于《北京日报》，转自北京市人民政府网，2021 年 4 月 21 日，网址 http://www.beijing.gov.cn/renwen/jrbj/202104/t20210421_2364502.html 访问时间：2022 年 4 月 20 日。

现阶段，宋庄还在有序推进镇域艺术资源的摸底调查工作。通过对整个艺术区的艺术创作人员、艺术区文化及相关企业负责人、艺术区艺术场馆负责人进行摸底调查，掌握基础资源数据，更好地推进艺术要素集聚和产业政策集成，加快艺术区高质量发展。艺术家与艺术集聚区域的整体关系，将直接关系这个艺术生态链的持续发展。今天的宋庄已经成为一个十分多元的代名词。作为空间区域和行政单元的宋庄，其所处的地理位置已经发生了很大变化，它不再是距离首都北京最近的郊区，而是位于首都核心区和城市副中心之间重要缓冲带，宋庄的生态环境、经济发展与功能定位将不可避免地越来越服务于北京城市发展的总体需求。

参考文献

## 古籍

［1］（清）杨宾：《柳边纪略》，上海：商务印书馆，1936年。

［2］（唐）张彦远：《历代名画记》卷一《叙画之源流》，俞剑华注释，上海：上海人民美术出版社，1964年。

［3］（明）宋濂编撰：《元史》，中华书局，1976年。

［4］（清）康有为著、汤志钧编：《康有为政论集》，北京：中华书局，1981年。

［5］（南朝·梁）陶弘景编《本草经集注》（辑校本），尚志钧、尚元胜辑校，北京：人民卫生出版社，1994年。

［6］（汉）河上公，（三国）王弼注；（汉）严遵指归；刘思禾校点：《老子》，上海：上海古籍出版社，2013年。

［7］（明）蒋一葵：《长安客话》，北京：北京出版社，2018年。

［8］（清）李渔：《闲情偶寄》上册，古亮注译，长沙：岳麓书社，2021年。

## 著作

［1］郑恩波：《大运河之子刘绍棠》，北京：社会科学文献出版社，1991年。

［2］王灿炽：《燕都古籍考》，北京：京华出版社，1995年。

［3］刘之光：《北京石刻艺术博物馆丛书》，北京：今日中国出版社，1996年。

［4］王兆祥、刘文智：《中国古代的庙会》，北京：商务印书馆国际有限公司，1997年。

［5］崔志远：《文化心理批评》，北京：中国文史出版社，2001年。

［6］刘涛：《视觉修辞学》，北京：北京大学出版社，2001年。

［7］周良：《通州文物》，北京：文化艺术出版社，2004年。

［8］吴惟：《手艺北京　民间艺术的知性之旅》，北京：北京图书馆出版社，2006年。

［9］庄汉新、刘瑶：《中国20世纪乡土小说史话》，徐州：中国矿业大学出版社，2006年。

［10］陈昭明：《中国乡土小说论稿》，北京：大众文艺出版社，2007年。

［11］李文治，江太新：《清代漕运》，北京：社会科学文献出版社。2008年。

［12］李春霞：《遗产：源起与规则》，昆明：云南教育出版社，2008年。

［13］杨洁：《近现代名人故居保护和利用 以南京为例》，南京：东南大学出版社，2013年。

［14］刘征：《北京会馆纪事》，北京：中国戏剧出版社，2015年。

［15］陈志明：《中国连环画史考略》，杭州：浙江人民美术出版社，2015年。

［16］周恒、赖文波：《城市公共艺术》，重庆：重庆大学出版社，2016年。

［17］李菲：《身体的隐匿：非物质文化遗产知识反思》，北京：民族出版社，2017年。

［18］陈喜波：《漕运时代 北运河治理与变迁》，北京：商务印书馆，2018年。

［19］李宽：《特色小镇》，北京：社会科学文献出版社，2018年。

［20］陈平原：《左图右史与西学东渐：晚清画报研究》，北京：生活·读书·新知三联书店，2019年。

［21］毛巧晖等：《北运河民俗志·第一卷·基于文献与口述的考察》，北京：中国戏剧出版社，2019年。

［22］毛巧晖等：《北运河民俗志·第二卷·图像、文本与口述》，北京：中国戏剧出版社，2020年。

［23］毛巧晖等：《北运河民俗志·第三卷·民间文学合集》，北京：学苑出版社，2021年。

［24］王梓夫：《漕运古镇》，北京：中国文史出版社，2021年。

［25］王卫华等：《千年运河润京城》，北京：团结出版社，2022年。

［26］吴茂英：《遗产、游憩与文化自信：中国大运河的经验》，杭州：浙江大学出版社，2022年。

［27］毛巧晖等：《北运河流域特色小镇建设研究》，学苑出版社，2022年。

［28］毛巧晖等：《民俗传统与特色小镇建设》，学苑出版社，2023年。

［29］［美］苏珊·朗格：《艺术问题》，滕守尧译，北京：中国社会科学出版社，1983年。

［30］［美］康纳德：《社会如何记忆》，纳日碧力戈译，上海：上海人民出版社，2000年。

［31］［日］柳宗悦：《工艺之道》，徐艺乙译，桂林：广西师范大学出版社，2011年。

［32］［德］扬·阿斯曼：《回忆空间：文化记忆的形式和变迁》，潘璐译，北京：北京大学出版社，2016年。

［33］［德］斐迪南·滕尼斯：《共同体与社会：纯粹社会学的基本概念》，张巍卓译，商务印书馆，2019年。

## 资料汇编

[1] 河北省民间文学研究会编：《义和团故事》，北京：人民文学出版社，1960年。

[2] 张紫晨选编：《民俗调查与研究》，石家庄：河北人民出版社，1988年。

[3] 丁世良、赵放主编；张军等编：《中国地方志民俗资料汇编》（华北卷），北京：书目文献出版社，1989年。

[4] 北京市文物事业管理局编：《北京名胜古迹辞典》，北京：北京燕山出版社，1989年。

[5] 《北京市通县地名志》编辑委员会编：《北京市通县地名志》，北京：北京出版社，1992年。

[6] 中国民族民间舞蹈集成编辑部编：《中国民族民间舞蹈集成·北京卷》，北京：中国ISBN中心，1992年。

[7] 山东省东明县政协文史资料委员会：《东明文史资料》第11辑《东明民俗》，北京：中国文史出版社，1999年。

[8] 金星华主编：《通州》，北京：北京图书馆出版社，1999年。

[9] 通州区史志办公室整理：《民国通县志稿》，北京：通州区史志办公室，2002年。

[10] 北京市政协文史资料委员会编：《北京文史资料精选》（通州卷），北京：北京出版社，2006年。

[11] 耿保仓等编著：《保定地区庙会文化与民俗辑录》，天津：天津古籍出版社，2007年。

[12] 安金明主编：《乡村旅游的"北京模式"实践与应用》，北京：中国旅游出版社，2010年。

[13] 通州区政协文史和学习委员会、通州区漷县镇人民政府编：《千年古镇漷县》，北京：团结出版社，2013年。

[14] 王岗主编：《北京历史文化资源调研报告》，北京：中国经济出版社，2013年。

[15] 北京市通州区政协文史和学习委员会、北京市通州区西集镇人民政府编：《颐和西集》，北京：团结出版社，2017年．

[16] 向淑君、任朝科、申朝晖编：《荷花淀派研究资料汇编》，石家庄：花山文艺出版社，2021年。

[17] 北京市通州区政协教文卫体委员会，北京市通州区台湖镇人民政府编：《乐和台湖》，北京：团结出版社，2021年。

［18］中共中央统一战线工作部、国家民族事务委员会编：《中央民族工作会议精神学习辅导读本》，北京：民族出版社，2022年。

［19］北京市通州区张家湾镇人民政府、北京市通州区政协教文卫体委员会编：《漕运古镇张家湾》，北京：中国文史出版社，2023年。

## 期刊

［1］樊月培：《连环画的编制》，《山东民众教育月刊》1935年第7期。

［2］刘子山：《张家湾人民公社工业在成长壮大》，《前线》1960年第6期。

［3］许钰：《从义和团故事〈宗老路〉的整理说起》，《北京师范大学学报》（哲学社会科学版）1984年第5期。

［4］陈峰：《漕运与中国的封建集权统治》，《西北大学学报》（哲学社会科学版）1990年第2期。

［5］邹元江：《关于与戏曲丑角美学特征生成相关的几个问题》，《戏剧艺术》1996年第4期。

［6］刘再复：《答〈文学世纪〉颜纯钩、舒非问》，《文学世纪》（香港）2000年第8期。

［7］刘富民：《戏曲丑角源流考》，《当代戏剧》2001年第6期。

［8］刘铁梁：《村落生活与文化体系中的乡民艺术》，《民族艺术》2006年第1期。

［9］李强彬：《乡村"能人"变迁视角下的村社治理》，《经济体制改革》2006年第5期。

［10］于长江：《宋庄：全球化北京下的艺术群落》，《艺术评论》2006年第11期。

［11］陈虹：《试论文化空间的概念和内涵》，《文物世界》2006年第1期。

［12］孔建华：《宋庄原创艺术聚集区发展方略》，《城市问题》2007年第5期。

［13］杜宏武、唐敏：《城市公共艺术规划的探索与实践——以攀枝花市为例的研究》，《华中建筑》2007年第2期。

［14］高丙中：《作为公共文化的非物质文化遗产》，《文艺研究》2008年第2期。

［15］于长江：《从圆明园到宋庄：对艺术群落人文处境的多维透视》，《艺术评论》2008年第11期。

［16］熊松涛：《三叹珐琅惊奇：熊氏珐琅》，《钟表》2009年第4期。

［17］田敏、侯小琴：《"条"与"块"的分割与整合——从"号子之争"看非物质文化遗产的保护》，《中南民族大学学报》（人文社会科学版）2009年第4期。

[18] 俞孔坚、奚雪松：《发生学视角下的大运河遗产廊道构成》，《地理科学进展》2010年第8期。

[19] 陈怡：《大运河作为文化线路的认识与分析》，《东南文化》2010年第1期。

[20] 黄永林、韩成艳：《民俗学的当代性建构》，《华中师范大学学报》（人文社会科学版）2011年第2期。

[21] 赵世瑜：《传承与记忆：民俗学的学科本位》，《民俗研究》2011年第2期。

[22] 何卫国：《〈红楼梦〉的当代传播与城市文化名片》，《红楼梦学刊》2011年第3期。

[23] 张翠霞：《常人方法学与民俗学"生活世界"研究策略——从民俗学研究范畴和范式转换谈起》，《中央民族大学学报》（哲学社会科学版）2011年第5期。

[24] 肖剑忠：《乡土文化能人：繁荣乡村文化的主力军》，《杭州（我们）》2012年第5期。

[25] 谢晓飞：《熊氏珐琅：从替身到主角》，《中华手工》2012年第5期。

[26] 张晗：《社会共生视阈下的多元文化空间建构——基于盈江县支那乡白岩傈僳族村的人类学考察》，《贵州民族大学学报》（哲学社会科学版）2013年第6期。

[27] 刘笑岩：《蓬安县非物质文化遗产保护与传承的反思——访谈"嘉陵江船工号子"传承人有感》，《西华师范大学学报》（哲学社会科学版）2013年第4期。

[28] 黄江平：《重视发挥乡土文化能人在文化建设中的积极作用》，《毛泽东邓小平理论研究》2014年第1期。

[29] 朱煜杰：《遗产话语体系的构建与反思：文化遗产实践三例》，《文化遗产研究》2015年第2期。

[30] 方李莉：《论"非遗"传承与当代社会的多样性发展——以景德镇传统手工艺复兴为例》，《民族艺术》2015年第1期。

[31] 张士闪：《礼俗互动与中国社会研究》，《民俗研究》2016年第6期。

[32] 杨利慧：《以社区为中心——联合国教科文组织非遗保护政策中社区的地位及其界定》，《西北民族研究》2016年第4期。

[33] 单霁翔：《大型线性文化遗产保护初论：突破与压力》，《南方文物》2016年第3期。

[34] 李菲：《身体与传承：非物质文化遗产研究的范式转型》，《思想战线》2016年第6期。

[35] 张朵朵：《风险中的具身知识：设计师介入地方传统手工艺的人类学反思》，《美术与设计》2016年第2期。

[36] 孟伟：《北京通州张家湾山西会馆考略》，《山西大学学报》（哲学社会科学版）

2017年第2期。

[37] 黄景春：《民族记忆构建的民间文学方式》，《华东师范大学学报》（哲学社会科学版）2017年第5期。

[38] 郑建山，常富尧：《通州运河船工号子》，《北京观察》2017年第10期。

[39] 田阡：《村落·民族走廊·流域——中国人类学区域研究范式转换的脉络与反思》，《社会科学战线》2017年第2期。

[40] 赵旭东：《流域文明的民族志书写——中国人类学的视野提升与范式转换》，《社会科学战线》2017年第2期。

[41] 朱霞：《传统工艺的传承特质与自愈机制》，《北京师范大学学报》2018年第4期。

[42] 王征：《植根民俗文化 打造特色小镇》，《城乡建设》2018年第19期。

[43] 单靖雯：《米兰 Caserma Montello 街区规划及建筑设计》，《创意与设计》2018年第1期。

[44] 张多：《民众立场与民俗的博物馆化》，《艺术与民俗》2019年第2期。

[45] 朱义明：《口述史的概念厘定与研究向度》，《南京社会科学》2019年第12期。

[46] 周晓虹、朱义明、吴晓萍：《"口述史研究"专题》，《南京社会科学》2019年第12期。

[47] 吴雨星：《论乡村振兴的普遍性与特殊性》，《现代农业研究》2019年第3期。

[48] 路璐、王思明：《大运河文化遗产研究：现状、不足与展望》，《中国农史》2019年第4期。

[49] 张霞儿：《景观人类学视角的非遗特色小镇建构路径探析》，《贵州民族研究》2019年第3期。

[50] 毛巧晖：《文学想象与地域民俗认同的构拟——基于北京市通州区张家湾"中国红学文化之乡"构筑的思考》，《暨南学报》（哲学社会科学版）2019年第4期。

[51] 桂胜、陈山：《乡村振兴中村落民俗文化再造空间传承模式之认识》，《河北学刊》2020年第3期。

[52] 连冕：《明中后期通州、张家湾一带的皇木厂——〈工部厂库须知〉衙署个案》，《装饰》2020年第2期。

[53] 李吉光：《重塑空间：浅谈博物馆的非遗类展览》，《博物馆管理》2020年第4期。

[54] 吴锋、马建森：《我国非遗博物馆建设的历史回顾及趋势前瞻——兼论"十四五"期间非遗博物馆建设发展规划》，《文化与传播》2020年第3期。

[55] 杨利慧：《社区驱动的非遗开发与乡村振兴：一个北京近郊城市化乡村的发展之路》，《民俗研究》2020年第1期。

[56] 王洪见、王敏等：《用大运河文化赋能北京城市副中心建设》，《北京财贸职业学院学报》2021年第4期。

[57] 王丹：《铸牢中华民族共同体意识的多民族民间文艺视角》，《西北民族研究》2021年第1期。

[58] 许檀：《明清时期的通州商业》，《中国社会经济史研究》2021年第3期。

[59] 毛巧晖：《民间传说、革命记忆与历史叙事——以运河流域英雄人物传说为中心的讨论》，《中国传统文化研究》2021年第1期。

[60] 彭兆荣、李春霞：《"走运之路"：作为人类文化遗产的运河》，《北方民族大学学报》（哲学社会科学版）2021年第1期。

[61] [美]张举文：《从实践概念"非物质文化遗产"到学科概念"文化遗产"的转向》，《民俗研究》，2021年第5期。

[62] 周海燕：《个体经验如何进入"大写的历史"：口述史研究的效度及其分析框架》，《中央民族大学学报》（哲学社会科学版）2021年第6期。

[63] 刘爽：《北京通州张家湾墓志石刻中的历史记忆》，《书法教育》2021年第2期。

[64] 魏瑶、何建勇：《张家湾公园：昔日工业大院今变副中心"绿肺"》，《绿化与生活》2021年第1期。

[65] 郭新茹、陈天宇、唐月民：《场景视域下大运河非遗生活性保护的策略研究》，《南京社会科学》2021年第5期。

[66] 李汇群：《论〈红楼梦〉文化资本和中国国家软实力构建》，《红楼梦学刊》2021年第6期。

[67] 陈喜波、贾濛：《漂来的繁华：明清北运河水系变迁与通州张家湾码头兴衰——兼论张家湾运河文化遗产保护、传承和利用》，《首都师范大学学报》（社会科学版）2021年第5期。

[68] 王加华、李燕：《眼光向下：大运河文化研究的一个视角》，《民俗研究》2021年第6期。

[69] 张青仁、梁家欣：《运河纽带与民族交往交流交融——基于通州北运河流域的田野调查》，《西北民族研究》2022第1期。

[70] 屠含章：《历史记忆、历史—记忆或历史与记忆？——记忆史研究中的概念使用问题》，《史学理论研究》2022年第1期。

[71] 谈冕、梁脉秋、徐闻：《宋庄：从乡村乌托邦到文化硅谷》，《城市开发》2022年第2期。

[72] 段雨：《地方能人在乡村振兴过程中的利弊分析：基于鄂西南 X 县的实证研究》，《安徽农业科学》2022 年第 18 期。

[73] 胡仕坤：《文化符号视域中的中华民族共同体认同》，《河南师范大学学报》（哲学社会科学版）2022 年第 4 期。

[74] 吕志敏、代洪宝、祁超：《建构与共享：中国节日题材绘本的中华文化符号探赜》，《黑龙江民族丛刊》2022 年第 6 期。

[75] 高宇辉：《北京通州张家湾镇萧太后河两岸城市设计》，《现代园艺》2022 年第 21 期。

[76] 吕笙：《论北运河区域〈红楼梦〉说唱文学》，《明清小说研究》2023 年第 1 期。

[77] 岳永逸：《文化转场、个人的非遗与民族共同体》，《民俗研究》2023 年第 1 期。

[78] 张洁：《传承人口述史书写的基本向度》，《文化遗产》2023 年第 6 期。

[79] 王廷信：《新时代艺术学科的导向问题》，《中国民族美术》2023 年第 4 期。

[80] 阮静：《中华文化符号与中国文化传播》，《中南民族大学学报》（人文社会科学版）2023 年第 1 期。

[81] 青觉、徐欣顺：《论中华文化符号的概念、要素与边界》，《新疆师范大学学报》（哲学社会科学版）2023 年第 1 期。

[82] 张敏、李剑、康勇：《特而精、小而美、活而新——张家湾设计小镇构筑北京城市副中心产业新高地》，《新型城镇化》2024 年第 5 期。

# 学位论文

[1] 孔凡英：《试论清末民初通州社会经济发展变迁》，硕士学位论文，首都师范大学，2008 年。

[2] 张倩：《中国戏曲丑角的美学探究》，硕士学位论文，山东师范大学，2012 年。

[3] 傅莹：《宋庄原创艺术集聚区自由艺术家经营状况研究》，硕士论文，中央民族大学，2012 年。

[4] 马剑波：《文化创意产业园区的发展研究》，硕士学位论文，北京建筑大学，2015 年。

[5] 李宝山：《北京宋庄画家村聚落建筑空间类型研究》，硕士学位论文，北方工业大学，2015 年。

[6] 李静：《北京运河码头变迁》，硕士学位论文，首都师范大学，2016 年。

[7] 李阳：《宋庄文化创意产业园区商业模式创新研究》，硕士学位论文，东华大学，

2016年。

[8] 王晴：《非物质文化遗产视域下张家湾民间花会研究》，硕士学位论文，中央民族大学，2020年。

[9] 张叶子：《宋庄公共艺术当代性研究》，硕士学位论文，华北理工大学，2020年。

[10] 季诚迁：《古村落非物质文化遗产保护研究——以肇兴侗寨为个案》，博士学位论文，中央民族大学，2011年。

[11] 张天羽：《北京宋庄艺术群落生态研究》，博士学位论文，中国艺术研究院，2013年。

[12] 穆昭阳：《中国民间故事搜集整理史研究——以1949—2010为例》，博士学位论文，中央民族大学，2014年。

[13] 陆朋：《民俗文化传承的再造空间研究——以车溪土家族旅游风景区为例》，博士学位论文，武汉大学，2017年。

[14] 赵跃：《宋庄：中国艺术界的当代实践》，博士学位论文，中国艺术研究院，2020年。

# 报纸

[1] 张炼红：《生活世界、文化自觉与价值重建——张炼红副研究员在上海社会科学院的讲演》，《文汇报》2011年9月19日，第12版。

[2] 《〈漕运三部曲〉：为运河立传》，《定州日报》2021年5月27日，第5版。

[3] 张楠、王军志：《城市副中心"绿色项链"正在合龙环城休闲游憩环上13个公园将实现一园一特色》，《北京晚报》2019年6月4日，第11版。

[4] 白继开：《红色尹家河》，《北京晚报》2023年4月13日，第8版。

[5] 《超万人逛古镇红学文化市集》，《北京城市副中心报》2023年9月18日，第3版。

[6] 《运河船工号子入藏博物馆》，《北京青年报》2024年6月24日，第A03版。

[7] 陈强：《以改革创新提速副中心建设》，《北京日报》2024年7月15日，第1版。

# 电子资源

［1］《漕运三部曲之〈漕运古镇〉出版有望搬上荧屏》，人民网，2013年1月18日，http：//www.people.com.cn/BIG5/24hour/n/2013/0118/c25408-20248931.html。

［2］《对话 |〈漕运三部曲〉：为浩浩荡荡的古老运河立传》，澎湃新闻，2021年5月21日，https：//m.thepaper.cn/uc.jsp?contid=12767134。

［3］《与北京环球影城错位互补，张家湾古镇地区规划综合实施方案公布》，"北京规划建设前沿"微信公众号，2022年4月25日，https：// mp.weixin.qq.com/s/M3IPDfTrHY9zz6i7sAqMmA。

［4］通州时讯，北京市通州区人民政府：《蔡奇到城市副中心调研张家湾镇规划建设时强调坚持古今交融　突出设计特色打造一流的特色小镇》，2022年4月27日，http：// www.bjtzh.gov.cn/bjtz/xxfb/zwyw/202005/1271348.shtml。

［5］项目编号：Ⅷ-88，"风筝制作技艺（北京风筝制作技艺）"，中国非物质文化遗产网·中国非物质文化遗产数字博物馆，https：// www.ihchina.cn/Article/Index/detail?id=14439。

［6］青苑：《小人书、皮影戏、儿童剧场，副中心首家村级特色书店里有宝藏》，搜狐网，2023年7月9日，https：//www.sohu.com/a/432716523_204474。

［7］《中共中央　国务院关于学习运用"千村示范、万村整治"工程经验有力有效推进乡村全面振兴的意见》，中国政府网，2024年8月5日，https：//www.gov.cn/gongbao/2024/issue_11186/202402/content_6934551.html。

［8］《北京城市副中心：百年渡口》，首都文明网，2024年8月18日，https：//www.bjwmb.gov.cn/wmdt/tzq/10030696.html。

［9］《考古文博学院部分学生党员赴通州区西集镇尹家河村开展支部共建活动》，北京大学文博考古学院，2024年8月18日，https：//archaeology.pku.edu.cn/info/1043/2190.htm。

［10］《西集镇尹家河村入选京韵特色社区教育示范项目》，北京市通州区人民政府，2024年8月19日，http：//www.bjtzh.gov.cn/bjtz/xxfb/202312/1685801.shtml。

［11］《修座桥吧！通州这地儿人们出行严重受阻！73米的距离全靠人拉！》，搜狐网，2024年8月19日，https：//www.sohu.com/a/321188015_99961867。

［12］《关于印发〈实施乡村振兴战略扎实推进美丽乡村建设专项行动计划（2018—2020年）〉的通知》，北京市人民政府，2024年8月19日，https：//www.beijing.gov.cn/gongkai/guihua/wngh/qtgh/201907/t20190701_100221.html。

［13］《西集镇尹家河村道路完成硬化 300 余户村民告别"出行烦恼"》，中国文明网，2024 年 8 月 21 日，http：//bj. wenming. cn/tzh/wmcj/wmcztz/202307/t20230725_6641065. shtml。

［14］北京城市副中心（通州区）"十四五"时期乡村振兴规划（2021-2025 年）》，2024 年 8 月 21 日，https：//www. beijing. gov. cn/zhengce/gfxwj/202202/W020220224402253667288. pdf。

［15］《通州区西集镇肖家林村入选北京市垃圾分类示范村》，首都文明网，2024 年 8 月 22 日，https：//www. bjwmb. gov. cn/wmpy/ljfl/2022/03/24/883309. html。

［16］《关于〈通州区西集镇国土空间规划（2021 年—2035 年）〉草案的公示》，2024 年 8 月 29 日，http：//www. bjtzh. gov. cn/bjtz/xxfb/202211/1624847. shtml。

## 内部资料

［1］周良、通州区图书馆编：《大运河源头第一镇》，内部文稿，时间不确定。
［2］田俊杰编：《沙古堆村史志》，内部资料，2018 年。
［3］《张家湾古镇红学文化雅集学术成果辑录》，内部资料，2023 年。

# 附录

## 附录一

# 北运河流域民俗文化普查暨民俗文化志项目成果列表（2018—2024）

表1　北运河流域民俗文化普查暨民俗文化志项目成果（出版著作）

| 书籍名称 | 作者 | 出版社 | ISBN号 |
| --- | --- | --- | --- |
| 《北运河民俗志·第一卷·基于文献与口述的考察》 | 毛巧晖等 | 中国戏剧出版社 | 978-7-104-04769-8 |
| 《北运河民俗志·第二卷·图像、文本与口述》 | 毛巧晖等 | 中国戏剧出版社 | 978-7-104-04993-7 |
| 《北运河民俗志·第三卷·民间文学合集》 | 毛巧晖等 | 学苑出版社 | 978-7-5077-6276-1 |
| 《历历如绘：舆图内外的运河故事》 | 王耀 | 学苑出版社 | 978-7-5077-6262-4 |
| 《北运河流域特色小镇建设研究》 | 毛巧晖等 | 学苑出版社 | 978-7-5077-6525-0 |
| 《文化遗产与文化景观译文集》 | 毛巧晖等 | 学苑出版社 | 978-7-5077-6509-0 |
| 《民俗传统与特色小镇建设——基于口述史的研究》 | 毛巧晖等 | 学苑出版社 | 978-7-5077-6825-1 |

表 2　北运河流域民俗文化普查暨民俗文化志项目成果（报纸）

| 报纸名称 | 作者 | 级别 | 刊载时间 | 文章题目 |
| --- | --- | --- | --- | --- |
| 《中国民族报》 | 毛巧晖 | 国家级 | 2019 年 5 月 10 日 | 《北运河的民俗印迹》 |
| 《北京晚报》 | 袁新雨 李如意 | 省级 | 2019 年 12 月 8 日 | 《京杭对话　携手打造大运河文化带》 |
| 《文摘报》 | 毛巧晖 | 国家级 | 2019 年 12 月 19 日 | 《运河两岸是故乡》 |
| 《中国艺术报》 | 毛巧晖 | 国家级 | 2019 年 12 月 23 日 | 《文化想象与地域记忆——谈〈北运河民俗志·第一卷——基于文献与口述的考察〉》 |
| 《新京报》 | 毛巧晖 | 省级 | 2019 年 12 月 26 日 | 《作为大运河的重要组成，北运河与北京漕运记忆息息相关》 |
| 《中国艺术报》 | 张歆 | 国家级 | 2021 年 1 月 25 日 | 《〈北运河民俗志·第二卷——图像、文本与口述〉：文化景观与地域认同》 |
| 《每日新报》 | 毛巧晖 | 省级 | 2021 年 5 月 21 日 | 《"小满江河满"——运河沿岸话"小满"》 |
| 《中国艺术报》 | 孙佳丰 | 国家级 | 2021 年 12 月 9 日 | 《"大运河文化遗产保护与传承"学术研讨会在京举办》 |
| 《中国艺术报》 | 邓立峰 | 国家级 | 2022 年 2 月 25 日 | 《〈北运河民俗志〉：通过民俗学研究成果增强基层文化建设》 |
| 《中国艺术报》 | 杨赫 | 国家级 | 2022 年 3 月 16 日 | 《古城张家湾中的文化景观与历史记忆》 |

表3  北运河流域民俗文化普查暨民俗文化志项目成果（期刊论文）

| 刊物名称 | 作者 | 期数 | 文章题目 |
| --- | --- | --- | --- |
| 《暨南学报》（哲学社会科学版） | 毛巧晖 | 2019年第4期 | 《文学想象与地域民俗认同的构拟——基于北京市通州区张家湾"中国红学文化之乡"构筑的思考》 |
| 《民间文化论坛》 | 王文超 | 2019年第5期 | 《传统工艺的文化复兴与"非遗"实践》 |
| 《内蒙古民族大学学报》（社会科学版） | 王卫华 | 2020年第5期 | 《中国民间文化中的灾害记忆——基于北运河精怪传说的分析》 |
| 《北京纪事》 | 《北运河民俗志》项目组 | 2021年第1期 | 《传说中的北运河古桥》 |
| 《中国传统文化研究》 | 毛巧晖 | 2021年第1期 | 《民间传说、革命记忆与历史叙事——以运河流域英雄人物传说为中心的讨论》 |
| 《北京纪事》 | 《北运河民俗志》项目组 | 2021年第1期 | 《桥梁传说与漕运历史》 |
| 《西北民族研究》 | 毛巧晖 张歆 | 2021年第2期 | 《运河记忆与村落文化变迁：以北京通州里二泗小车会为中心的考察》 |
| 《北京联合大学学报》（人文社会科学版） | 王卫华 孙佳丰 | 2021年第3期 | 《古桥传说与运河文脉传承》 |
| 《社会治理》 | 毛巧晖 王晴 | 2021年第8期 | 《民间花会与社会治理——以北京市通州区里二泗小车会为中心的讨论》 |
| 《美术观察》 | 毛巧晖 | 2021年第10期 | 《北运河流域民间文艺资源的传承与转化》 |
| 《西北民族研究》 | 张青仁 梁家欣 | 2022年第1期 | 《运河纽带与民族交往交流交融——基于通州北运河流域的田野调查》 |

| 刊物名称 | 作者 | 期数 | 文章题目 |
| --- | --- | --- | --- |
| 《北京纪事》 | 王文超 | 2022年第1期 | 《千里运河白浮"源"》 |
| 《北京纪事》 | 毛巧晖 | 2022年第2期 | 《北运河流域的帝王传说》 |
| 《北京纪事》 | 杨赫 | 2022年第3期 | 《护"漕"保"运"火神庙》 |
| 《北京纪事》 | 王晴 | 2022年第4期 | 《北京运河流域多民族的民间花会》 |
| 《文化艺术研究》 | 毛巧晖 | 2023年第1期 | 《交融互渗与共生发展：大运河流域文化景观特征及其实践路径》 |
| 《廊坊师范学院学报》（社会科学版） | 毛巧晖 | 2023年第2期 | 《非遗语境中北运河流域竹马文化的历史嬗变、地方建构及当代传承》 |
| 《水文化》 | 杨赫 | 2023年第3期 | 《由地方感到国家认同——基于北运河流域帝王传说的分析》 |
| 《贵州民族大学学报》（哲学社会科学版） | 张青仁 田丰 | 2024年第1期 | 《流动社会中地方精英的生成：一座民营博物馆的诞生》 |
| 《民族艺术》 | 苏明奎 | 2024年第3期 | 《运河文化遗产的生活化传承：北运河流域民间花会的历史记忆与地方实践》 |

表4　北运河流域民俗文化普查暨民俗文化志项目成果（硕士论文）

| 层次 | 作者 | 院校 | 文章题目 |
| --- | --- | --- | --- |
| 硕士学位论文 | 李莹 | 北京师范大学 | 《庙宇与生活：对通州里二泗村的考察》 |
| 硕士学位论文 | 王晴 | 中央民族大学 | 《非物质文化遗产视域下的张家湾民间花会研究》 |
| 硕士学位论文 | 杨赫 | 中央民族大学 | 《丫髻山上的二奶奶——民间传说驱动下的区域认同建构》 |
| 博士学位论文 | 王晴 | 中央民族大学 | 《北运河流域多民族民间文学研究》 |
| 博士学位论文 | 徐睿凝 | 中央民族大学 | 《北运河流域庙宇传说与区域文化建构研究》 |
| 博士学位论文 | 孙佳丰 | 中央民族大学 | 《北京大运河风物传说研究》 |

## 附录二

# 民间花会与社会治理
## ——以北京市通州区里二泗小车会为中心的讨论

毛巧晖　王晴

村落社区是最基本的社会单元,它的治理结构状况直接关系到基层社会的稳定。"民间花会"[1]即"在乡里社会里发展起来的圣会"[2]"是从前的'社会'(乡民祀神的会集,为society,译名所本)的变相"[3],每年以一种有组织的方式为庙宇的修缮和庆典贡献人力、财力、物力。花会作为村民自治组织的一种类型,是基层社区民主参与、民主管理的体现,也是一种传承久远的信仰文化。20世纪20年代的妙峰山调查拉开北京香会研究的序幕,近年来吴效群[4]、

---

[1] 北京民间花会,又称"香会",是在共同的进香目标下,形成的一个有着历史传统的自我服务、自我管理组织。传统意义上的香会以敬神谢神为核心,分工严密,走会遵循着一定的秩序规范,是民间社会的真实写照。

[2] [美]韩书瑞(Susan Naquin):《北京妙峰山的进香之旅:宗教组织与圣地》,周福岩、吴效群译,《民俗研究》2003年第1期。

[3] 顾颉刚:《妙峰山》,上海:上海书店,1928年,第11页。

[4] 吴效群认为香会组织出于对皇权压迫的反抗,制定行香走会的制度,建立了虚拟的以碧霞元君信仰为中心的"紫禁城","抢洋斗胜""耗财买脸",以发泄长期被帝国的政治象征符号压迫的愤懑。参见吴效群:《北京碧霞元君信仰与妙峰山庙会》,《民间文学论坛》1998年第1期;吴效群:《妙峰山:北京民间社会的历史变迁》,北京:人民出版社,2006年。

孙庆忠[1]、张青仁[2]等学者将视角从山上——进香朝顶的仪式性行为，转向了山下——组织的内部秩序和社区生活，更为密切关注当下的社会现实。

北京市通州区张家湾镇里二泗村曾处于北运河与通惠河交汇之处，属张家湾码头群的一部分，明清时期处于北方政治中心与南方经济中心的关键位置、系京畿重镇。进京赶考的学子、朝贡的使臣、南来北往的商人，都必须乘船至此处，再转陆路前往城内。现存的里二泗庙即为当时的漕运官兵祈佑漕运平安而建。北运河停漕后，繁华不再，里二泗村主要发展种植业和工商业。近年来，此处成为北京城市副中心建设的一部分，一半村域改建为张家湾公园。此外，大运河森林公园、城市绿心森林公园以及中国首家环球影城纷纷设置在张家湾镇。民间花会被视为一种文化资源，在镇政府、村委会的支持下，参与到运河文化庙会、张家湾民俗文化节、运河非遗纪录片拍摄的活动中，成为地方文化的表征。文化资源的背后，是花会组织及社区深扎于内心深处的乡土情结，是对自我管理的花会组织形式及花会表演艺术的民俗认同。花会组织的运行既不属于政府体制，也非纯粹的市场机制，而是志愿服务和利他精神驱动下的一种关系的凝结。

## 一、"参会"与"复会"：民间花会的凝聚力

乡村社会治理的关键在于关系的凝结。民间花会组织将本村及外村村民纳入其表演队伍，凝聚邻里关系，弱化阶层区隔。20世纪90年代，

---

[1] 孙庆忠带学生对北京城数档香会进行口述史访谈。成果有孙庆忠：《妙峰山：香会志与人生史》，北京：知识产权出版社，2013年；王敏：《花会组织与社区公共生活——北京西北旺村高跷秧歌会研究》，硕士学位论文，中国农业大学，2009年。

[2] 张青仁以"个体的香会"呈现出中国民间信仰组织的多重面向。张青仁：《行香走会：北京香会的谱系与生态》，北京：中央民族大学出版社，2016年。

里二泗村在改革中大力发展第二、三产业，从一个以农业为主、经济落后的乡村发展成为一个以工业为主导的经济强村[1]，工厂的入驻为村民提供了就业机会，吸引了大量外来人口的迁入。这一时期，村民张某和王某带头到里二泗服装厂、面包厂、水电厂"化缘"，筹集组建小车会的资金及旧桌椅等基础设施，请南部姚辛庄村的林师傅至里二泗传授小车会技艺。林师傅是这一带"玩会"[2]的"权威"，在姚辛庄小车会近乎解散、参会者几乎绝迹之时，他将表演技艺传授给里二泗村民，并帮助成立了里二泗小车会。北运河一带[3]小车会、地秧歌这两类花会最为流行，过去每年的正月十五，临近的天津武清、河北廊坊的花会也赴里二泗庙走会。据调查，现在的牛堡屯村小车会是里二泗小车会帮助复会的；西集镇的小车会是从里二泗小车会给的光盘中习得小车表演技术的；瓜厂村小车会拜师于北大化村小车会；河北廊坊香河县的大河各庄竹马会曾顶替北京通州的皇木厂竹马会参加张家湾民俗文化节的展演[4]。村际间"参会"与"复会"的跨区域流动，实际上是花会人士传统的"帮扶机制"在起作用，北运河一带花会组织间的帮扶十分灵活，跨村、跨区的小车会交流和学习时有发生，实现"一村复会，一片村复会"的区域连带模式。这一行当内的交流、交往模式增进了乡民间的相互理解，一定程度上促进了地域共同体的形成。

流动的成员，铁打的小车会。随着村落经济的稳步发展，来自不同地方、不同岗位、不同年龄段的村民纷纷参与到里二泗小车会当中：有在文化馆、村委会、街道办、水利局、电厂等政府及事业单位工作的，也有开服装店、烤鸭店、小卖部、淘宝店铺、地摊等个体或私营经济的，

---

1 林艳：《里二泗村志》，内部资料，时间未标明。感谢里二泗村委会提供。
2 北京通州将"参与民间花会"这一行为称作"走会""玩会"。
3 北运河指北京通州到天津三岔河口的这段运河，这里指所调研的北京通州张家湾镇及临近的河北香河县、大厂回族自治县及天津武清区等北运河一带的村镇。
4 牛堡屯村、瓜厂村、北大化村与里二泗村同属北京市通州区张家湾镇。西集镇与张家湾镇相邻，同属通州区。

也有已退休的在家带孙子、赋闲的老人。再后来，民俗精英[1]韩德成[2]接任了小车会会首，他既是一名老党员，又是中学教师、村委会文化宣传员，他还积极参加合唱团、大鼓队等文娱队伍，组织皮影戏表演、电影放映。民俗精英在村落社区中拥有良好的社会关系，能妥善处理组织内外的各类事务，维系日常秩序。韩德成在与成员商讨后制订了《小车会安全管理制度》，制度中强调"小车会要服从上级领导的安排，共同为非物质文化遗产作贡献"，加强小车会的秩序化、体制化运作。2009年，里二泗小车会入选"通州区第二批非物质文化遗产名录"，2011年6月，韩德成被认定为"通州区级非物质文化遗产项目代表性传承人"，2019年初，他到清华大学美术学院参加了非遗传承人培训班。这时里二泗村面临着村落"空心化"、人口老龄化的问题，尤其是2018年开始的旧村改造、异地搬迁更是影响着乡民的日常交往。里二泗小车会老一辈师傅相继去世，现任成员平均年龄也在65岁，一些成员因身体原因和家庭压力减少了对小车会的参与度。成员的年龄结构从最初的"青壮年为主"[3]转变成"老年人为主"。"甩头冠子"[4]在瓜厂小车会解散后，就参与了里二泗小车会；"坐车娘娘"让自己女儿参与小车会表演；会首的母亲也来

---

1. 民俗精英的概念指"对某项特定的民俗具有明显话语权和支配力，并且实际引领着该项民俗的整合和变异走向的个人及其组合"。参见陈泳超：《背过身去的大娘娘：地方民间传说生息的动力学研究》，北京：北京大学出版社，2015年，第151页。
2. 韩德成，1956年生于里二泗村，其祖辈从河北省廊坊市大厂回族自治县来到里二泗村，韩德成在里二泗村念完小学和中学后留校任教，自幼喜好相声、快板、秧歌。其年少时，正直我国实行人民公社制度，里二泗五个生产队，锄地挣工分3分，韩德成参加毛泽东思想宣传队合唱活动，不用去生产队干活，同样加3分，这为韩德成发展自身文艺才能提供了物质基础。
3. 民间花会的扮演者过去多为男性，且是样貌俊美的青壮年。一些地方花会通过走会的形式还能选到合适的夫婿，与今日"老年活动队"的情况大不相同。详见张士闪：《乡民艺术的文化解读：鲁中四村考察》，济南：山东人民出版社，2006年。
4. 小车会角色名称，这里指扮演这一角色的村民。小车会角色还有"膏药""坐车娘娘""公子""大烟袋""老太太""媒婆""傻柱子""傻丫头""打锣人""拉车人""推车老人"等十余种。

小车会打镲。技艺的传播依靠亲缘传承、地缘传承和业缘传承得以实现，小车会以"老人带新人"的方式培养和锻炼新人，达到延续组织生命力的目的，同时增添了人与人之间"温暖的联结"。

组织内部实行层级管理模式，会首身为"区级非遗传承人"，拥有一定的个人魅力和社会资本，成为组织的领导者。会首既由几位能干的年轻成员辅佐，又要听取来自有资历的、掌握技艺的老师傅的批评，形成老师傅、会首、关键成员、普通成员四个层级的结构。来自不同身份背景的成员都将在四个层级中流动，正如怀特研究的"街角帮"——"每个成员在帮的结构中都有自己的位置。虽然这种位置可能长期不变，但不能认为它们是静止的。占据某个位置，意味着个人在与群体其他成员发生相互作用时有一种习惯的方式"[1]。成员必须遵守请假制度，排练时讲究"会首敲定、成员共同商讨"。小车会内部治理的成功，使其成为一支有组织、有纪律、政府领导下的表演组织。

## 二、"自愈机制"：乡民对花会的民俗认同

乡土情感的维系是乡村社会治理中的重要一环，民俗认同熔铸了乡民对于文化传统的深厚情感。民间花会多是乡民自愿而起，不同时期、不同地域起会[2]的原因各不相同，其内在的统一特质是民众主体的生活实践，花会同祈福祝吉的内在心理、婚丧嫁娶、节日和娱乐生活紧密相关。"没有实践者的日常实践，就不存在'传统'，'文化'便成为历史或想象的历史，而不是正在实践中的文化传统"[3]。1949年以前，北京花会

---

[1] [美]怀特：《街角社会：一个意大利人贫民区的社会结构》，黄育馥译，北京：商务印书馆，2005年，第345页。

[2] "起会""诚起"为北京民间花会活动常用词汇，均指民间花会组织起来的这一过程。

[3] 张举文：《文化自愈机制及其中国实践》，《北京师范大学学报》（社会科学版）2018年第4期。

起会的原因有几种：1. 共同的信仰，信仰的对象有碧霞元君、王二奶奶、妈祖等，形成东南西北中五顶[1]，每年有固定的朝顶日期；2. 八旗子弟为了娱乐组建，或是太监专门为皇室观赏而组建；3. 共同的爱好，偏向于艺术性、趣味性的技巧表演，如自行车会。明代《宛署杂记》记载："城东有古庙，祀东岳神……民间每年各随其地预集近邻为香会，月敛钱若干，掌之会头至。是盛设，鼓乐幡幢，头戴方寸纸，名甲马，群迎以往，妇人会亦如之"[2]。这一时期，香会的管理者从早期的寺院僧侣转变为村落居民，香会则成为地方民众酬神表演结成的信仰组织。[3]《旧京风俗志》记载："所谓会者，京俗又名高乡会，即南方社火之意也。太平无事，生计充裕，一班社会青年，八旗子弟，职务上之相当工作已了，饱食终日，无所用心，于是互相集聚，而为排会之游戏，如中幡会、狮子会、五虎棍……某档居某档之后，秩序均须大费斟酌……"[4]。"八旗子弟"居住在拥有紫禁城的内城，是国家权力中心，"象征的是权力、秩序、威严、尊贵和面子"[5]，他们在日复一日的"饱食""无所用心"的闲暇时间里，聚众集会，成立各类会档，是一种情感的满足和情绪的发泄。据调查，里二泗村的香会多是"还愿"而起，庙里的娘娘[6]与乡民形成一种互惠关

---

1 关于"五顶"的说法不完全统一，《帝京景物略》载："麦庄桥北，曰西顶；草桥，曰中顶；东直门外，曰东顶；安定门外，曰北顶。"（明）刘侗，于奕正：《帝京景物略》，北京：北京古籍出版社，1980年。另外，民间有"南顶为马驹桥碧霞元君庙"的说法。

2 （明）沈榜：《宛署杂记》，北京：北京古籍出版社，1980年，第191页。

3 张青仁：《行香走会：北京香会的谱系与生态》，北京：中央民族大学出版社，2016年，第24页。

4 旧吾：《旧京风俗志》（稿本），载孙景琛、刘恩伯：《北京传统节令风俗和歌舞》，北京：文化艺术出版社，1986年，第51页。

5 岳永逸：《空间、自我与社会：天桥街头艺人的生成与系谱》，北京：中央编译出版社，2007年，第185页。

6 佑民观，又称"里二泗庙"，位于北京通州区张家湾镇里二泗村中部偏北。里二泗过去为北运河码头，该庙主神为福建沿海一带经运河北上至里二泗村的"妈祖娘娘"，也有"金花夫人""碧霞元君"等不同说法。明嘉靖十四年（1535）道长周从善将宫观扩建，恭请信仰道教的明世宗朱厚熜驾临并赐名"佑民观"。现为正式的中国道教"正一道"的宗教场所，民间有"西有白云观，东有佑民观"的说法。

系。参与"祈福还愿"的乡民聚集成大大小小的群体，约定统一的上香时间（多集中在庙会日的正月十五、四月十三、五月初一、八月十五），遵循走会的礼节和顺序[1]。后来，工厂老板、企业家[2]纷纷投资这一组织，香会种类日益丰富，有高跷、旱船、杠箱、小车会等技术表演之会，也有茶棚、掸尘等服务香客之会。

20世纪50年代，香会表演的内容转向为社会主义建设服务。在怀柔，小车会表演的是兴修水利、支援农业、推车运粮等内容。小车搭载的不再是俊媳妇，而是丰收的粮食或修水库的材料，所有的角色都是工农打扮。[3]许多香会被改造为"毛泽东思想宣传队"，在"庆祝解放""抗美援朝"等重大宣传活动中表现突出。20世纪60年代受国家政策的影响，民间宗教圣地——京西妙峰山金顶变为荒土，京东佑民观同样被拆毁，香会因涉嫌"四旧"而遭冷寂。70年代末逐渐复苏，多以"花会"相称，祛除了过去"香会"一词表现出来的宗教气质，以获得生存的合法性。1984年，里二泗村开始盖村委会，小车会这时开始复会，村委会成为他们的排练之地。2003年，在企业家、村民、佑民观信众及部分外村民众的支持下，村委筹集资金，以"老年活动中心"名义重新盖庙，直到2007年庙宇基本建成。[4]如今佑民观每年举办国庆庆典，开设道教文化普及课，同高校对接开展实践活动，努力成为宣扬传统文化的合理合法的宗教场所。

民间花会作为共享的文化传统，依民众的现实需要而生，也依此而

---

[1] 至里二泗庙进香的当地组织主要有"南八会"和"北八会"，以里二泗为中心，张家湾以北的花会以皇木厂竹马会打头，集合以北的所有会档后再统一行进至里二泗村口。南北各方花会到达村口后，作为东道主的里二泗本村小车会前去迎接，以表礼节。

[2] 里二泗村自2000年起开始建设工业园区，占地3900亩，企业300余家，职工1万余人，2017年上缴税税2.5亿元。2018年产业调整后，企业全部被清退，原址上建设张家湾公园，现已竣工。

[3] 张青仁：《妙峰山庙会与香会活动的当代意义》，《北京社会科学》2017年第7期。

[4] 佑民观最初由乡民为保佑水运平安设立佛像，到清代皇帝敕赐庙名，再到文物局和各界人士合力重建成为道教活动场所，经历了不同的历史阶段。

续。里二泗小车会经历了"成立—改革—重组"数次轮回,其得以延续的内在因素是乡民的"民俗认同",其背后是中国传统文化强大"自愈机制"[1]的体现,不断有人参与到对传统的主动认同中。问及参与小车会的原因,成员们大多回答"我就好(hào)这个,好(hào)玩"。如今的里二泗小车会并不在意佑民观供奉的主神究竟是南方来的"妈祖""金花夫人"还是北方的"碧霞元君",其"民俗认同"的对象更多是小车会的表演艺术。据会头讲:"我们只知道那是个娘娘庙,是娘娘,我们不管那些(究竟是哪种娘娘),就走会的时候去拜一拜,其他时候不去。"[2]小车会演绎的主题是"逃难""回娘家"的故事,具体要表现出富贵人家的"娘娘"逃难或是回家,"丫鬟"护着"娘娘"路上不被欺负,车胎瘪了要充气,过桥时躲开"膏药"的阻拦等情节。扮演者通过一系列的身体叙事,向观众传递生活中的喜怒哀乐。香河县的小车会也叫"怯搬家",因元末兵荒马乱,百姓南逃的叙事而命名。"虽然这些记忆并不一定能作为史实被看待,但是包含着民众对于苦难生活的抗争和对美好生活的向往……这些包含情感的民众记忆就成为了解历史的一把钥匙。"[3]明朝大批农民被迫迁徙至顺天府屯田,并从东南各省迁调富裕农家,对穷苦的移民进行管理。[4]小车会演绎的"逃难"主题可能与运河移民的记忆有一定关联。

---

[1] "文化自愈机制"的概念来自张举文。"如果该文化能守住其精髓,重建自信,回归其文化之根,并利用各种契机(随机符号),为认同符号赋予新的意义,重构认同,便会度过危机,获得新的生机,得到进一步的发展,甚至成为与时俱进的新文化。这便是'文化自愈机制'的运作过程。"见张举文:《文化自愈机制及其中国实践》,《北京师范大学学报》(社会科学版)2018年第4期。

[2] 资料源于访谈。访谈对象:韩德成;访谈人:王晴;访谈时间:2018年9月15日;访谈地点:里二泗文体活动中心里二泗小车会活动室。

[3] 毛巧晖、白蓉:《地域秩序与社会记忆的表达——以山西运城盐池神话为中心的考察》,《中北大学学报》(社会科学版)2018年第4期。

[4] 据村民讲述,本村"林"姓可追溯到福建的"凌"姓。

## 三、"生命过程"的参与：民间花会的情感表达

乡风文明建设是乡村社会治理的重要环节，"移风易俗"指导下花会表演场域的转移是创造性转化的表现，也是人类情感的延续性表达。在中国人的传统观念中，"生""死"为头等大事，人的一生要经历出生礼、成年礼、婚礼、葬礼几个阶段，每一个"礼"都是重要的生命过程。小车会里扮演"膏药"的师傅就是村里的执事，报丧、搭棚、置办酒席、邀请文艺表演能够全部包揽，成为生命仪式是否合乎"规范"[1]的把关人物。里二泗小车会经常收到红白喜事的邀请，如葬礼通常为一天，上午小车会要间歇性表演三场，每场40分钟左右，中间休息20分钟。下午为两场，最后有个送灵出村的仪式。即便是雨雪交加、狂风暴雨，小车会也绝不会提前退场，必须等主家结束所有事宜后才放心离开。里二泗小车会的敬业精神为其积攒了良好的口碑。通过"吹吹打打"的狂欢仪式，主家的悲痛情绪得以宣泄，同时也表达了对逝者的缅怀，这正是民间花会调节和安抚人类情绪的一种价值实现。近年来，在国家"移风易俗"的政策引领下，"大操大办"现象明显减少，"红白理事会"的成立使仪式过程简化，人生仪礼的举办场域也移至"里二泗文化活动室"内。小车会更多作为一种表演类非物质文化遗产、地域文化符号存续。其表演内容和形式投大众所好，不断"升级"。表演的妆容由过去的"白粉抹面"改良为精致的戏剧妆；"坐车娘娘"[2]的扮演者由男性改为温婉貌美的女性；表演的道具由收集材料、手工制作到批发、网购；表演的叙事主题由敬神娱神到歌颂新时代……小车会因内在的民俗认同而复会，亦因社会变迁、大众审美的变化而不断"升级"自身，融入社会，以延续其生命力。

---

1 乡民心中认定的传统的一套仪式流程。
2 小车会角色名称。"坐车娘娘"是小车会叙事中极其重要的角色，整场表演需要肩扛100多斤重的实木小车，表演上桥下桥时，膝盖需要掌控弯曲程度，表演"车胎没气"时，还要双膝迅速跪地，对表演者的身体素质要求十分高，多为男性扮演。

春夏秋冬的轮回，寓意着生命的轮回，岁时节日[1]是人类生产生活、价值伦理、宗教信仰的集中呈现，也是协调家族、宗族、社区人际关系、提升凝聚力的重要机会。每年的春节、端午节，各村小车会聚集于里二泗处，成为乡民心中"最有看头"的表演，作为北运河一带最流行的表演形式，为节日增添了欢乐气氛。近两年，民间花会展演的时空不再拘泥于传统的时间节点，还包括五一劳动节、十一国庆节、非遗年终会演、企业年会等新的时间节点。从"宗教祭祀""人生仪礼"到"节日庆典""会演"，民间花会表演时空被改变，表演场域从庙宇、里巷到村际、乡镇街道，再到公园、文化广场、剧场舞台逐步扩展。这也意味着人们聚众欢庆的活动空间和活动形式的改变。从"走街串巷"到"高楼林立的柏油大道"，从"庙前庙后"到"文化广场""公园"，再到"剧场""音乐厅""录播厅"。电视、电脑、手机等电子媒介成为人们感受年节文化更为直接和"亲密"的方式。而里二泗小车会的存在，加深了人们在现实世界中的联系，共筑了里二泗村民的经验、期待与理解。2018年，随着"疏解整治促提升形象工程"的展开，村内企业陆续外迁。2019年，村内企业全部清退，并拆除违建。工厂的搬迁带走了大量的工人，减少了当地村民的就业机会，里二泗中路的商业街也无昔日繁华景象。推土机的轰隆声与每晚文化活动中心的歌舞声交织在一起，小车会的锣鼓喧天成为延续村落情感和精神的重要载体，慰藉着乡民的心灵。

## 四、结论

民间花会作为自我管理的服务性组织，"文化自愈"是其延续的内在机制，关系的凝结是提升组织团结乃至社区团结的关键力量。吴效群将

---

[1] 指与天时、物候的周期性转换相适应，在人们生活中约定俗成的，具有某种风俗活动内容的特定时日。

民间花会的秩序性行为视为"民间社会的紫禁城"亦说明这一点。[1] 基层政权组织借助民间花会贯彻政府意志，民间花会依靠政权组织实现自治。其中，一些现代企业组织在基层社会治理中也发挥了推动性作用（如前述的工厂参与集资修庙、为小车会筹措基金等）。民间花会对人类物质生活和精神生活的双重参与，展示了其作为情感表达方式的特殊之处。社会变迁中的花会成为国家话语体系的一部分，以"非遗"和"先进团体"的面貌展现给世人。花会所在社区亦受感染，在由花会表演构建的公共空间中，在频繁的社会交往活动中，逐步实现社会整合。

乡村社会治理体系的完善，需要建立健全乡民参与治理的机制，以实现乡村自治、法治、德治相结合。中共中央 国务院印发《乡村振兴战略规划（2018—2022年）》[《政府公报》2019年第11期（总第599期）]提出"保护利用乡村传统文化""丰富乡村文化生活""加强农村基层党组织带头人队伍建设""深化村民自治实践"等乡村振兴策略，文章所关注的里二泗小车会及身为党员的会首，即是党员带头的乡村自治组织，这种民间花会的自我管理及社区参与体系，对于规划和实施社会治理及乡村振兴都具有借鉴意义。

原文刊载于《社会治理》2021年第8期

---

1 吴效群认为，香会相互配合、义务服务的行香走会制度，是为了保证香客进香顺利，维护社会活动的进行。而香会的这套制度是为了"发泄往日为封建帝国的政治制度压迫的愤懑"，香会建构的虚拟的"紫禁城"是阶级对立和文化压迫在民间文化中的必然表现，表达了平等互助友爱的社会理想，缓和了阶级对立和冲突。见吴效群：《走进象征的紫禁城：北京妙峰山民间文化考察》，南宁：广西人民出版社，2007年，第39页。

# 世界文化遗产中国大运河传说叙事与中华民族共同体意识凝铸

王卫华 孙佳丰

## 一、问题的提出

  沟通南北、贯穿古今的中国大运河，是中华民族的文化符号与精神家园。作为一种流淌的文明、一种线性的文化遗产，大运河蕴含了中华民族悠远绵长的文化基因，形成了一条具有时间连续性和空间系统性的文化脉络。它既是一种可知的历史记忆，也是一种可感的文化象征。2006年，国家文物局将大运河列入《中国世界文化遗产预备名单》，并于2007年正式启动大运河申报世界遗产工作。2014年，"中国大运河"成功入选世界遗产名录，成为中国第46个世界遗产项目。

  联合国教科文组织在公布和介绍中国大运河世界文化遗产项目时指出："大运河是人类历史上最伟大的水利工程杰作，因为它有着悠久的历史、庞大的规模，以及与时俱进的适应性。……自公元七世纪以来，中国经历历代王朝直到今天，大运河一直是其经济和政治统一的重要因素，也是重要的文化交流场所。大运河创造并维持了运河沿岸人民特有的生活方式和文化，在很长一段历史时期内，中国大部分领土和人口都受到大运河的影响。大运河体现了中国古代'大一统'的哲学思想，是中国这一伟大农业帝国自古以来实现和谐统一、协调互补和团结巩固的重要因素。"[1]这段话准确地解释了运河对于中国的重要意义。作为国家策略下的大规模航运工程，大运河反映了中华民族协同发展的历史进程与政治理念，是中华民族团结统一的象征；作为连通江河文化区域的运输通道，大运河促进了中国不同地域和民族间的经济与文化交流，是中华民族文化交融的纽带；作为运河沿线民众共同的生活场域，大运河凝聚了流域共同体普遍性的归属情感与价值共识，是中华民族精神文化的载体。大运河对中华民族的形成与共同体意识的凝铸具有重要意义，其承载的丰富文化，为研究中华民族共同体意识提供了开放、立体的视野。

大运河文化是人文社会科学领域研究的重要内容。20世纪中叶至21世纪初，史念海、岳国芳、姚汉源等学者在梳理中国大运河历史沿革的基础上，从运河变迁的角度探索中国政治经济发展史；[2]安作璋、陈璧显、傅崇兰等则阐述了大运河沿岸区域的历史发展与文化成就。[3]近年来，张翠英、姜师立、梁志刚等，以大运河的历史脉络与空间脉络为线索，对运河的历史沿革、历史影响与文化遗存进行解读；[4]王云、周青青、胡梦飞等，则从民俗传统和民间文艺等方面，对与大运河密切相关的文化事项进行个案研究。[5]而随着大运河文化遗产保护工作的推进，以及大运河

---

1 参见联合国教科文组织世界遗产中心－大运河（The Grand Canal），网址：https://whc.unesco.org/en/list/1443，访问时间：2023年12月3日。

2 参见史念海：《中国的运河》，西安：陕西人民出版社，1988年；岳国芳：《中国大运河》，济南：山东友谊出版社，1989年；姚汉源：《京杭运河史》，北京：中国水利水电出版社，1998年。

3 参见安作璋主编：《中国运河文化史》，济南：山东教育出版社，2001年；陈璧显：《中国大运河史》，北京：中华书局，2001年；傅崇兰：《中国运河传》，太原：山西人民出版社，2005年。

4 张翠英：《大运河文化》，北京：首都经济贸易大学出版社，2019年；姜师立：《中国大运河文化》，北京：中国建材工业出版社出版，2019年；梁志刚：《话说运河》，北京：北京出版社，2020年。

5 王云：《明清时期山东运河区域的金龙四大王崇拜》，《民俗研究》2005年第2期；周青青：《北京通州运河号子中的山东音乐渊源》，《中央音乐学院学报》2012年第1期；胡梦飞：《中国运河水神》，济南：山东大学出版社，2018年。

文化带、大运河国家文化公园建设等传承保护实践的落实，大运河文化遗产的价值功能与保护利用问题，越来越成为学界关注的重点。路璐、许颖提出，大运河文化遗产具有混杂性、"被赋予性"和"当下性"三重价值属性，它的功能在于其作为凝聚集体记忆的"记忆之场"，能够形成民族国家的认同空间，从而构建民族国家共同体。[1] 向云驹的研究从大运河国家文化公园的建设实践出发，探讨大运河非物质文化遗产的认定识别与保护利用问题，认为大运河非物质文化遗产应当确立"标志性""代表性""区域性"的辨识原则，从而顺势有为地参与到传承中华文明、展示国家形象的文化实践中。[2] 王加华、李燕则提出，大运河的文化研究及其保护、传承实践，不仅要从宏观、国家与上层视角来认识大运河所蕴含的精神价值和文化意义，还须秉持一种"眼光向下"的学术视角与实践思路，关注与大运河、大运河文化紧密相关的"民间""民众"与"日常生活"。[3] 总之，当前对于世界文化遗产中国大运河的研究，已涉及历史与当下、物质与精神、宏观与微观等不同层面。但是，从民间视角阐发大运河文化遗产价值的研究成果却还是太少，尤其缺乏对大运河传说叙事与中华民族共同体意识之关系的探讨。

作为世界文化遗产的中国大运河，由其沿线的诸多物质文化遗产与非物质文化遗产共同构成。大运河民间传说既属于大运河非物质文化遗产的一个类别，同时又是大运河物质文化遗产信息的重要组成部分。它代表的民间话语是大运河文化价值与精神内涵的表达，也是诠释中华民族共同体意识的重要维度。与严谨的官方话语和宏大的历史叙事不同，大运河民间传说以更为通俗、鲜活的口头叙事，展现大运河流域民众群体的社会生活，反映老百姓朴素而真挚的情感与价值观念，也提供了阐释大运河与中华民族共同体意识历史渊源与文化关系的民众视角，成为

---

[1] 路璐、许颖：《大运河文化遗产与民族国家记忆建构》，《浙江学刊》2021年第5期。

[2] 向云驹：《论大运河国家文化公园的非物质文化遗产层级及其呈现》，《中原文化研究》2022年第2期。

[3] 王加华、李燕：《眼光向下：大运河文化研究的一个视角》，《民俗研究》2021年第6期。

铸牢中华民族共同体意识实践的重要文化资源。

## 二、大运河传说叙事的价值认知

大运河民间传说是指流传于大运河沿岸的、以大运河及其相关事象为主题的口头性散文体叙事，具有深厚的群众基础。民间传说是族群集体记忆和身份认同的文化传统。在传说的传承过程中，老百姓集体参与，根据意愿进行内容和形式的调整，传演下来的都是人们喜闻乐见的作品，最能代表民众的真实想法。大运河民间传说资源十分丰富，其主要类型有：记叙大运河相关著名人物之事迹的人物传说（如隋炀帝开大运河、郭守敬修通惠河、白英建南旺分水枢纽、吴仲建闸、鲁班修桥、乾隆下江南的传说等）、叙述发生在运河沿岸重大历史事件的史事传说（如八里桥之战、大沽口建炮台、燕王移民、回族入中原、义和团运动等相关传说），和解释大运河河道、水源，沿线建筑、地名，以及地方特产和风俗等由来的风物传说（如铜帮铁底运粮河、龙口河、燃灯塔、沧州铁狮子、苏州街、皇姑菜、金华酥饼、放河灯、跑旱船的传说等）。这些传说以大运河文化为核心，承载着丰富的民间记忆，反映了大运河流域民众的社会生活、审美情趣与价值观念。它将宏观的历史叙事与具体的生活细节联系起来，使无形的文化记忆与可知可感的物质遗产相融合。以传说的民间视角审视中华民族的历史文化，可进一步体悟中华文明的特质与魅力。

### （一）大运河传说叙事的文化遗产价值

作为文化遗产的大运河，由与其功能相关、历史相关、空间相关的遗产物构成。[1]它既包含河道、闸、坝、码头、桥梁、建筑、遗址等物质

---

1 俞孔坚：《京杭大运河国家遗产与生态廊道》，北京：北京大学出版社，2012年，第37—38页。

文化遗产，也包括传说、文学、民俗、游艺、戏曲、技艺等非物质文化遗产。大运河民间传说既属于大运河非物质文化遗产的一个类别，同时又是大运河物质文化遗产信息的重要组成部分。这些传说以大运河沿线的地方风物、社会风俗、著名人物和历史事件为"传说核"，对诠释大运河文化遗产的历史文化与精神内涵具有重要意义，是建立大运河中华文化"符号—意义"阐释体系[1]的核心要素。

以大运河建筑文化遗产为例，北京通州燃灯塔、山东临清舍利塔、江苏扬州文峰塔和浙江杭州六和塔，被誉为"大运河四大名塔"，它们既是地方文化的象征，同时也是大运河文化的标志。闸、坝、桥梁等功能性水利设施通常可从历史记载中溯源其产生源起，但这四座名塔虽是与大运河伴生的建筑，但说到其与大运河的历史渊源与文化关系，民间传说才是最鲜活有力的阐释话语。"通州燃灯塔"的传说告诉人们，北运河畔的燃灯塔，是百姓为借助燃灯佛的神威，镇住运河中兴风作浪的孽龙而建。[2] "临清塔"的传说讲，卫运河东岸的舍利塔原是仙人的法器，因运河中有两条鲤鱼精作怪，仙人便将其镇于塔下。[3]也有与历史记载内容相似的传说讲述临清塔为明代士人柳佐所建，传说他当年进京赶考夜宿运河边，曾见隋炀帝下扬州时赐予永寿寺的那颗舍利的祥瑞金光，后来柳佐得以高中，衣锦还乡后便捐资建了这座舍利塔。[4]关于建文峰塔的初衷，有传说讲它是为了镇住扬州的文气，保佑赴京赶考的学子蟾宫折桂。也有传说讲它是为了纪念当年多次从这里解缆入江、东渡日本的唐代高僧鉴真。[5]钱塘江畔的六和塔，传说是为压制钱塘江汹涌的江潮而建，其

---

1 陶心玮：《"开放包容"国家形象传播视域下大运河知识谱系的符号生产研究》，《东南传播》2022年第8期。
2 此故事有多个异文，这个版本为作者田野调查时采录。访谈对象：郑建山，北京通州区文化馆原副馆长，搜集整理了大量北运河流域的民间传说与故事；访谈人：王卫华、孙佳丰等；访谈时间：2019年7月12日；访谈地点：通州区图书馆。
3 汪林、张骥：《大运河的传说》，济南：黄河出版社，2009年，第36—37页。
4 吴风：《名塔风华伴运河》，《中华遗产》2022年第7期。
5 朱同芳：《江苏名塔》，南京：南京出版社，2013年，第146页。

"六和"之名寓意佛家的六种规约。[1]也有传说讲"六和"本是住在钱塘江畔的孩童，因江中性情暴躁的龙王以汹涌的浪涛卷走他的母亲，于是他学精卫填海之举，每日以石投江。龙王担心龙宫被毁，便向六和保证潮水日后必沿着河道按时涨退。后人为了纪念六和，遂修了"六和塔"。[2]这些传说的内容或夸张离奇，或有史可依，但不论是"宝塔镇河妖"还是"宝塔镇文气"，它所反映的都是古塔与大运河的文化关系。四座古塔皆建于大运河的水流交汇、转向或湍急之处，具有标志航道的导航功能。同时江南地区文气兴盛，大运河也是江南学子进京赶考的重要交通线。因此，大运河四大名塔承载了运河两岸百姓对风调雨顺的祈愿，寄托了大运河船工对航运平安的祈愿，以及科举士子金榜题名的祈愿。

大运河民间传说就是以这样的民众"生活史"和"心灵史"，对大运河文化遗产的价值阐释提供了有别于官方话语的另一个鲜活视角，成为大运河文化遗产的"叙事性阐释"文本，它从历史、生活、信仰等多维层面，诠释了作为中华民族文化符号的大运河的丰富文化内涵。

### （二）大运河传说叙事的社会文化功能

大运河与中华民族统一发展的历史紧密联系在一起，它的文化脉络是中华民族共同体意识生成与发展的重要时空语境。从先秦开凿到当代建设，交融与共享一直是大运河的文化底色。正如梁启超所说："中国南北两大河流，各为风气，不相属也。自隋炀浚运河以连贯之，而两河之下游，遂别开交通之路。夫交通之便不便，实一国政治上变迁之最大原因也。自运河既通以后，而南北一统之基础，遂以大定。此后千余年间，分裂者不过百年耳。"[3]据统计，在隋代大运河贯通前，中国有50%以上

---

1 吕青：《名胜目中无时空》，郑州：河南科学技术出版社，2013年，第169页。

2 中国民间文学集成全国编辑委员会、《中国民间故事集成·浙江卷》编辑委员会编：《中国民间故事集成·浙江卷》，北京：中国ISBN中心，1997年，第341页。

3 梁启超：《中国地理大势论》，刘梦溪：《中国现代学术经典·梁启超卷》，石家庄：河北教育出版社，1996年，第704－705页。

的时间处于分裂状态，而大运河贯通后，有80%以上的时间是统一的。[1]大运河的贯通，也使大一统的国家观随着中华民族疆域的形成、集权制度的完善，以及大运河沿线区域和民族间经济与文化的交流融合而深入人心。

同其他区域相比，运河区域存在着一个从漕运政治到民众生活的"运河机制"，正是这种机制将历史各要素关联起来。[2]纵观大运河的发展历史，国家意志借助于向运河沿线地区的贯彻而得以落实，运河沿线地区民众则在这一国家持续的宏大工程中调整或改变生计，同时顺循国家政治以寻求文化认同，安顿自身生活，运河社会文化即奠基于此。借助运河社会文化的多种形式，运河沿线地区一直发挥着对于国家主流文化的保育功能，[3]从而增强了各族人民对中华民族共同体自觉认同、主动归属、积极维护的心理和情感倾向。宏观的国家制度与多元的运河文化之间的互动共生关系，表明了民众知识作为中华民族共同体意识阐释话语的价值逻辑。漕运时代过后，大运河航运功能虽然下降了，但其所代表的民族情怀和沧桑历史反而显得尤为突出，成为呈现家国情怀、反映悠久中华历史和呈现灿烂中华文化的历史长河。[4]大运河以其广阔的时空脉络，及其承载的多元文化和民族精神，集中展现了中华民族团结统一、开放包容的国家形象，是中华民族共同体意识建构机制中不可或缺的文化符号。2014年，"中国大运河"列入世界遗产名录，它包括了中国大运河河道遗产27段，以及运河水工遗存、运河附属遗存、运河相关遗产共计58处遗产。这对于中华民族意义重大。在全球化视野中，国家主体主动征召大运河这一巨型文化符号，以其"世界文化遗产"的丰厚资

---

[1] 姜师立：《大运河历史文脉与国家形象文化基因研究》，《中国名城》2022年第1期。

[2] 吴欣：《运河学研究的理论、方法与知识体系》，《人文杂志》2019年第6期。

[3] 张士闪：《运河社会文化研究的理念与方法》，《运河学研究》2021年第1期。

[4] 黄齐东：《流淌的家国情怀：运河叙事的历史演进与意象构建》，《常州工学院学报》（社科版）2020年第3期。

源与未曾断绝的悠久历史资源来建构文化大国形象,[1]凸显了"中国大运河"这一文化符号对增进中华民族文化认同、历史认同与国家认同的重要意义。

作为广大民众真实情绪与利益关切的表达方式,民间传说反映了特定时代、特定地域民众的生存状态、期望诉求和社会理想。产生并流传在运河沿线的民间传说是大运河历史文化传承的重要载体。人民的主体性与运河的文化性,使大运河民间传说在中华民族共同体意识的宏大叙事中具有重要意义。大运河民间传说的内容与思想,反映了该区域民众的社会生活与真实情感,展示了中华民族共同体意识的丰富历史内涵和重要现实意义。

## 三、大运河传说的共同体叙事内涵

中华各民族共同的历史记忆、文化认同和民族情感,是中华民族共同体的核心凝聚方式,也是中华民族共同体意识的内涵与表征。以沟通和凝聚为本质的大运河,参与并见证了中华民族共同开拓疆土的历史,更承载着中华民族共同创造的灿烂文化和培育的伟大精神,从而推动着中华民族共同体意识的凝铸。而非物质文化遗产不仅是地方的、民族的历史命脉与文化资本,更是全社会共享的一种公共知识与文化福祉。[2]作为非物质文化遗产的大运河民间传说,则在真实与幻想的交织中,书写了大运河流域地方文化和民族文化交流交融的历史记忆,表达了沿岸民众在长期交往、共同生活中生成的文化认同与大运河乡土培育的民族情感,从而形成具有历史性和艺术性的中华民族共同体叙事,从民间社会角度呈现了中华民族共同体意识丰富而深刻的内涵。

---

[1] 路璐、丁少康:《大运河与国家形象话语建构》,《江南大学学报》(人文社会科学版) 2020年第1期。

[2] 黄龙光:《中国非物质文化遗产保护与公共民俗学实践路径》,《民族艺术》2020年第5期。

## （一）流域文化交融的历史记忆

流域既是自然资源、人类群体聚散认同、人地关系行为、文化多样性和历史记忆的群集单元，也是物质及能量流动、人口迁移和文化传布的廊道线路，更是人–地–水交叉互动的复合系统，具有面上的区域性、整体性、层次性、复杂性和协同演化特征。[1]历史上，大运河作为民族迁徙的通道，吸引了大量人口汇聚于沿线，使流域空间成为各民族交流杂处的场所，并推动了各族人民之间的交往交融。同时，大运河也是区域文化交流的廊道，其贯通性的影响力，将中国广大区域联结为一个整体，从而使大运河流域社会呈现出共同的文化特征。大运河流域民族间、地区间文化交流融合的历史，成为大运河沿岸民众集体记忆的重要部分。

自大运河开辟以来，运河地区社会经济与文化的繁荣，使回族人、蒙古族人、契丹人、女真人，以及国外商旅等大量内迁与留居，尤其在元代大运河全线贯通以后，大量回族商人沿运河往返于南北各地，常常在运河沿岸城镇如通州、天津、沧州、德州、临清、聊城、济宁、江苏、杭州等地集中居住，从而形成了众多回汉民族交融的区域文化。如今北运河一带的大运河民间传说，生动地反映了这段历史。天津流传的"穆庄子的传说"就讲述了天津著名回族聚居地穆庄子的由来。传说明代时，御前侍卫穆重和奉命运送皇粮。他从浙江出发，沿大运河北上，不料在途中粮船被劫。为找回皇粮，他带着两个儿子一路向北走到了北运河畔的南仓一带。他们见附近的村庄中，有一座被白蟒占据的清真寺，穆氏父子便将其赶走。穆重和见此寺破败，加之皇粮丢失无法向朝廷交代，于是便与两个儿子在这里落户。穆氏父子修葺了礼拜寺，并耐心地向当地村民传授武艺以强身健体和自卫，相处十分和睦。后来，穆重和后辈非常兴旺，人们便逐渐忘了村子的原名，都称此村为穆庄子。[2]历史上的

---

[1] 田阡：《流域人类学导论》，北京：人民出版社，2018年，第10页。

[2] 中国民间文学集成全国编辑委员会、《中国民间故事集成·天津卷》编辑委员会编：《中国民间故事集成·天津卷》，北京：中国ISBN中心，2004年，第314－315页。

穆重和，是在明洪武年间燕王扫北时，随军从南京入天津驻兵落户，成为穆家庄庄主。这里早期的回族村民多以漕运和捕鱼为业，清代后期向经商转变。穆氏家族也是在这一时期从米面生意做起，逐渐发展为"天津八大家"之一。在民间传说中，人们将辅佐燕王打天下的回族将领，讲做大运河上运粮的官员，以传奇化的斗妖情节表现他的英勇正直，无疑是在历史叙事中融入了当地民众的生活记忆与情感倾向，它所反映的不仅是悠久的村落历史，更是回汉民族在大运河畔和谐共融的社会生活。

流动的大运河不仅是民族交往的前沿，也是地域文化互动的通道。大运河流域相互融通的多元文化，在民间生活的衣、食、住、行方面表现得具体且充分，其中饮食文化作为人们千百年来生产生活方式的集中表现，更是大运河沿线文化交流互通的有力证明。大运河民间传说中有许多讲述地方传统饮食起源的风物传说。如提起北京烤鸭的来历，北京人常说它是从南京顺着大运河游来的。有人会生动地讲述鸭子游来北京的过程：南京的鸭子追随着运粮船，吃着船上洒落下来的漕粮，一路游着玩着就到了北京通州，然后就在通州的沼泽地里住下来，正好为北京烤鸭提供了源源不断的原材料。[1] 据说明代时，南京因盛产湖鸭而开发了各式鸭菜。对烤鸭情有独钟的明成祖迁都至北京后，便将烤鸭技艺带到了北京，后来传入民间，成为北京的地方名菜。[2] 实际上，大运河所带来的南北文化交流，确实是北京烤鸭由来的重要因素。北京老字号"便宜房"最初的店名便是"金陵片皮鸭"，人们也称其为南炉鸭，意思是从南方传入的炉火烤鸭。同时，作为北京烤鸭原料的北京填鸭，也得益于大运河提供的适宜生长环境。梁实秋曾在《人间有味是清欢》中写道："北平苦旱，不是产鸭盛地，唯近在咫尺之通州得运河之便，渠塘交错，特宜畜鸭。"[3] 可见，人们在传说中将北京烤鸭的诞生归功于京杭大运河的畅

---

[1] 此故事为作者田野调查时采录。访谈对象：刘先生，男，32岁，北京通州区居民；访谈人：孙佳丰，访谈时间：2018年7月20日；访谈地点：北京市通州区运河文化广场。

[2] 张卉妍：《老北京的趣闻传说》，南昌：江西美术出版社，2019年，第452-453页。

[3] 梁实秋：《人间有味是清欢》，北京：北京时代华文书局，2019年，第2页。

通，是有事实可依的。

北京烤鸭佐以薄饼和葱丝的吃法，则又带有山东饮食习惯的影子。运河流经的山东区域，是煎饼的发源地，借助大运河的流通，山东的煎饼也在运河沿线演变为各地小吃。天津的锅巴菜，是将煎饼切成细条，拌以卤汁制成。北京的咯吱盒，则是将煎饼撒上调料，卷成卷后切段，滚油炸制而成。天津的"大福来锅巴菜"传说，就讲述了山东煎饼流传到天津后扎下根，后来乾隆下江南时来到天津有名的张记煎饼铺，对煎饼卷大葱夹面酱赞不绝口。乾隆由于吃得急而噎住，于是叫掌柜做碗菜汤。急中生智的掌柜将老煎饼撕碎，撒上佐料，用开水一冲，就制成了这道解饿又解渴的锅巴菜。[1] 北京也流传着通州船工从山东带回煎饼，而后将因日久受潮的煎饼制成咯吱盒，[2] 以及慈禧赐名咯吱盒等传说。这些生动而鲜活的传说故事，是运河的生活记忆，反映了大运河沿线文化的流动与交融。

## （二）以运河为纽带的文化认同

"共同体"概念的提出者滕尼斯认为，在人类社会血缘共同体、地缘共同体和精神共同体这三个共同体层次中，精神共同体结合了前两种共同体的特征，构成了一种真正属于人的、最高级的共同体类型。[3] 中国各民族、各地域民众在长期交流交往交融中形成的对中华民族文化的深刻认同，正是中华民族共同体的精神内核。正如钱穆所言，中国人"只把民族或国家当作一个文化机体，并不存在狭义的民族观与狭义的国家观，民族和国家都只是为文化而存在。"[4] 习近平总书记多次强调文化认同对于

---

[1] 中国民间文学集成全国编辑委员会、《中国民间故事集成·天津卷》编辑委员会编：《中国民间故事集成·天津卷》，北京：中国ISBN中心，2004年，第469—471页。

[2] 通州区政协文史和学习委员会编：《通州民俗·上册》，北京：团结出版社，2013年，第193页。

[3] 斐迪南·滕尼斯：《共同体与社会》，张巍卓译，北京：商务印书馆，2019年，第87页。

[4] 钱穆：《中国文化史导论》，上海：上海三联书店，1988年，第19页。

中华民族共同体意识的重要意义："文化认同是最深层次的认同，是民族团结之根、民族和睦之魂"。[1]可以说，文化认同是中华民族共同体意识内涵的重要方面，大运河则以其文脉的纽带作用，为不同生活环境、不同社会阶层的社会群体架起沟通的桥梁，持续强化着中华民族的多元一体格局与内在文化认同。

大运河民间传说是民众对中华民族文化认同的叙事表达。绵延千里的大运河，在上千年的不断修建与维护中实现贯通，是中华民族共同创造的伟大工程。这可歌可泣的大运河修建史，反应在民间叙事中，就成为"铜帮铁底古运河""通惠河的传说""白英点泉开运河""靳公改河""修运河闸"等具有传奇色彩的传说故事。在"铜帮铁底古运河"传说中，以元代水利专家郭守敬为原型的主人公郭灵变作白龙，战胜在北运河兴风作浪的沙龙，最后伏卧沙坑化为长长的河道，以他一身鳞甲筑成坚实的河帮。[2]"白英点泉开运河"传说中，年少时的明代民间水利家白英慧眼识泉，指示着人们挖出泉水灌满运河，使搁浅在南旺运河段的龙舟得以顺利向北航行。[3]在"靳公改河"传说中，清代治河名臣靳辅带领上万民工改造济宁段运河，使其避开越河，免除了当地常年发生的水患。[4]这些关于大运河由来、修建的传说塑造了开河人物的英雄形象，表达了民众对大运河所代表的中华民族勤劳智慧特质和开拓进取精神的高度认同。

在民间传说中，能工巧匠的代表人物鲁班也是大运河工程的重要参与者。鲁班是一位被神化的历史人物，因其在发明创造及土木建筑方面成就突出，成为我国古代劳动人民智慧的象征。流传在北京的"吴仲建

---

1 中共中央文献研究室编：《习近平关于社会主义政治建设论述摘编》，北京：中央文献出版社，2017年，第157页。
2 郑建山：《大运河的传说》，北京：文化艺术出版社，2004年，第1—4页。
3 中国民间文学集成全国编辑委员会、《中国民间故事集成·山东卷》编辑委员会编：《中国民间故事集成·山东卷》，北京：中国ISBN中心，2007年，第351—352页。
4 汪林、张骥：《大运河的传说》，济南：黄河出版社，2009年，第108—109页。

闸遇鲁班"传说，讲述了御史吴仲在疏通通惠河工程中因地势落差陷入困局时，鲁班化身为卖炸糕的白发老翁，以"炸（闸）—糕（高）"谐音启发吴仲采用建闸之法的故事。[1] 在山东济宁流传的"修运河闸"传说，讲述了鲁班变化身形为乞讨者，以踩脚印的方式指点工匠建成运河节制闸的故事。[2] 而在大运河沿线，更有许多关于鲁班修桥、造船、建城、收徒、立行规的传说。它们不仅体现了大运河的水工智慧，也表达了民间社会对中华民族文化精英鲁班的感激与崇拜，反映了民众对中华传统文化的普遍认同。

明清两代是大运河最为辉煌的时期，漕运收入支撑了当时国家财政收入的大半壁江山，成为"康乾盛世"形成的重要因素。而康熙、乾隆沿大运河南巡，则被称为是"盛世之举"，并由此在大运河沿线留下了许多与"康熙微服私访""乾隆下江南"相关的民间传说。江苏流传的"陈肇宪拦驾上疏"、安徽流传的"康熙一纸救秦忠"等传说，讲述了康熙巡访江南时减免地方赋税、为民断案洗冤等故事，成为民间佳话。而与康熙相比，乾隆的南巡更加张扬，也多了几分悠游玩赏之意。因此，在"乾隆下江南"的一系列民间传说中，乾隆与大运河沿岸的民间社会产生了更多对话，这为民众思想意识的表达提供了途径。大运河沿岸的民众借乾隆下江南之事，创造了大量地方风物传说，如天津流传的"贴饽饽熬小鱼的来历""杨柳青"，安徽流传的"一品玉带糕""剪刀王张小泉""徽班进京"，以及江浙地区流传的"驸马庄""螃鲏鱼眼睛为啥红""青灰折子圈连圈""红嘴绿鹦哥"等。这些传说将大运河沿线的特产、地名、风俗等作为乾隆南巡中见闻的新奇事象或喜爱之物，以皇帝的认可来突出其存在的独特价值。在这样的叙事中，乾隆所代表的中央权力与地方社会形成互动。民众通过传说来证明中央权力对地方文化的认可，实际上也从民间角度反映了广大民众对国家制度文化的内在认同。

---

1 郑建山：《大运河的传说》，北京：文化艺术出版社，2004年，第13页。
2 中国民间文学集成全国编辑委员会、《中国民间故事集成·山东卷》编辑委员会编：《中国民间故事集成·山东卷》，北京：中国ISBN中心，2007年，第55—56页。

### （三）运河家园凝铸的民族情感

承载着中华民族共同历史记忆与文化传统的大运河，不仅塑造了文化交融的流域空间，也为生活在其沿线的民众提供了"精神支撑、情感寄托和心灵归宿的文化空间"[1]，是大运河流域民众共同的精神家园。自古以来，大运河发挥着保卫家园的防御功能，运河拐弯处、河道加深处和流速加快处，都能成为天然的护城河，以抵御外敌入侵。[2]因此，大运河流域多次成为历史上军事斗争的发生地或关联区，这也使关于岳飞、杨家将、戚继光、霍元甲等忠臣名将和武林豪杰保家卫国的英雄故事，成为大运河民间传说的重要内容。尤其是明代抗倭将领戚继光在东南沿海一带剿灭日寇的传说，如"戚继光与金山岭""大沽建炮台的传说""戚继光竹竿破倭刀""戚继光修炮""戚继光斩子""戚家军巧摆空城计"等，在大运河沿线的北京、天津、山东、江苏、浙江等地流传十分广泛，成为大运河沿线民众共同的记忆。在大运河文化的凝聚作用和历史记忆的不断传承下，中华民族的家园意识与民族情感被不断强化，由此形成反对分裂、追求统一的爱国主义情怀。

近代以来，贯穿南北的大运河作为我国东部沿海地区的防御前线，也见证了中国反抗外来侵略和人民争取自由与解放的革命历史。第二次鸦片战争期间，英法联军强行将军舰开进渤海，突破大沽防线后占领天津，沿北运河水路进攻北京城。守卫大沽口的僧格林沁部队退守通州张家湾、八里桥一带，在北运河沿岸驻兵设防。1860年9月，英法联军向驻守张家湾的清军发起进攻，僧格林沁率领士兵奋力反击，史称"八里桥之战"。这场战斗十分惨烈，当时的中国军队在僧格林沁率领下与英法联军在永通桥上浴血奋战，他们手持大刀长矛，以血肉之躯英勇阻击洋枪洋炮，血染通惠河。随行的法国翻译官伊里松在《翻译官手记》中记

---

[1] 刘吉昌、金炳镐：《构筑各民族共有精神家园 培养中华民族共同体意识》，《西南民族大学学报》（人文社会科学版）2017年第11期。

[2] 黄齐东：《流淌的家国情怀：运河叙事的历史演进与意象构建》，《常州工学院学报》（社科版）2020年第3期。

述了"八里桥之战"的惨烈与清军的英勇:"在桥的正中央,冒着枪林弹雨,清军的一位官长骑着马站在前面;他挥舞着黄旗表示挑战,尽管隆隆的炮声盖过一切,可是他还在高声呼喊着……死神一刻也没有歇手,却并没有吓倒这些不灵活,却勇敢的斗士,他们寸步不退。"[1]由于军备力量悬殊,张家湾、八里桥先后失守。但是正义的中国军人为保卫家园表现出来的同仇敌忾、奋勇抗争的爱国热情和民族精神,通过"八里桥之战"这一史事传说的传承,被运河沿岸的民众世代铭记与传颂。

天津地区也流传着僧格林沁在北运河一带抗击外敌的传说。"僧王与塘沽土城"讲述八里桥之战发生之前,僧格林沁在镇守大沽海口的鼋鱼精的帮助下筑起塘沽土城,以抵挡洋兵侵略。但由于僧格林沁忘记给鼋鱼精上供烧香,心胸狭窄的鼋鱼精并没有将土城修牢,最后导致土城被洋兵的炮弹炸平。[2]"僧王痛斩三百弟子"的传说则讲述英法联军攻占天津大沽口炮台后,僧格林沁主动请缨去大沽口抗御洋兵。但身为蒙古族的僧格林沁只善骑射不懂海战,他率领的三百清军更是因没见过洋人的兵船大炮,被吓得弃台而逃。僧格林沁见状,挥泪斩杀了这三百逃兵。洋兵见到满海滩的鲜血,以为清军经不起炮,可当他们再进攻时,却被重振士气的清军打得落荒而逃。[3]不论是第一次大沽口战役的失败,还是第二次大沽口战役的大捷,这些民间传说都对僧格林沁率军抗击英法联军的事迹给予正面评价,而将战争的失利归结于人所不可控制的偶然因素。在民众心中,僧格林沁一心为国、军纪严明、指挥有方,是正直骁勇的民族英雄。对民族精神的颂扬、对民族利益的维护和对民族历史的自豪,是大运河民间传说的主旋律,而饱含在其中的深厚民族情感,对中华民族的凝聚具有根源性的作用。

---

[1] 杨良志、杨家毅:《走读大运河》,北京:北京出版社,2018年,第197页。
[2] 中国民间文学集成全国编辑委员会、《中国民间故事集成·天津卷》编辑委员会编:《中国民间故事集成·天津卷》,北京:中国ISBN中心,2004年,第45—46页。
[3] 同上书,第47—48页。

## 四、大运河传说叙事的活化路径

大运河民间传说依托"开放性"与"共享性"的运河文化网络传递了不同民族、不同地域"共有""共识""共享"的文化传统与价值理念,[1]诠释了中华民族共同体意识所内含的文化认同、价值认同与国家认同,并使其成为中华民族历史记忆的重要组成部分。而大运河民间传说传承的过程,亦是民众唤醒记忆、巩固认同的过程,它以民间文学类非物质文化遗产强烈的意识形态色彩,以及历史性、生活性、人民性、活态性的叙事表达,成为铸牢中华民族共同体意识实践的重要文化资源。基于"讲好中国故事"和"推动中华优秀传统文化创造性转化、创新性发展"的思想指导,在挖掘传说资源的基础上,通过景观叙事和文艺创作等途径,实现大运河民间传说的当代传承与利用,发挥其在遗产保护、文脉传承与记忆延续方面的文化功能,对于铸牢中华民族共同体意识具有重要的实践意义。

### (一)大运河传说的景观叙事与文化空间体系建构

大运河作为一种线性文化遗产,不仅是航运交通的水脉,更是承载历史、沟通文化、整合社会的文脉。时间上与空间上的连续性,使大运河这一"活着的、流动的文化遗产",成为中华民族独特的文化景观、丰富的巨型文化空间,[2]是绵延不绝的国家认同的重要场所[3]。2017年,习近平总书记做出"保护好、传承好、利用好"[4]大运河的重要指示,大运河文化带建设也正式拉开序幕,这是我国在新时期提出的首个以文化建设

---

1 毛巧晖:《北运河流域民间文艺资源的传承与转化》,《美术观察》,2021年第10期。
2 路璐、丁少康:《大运河与国家形象话语建构》,《江南大学学报》(人文社会科学版)2020年第1期。
3 姜师立:《大运河历史文脉与国家形象文化基因研究》,《中国名城》2022年第1期。
4 2017年6月习近平对中央《调研要报》第48期"打造展示中华文明的金名片——关于大运河文化带的若干思考"一文的重要批示。

为指向的线性带状区域发展战略。[1]而随着党的十九大把"铸牢中华民族共同体意识"写入党章，大运河文化带更被置于中华民族发展的宏大时空背景中，从2019年国务院发布《长城、大运河、长征国家文化公园建设方案》中正式提出建设大运河国家文化公园，到2020年《中共中央关于制定国民经济和社会发展第十四个五年规划和二〇三五年远景目标的建议》明确提出要传承弘扬中华优秀传统文化，建设长城、大运河、长征、黄河等国家文化公园，再到2021年国家文化公园建设工作领导小组印发《大运河国家文化公园建设保护规划》等一系列文件。大运河文脉的聚合作用在文化强国语境下被不断强化，成为铸牢中华民族共同体意识的重要文化依托。

"空间在回忆文化中发挥着重要作用"[2]，大运河国家文化公园建设的目标，便是通过打造具有中华民族标志性特征的文化空间，为民众提供记忆之场，以大运河文化记忆的持久影响力，增进文化认同、坚定文化自信。这就需要将运河文物、运河沿岸的文化遗产和公园有机结合起来，创造出新的文化景观，以传播"连通、交流、融合、发展"的主题，服务人民的美好生活。[3]在这样的记忆重构与空间生产实践中，作为大运河文脉阐释话语的大运河民间传说，既在空间建构中拓宽了叙事场域，同时又为空间生产提供了文化资源。大运河民间传说，始终围绕着与大运河相关的客观实在物而讲述，隋炀帝栽植的垂杨柳、郭守敬修筑的通惠河、吴仲修建的运河闸，以及大运河沿线的村庄、街道、庙宇等都是大运河传说的实物载体，这些可观可触的物质景观使传说不被遗忘，反之，景观的缺失，可能会导致传说的淡化，甚至淹没。[4]比如北京段大运

---

1 邵波、钱升华：《论大运河文化带建设中的文物保护与传承利用》，《聊城大学学报》（社会科学版）2019年第1期。

2 扬·阿斯曼：《文化记忆：早期高级文化中的文字、回忆和政治身份》，金寿福、黄晓晨译，北京：北京大学出版社，2015年，第55页。

3 龚良：《大运河：从文化景观遗产到国家文化公园》，《群众》2019年第24期。

4 余红艳：《走向景观叙事：传说形态与功能的当代演变研究——以法海洞与雷峰塔为中心的考察》，《华东师范大学学报》（哲学社会科学版）2014年第2期。

河上的高梁桥、银锭桥、万宁桥、东不压桥、八里桥、萧太后桥等有相关实物遗存的运河古桥，都有与之相关的传说仍在广泛流传，如"高亮赶水""银锭观山水倒流""水淹'北京城'""东不压桥西压桥""扒拉桥""八里长桥不挽桅"等。而在北京大运河历史上同样十分重要，却已无实物遗存的大通桥、二闸桥、张家湾东门桥等，却鲜有传说流传。因为这些在大运河民间传说中占据很大比重的地方风物传说，是对大运河风物的来历、特征、命名原因等进行说明解释，所以大运河的风物遗存就为相关传说提供了讲述的语境，这是地方风物传说传承与传播的重要条件。

民间传说作为景观叙事的资源与基础，也为大运河文化景观的塑造提供了文化依据。北京通州的张家湾曾是曹雪芹家族产业所在地，这里流传着"曹雪芹家世传说"等故事。雍正时期，家道中落的曹雪芹顺着大运河从南京来到北京，居住在位于通惠河上游的海淀西山，使"曹雪芹西山传说"成为当地重要的口头传统。而在曹雪芹常年往来于西山与通州间所经过的大运河沿线，亦流传着众多关于曹雪芹的风物传说。于是，人们根据这些民间传说来建设大运河沿线景观，如国家植物园内曹雪芹故居的"河墙烟柳"、庆丰公园通惠河畔的"文槐忆故"、张家湾萧太后河畔的曹雪芹铜像等。北京积水潭一带流传的"鸡狮潭"传说、"镇水石螭"传说，亦成为汇通祠（郭守敬纪念馆）景观恢复与建设的参考依据。苏北运河地区广为流传的"露筋娘娘传说"也为扬州"运河文化景观带"的构建提供了鲜活素材。[1]"露筋娘娘传说"讲述一女子为持贞洁，夜宿郊野被蚊虫叮咬，血竭露筋而死，人们立露筋祠以祀之的故事。因为此传说流传于运河沿线区域，其主人公渐渐由起初的普通民女衍化为运河畔的保护神。露筋祠地处高邮县城南的运河与邵伯湖之间，漕运时代，船民、商贾、旅客为祈求航行平安，都要入庙拜祭。如今原露筋祠部分遗存因运河扩建已不复存，但由于露筋娘娘的传说深入人心，当

---

[1] 谷亮：《"露筋娘娘传说"在"运河文化带"建设中的价值》，《文教资料》2018年第13期。

地渔民自发组织、集资,在大运河露筋段东岸的祠址附近重建露筋娘娘庙。由此可见大运河民间传说在地方文化景观生产中的作用。露筋祠景观的恢复,不仅为"露筋娘娘传说"这一江苏省非物质文化遗产提供了利于传承的空间,也以其具有地方特色的运河文化,成为大运河文化空间建构的资源。

大运河主题博物馆与展览馆亦是大运河文化空间建设的重要组成部分。它们不仅是典藏和展示大运河物质文化遗产的重要场所,也应成为大运河传说等大运河非物质文化遗产的集中展示空间,为人们了解大运河历史文化和进行意识形态教育提供更加丰富的形式。以讲解、影像等方式实现大运河民间传说在大运河文博事业中的运用,亦是通过大运河文化传承与传播强化中华民族共同体意识的重要途径。

(二)大运河传说的文艺创作潜力与讲述形式创新

承载着大运河流域民众共同历史文化记忆的大运河民间传说,既是传承群体生活的一部分,同时也是中华各族人民了解国家历史、地理、民俗、社会等文化的重要窗口,是提高中华民族共同体凝聚力的宝贵精神财富。然而,作为一种传统的民间文学类非物质文化遗产,大运河民间传说的传承也面临着现代化浪潮的冲击和挑战,有困境也有机遇。

大运河民间传说具有深厚的乡土文化背景,许多传说的鲜活文本流传在大运河沿岸的乡村社会,但城市化发展所造成的农村空心化使传承群体老龄化,大运河民间传说的代际传承深受影响,传说的口头文本也在急速减少。北京通州文化馆原副馆长郑建山在其选编的《大运河的传说》后记中,就讲述了他在2003年搜集通州大运河传说工作时的困难:"城市化进程加快了,掌握民间故事的老人不少自然消亡了,知道民间故事的人少而又少了。"[1] 在二十年之后的今天,传承群体和口头文本的流失

---

[1] 郑建山:《大运河的传说》,北京:文化艺术出版社,2004年,第198页。

问题日益凸显。同时，现代化的生活改变了人们的休闲娱乐方式，使人们更愿意接受形式新颖的文化事象。不过，传说的传统传承方式面临冲击的同时，其当代发展也有新的机遇。随着新媒体的发展，大运河民间传说也不断调适其传承形态，逐渐从代际传承和人际传播，转变为官方宣传和大众传播；其文本除口头文本与书籍记载的书面文本外，也以数字信息与电子资料的文本形式，通过网站、微博、微信公众平台等网络媒体进行保存与传播，这在一定程度上提高了运河民间传说的传播度与影响力。而在城市文明日益繁荣、乡土记忆逐渐淡化的态势下，大运河民间传说在搜集和保护传统口头文本的同时，也应当创新讲述方式，使其以更易于传播和接受的形式呈现，以实现传说资源的有效传播与利用，使更多受众成为传承群体的一员，从而发挥其在传承大运河记忆、凝聚中华民族价值认同中的作用。

在国家对大运河文化遗产保护与传承工作的高度重视下，近年来许多以大运河为题材的文艺作品创作出来，如电视剧《运河边的人们》《运河风流》、动画片《大运河奇缘》、纪录片《大运河》《爱上大运河》《我与大运河》等影视作品，以及京剧交响套曲《京城大运河》、民族交响诗《大运河》、音乐剧《运河天地情》、话剧《运河1935》、舞剧《运》《遇见大运河》《千年运河》等舞台艺术作品。这些作品中，有不少是以历史宏观视角进行叙事的创作，如2020年由北京市文化和旅游局出品，北京交响乐团、北京京剧院联合制作的大型京剧交响套曲《京城大运河》，通过"一支塔影见通州""烟柳依稀张家湾""天上的星星郭守敬""帆樯林立积水潭""河桥闸坝仓""一船春风载二黄""百年通惠话沧桑"等唱段，讲述郭守敬开凿通惠河、曹雪芹创作《红楼梦》、徽班进京、八里桥之战等历史事件，并以大量唱词描绘北京昔日的漕运盛景和运河历史风物，表现了大运河对北京文化发展与城市建设的重要意义。整部作品气势恢宏，有强烈的震撼力，但从作品内容的表达方式来看，整场演出偏重于对历史事件的铺陈叙述和吟咏颂歌，虽饱含民族情感，却缺乏贯穿始终的故事情节。从当代大众文化视角看，专业化的京剧表演仍是小众群体的欣赏对象。因此，观众对于这一作品的欣赏，更倾向于京剧演唱的艺术形式层面。如果将代表民众审美意趣的大运河民间传说作为素材，加上民间视角对运河文化的诠释与展演，以一条民众线索将整部作品联结起来，突出运河对于京城的重要作用，其影响范围也许会更大。

2020年由无锡市歌舞剧院创作出演的舞剧《千年运河》便有浓郁的民间文学色彩。它以舞剧形式，讲述了春秋时期吴王夫差开凿邗沟，拉开中国大运河工程序幕的历史故事。舞剧巧妙采用了"大历史"与"小历史"交融互生的叙事策略，将吴王夫差继承先帝遗志，征集十余万民夫开凿运河的历史故事，与民女和民伕悲欢离合的爱情故事相结合。使观众以更为全面的视角，理解运河开凿这一帝王霸业的历史功绩及其在当时带来的百姓疾苦。同时，舞剧中民伕因被征召修建运河而被迫与民女分离，民女遂跋山涉水找寻民伕等情节，也与"孟姜女传说"以及邳州一带流传的大运河传说"盘龙窝"中的情节相类似。这种借鉴民间传说思维逻辑的叙事策略，使作品的内容与内涵更容易被民众所理解。

大运河民间传说这一民间文学类非物质文化遗产，具有契合广大民众审美与精神追求的优势，其生动具体的叙事情节，能够使观众在直指人心的表达中产生情感共鸣与心理认同。如关于乾隆沿大运河下江南的传说、郭守敬修通惠河的传说、鲁班帮助人们修桥建闸的传说等，它们不仅是立足于现实基础上的想象创作，而且以具有民族文化代表性的人物为故事主角，使得其故事更易于被观众理解与接受。所以，形式上生动可观、通俗易懂，内容上贴近生活、深入浅出的文艺作品，更加符合时代要求与民众需求。以大运河民间传说来"讲好大运河故事"，才能够使人们真正认识到大运河文化既是国家历史也是民众生活，从而提升民众对中华民族和中华民族文化的认同感。

## 结语

作为世界文化遗产，大运河具有中华文明精神标识的象征意义，多途径提炼并传播其文化精髓，是展示中国形象、讲好中国故事的重要途径。中国大运河在中华民族的形成和国家统一进程中发挥了重要作用。承载着大运河历史文化与精神内涵的民间传说，以无形的文化记忆与有形可感的物质遗产相互印证，从民间视角延续着中华文脉的特质和活力。它蕴含了中华民族的历史观、民族观、国家观和文化观；它记录着民众生活、表达着民族情感，是中华民族共同体意识内涵的文化表征。

作为大运河文化遗产重要构成要素的大运河民间传说，也凭借大运河与民间叙事所共有的流动和共享的文化属性、交流和认知的文化功能，构建起国家意志与民众认同的互动话语。它的流布与传承，进一步强化了民众对中华民族形成、发展历史的认同，对中华民族共创、共享文化的认同，以及对以自立自强、团结统一为核心的中华民族精神的认同。中华民族共同体意识的凝铸既赋予了大运河传说持续传承的内在动力，也是其传承发展的根本基础。在铸牢中华民族共同体意识和加强大运河文化遗产保护的时代要求下，底蕴深厚、经久不衰的大运河民间传说，应当在保护中利用、在传承中创新，在铸牢中华民族共同体意识的实践中释放文化活力、绽放永久魅力。

原文刊载于《云南师范大学学报》（哲学社会科学版）2024 年第 3 期

# 运河纽带与通州回汉民族的交融

张青仁 梁家欣

全长3200公里的京杭大运河沟通南北,联结着古老中国的广袤区域,在2500多年的时间里绵绵不断地进行着物资的输送与人员的交流,在推动经济发展的同时实现着文明的交融。"大运河开到哪里?穆斯林商人的足迹就到达哪里。"既有研究表明,大运河的开通与漕运的发展,在很大程度上决定了回族在中原地区和长江流域散居的基本框架,并使其融入中华民族的命运共同体之中。[1] 然而,运河漕运是如何吸引回族民众的加入。回族民众在运河漕运的参与中扮演着怎样角色?他们与汉族和其他民族之间有着怎样的互动与交融?在漕运停航一百多年后的今天后,运河沿岸的回汉民族又有着怎样的互动与交融?对于上述问题,学界仍然缺少基于历史材料和微观田野经验层次上的思考。

在方法论的层面上,人类学流域研究的拓展为这一问题的解决提供了新的思路。在对经典人类学聚焦超级微观世界的反思中,当代人类学已经走出了传统社区研究的范式,在纵横交错的网络体系中审视局部与整体的关系,强调在全球体系与区域社会中理解文明的交融与互动。[2] 在

---

[1] 王树理:《大运河与我国回族散杂居格局的形成》,《回族研究》2001年第4期。
[2] 王铭铭:《人类学讲义稿》,北京:世界图书出版公司,2011年,第321页。

这一背景下，关注河流区域内族群与文化的互动，探寻流域文明浸润的生活和道德世界的流域人类学研究应时而生，[1]涌现出了清水江研究[2]、珠江研究[3]等一系列成果。笔者认为，人类学流域研究的拓展与流域人类学范式的提出，以及这一范式将族群文化研究与地域研究的结合，将族群与族际互动嵌入流域的时空轴中进行探讨，以此审视中国历史文化局部的整体性[4]的方法路径，固然是在方法论层次上的对于超级微观世界的超越，更是对人类社会天然联系肌理与纽带的承认与认知自觉。当然，族群的互动与文明的交融并非即时发生的瞬时产物，而是一个持续共存的历史过程。如同岩石的"沉淀"一般，是在溶解、侵蚀、风化的过程中逐渐形成的共同的沉积物。[5]正是在包括运河在内的多重维度的交往交流交融中，在历史发展的沉淀中，推动着包括回汉民族在内的多民族之间的互动与交融。在对前述观点吸收的基础上，本研究立足于对通州北运河流域历史文献的搜集与田野调查，对不同时期回汉民族以运河为核心的交往交流交融实践进行分析，并以此为切入对运河在中华民族命运共同体生成中的角色与意义进行剖析。

---

1 赵旭东：《流域文明的民族志书写——中国人类学的视野提升与范式转换》，《社会科学战线》2017年第2期。田阡：《流域人类学导论》，北京：人民出版社，2018年。

2 张应强：《木材之流动：清代清水江下游地区的市场、权力与社会》，北京：生活·读书·新知三联书店，2006年。

3 周大鸣：《珠江流域的族群与文化——宏观视野下的人类学研究》，《社会科学战线》2017年第2期。

4 田阡：《重观西南：走向以流域为路径的跨学科区域研究》，《广西民族大学学报》（哲学社会科学版）2016年第3期。

5 Alejandro Grimson. *Los Límites de la Cultura-Críticas de las Teotías de la Identidad*. Buenos Aires: Siglo Veintiuno Editores, 2011: 162.

## 一、元朝征战与回民始居通州

元代以降，因为大运河，通惠河、温榆河、小商河和运潮减河等六条河流在此交汇，地处京东的通州成为多河富水、上拱京畿，下控天津的重镇。大批的回民来到通州，聚居在城乡各处，形成了张家湾、牛作坊等多个回族村落。虽然民间普遍认为通州回民的涌入是因运河漕运之故，事实却并非如此。通州回民的出现始于元朝，民国《通县志要》记载："本县之有回民，应始于元朝。"[1]回民定居通州主要与战争有关。13世纪，蒙古大军西征。1213年秋，蒙古大军首次攻打通州，受到金兵的顽强抵抗，最终以失败告终。为了攻取通州，成吉思汗征集了一些西域的回回炮匠工役，组建了一只蒙古炮兵，最终成功攻陷通州。战后，蒙古大军在通州留下了一批探马赤军镇戍，也有一些回族工匠留在通州为其制作皮革盔甲，为军队提供后勤支持。战争对回民涌入的推动是持续的。元至正二十八年（1368年），明军攻占通州，一批军屯将士军戍换防，或者转业任职，迁到了通州城，通州回族户数大增。[2]《通县志要》中也提到了这一来源："县南枣林庄李、马二姓，皆明成祖战将，而定居于此者。"[3]

战争使回民流入通州，马政牛市的发展使他们留在了通州。我国历朝历代都以马政为国家要务，马既是战争必备资源，也是主要运输工具。元朝统一全国后，规定京畿地区禁止农耕，将土地用来育饲马草，还在各地设立了马站统一管理马匹。《元史》记载："通州皮货所，提领一员，大使一员，副使一员，用从九品印，延祐六年置。"[4]随军队前往通州的大批回民因马政留了下来。与马政类似，元朝也设立了牛市并以此来统一管理和调配牛畜，久而久之在通州形成了规模较大的市场。此外，元朝

---

1　金士坚修：《通县志要》卷六，北京：北京出版社，2003年。
2　佟洵编：《伊斯兰教与北京清真寺文化》，北京：中央民族大学出版社，2003年，第330页。
3　金士坚修：《通县志要》卷六，北京：北京出版社，2003年。
4　宋濂撰：《元史》卷八十五，中国古籍基本库（http://dh.ersik.com）

对从事牛羊行业的色目人采取优惠政策，吸引了大批关外回民驱赶牛羊来这里进行交易，这促成了通州回民社区初步形成，并建起了多座清真寺。《通州新志》补遗篇提到："通州回民礼拜寺居州治东南隅，创自元季，规模弘壮。"[1] 此后，随着运河的开通和漕运贸易的发展，大量的回族迁入通州，并与汉族等其他民众开始了持续的互动。

## 二、漕运发展与回汉民族的交融互动

元至元二十八年（1291），在郭守敬的主持下，沟通北京和通州的通惠河成功开凿，并与大运河相连。通州成为各地物资水路入京的必经之处。在漕运的带动下，通州本地的经济社会得到了迅速的发展。具体来说，漕运核心的漕粮制度主要由征收、运输和交仓三个部分。朝廷在各省设立征漕州县，将征收所得漕粮通过运河运输北上，在漕运码头交接转运。漕运码头是漕运制度中重要的一环。作为粮食入京的中转站，漕粮的调配、物流及仓储等各个环节均在通州完成，由此产生了大量的人力和物力需求。此外，全国各地的土宜特产也顺着漕运的网络涌入通州，随之而来的南北商人汇集于此，饭店、会馆、骆驼店和茶局等各行各业得到了迅速的发展。漕运的发展不仅给通州带来了巨大的商贸流通体量，也使通州本地回汉民众的生活与运河紧密联系在了一起。

在漕运贸易迅速发展的背景下，在既有屯军回民的基础上，大批的回民从外迁入，通州当地的回民人数得到了迅速的增长。漕运节点的张家湾吸引了大量的回族，"张家湾之戴、王、尹、马四姓，皆自沧州迁来"。[2] 通州城也吸引了大量回族人定居。"北运河西岸成为回族人集中的地带，堤坝停泊出附近人口最为集中。聚居在通州的回族，多依靠着运

---

[1] 黄成章修：《通州新志》雍正三年版（1725），中国古籍基本库（http://dh.ersik.com）。

[2] 金士坚修：《通县志要》，中国古籍基本库（http://dh.ersik.com）。

河船谋生,从事粮船、商船的装卸、运输和经济行业,还有一部分人做行商、摊贩等。"[1]运河沿岸的回族人,完全融入漕运形成的生产链条中。

随着运河贸易的发展和漕运的繁荣,卸漕漕务日益繁忙。某些漕务环节也逐渐成为固定的行业,经纪就是其中的重要一种。"经纪"行当兴起于元朝,兴盛于明代,嘉靖七年以后在坐粮厅备案成为制度,一直延续到了清朝末年。"经纪"是坐粮厅下属的六役之一。隶属于户部的坐粮厅,是通州漕运仓储事务最为繁忙的衙署,负责主持和掌管漕粮的验收。坐粮厅在厅丞下设八科、三班、六役,辖六十四巡社,管七十二行业。[2]一般来说,每位经纪雇佣一至两名斛头来专门负责收验粮食,一名扦手负责取米样,同时还需雇佣多名扛夫,负责搬运漕粮。"经纪"表面上从属于坐粮厅,由坐粮厅委派,实际上却并非正式的官职,而是介于衙署和仓场的中介。漕运兴盛的当时,因为善于经商、精于计算,通州的经纪大多是回民,汉民只占少数。[3]除去少数富裕的经纪外,更多的回民从事脚行等体力活,充当扛夫、装运工的角色。旧时,漕运衙署的派出管理部门称为"前所",统筹负责船运派工、税收等事务。因为回民劳力众多,"前所"的行当也多为回族人掌控,"前所"甚至成为回民区的代称。[4]

繁忙的漕务活动也带动了通州本地经济的繁荣。来自江南塞北的物资在此处卸船登岸,形成了包括粮食店、布行、盐店、瓷器市场等在内的各色市场,其中牛羊肉市场大多为回族人垄断。旧时,牛既是农耕工具,也能驮运物资,是重要的战略资源。历朝政府禁止普通百姓随意宰

---

[1] 《北京百科全书通州卷》编辑委员会编:《北京百科全书·通州卷》,北京:北京出版社,1999年,第127页。

[2] 北京市政协文史资料委员会编:《北京文史资料精选·通州卷》,北京:北京出版社,2006年,第31—32页。

[3] 同上。

[4] 《北京百科全书通州卷》编辑委员会编:《北京百科全书·通州卷》,北京:北京出版社,1999年,第127页。

杀牛畜，回族民众因其宗教、饮食习惯，可以进行牛羊肉买卖。通州当地的回民开始专门从事牛羊肉经营的生意。为服务于来往的各族客商，通州城内开办了众多的饭店，回族人的清真饭馆大受欢迎，小楼饭店的烧鲇鱼，大顺斋的糖火烧以及万通酱园的酱豆腐风靡一时，被誉为"通州三宝"。[1]

民族文化的差异性特征使回族人在运河漕运及其带来的商贸体系中承担了一定的分工，这并不意味着漕运贸易专属于回族人。从漕粮的调配、物流、仓储及其衍射的商贸、餐饮、食品等行业，各个环节环环相扣，需要大量的人员。只有与汉族等其他民族共同参与，运河漕运和商业贸易才能完成。从这一意义上来说，回族民众对于运河漕运的参与、分工以及在此基础上与汉族等其他民族的协力同助，具备着涂尔干所言的"有机团结"的属性。这是一种建立在个体相互差别的基础之上，强调彼此个性与分工的社会组织形式。虽然承认彼此之间的个性与差异，但却主张个性与集体之间相互依赖，即个体必须符合法人团体共同遵循的习惯和程序，由此维系和个人与社会之间联系的纽带，实现着社会凝聚力的生成。[2]这也意味着，虽然不同民族在漕运贸易中形成了分工，却也正是在对漕运及其商业贸易参与的过程中，推动不同民族、行业之间的互动与交融，并在这一过程中生成了一种共同体的意识。通州北关地区的发展就是其中的典型案例。

通州北城门外的一片区域被称为北关。元至元十六年（1279年）开始，通州北关成了京杭大运河的北端码头。漕粮在这里验收、储存，从这里转运到大都。南方运来的百货在这里卸船登岸，转销北方各地。北方产的山珍、皮毛等各种物品在这里装船，销往江淮。围绕着漕运及其相关的商业贸易，北关地区的多个村庄都从事着和运河相关的行当，其中就包括皇木厂、盐滩、下关、马厂、姜厂子和回族民众居住的牛作坊。

---

1 通州区图书馆编：《通州十八个半截儿胡同》，内部资料，2008年，第31页。
2 ［法］涂尔干：《社会分工论》，渠东译，北京：生活·读书·新知三联书店，2000年，第91页。

旧时，大批皇家需要的木材从南方经运河运到通州城北，到达终点后，木材被抬到岸上存放起来，并设立厂子进行保护和管理，由此形成了皇木厂。[1]在皇木厂的东边是盐滩村。盐滩原来叫盐厂，是用以存放和外销南方运来的食盐的场所。马厂是古时官方养马的地方。漕运的发展使通州城内设有各类粮仓，储存的豆类是马粮的上好选择。为了方便调运马粮，马厂就建在了通州北关附近。姜厂子位于盐滩村南面，南方的生姜通过漕运至此存放，久而久之形成村落，以姜之名界定村名。漕运的发展使得很多回族人在此做买卖的和卖苦力，为饮食之便，一些回族人就在北关附近寻得一处杀牛羊的场地，并将其命名为"牛羊作坊"。久而久之，形成了回族人聚居的从事牛羊肉交易的"牛作坊村"。在对漕运和商贸的参与中，牛作坊与北关地区相邻的几个村庄相互依存，在漕运而生的产业链条上承担着各自的分工，维系着持久的互动与协作，促成了通州北关地区的繁荣发展，形成了通州人口耳相传的"富北关"的美誉。

正是在对漕运及其商业贸易的共同参与中，运河两岸回、汉等民族结成了相互依存、密不可分的关系。这一建立在自然分工基础上的相互协作不仅是经济层面上的相互依赖，更是一种在对运河漕运持久参与中生成的团结感与认同感。北运河流域回汉民族的交融与互动以及在此基础上共同体的生成是运河纽带对地方社会整合的缩影。在超越地方社会之上，贯通南北的大运河沟通了中国东部的多个地区，在强大、稳固的政治体系的支配下，在经济社会普遍发展的背景下，依靠着运河的动脉，农业生产和手工业者之中的交换频繁发生着，南方的粮食、茶叶、木材等物品源源不断地运往政治中心的北京。社会分工、物资交换与朝贡体系的确立在事实上形成了沃勒斯坦所言的"区域体系"。[2]区别于资本主义

---

1 周良：《大运河源头第一镇》，内部资料，无时间标记，第31—33页。
2 [美]伊曼纽尔·沃勒斯坦：《否思社会科学——19世纪范式的局限》，刘琦岩、叶萌芽译，北京：生活·读书·新知三联书店，2008年，第269—272页。

体系对资本积累的关注，这一体系强调的是政治、经济与文化上的互动与交融，以及在此基础上原生形态的共同体的生成。[1]

### 三、外地入侵、漕运中断与回汉民族的抗争与互助

19世纪中叶后，中国社会陷入持久的苦难与动荡之中。作为京津之间的必经之路，北运河一带首当其冲地遭受列强的入侵，运河两岸的回汉民众接连陷入持久的苦难中。此外，持续的社会动荡使运河漕运在19世纪末开始式微，1901年后，漕运更是彻底中断。在这一背景下，北运河沿岸回汉民族的互动与交融也从对运河漕运的参与转变为对侵略者的共同抵抗与危急关头的互助上。

第二次鸦片战争期间，英法联军侵犯天津后，经通州攻入北京，在马头、张家湾、八里桥等地遭到当地民众的抵抗。光绪二十六年，北关码头上做苦力的劳工傅德寿与他的三个结义兄弟即东关的陆德文、南关的于德源、西关的纪德兴等四人，前往天津学习义和团。此后，四人在四关设坛，全县穷苦农民积极响应。八国联军攻打北京，通州首当其冲地遭到侵犯。在引爆通州火药局之后，八国联军纵火焚烧了商业街，大肆烧、杀、抢、掠。徐宗浩《庚子变乱记》所述，东街一带以南尽遭焚毁，成为废墟。[2] 傅德寿等人率领通州本地的义和团组织，奋力抵抗列强。此外，在回族将领马海晏及其子马麒的率领下，甘军参与的清军也在通州、杨村、廊坊、张家湾等地重创八国联军。[3] 通州北关清真寺的碑刻记载了回汉民众协力同心抵抗侵略者的经历：

---

[1] ［德］安德烈·冈德·弗兰克、［英］巴里·K·吉尔斯编：《世界体系：500年还是5000年》，郝名玮译，北京：社会科学文献出版社，2004年，第10页。

[2] 中国人民政治协商会议北京市委员会文史资料委员会编：《北京文史资料（第58辑）》，北京：北京出版社，1998年，第192页。

[3] 张振德、赵喜民：《西北革命史》，西安：陕西人民教育出版社，1991年，第306页。

在真主谆教下，与汉民杂处，患难与共，聊度时光，清光绪二十六年夏秋，通州义和团奋起，北关尤烈，不分民族，同仇敌忾，英勇反清灭洋，不幸，八国联军侵入通州，此寺被焚，后有城内高乡老，寺内蓝阿訇相继鼎力，于原址复建而规制微陋焉。

1911年和1920年，通州先后两次发生官兵哗变，官兵乘机纵火抢劫。运河沿岸繁华的商业街区在20年中更是连续遭遇3次火灾。在牛市岗一带，回民两次在废墟上重整铺面。数次战争的残砖瓦砾，竟使重修的店面高出石道三米有余。更多的回民不堪战争的纷扰，纷纷迁徙至北京城、天津和关外谋生。[1] 留在当地的回族民众亦是持久地投入到反抗侵略者的斗争中。20世纪初，通州回民朱锡斌加入了回族爱国组织俱进会，组织回汉民众发起反抗侵略者的抗争。[2] 抗日战争中，通州回族民众更是伤亡惨重。正因为如此，老舍先生曾这样评论到："抗战后河北省沧州、通州日本人杀人很多，就是因为这两处贵教人很多，他们的抵抗力很强，所以贵教人壮烈牺牲者也很多。"[3]

在接连的战乱中，延续数百年的运河漕运在1901年中断，世世代代依存运河而生的回汉民众失去了生活来源。20世纪20年代中后期，通州当地的局势稍微缓和。原本依托于漕运做买卖的回族民众开始重拾从商的传统。1925年，在通州调查的王英华女士发表了《通县的回族概况》一文，详细记载了当时通州回族民众经商成风的情形：

回民的职业为商、为农、为工者最多。教育界的较少，通县当然不能逃出这个例外。据大部分的调查结果，在劳动界者要估占全数十分之三，商界要估占十分之四，政界要占全部分之二，学界只占其余

---

[1] 中国人民政治协商会议北京市委员会文史资料委员会编：《北京文史资料（第58辑）》，北京：北京出版社，1998年，第187页。
[2] 张巨龄：《中国回教俱进会初创记评（上）》，《回族研究》1997年第4期。
[3] 张宗奇：《伊斯兰文化与中国本土文化的整合》，上海：东方出版社，2006年，第146页。

的一小部分了。

……

商界为全职业之中最占优胜，数目最多者，在通县回民为商，多分布于北京，一部分本县中。好的可以自己建设商店，经营其商事。获利商称丰厚。那小本的经营，终日奔波，所获无几。并且经营小本经营的还很多。[1]

在社会动荡、经济恶化的当时，回族民众的经商，不仅使他们解决了温饱问题，他们更利用经商的所得，帮助无家可归、四处乞讨的汉族同胞。时至今日，年近90岁的汉族老人王楠还记得幼年时前去回族商铺要饭时的情形：

> 我们家过去也穷啊，我奶奶带着我也关过那粥。除了关粥呢，要饭我也要过。要饭得搁城里头转啊，看着各铺眼儿，现在说到一门口给一毛钱。后来要着要着，我一瞅啊，回民这要饭可省事儿。回民要饭，有几个人都不碍事儿，人家排队就可以了。"主麻乜贴"，这是人家回民的行话，"主麻乜贴"就是穷，在你这儿给帮忙。我们都熟了，我就后头跟着，跟他们。要到铺眼儿那儿。大铺眼儿专门打发一徒弟搁门口，拿着零钱，就干这个。这边来，"主麻乜贴"，哎，这小徒弟一瞅，那时候一人给一毛钱吧。他叫着"一人一毛，一人一毛，一人一毛"。[2]

作为回族特殊的经济文化现象，乜贴意为"心愿、决心或动机"，其意在让人们尽道德的义务帮助、救济穷人，帮助弱势群体。[3]传统意义上的回族同胞的"散乜贴"多是局限在回族内部，是建立在族群关系上基

---

[1] 王英华：《通县回民的概况》，《月华》1925年第24、25期。

[2] 访谈人：张青仁、梁家欣、殷瑞柯等；访谈对象：王楠；访谈地点：北京市通州区新建村二期高层，访谈时间2019年10月29日。

[3] 马冬梅、梁勇：《回族"乜贴"及其功能探析》，《青海民族学院学报》2004年第2期。

础上的一种差序的互助。民国时期的通州，从商的回族群众"散乜贴"的对象不仅包括回族穷人，更包括生活在此所有的贫苦大众。这在相当程度上反映出传统中国社会民族互动交融的实质。即在传统中国的社会，多民族之间的互动与交融并非是民族主义支配下对自身利益和情感终极关怀的推及，而是一种推己及人、深入日常生活的人文主义的普遍关怀与实践这一关怀的能力。[1] 正因为如此，在遭遇外敌入侵的背景下，北运河沿岸的回汉民族才能协力同心，共同抵御侵略者。在遭遇苦难时，回族民众亦能在日常生活的层面上对汉族民众施以援手。

从对漕运和商贸参与中的相互协作，到遭遇外敌时的共同抵抗与相互帮助，北运河流域回汉民族互动实践的变化亦在相当程度上折射出一种新的共同体意识的生成。这是在外敌入侵与遭遇危机的背景下，一种对共同命运认同与承担的政治共同体的意识。这一共同体是对漕运时代基于分工协作基础上原生形态的共同体的超越，具备着现代民族国家萌芽的意义属性。[2] 这也正是为何在漕运中断后的很长一段时间里，北运河沿岸的回汉民众仍然能够持续互动的根源所在。

## 四、运河遗产的继承与回汉民族互动交融的当代实践

在经历了20世纪的巨大变革后，如今通州的运河两岸已经发生了翻天覆地的变化。从1901年停航后，漕运及其带来的传统商贸已彻底从民众的日常生活中退出。在城市副中心建设的大背景下，运河沿岸的村落或是彻底搬迁上楼，或是正在经历拆迁。尽管生产生活方式的巨大变化使沿岸的人民与运河的关系逐渐疏离，对于世世代代生活在运河沿岸的

---

1 关凯：《中国民族政策：历史、理论与现实的挑战》，《中央社会主义学院学报》2017年第2期。
2 青觉、赵超：《中华民族共同体意识的形成机理、功能与嬗变——一个系统论的分析框架》，《民族教育研究》2018年第4期。

民众而言，可见的运河景观却是承载他们历史记忆的过去，是他们的文化之根，是他们身份认同的来源，是祖先留给他们的宝贵遗产，更是指引他们未来的发展方向。无论是运河节点的张家湾、北关等村落，抑或是堡头、里二泗等运河沿岸的普通村落，村民们都会强调着祖辈都是生活在运河边上的人，是运河带来了村落的发展。在北关地区的新建村，一位年长的崔师傅这样谈论道：

> 我没有参加过漕运，也没有经过运河兴盛的时候。我只在小的时候去过运河游过泳、摸过虾。我们这祖祖辈辈回汉之间关系好得不得了，这是在运河漕运的时候就打下来的关系。还有，我们这现在不说，过去的时候，也比隔壁村富裕多了。为什么富，因为我们这里靠山吃山，靠水吃水。祖祖辈辈靠运河讨生活，让我们比别的村的人更有活泛劲。哪怕是种地，我们也比别的地方种的多。[1]

对于生活在运河沿岸的通州民众而言，七百多年来运河漕运的发展给后世留下了两份宝贵的遗产。一份是祖祖辈辈靠运河讨生活的吃苦耐劳与聪颖灵活，这不仅造就了历史上北运河两岸的富庶，更使其在改革开放后迅速发展。另一份遗产是回汉民族交互共生、守望相助的传统。在对运河商贸的角色分工和共同参与中，在对外敌的共同抵抗中，回汉民族早已形成了一种手足同胞的同源性与根基性的情感。这一情感亦早已经深入民众的日常生活中，成为指导他们行为实践的社会框架。在对运河遗产继承的基础上，运河两岸的回汉民众不断延续、丰富和发展着回汉民族之间的互动与交融。这表现为族际交往实践规范的内化、民族文化的共享、族际收养与通婚和对国家建设的共同参与等多个层面。

可以以北关地区的新建村为例，从微观层次上对当前北运河沿岸回

---

[1] 访谈人：张青仁、梁家欣、殷瑞珂；访谈对象：崔大爷；访谈地点：北京市通州区新建村二期高层；访谈时间：2019年10月29日。

汉民族的互动交融予以把握。1953年，运河旁北关地区的皇木厂、盐滩、马厂、姜厂子、牛作坊、下关、大悲林、桂子胡同等村落合并为新建乡。人民公社化时期，新建乡成为新建生产大队。1983年，人民公社解体，新建生产大队成为新建村。2010年，新建村拆迁，村民们搬迁上楼，整体搬迁至运河旁边的新建村高层住宅小区。如今的新建村，全村户籍人口为5000人，其中回族群众344人。虽然已经完全搬迁上楼，但大部分村民每天都会在小区广场上聊天。如果不是刻意询问，根本不会注意到这些亲热交谈的居民们来源不同的民族。初入社区，面对课题组"民族关系怎样？"的提问，村民们觉得很难理解这一概念。在他们的观念中，回汉民族世世代代居住在这里，虽然在习惯上有些不同，却很难上升到宏大的"民族差异"的层面上。

在如何应对民族差异时，他们多用"习惯"来回答。众所周知，回族民众在饮食上有一定的禁忌。"吃了吗？"、"吃什么？"是相互之间最为常见的问候语。在新建村，无论回汉民众，相互应答时都会用"肉炒白菜"、"肉炒青椒"之类的话语表示。村民默契地将肉等同于所有的荤肉，在话语层次上断然不会出现"猪肉"一词。聚餐上更是如此，汉族村民上回族村民家聚餐是很自然的事情，回族同胞只需要在家里添上一份碗筷即可。回族村民去汉族村民家吃饭，通常不用提醒，汉族同胞就会习惯性地按照回族习惯来接待。一位回族群众这样讲述着：

> 到时候就管饭了，他们就说："你吃吧"。你要是真去瞅，那锅都给你烧红了，他不是说这全是在这一锅里头炒，我给你不搁肉，给你单独炒一个菜，没有这个，没有。你放心吃，就没有那个。他重视这个民族团结这一块。[1]

---

[1] 访谈人：梁家欣；访谈对象：高某福；访谈地点：北京市通州区新建村二期高层；访谈时间：2019年11月30日。

在将对民族文化差异性尊重的交往实践内化为日常生活惯习的同时，新建村的回汉民众亦延续着祖辈们的传统，在日常生活中守望相助，相互扶植。在尚未拆迁上楼之时，村民们都居住在自建房里。由于条件简陋，自建房经常出现房屋漏水、修补瓦片等大大小小的问题。村民们只要招呼一声，街坊邻居、无论回汉都会过来搭把手。新建房屋、红白喜事更是村民共同参与的大事。每逢年节，新建村还会举行集体性的踩街庆祝活动。回汉民众、老老小小共同参与的新建村高跷会是北关地区的一绝。如今，因为村落搬迁、场地限制等诸多原因，村民不再需要共同修建房屋，高跷会也不再举办。在小区礼堂举办的红白喜事仍然是全体村民共同参与的大事。2019年10月，一位回族村民刚刚过世。不少汉族村民不仅参与社区礼堂举办的丧礼，更是将逝者送到了清真寺，全程参与了在清真寺举办的殡礼。

回族同胞的圣纪节成为新建村民共同参与的盛大节日。圣纪节的历史可以追溯到公元10世纪，旨在纪念先知穆罕默德。通州地区一共有着大大小小的9座清真寺，均会在圣纪节前后一个月的时间里轮流举行盛会，邀请区域内的穆斯林同胞一起参加，由此形成一个闭合的信仰圈。新建村的圣纪节得到了村委会的大力支持，村委会每年都会拨付专用的节日经费。除了接待来访的穆斯林同胞外，回族村民亦在清真寺里接待着邻里街坊，而汉族同胞也会在节日里给予奉献，作为回族民族文化的节日成为回汉民众共同享有、传承的生活文化。

在延续祖祖辈辈守望相助传统的同时，回汉民族的交融在新建村里普遍发生着，这在过去表现为跨越族际的收养，在当下则表现为族际通婚的普遍出现。三年自然灾害时期，村里不少多子女的家庭陷入困顿，一部分汉族贫困家庭的子女被条件尚好回族村民收养。

> 我是牛作坊的，但是我不是回民，我是在回民院子里面长大的，房后面就是原来那个老的清真寺。小时候我就经常去清真寺里面偷偷摘花，那时候清真寺的阿訇就老说，说他们清真寺有一回民没有

孩子，就想抱养我。说给我喝点碱水，洗洗肠子，我就变成回民了，挺简单了，但是我没准。但是那会儿也有回民抱养汉民的，吴温明（音）他本来就是汉民，后面被回民抱养了，就变成回民了。[1]

对阿訇的调查得知，回族村民收养汉族村民有着一系列严谨的仪式，前述村民的"喝碱水"可能只是他们记忆中的误读，但是这也在相当程度上反映出当时回族村民收养汉族村民的普遍发生。据年长的老人们回忆，仅在20世纪50、60年代，新建村就有10多名回族同胞收养汉族子女。如今，因为社会经济发展和相关收养法律的健全，族际收养的现象不再出现，族际之间的通婚成为新建村回汉民族交融新的表现。据《通州志》记载，20世纪50年代通州出现了第一例回汉通婚。新建村，回汉民族通婚的夫妇共有25对。回汉民族的通婚不仅在数量上大幅增长，在通婚方式上也更为多元。既有邀请阿訇来家里主持婚礼、汉族新人入教的传统形式，亦有村民选择私下结婚的方式。谈及此，二女儿嫁给汉族女婿的回族同胞高某这样说道：

我老闺女就找了个汉民，现在全是通婚了，过去也有，现在没有人禁止回汉通婚。汉民找回民，回民找汉民，现在全都普遍了。就是讲究互相尊重、互相理解就行。过去都讲究媒妁之言，两个人偷偷好了，爹妈拿石头块都可以给你砸了，现在不行了，现在这都少了，现在都是孩子自由恋爱了。[2]

族际收养与族际通婚是衡量民族关系的关键因素，它能直截了当地表明两个民族之间是相互依存还是独立发展。这一现象的出现固然取决

---

1 访谈人：张青仁；访谈对象：戴某某；访谈地点：北京市通州区新建村二期高层；访谈时间：2019年10月29日。
2 访谈人：梁家欣；访谈对象：高某；访谈地点：北京市通州区新建村二期高层；访谈时间：2019年12月7日。

于双方个体的因素，但从根本上来说却是取决于民族交往的社会环境。正是在对祖辈传承的回汉民族互动交融的继承与发展中，族际收养与通婚才能在新建村内普遍发生着。

在超越微观的层次上，运河两岸的回汉民众亦积极投入到新时代国家建设的各项事业中。20世纪50年代后，通州回族同胞响应国家号召，前往陕甘宁等地支援地方建设。此外，回汉同胞亦一起参与了密云水库建设等多个项目工程。改革开放后，运河沿岸的回族同胞继承祖辈们从商的传统，形成了小楼饭店、烤肉季、大顺斋等一系列特色清真产业，亦有清真大寺、北关清真寺等多处历史文化遗产，形成了南大街、张家湾特色小镇等一系列标志性的区域社会发展模式。当前，通州当地的回族同胞和汉族同胞一道，正积极投入到包括副中心建设等新时期经济社会发展的各项建设事业中来。

## 结语

在对漕运的参与中，回汉民族基于角色分工形成了相互依存的共同体关系。这一建立在自然分工基础上的相互协作不仅是经济层面上的相互依赖，更是在对运河漕运的持久参与中生成的团结感与认同感。19世纪末至20世纪上半叶，在外敌入侵、漕运中断的背景下，北运河沿岸回汉民族的互动与交融转变为日常生活层面上的互助、关怀和在外敌的共同抵抗。在这一过程中，回汉民族也从原生形态的相互依赖与协作转变为对共同命运的承认与认同。虽然因为经济和社会发展的原因，当前古老的大运河已经从民众的生产生活中退出，但对运河遗产的继承使沿岸的回汉民众仍然延续着祖辈们的传统，他们将族际交往的规范内化，实现着文化的共享与民族的交融，并携手投入到国家建设的各个方面，不断延续、丰富和发展着回汉民族互动交融的传统。

对通州北运河地区的调查表明，中华民族多元一体的格局的形成并非一蹴而就，是建立在河流、道路、山脉等天然纽带的基础上，是各个民族持续交流交往交融的结果，亦是在漫长历史发展的进程中不断演化、积累和层叠的产物。建立在此基础上的中华民族命运共同体具备着极强的凝聚力，是历经磨难的中华民族仍然屹立于世界民族之林的重要支撑。另一方面，从北至南的大运河沟通了燕赵、齐鲁、中原、淮扬、吴越等多个文明，在多个维度上推动着中华民族命运共同体的建设。大运河与连接东西方、推动沿线国家经济社会发展和人类文明进步的丝绸之路与海上丝绸之路一道，是古老的东方文明对民族国家建设和世界体系参与的中国智慧。

# 传统工艺的文化复兴与"非遗"实践

王文超

## 一、问题的提出

当前,我们谈论传统工艺复兴往往离不开两个概念,一是"非物质文化遗产保护",二是"传统工艺振兴"。前者是受联合国教科文组织《保护非物质文化遗产公约》影响,自21世纪初叶开始在包括我国在内的世界多国迅速兴起并扩展的文化遗产保护运动,其中专门涉及传统手工技艺,具体保护实践的类别上以"传统技艺"为主项,在"传统美术"、"民俗"等其他类别上也有不同程度地涉及;后者源于我国文化部、工业和信息化部、财政部制定,并于2017年3月12日经国务院同意并发布的《中国传统工艺振兴计划》,系从国家层面专门针对传统工艺提出的具有全局性、战略性的传承与振兴计划。对传统工艺的复兴,二者相互依存,互为补充,2018年新发布的《国家传统工艺振兴目录》作为传统工艺振兴计划的主要任务之一,其选择与确立是以传统技艺类的国家级非遗项目为基础,并反过来进一步促进非遗工作的持续推进。此外,自2016年出现在政府工作报告中的"工匠精神"同样为传统工艺复兴提供了政策支持,营造了社会语境。因此,由这两个概念主导的当代传统工艺复兴初步具备了两个特点:一是具体运作自上而下展开,二是兼具学理正当和国家话语。

需要指明的是,传统工艺复兴并非始自于非物质文化遗产的本土化实践。单就改革开放以来传统工艺的发展历程而言,在非遗运动开始之前就已经呈现了复兴态势,并曾一度受到不同学科的学者关注。只不过,无论就其复兴规模还是社会影响力,在一定程度上都无法与当前相比较。这种状况的发生,正如朱霞从自愈机制理论来分析传统工艺的活化,应当从长时段的历史发展来看待传统工艺的保护与发展问题,"相信在传统文化的记忆库保存着工艺与文化的基因,在适当的时机下自愈机制会发生作用,某些断裂或失传的传统工艺可能重新活化,并回归社会生活。"[1]因非遗而引发的国家战略恰恰为传统工艺的当代复兴提供了恰当时机,而非遗运动前也同样存在类似的复兴时机。因此,本文所要关注和讨论的问题是,非遗运动前后传统工艺复兴的原因及其差别,尤其是当前面向非遗实践的传统工艺复兴又表现出怎样的特殊性和未来价值。

本文试图以改革开放以来传统工艺的发展历程为研究对象,以非遗实践开展为分界线,将前后两个时段的传统工艺复兴概括为生产复兴和文化复兴。所谓生产复兴,强调的是关注保护性开发、产业布局调整、技术适度创新和市场经济效益,虽然这一时期学者也呼吁传统工艺的文化价值,但为了适应当时整个国家的现代化建设,生产开发无疑显得更为紧迫和重要[2];所谓文化复兴,并非忽视生产,而是基于生产之上,突显传统工艺的内生和外延价值,弘扬传统手工艺的文化精髓和价值,一并关注其对家族、村落、行业和民族等多层面文化繁荣的促进作用。揭示并厘清传统工艺复兴的两个阶段,有助于更加全面、理性地看待传统技艺类非遗项目的生产性保护与本土化实践,有益于深刻认识因文化复兴所带来的传统手工文化自信与价值理性。

---

[1] 朱霞:《传统工艺的传承特质与自愈机制》,《北京师范大学学报》(社会科学版)2018年第4期。

[2] 华觉明:《论传统工艺的保护和开发》,《中国历史博物馆馆刊》1992年6月。

## 二、前非遗时代的传统工艺生产复兴

改革开放之初，传统工艺的部分门类在局部地区出现了复兴，原因较为多元，此时的复兴已经注重"结合现代社会和人们的各种需求，从传统手工艺文化中提取合理的基因，注入或融入现代生活的肌体中去，使之获得更生和发展，获得新的面貌和新的形态"[1]，并试图在国家产业布局中扩充传统手工艺品产值的比重，使产业复兴成为传统工艺复兴的根本。即便是这一时期所大力强调的传统工艺保护，也往往是与传统工艺开发联系在一起，在深度挖掘其文化价值和科学价值的基础上，不忽视"传统工艺所蕴存的巨大的经济价值"[2]。

传统工艺生产复兴的首要原因是应对国内外市场需求，尤其是国外市场，由此将之作为促进地方经济发展的产业支脉。胡平曾对20世纪中国传统手工艺百年发展史的总结，他认为由于众所周知的内外部国情造成了"传统手工艺一进入二十世纪就先天不足，步履蹒跚"[3]，进入当代社会又面临着生产环境与社会环境的双重危机，无论是单件制作还使批量生产的传统工艺都面临在危机和机遇中寻找生存，走向复兴。事实上，在改革开放之初，由于大部分传统工艺还没有找到完善成熟的产业化发展之路，同时又试图抓住海外市场需求来补充国家和地方经济总量，所以最直接的方法就是通过发挥劳动力资源丰富的优势，迅速调整生产结构，将原有单件制作模式粗放地转换为批量生产模式，这一时期的北京京郊特种工艺发展浪潮正是在这样的背景下迅速发展起来的。

北京民间特种工艺是自20世纪初叶发展起来的，主要以景泰蓝（珐琅）、漆器、玉器和牙雕等为代表，清末工艺局的设立作为承接清宫造办处手艺人社会流向的重要机构，推动了北京特种工艺的进一步发展，使

---

1　胡平：《中国传统手工艺的复兴》，《装饰》1999年第6期。
2　华觉明：《论传统工艺的保护和开发》，《中国历史博物馆馆刊》1992年6月。
3　胡平：《中国传统手工艺的复兴》，《装饰》1999年第6期。

其开始逐步走出国门并作为中国的"技术代表"出现在世界博览会的舞台，并在20世纪中期基本形成了"外销为主、内销为辅"的京作特种工艺市场格局。[1] 新中国成立后，将特种工艺品用于出口外销换取外汇仍旧在政府国民经济中占有重要位置，尽管因国家政策而屡受波折，但特种工艺仍旧得到了长足发展，尤其是形成了以城市为中心发展格局。改革开放以后，随着整个工艺美术行业进入"扩张期"，北京工艺美术品总公司下属的20余家专业厂家"为适应外贸的需求，不断扩大生产规模，增加产品种类，部分厂家的产品一度出现了供不应求的状况，使该行业在整体上呈扩张之势"[2]。在这样的背景下，原本以城市为中心的特种手工艺生产不得以向京郊农村蔓延，开始利用京郊农村丰富的劳动力资源进行扩大化生产。北京雕漆厂李一之曾回忆，"为了满足外贸出口，北京雕漆厂除了人员迅猛增加外，还积极发展乡镇外加工企业，在京郊大力发展雕漆加工点，有宣武街道雕漆厂，朝阳区东坝、洼里、黄港、孙河、辛堡、七棵树、将台、望京、三里屯，通县西集、大闸，房山县西庄户，密云县太师屯，顺义县李桥、后沙峪、北雾，以及河北省固安、文安、曲阳等雕漆加工作坊40余处，以解决产能不足的困难"[3]。与雕漆的发展情况相似，京郊珐琅厂也同样在改革开放之初如雨后春笋般涌现，它们作为由乡镇或村镇集体创办的外加工厂或加工点，在充分发挥京郊闲散劳动力资源的同时，大大促进了北京特种工艺行业的整体发展和繁荣，使这一时期北京特种工艺呈现出一派生产上的复兴面貌。

近年来，笔者在文献梳理基础上，重点以北京朝阳区和通州区为个案进行田野调查[4]，通过对历史上曾存在过的京郊珐琅厂及其当年实际参

---

[1] 吴明娣主编：《百年京作 20世纪北京传统工艺美术的传承与保护》，北京：首都师范大学出版社，2014年，第7页。

[2] 同上书，第12页。

[3] 李一之编著：《雕漆》，北京：北京美术摄影出版社，2012年，第54页。

[4] 本项研究曾以题《当代京郊特种手工艺生产浪潮的回顾与思考》，于2018年12月9日在华东师范大学人文与社会科学研究院主办的"市场与能力：传统工艺当代传承关键问题"学术论坛上宣读。

与创办、运营和制作的相关人员进行访谈,将现有个案点的实际生产情况及其特征概括为五点:第一,工厂性质为集体所有,多为镇办或村办,尤其是村办企业最多,工厂由村委班子领导,另选有经验者担任业务负责人,便于统一经营和管理;第二,经营定位为外加工,业务对接北京市内的各类工艺美术专业厂家,大多只需要专注于生产环节,不用担心销售和市场;第三,工人群体主要为本村闲散劳力,且以女性为主体;第四,分工细化、生产技术体系有限,通过简单培训后即可熟练掌握整个工艺流程中的某道工序,并不要求掌握全部工艺流程,便于简单重复劳作的批量化生产;第五,产品层次有限,质量参差不齐,在这种短期培训与技术设备有限的生产条件下所制造的产品,其品质肯定不能与单件制作的精雕细刻相比。近年来,国内市场又有不少20世纪80年代外销特种工艺品回流销售,从这些实物也能反映出当时的产品质量。

由于投资少、风险小,能充分发挥村落闲置劳动力资源为农民创收,这类外加工工厂在京郊农村快速兴办,据不完全统计,各种门类的工厂总计达数百家。与此同时,因为存在市场经营和技术体系上的严重缺陷,以及对城市大型专业厂家的过度依附性,使得其在1990年后迅速消亡。20世纪80年代末期,我国外贸出口市场遭到限制和破坏,整个工艺美术行业陷入困境。1989年,北京工艺美术品总公司迫于国际市场形势压力,一改此前以外贸出口为主的政策,实行"立足国内,以内为主"的方针。[1] 由于国内特种工艺品消费市场有限,很多工厂难以及时调整产品结构,致使经营陷入困境,如1992年经营状况较好的北京珐琅厂都开始靠出租厂房来维持生计[2],没有了"计划经济的外加工订单"的京郊工厂被迫接连倒闭。改革开放之初,京郊特种工艺的生产复兴浪潮就此衰退。

进入20世纪90年代以后,传统工艺的生产复兴开始出现了一些变

---

[1] 吴明娣主编:《百年京作 20世纪北京传统工艺美术的传承与保护》,北京:首都师范大学出版社,2014年,第13页。

[2] 同上书,第14页。

化，不再停留于依赖传统生产模式和简单劳动力资源，在一些地区和手工艺门类中，知识和技能在实践过程中越来越受到重视。方李莉在研究景德镇民窑业时，特别关注了现代手艺群体围绕制瓷而展开的一系列生产活动和经济活动，并将景德镇陶瓷手工艺复兴分为三个阶段，其中包含了前非遗时代的两个阶段，一是20世纪90年代城市周边家庭作坊式的仿古瓷生产阶段，因具有投资资金少、生产规模小的特点，因而较为容易地逐渐恢复了当地传统的手工艺技术体系；二是20世纪90年代末至2006年，开始进入以工艺美术大师和艺术精英引导的陶瓷手工艺创新发展时期，主要以生产艺术瓷和个性化、艺术化的手工生活用瓷为标志。[1] 她在研究中多次强调了知识和智慧的重要性，认为景德镇陶瓷手工艺的当代复兴，既区别于注重劳动力投入的前工业社会模式，又有别于将资本作为主要生产变量的工业社会模式，"生产方式中最重要的因素既不是资本，也不是劳动力，他们最重要的生产资料是他们本人与众不同的制瓷或绘瓷的技艺以及对古陶瓷历史的认识、理解和对市场的把握、了解等方面的知识，其中还包括市场的信息、个人的经验、价值观等"[2]。与20世纪80年代京郊特种工艺发展浪潮相比，90年代以来景德镇陶瓷手工艺的生产复兴更加突出了手艺人个体的能动性和创造性，这无疑为即将到来的非遗运动奠定了坚实的群众基础和一定的自觉意识。

## 三、面向非遗实践的传统工艺文化复兴

与前述特定区域、特殊手工艺门类的复兴浪潮相比，传统技艺类的非物质文化遗产保护运动真正让全国各省市、各民族、各层级的广大群

---

[1] 方李莉：《论"非遗"传承与当代社会的多样性发展——以景德镇传统手工艺复兴为例》，《民族艺术》2015年第1期。

[2] 方李莉：《传统与变迁——景德镇新旧民窑业田野考察》，南昌：江西人民出版社，2000年，第139页。

体充分认识到了传统手工艺的特殊价值，这也符合非遗保护的真正价值，即"让社会中的文化受尊重"[1]，让不同社区的每一个人都能参与进来。与前述生产复兴相比，非遗语境下的传统工艺复兴更是一次面向生产实践的文化复兴，"以非物质文化遗产为代表的民族的文化传统，正成为一种人文资源，被用来建构和产生在全球一体化语境中的民族政治和民族文化的主体意识，同时也被活用成当地的文化和经济的新的建构方式，不仅重新模塑了当地文化，同时也成为当地新的经济的增长点"[2]。非遗语境下传统工艺从生产复兴转向文化复兴，并非是讲不再重视生产，而是更加突出了主体意识和地方认同，突显了因传统工艺复兴而引起的对家族、村落、民族和行业等不同层面文化的整体复兴。

（一）个体意识与家族品牌

家族传承是传统工艺传承的主要方式之一，近代以来很多技艺的发展传承都与某些家族保持着密切关联，非遗语境下的传统工艺复兴很容易转变成家族文化和家族品牌。"传统工艺品牌的创建是振兴传统工艺的关键，它既是一种中国企业身份的战略，也是一种中国身份的战略。"[3]家族品牌更是传统工艺诸多品牌的重要类别之一。

靛庄花丝厂作为是前述当代京郊特种工艺生产浪潮中涌现的一家村办企业，位于北京市通州区漷县镇靛庄村，以生产花丝珐琅为主业。在改革开放的发展之初，靛庄花丝厂由村委领导，吸收本村闲置劳动力，在生产销售上与北京珐琅厂和北京市工艺品进出口公司密切配合，1985—1991年，该厂扩大生产规模，职工人数达400人，在这同期其他同类工厂中均属少见，由此带来经济效益大幅度提高，资产总额突破300

---

1 高丙中：《〈保护非物质文化遗产公约〉的精神构成与中国实践》，《中南民族大学学报》（人文社会科学版）2017年第4期。

2 方李莉：《论"非遗"传承与当代社会的多样性发展——以景德镇传统手工艺复兴为例》，《民族艺术》2015年第1期。

3 李晓岑、朱霞：《传统工艺与中国品牌》，《自然辩证法研究》2017年第2期。

万元[1]。该厂的另一特殊性在于，从建厂之初，该厂在业务和技术体系上依赖本村熊家，建厂时主要依赖于技术负责人及厂长熊振江，熊振江的父亲在清末民国时曾在北京老天利学徒、做工，晚年才回到家乡靛庄，熊振江将内化的家族传承与村办工厂发展模式结合，保证了工厂的技术体系相较成熟，1988年熊振江获得"县级农民企业家、市劳动模范"等称号。到20世纪90年代，在其他同类工厂因技术短腿和市场缺失而纷纷倒闭的背景下，该厂在不存在技术短腿问题的前提下，顺应政府政策（1990初期允许乡镇企业拥有自主产品出口权），积极争取"自营出口权"。从1993下半年筹备，到1995年初成功获批，该厂成为"北京市村办企业中第一个获得自营出口权的企业"[2]。于是，在整体出口市场不乐观的情况下，积极与美国和香港等企业进行业务洽谈，继续维系花丝珐琅的出口贸易。

进入21世纪和非遗时代，尤其是当2006年"景泰蓝制作技艺"被列入第一批国家级非遗名录后，在北京市珐琅厂主导的"京珐"文化话语语境下，京郊"遗珠"的存续和生存又面临新的挑战和机遇。基于笔者近年来对现任厂长熊松涛的访谈，我们发现，靛庄花丝厂当前依旧延续了"浪潮"中的一个重要特点，即以本村及周边村民为主要劳动力资源，目前主要工人约有60余人，大多数自20世纪80-90年代就在该厂做工，也有少量年轻人加入，相对稳定可靠的职工群体成为该厂发展的重要前提；2011年，靛庄花丝厂申报的"靛庄景泰蓝制作技艺"入选通州区区级非遗名录，而作为该项目的重要传承人，熊松涛和父亲熊振江在同年打出"熊氏珐琅"的品牌，期望通过品牌化经营，形成家族品牌特色，增厚商品的家族文化附加值。通过多年与不同厂商的合作，熊松涛意识到品牌对于企业发展的重要性，传统的"靛庄花丝厂"并不能充分

---

[1] 中共通县县委办公室：《漷县镇靛庄花丝厂获得自营出口权的启示与思考》，《农村经济与管理》1995年第2期。

[2] 同上。

反映其技术特性和文化价值,与"京珐"传统的铜胎铜丝有所区别,熊氏珐琅大胆突破创新,逐渐形成了银胎银丝或银胎金丝风格,并在烧制、釉料选择、打磨等诸多环节进行改革,在产品种类上从传统器物发展至代表性的珐琅表盘制作技艺,今后还将继续在将传统工艺与首饰设计理念相结合,继续拓宽"熊氏珐琅"品牌化道路;在家族品牌宣传上,通过建设家族艺术馆、多媒体传播方式来全面展示家族品牌的历史、文化与实物珍品,进一步传播熊氏珐琅文化。

从非遗项目"靛庄景泰蓝制作技艺"中衍生出"熊氏珐琅"家族品牌,这种因非遗实践而催生的家族意识觉醒和家族品牌生成的现象并非孤例,体现了传统工艺的非遗实践对于推动家族文化繁荣的促进作用。

## (二)文化认同与社区复兴

传统技艺类非遗项目辐射的区域范围十分广泛,由此带动越来越多的当地人关注地方知识和传统工艺。如同方李莉对景德镇的研究,其第三阶段的复兴时间基本是以非遗运动在我国的全面展开为标志的,此时的景德镇已经从一个"仿古瓷生产的集散地"发展到"每一个角落的传统手工艺文化的复兴"的局面,手艺人群体结构从第二阶段的精英阶层为主体开始向社会每一个层面转移,包含农民工、艺校学生和全国各地乃至世界各地的艺术家等在内共同构成了一个新的职业群体——"景漂"[1],他们共同推动了一个世界陶瓷中心的形成和再生产,也在重新创造一个区域的文化复兴。对于非遗时代的传统工艺,方李莉认为,"作为传统文化的非物质文化遗产,并没有离我们而远去;相反,其正在帮助看到通往人类社会未来之路"[2],她同时倡导地方要积极利用非遗文化资源,去探索具有地方性的现代文化之路与现代社会运行模式,以此来保持文

---

[1] 方李莉:《论"非遗"传承与当代社会的多样性发展——以景德镇传统手工艺复兴为例》,《民族艺术》2015年第1期。

[2] 同上。

化多样性。景德镇的传统工艺复兴因其历史盛名、代表性工艺门类鲜明，又长期受到地方政府和社会精英的关注而具有特殊性，较容易构建地方文化认同和社会认同，但对于当前绝大多数存在手工艺传统的普通社区，情况则有所不同。

近年来，国家大力倡导乡村振兴计划，伴随地方社区对传统技艺类非遗项目的普遍重视，以及国家传统工艺振兴计划的提出，传统工艺成为地方各级政府试图打造美丽乡村和实现乡村脱贫攻坚的重要手段和工具。在这种局面下，单靠地方政府引导和民众热情还不够，相关领域的政策倾斜和社会精英介入已经成为培育传统工艺复兴的重要方式。以贵州为例[1]，从2011年起，以雷山为代表的部分地区率先同相关高校开展合作，通过共建非遗保护与研发中心的形式来深度挖掘地方非遗文化资源，探索保护与传承兼具的非遗产业链，将传统手工艺与现代设计、市场运作有机整合。在这样的前期经验积累下，2015年以来进一步响应国家对非遗传承人试点培训的发展规划，面向全省建设了传统工艺贵州工作站，在全国范围内梳理了非遗保护与传承创新的贵州模式。随着国家文化和旅游部陆续发布《中国非物质文化遗产传承人群研修研习培训计划实施方案（2018—2020）》和《关于大力振兴贫困地区传统工艺助力精准扶贫的通知》，已有经验的在全国推广，并从国家层面号召各地文化部门和地方精英直接或间接地参与到传统工艺的整理、研究、保护和开发进程，帮助传承人和地方民众提升产品层次、艺术审美和现代功能，最终达到帮助地方脱贫致富，重构社区文化认同的终极目标。

但是，对于这种帮扶开发有必要吸取前序历史经验，把握尺度。倘若过度涉入很容易造成地方内生力不足，使地方民众沦为新文化产业的低端劳动力，甚至被边缘化。最终就像前述京郊特种工艺浪潮中所表现的那样，一旦缺失了外力引导和产业体系，地方手工艺就会成为虚假的

---

[1] 有关传统工艺贵州工作站的发展历程，主要参考赵罡：《由点到面 全面推进——从雷山非物质文化遗产中心到贵州传统工艺工作站的建设探索》，《中国民族美术》2017年第1期。

繁荣。有学者已经开始从人类学视角反思这种以设计师为代表的社会精英介入，对地方传统工艺及其社会体系将会造成怎样的影响，依循将传统手工艺看作社区文化重要组成部分的观点，尊重手艺带给手艺人和地方民众的"人类价值"[1]，避免外部介入所造成的地方传统碎片化、地方手艺人的去技能化和地方手工艺的整体异化，由此提出要倡导一种"协同设计"思维模式，要求外部精英与地方手艺人或非遗传承人、地方广大人民群众一道创新、创造[2]，促进地方文化主体自信，加强地方民众对新文化产业的认同感，实现地方社区的整体繁荣和复兴。

（三）手艺文化与常态发展

今天谈传统工艺复兴，是因为其曾经一度面临危机，考量其危机来源很大程度上属于"社会心态危机"[3]，在工业化语境下容易将之视为落后的而有意从日常生活中遗弃，在现代化语境下容易将之"过度艺术化"或"奢侈化"而不得以地脱离普通生活。这两种社会心态都不利于传统工艺的长期稳定发展。

事实上，传统工艺的常态发展已经具备良好条件和成果基础。在学术研究层面，不同学科共同聚焦，关注并探讨传统工艺的国学价值[4]、科技内涵[5]、民俗传承[6]，以及学科建设的可能性和重要意义[7]；在行业发展的

---

1 张朵朵：《风险中的具身知识：设计师介入地方传统手工艺的人类学反思》，《美术与设计》2016年第2期。
2 张朵朵：《协同设计"触动"传统社区复兴——以"新通道·花瑶花"项目的非遗研究与创新实践为例》，《装饰》2016年第12期。
3 本文对"社会生态危机"的提法源自胡平的"心态的危机"，详见胡平：《中国传统手工艺的复兴》，《装饰》1999年第6期。
4 董晓萍：《传统工艺、多元社会模式与高等教育》，《中国科学院院刊》2018年第12期。
5 张柏春：《传统工艺的科学认知》，《中国科学院院刊》2018年第12期。
6 朱霞：《传统工艺的传承特质与自愈机制》，《北京师范大学学报》（社会科学版）2018年第4期。
7 华觉明：《中国传统工艺的现代价值与学科建设》，《中国科学院院刊》2018年第12期。

实践层面，关注内在驱动力[1]，探讨其多面向的产业化发展模式，这些都足以为传统工艺行业的整体生态奠定学理和经验基础。与此同时，还有一种声音正在引导传统工艺走进日常生活，那就是"恢复与重建中国人自己的健康、典雅、讲究的生活方式"[2]，由此形成满足生活消费需求和精神需求的手艺文化和社会风尚，进一步使得非遗实践对于手艺文化的引领逐步实现从工具理性向价值理性的跨越。

我们对于非物质文化遗产的讨论正在逐渐超越对本真性和变异过程等问题的纠结，更加坚定传统文化的核心信仰和价值观体系[3]，相信在文化自愈机制下或断裂或失色的部分传统工艺势必会在某个时机得以重新活化或回归。面对传统工艺在全国大范围内的非遗实践和文化复兴，我们要在认真记录、整理和深入研究的基础上，在有序推动传统工艺产业化开发过程中，更多关注传统工艺的常态化发展，让这场文化复兴的春风真正地润物细无声、无声胜有声。

发表于《民间文化论坛》2019年第4期

---

1  练春海：《传统手工艺行业发展的内在驱动力建设》，《中国美术研究》2016年第4期。
2  徐艺乙：《材料·工艺·形态——传统手工艺及其关键词解读》，《徐州工程学院学报》（社会科学版）2017年第5期。
3  张举文：《非物质文化遗产与中国文化的自愈机制》，《民俗研究》2018年第1期。

# 古代水运的功能与技术

王文超

我国有着丰富的江河湖海资源，奠定了水运成为古代交通文明史的重要组成部分。水运几乎与陆运拥有同样悠久的历史，大概在原始社会末期就已经出现了萌芽阶段的水利设施。直到能够逐渐成熟地利用河湖沟渠、东临苍海的地理资源优势发展河运和海运，我国古代水运经历了漫长的发展历程。

## 一、军事、政治与商贸的多元功能

为了有效提高水运能力，突破自然河流山川的限制，满足不同阶段历史需求，以运河开凿为代表的水利设施兴建成为历代王朝持续关注的重要工程。

经过商周的发展，人为的运河开凿工程到春秋战国时期迎来第一个发展高潮，军事运输是首要目的。在激烈的诸侯争霸斗争中，偏居东南一角的吴国为了扩充势力范围，利用太湖流域星罗棋布的水网积极部署水上交通网，构筑了一个发达的水运系统。胥溪是吴国开凿最早的运河之一，公元前506年应吴王阖闾西征楚国而建，由伍子胥督役开凿以备军运，故由此而得名。吴王夫差继位后，又修浚了"胥浦"，二渠相连沟通了长江、太湖和东海，成为吴国军队西达长江、东出东海的重要通道。公元前486年，夫差为了北上与齐国争霸中原，便在邗地筑城，开凿三百八十里运河，引水北流，直入淮河。随后，又继续向北延伸，与今天山东境内的沂水、济水相连，军事势力直导黄河流域。越王勾践灭吴后，也充分利用邗沟北上伐齐，邗沟军事要道的功能进一步突显。继邗沟建成之后，魏惠王时期（公元前362年）开始挖鸿沟，沟通黄河与淮河水系，加强同宋、郑、陈、蔡的联系，服务于其中原称霸的军事目的。

以军运为基础，运河拓宽与整治逐渐成为后代统治者维护政权稳定的标识。隋唐时期的大规模运河开凿便主要以满足中央政权统治为目的，尤其是加强对南方的政治军事控制。隋文帝时就曾令宇文恺开凿广通渠"决渭水达河"。隋炀帝定都洛阳后确立了以洛阳为中心的大运河工程，他先是征河南、淮北民工百万凿通济渠，又通莨荡渠故道入淮河，同时拓宽改凿邗沟西道，"筑御道、树以柳""可通龙舟"，三次南巡无不彰显着对江南的控制与安抚。隋唐时期的大运河工程沟通了海河、黄河、淮河、长江和钱塘江五大水系，成为我国水利史上的重要标志性工程。自此，漕运逐渐成为运河的主要功能。

唐代以后，江南财赋是国家整体财赋的主要构成。为了进一步改善漕运方式，降低运输成本，缩短时间，政府不遗余力地通过种种举措来保证运河通畅。在隋代大运河基础上，通惠河、北运河、南运河、鲁运河、江南运河等相继得到新凿和改造，京杭大运河全线贯通，漕运能力得以提升。与此同时，大运河的开通还带动了沿线城镇商贸繁荣与文化交流，促进了南北经济的融通发展。"漂来的北京城"就生动概括了明代北京城营建、物用商贸与大运河的密切关系。京杭大运河还成为朝鲜使团、欧洲传教士笔下的中国印象，是中外文化交流的重要纽带。

## 二、古代运河工程的关键技术

运河开凿是一项复杂的水利工程，即便从现代科技眼光来看都依然是繁杂的系统工程，除了要考虑闸坝的工程设计，还要求对沿途地形、土质、水源、流量等科技知识全面掌握。随着运河功能日趋多元，水运工程技术体系在各历史时期都有不同程度的创新和发展，充分反映了我国古代劳动人民的聪明才智和创造精神。

堰埭是运河工程最基础的设施。较早使用堰埭设施的是三国时期孙权派兵修筑的破岗渎，主要连接了秦淮河和太湖流域。当时为了解决水流过岗的问题，通过设置堰埭将河道人为地划分出梯级，同时设立多级拦河坝来控制水深，当有行船通过时还需要辅以绞车和人力、畜力拉拽。相关史料记载破岗渎共设有14处堰埭，是世界最早有升船设施和实现渠化的运道（《中华文化通志·水利与交通志》）。此后的一些工程中也大多使用堰埭技术，较为著名的有南津埭、北津埭、西陵埭和柳涂埭等。

由于堰埭操作繁复且费时，而且一般都需要借助外力，很大程度上影响了通行效率。于是，另一种更为高效的技术应运而生——船闸。我国是世界上开始修建和运用船闸最早的国家，早期鸿沟就有"水门故处，皆在河中"的记载（《后汉书·王景传》），可见当时已经修筑了水闸。古代运河船闸技术经历了由单闸、复闸和澳闸的发展阶段，尤其是宋代复闸的出现标志着古代船闸技术水平的巅峰。复闸主要由两道闸门构成，中间有闸室，几乎相当于现代船闸的雏形。我国宋代复闸的出现（公元984年）比欧洲第一座船闸兴建还要早约400多年。古淮扬运河上的瓜州闸就是复闸的典型代表。沈括《梦溪笔谈》记载，"复闸节水，以省舟船过埭之劳"，足以说明复闸建成后对提高运力、节省人工的作用。所谓澳闸，简言之就是带有节水设施的复闸，通过在闸旁洼地开辟水澳储水以重复利用上游闸室弃水，该技术最早由曾孝蕴在《武经总要》中提出，位于浙江嘉兴的长安闸是江南古运河上澳闸的遗存。

元代以后，尽管我国在船闸技术创新上几乎没有取得显著的、实质性的突破，但由于京杭大运河穿越复杂的地形，贯通南北重要水系，在工程技术应用层面还是取得了明显成绩。最知名的建闸工程有郭守敬在修建通惠河、援引白浮水时设闸24座；白英筑坝引水、在会通河上建闸38座等。另外，在民间传说中也有围绕运河船闸的生动叙事，北京通惠河沿线流传的《吴仲建闸遇鲁班》，讲的是明代时期吴仲向嘉靖皇帝请求疏通通惠河，但考虑到京城和通州之间的地势落差太大，吴仲在实际工程指挥上遇到了难题。情急之下，一位老头出现了，他冲着吴仲不断地喊，"炸——炸糕——"。吴仲听后受到了启发，联想到通过建闸来解决地势落差难题，最后终于成功疏通了通惠河。吴仲在工地上看到敬贡的鲁班画像，忽然明白原来那位老头正是鲁班。大家都说鲁班爷下界，帮助疏通了通惠河。民间传说也能折射出建闸技术对于运河开凿的重要性。

## 三、海运的繁荣与发展

宋元以后，随着造船和指南针导航技术成熟，古代海运日渐发达。指南针在宋代先后在人工磁化方法和磁针应用上取得突破。《梦溪笔谈》载，"方家以磁石摩针锋，则能指南"。说明当时已经可以人为地通过一定手段使天然磁石具有指向性。关于磁针的装置方法，沈括提到了"水浮""缕悬"等法。技术的成熟使得指南针很快应用于航海事业。到了元代，除了应用指南针导航以外，还出现了以罗盘（指南浮针）指示海路的著作。与此同时，宋代造船技术也进入到了鼎盛时期，水密隔舱、船尾舵等技术均走向成熟，船舶动力、性能、安全稳定性都有显著提升。造船场更是遍及华中及华南各省，尤以浙江温州、明州最多。除此之外，地文航海知识、航海气象知识、水文知识、船舶操纵技术等相关科学知识的完善都成为我国古代海运逐渐走向成熟的科技标志。

沿海海运的发展首先是为了满足内河漕运的需求。由于当时运河漕运常受制于天气和季节，以及运河淤塞等弊病。为了大幅度解决南粮北运的问题，元政府在东南沿海一线的福建、浙江、江苏、直沽、胶东半岛等地陆续建设港口，并开辟出多条沿海航线，以此提高南方米粮运往大都的效率。《元海运志》载，"延祐（1314年）以来，如造海船，大者八九千，小者2000余石，岁运粮360万石。"从至元二十年（1283年）年运量4.6万石增长至360万石，前后历经了47年。如此巨大的运量大多是沿着"殷明略航线"前行。元代最初的海运粮船因航线不可靠时常发生意外，有一个千户叫殷明略，十分熟悉北洋水线，经过他的探索逐渐开辟了由长江口到天津的新航线，避开了很多弯道和暗沙，缩短了航道。另外，元政府还曾接受常熟船户苏显、船民袁源等建议，在长江口、江阴夏港等地布设航标船，竖立标旗，保证了通航安全。可见，元代海运的发达还离不开勇敢、勤劳的船工们的贡献。除此之外，沿海海运还在军事、外贸和文化交流等方面发挥作用。

宋元以来我国的商船就已经出现在南海和印度洋沿岸了，明代郑和七次下西洋更是开创了世界航海史上的伟大壮举。一方面，他的远航比哥伦布、达·伽马要早半个多世纪，在组织规模和科技水平上遥遥领先；另一方面，与西方海外殖民和牟取暴利不同，明成祖派遣郑和出使西洋更主要是显示国家富强，扩大国际影响力，同时深入了解沿途国家的风土文化和地理状况。远洋海运在巩固海洋疆域、维系近邻友邦交流等方面扮演着重要角色，更有力推动了海上丝绸之路经贸发展以及中国文化的海外传播。

古代水运既有宏大的历史，也有生动的故事。无论是在运河上，还是在航船上，激昂的号子、虔诚的信仰、生动的叙事，连同其工程与技术，共同构成了我国古代珍贵的水运文化遗产。

原文刊载于《中华瑰宝》2021年第9期

# 运河歌谣的古今流变

张歆　高若玉

"天地始分，而人生焉，人莫不有心，此歌曲所以起也。"歌谣也称民谣，它泛指在民间产生和流传的相对短小的韵文作品。诞生于运河流域的歌谣充盈着真实生活体验的"运河"叙事，反映着运河流域的真实生活图景，从历史和地理两个层面呈现出"运河"的空间内涵。

## 一、歌谣与历史

隋炀帝开凿的大运河的功过留待后世评说，但其开凿运河的历史已然随着运河的流动传播南北，如《隋炀帝时舟者歌》是隋炀帝第三次游扬州时拉纤民夫所唱，全诗哀婉悲戚，情致深长，"我兄征辽东，饿死青山下。今我挽龙舟，又困隋堤道"诸语，使人读来痛彻心扉。而"天下饥""无些小""三千程"极言路程之悠远，以纤夫之饥馁反衬人命之轻贱。此首民歌短小精悍，以一位普通纤夫的视角切入，见微知著，展现了这一历史时期统治阶层对民众的压迫与荼毒。还有流传在抚宁的《隋炀帝下扬州》："高卷龙帘挂金钩，无道的昏君下扬州，放着水路他不走，一心旱地来行舟。"

此外，还有记录历代封建统治者经由运河南下的运河童谣，如：

大运河，长连天，隋炀帝，当拉纤；拉着王朝向南走，一路荒淫被泪淹。

大运河，生命线，元帝国，挥如鞭；运粮运兵运财宝，横征天下到末年。

大运河，形似辫，挂清代，背脊间；乾隆六次下江南，龙舟过后惨一片。

大运河，龙闪现，今人民，当神钎；撬动东方沉睡狮，猛然跃起惊西天。

此首童谣名为《大运河，龙闪现》，古代的"龙"代指帝王，从隋炀帝到元帝国，再到乾隆，无论朝代兴盛与否，百姓始终身处水深火热之中，正可谓"兴，百姓苦；亡，百姓苦"，只有到了新中国，大运河才真正发挥她应有的价值，正如一条神龙一般，"猛然跃起惊西天"。

新中国成立后，运河流域在党和人民政府的领导下，人民一改往日"稻禾只有小凳高，三颗稻粒结到梢""咬口生姜喝口醋，丢下镰刀咽糠麸"的苦难生活，在衣食无忧的幸福生活中，诞生了《诗歌滚滚像海洋》的优美歌谣：

泥洼洼，山冈冈，金坡银水绿山庄；歌谣快板庄稼话，满山满树满院墙。

山顶唱起牧羊歌，白云朵朵飘上天；山腰唱起采桑曲，好像飞瀑淙淙响。

饲养员的小曲印上报，牧鹅的孩子会写文章；那里有劳动那里有歌，钉耙锂头都会唱。

路上的歌儿用车驮，水上的歌儿用船装；千车万船装不下，诗歌滚滚像海洋。

我们可以看到，运河歌谣连缀着人们所经历过的历史，当人们身处运河之上，来到民众曾经到过的地方，感受着他们的辛酸苦痛与热情昂扬，此时与彼时在"看不见的河床"——运河歌谣中得以联结。运河歌谣既是历史的见证，也在不断地重新书写和建构着历史。

## 二、歌谣与生活

对于生活在运河沿岸的民众，运河对于他们来说，不仅仅是哺育他们的"母亲河"，更是他们赖以谋生的根本，运河沿岸流传着中有大量记载了民众生产、生活的歌谣。

如"月亮弯弯照九州，几家欢乐几家愁；几家夫妻同罗帐，几家飘零在外头"，此歌流传甚广，1929年秋山在《东方杂志》第26卷第20期发表《月子弯弯歌字句异同考》考证"月子弯弯照九州"为江浙间流传之山歌。自南宋以来，流传不绝，且由江浙传至广东，惟后两句字句略有异同。如宋人评话《京本通俗小说》中引吴歌"……几家夫妇同衾帐，几家飘散在他州"；明王世贞《艺苑卮言》转录陆文量所记"……几人夫妇同罗帐，几人飘散在他州"；近人云颠公笔记原文谓"君直自谓：某年秋，游浙中，道出石门，夜闻邻舟歌'月子弯弯'者"云云。

20世纪80年代，随着民间文学三套集成工作的启动，各省的"中国歌谣集成"卷本陆续出版，其中，在运河沿岸的省份卷本中就收录了相关劳动歌谣，如《中国民间歌曲集成·河北卷》中的《渔家忙》：

> 傍岸鳞鳞插界桩，
> 西南风起各家忙。
> 农家合酿渔家醪，
> 不识旗租与御粮。

打"界桩"为渔家旧俗,西南风一起,渔家便纷纷打鱼交租,末句"不识旗租与御粮"道出了渔家生活的艰难。而流传故城县的《运河拉船号子》则带有一种天然质朴的情感表露:

> 不顶风,流不急,
> 悠悠拉,步要齐,
> 看河边,洗衣女,
> 十七八,好年纪;
> 低着头,搓又洗,
> 咱喊号,她不理。
> 怎么办?听我的,
> 撞三步,看仔细,
> 那小妮,笑嘻嘻,
> 抬起头,甩辫子。
> 红嘴唇,白玉齿;
> 杏仁眼,叫人迷,
> 一朵花,照水里。
> 饱眼福,长力气,
> 过回流,腿绷直。
> 猫下腰,闯过去。
> 喂——啦——喂……

歌曲塑造了一个淳朴、娇憨、颇带几分豪爽的洗衣女形象,她"红嘴唇,白玉齿;杏仁眼,叫人迷",面对纤夫的善意调笑,她依旧"笑嘻嘻",纤夫对洗衣女的美丽也抱有一种欣赏的态度,"饱眼福,长力气",歌谣寥寥数语,使运河沿岸民众平静美好的日常生活图景跃然于纸上。

此外,还有反映运河沿岸渔夫苦难生活的《渔民苦》一歌:

渔民苦，渔民难，
黄连蒲根泪水煮。
号子喊到天傍亮，
孩子哭到五更鼓。
渔民苦，渔民苦，
刀剜中指卖肉骨。
孩子上市比鱼贱，
五岁的孩子五斤谷。
渔民苦，渔民苦，
渔民没有安身处。
一到夜晚蹲庙堂，
白天讨饭把门数。

歌谣中的蒲根是臭蒲的根，比黄连还苦，反映的便是饱受压迫的渔民对悲惨社会现实的哭诉，表现了他们内心的不平和愤恨。还有《码头歌谣》中"一家三代在码头，磨破三代老肩头，重货压顶低下头，直不起腰来弯膝头"；《渔民生在虎穴边》中"风暴一来命难持""一家大小惊又啼"，只能求上天怜悯，"轻风西浪鱼儿肥"，使"全家老小不会饥"。这类歌谣还有很多，如《渔民难》《十二月渔民歌》《运河号子》《纤夫曲》《渔汛歌》等，内容丰富，一般来说主要有三类，反映广大民众日常生活、劳动经验的歌谣；诉说苦难的歌谣，体现世事民情的歌谣。

## 三、歌谣与民俗

运河沿岸的歌谣还包含了当地信仰民俗、礼仪民俗、生产民俗的演述，如流传在大名县的《龙女传》讲述了刘员外家的小儿媳妇原本是"要饭女"，后被刘员外认作干闺女，后来因为不肯在婚宴上跪拜刘员外，被其责骂。然后大家才得知这个"要饭女"身份不凡,是东海龙王的女儿,因故被贬下凡。龙女在刘家当家三年,报答刘员外救命的恩德,保他"辈辈不受贫"。这首歌谣体现了居住运河沿岸龙王信仰的兴盛,其中还描述了家族中关于婚配的民俗仪礼,如拜寿时的行礼顺序,不孝父母送官问罪等。

再如1935年第4期《淮海》刊载《运河船民之生活》一文,记录了船民自幼生长船上,对船上生活,颇感舒适,故均愿终身于河内,不愿到陆地上去。船上姑娘,尤怕上陆地。船民娶妻择配,亦必须船民,结婚仪式与陆地一样,但不用婚轿,仅以围椅饰红布,男女亲家之船,两首相接,将新妇由母家之船抬至婆家船上,拜堂结婚。先由家长代购小船,结婚后,新夫妇即独立生活,同驾小舟,捕鱼运货,每日收入需要交至大船,每至年节,均在大船度岁。山东运河段船民婚俗还需要在船上贴上对联,上联为"九曲三弯随舵转",下联是"五湖四海任舟行",横批"百年好合"。由于船民习惯于水上生活,有钱则购置船只,绝不买田置地,其财产则以船只的多少为准,无力购买小船者,多不能得妻。运河上有俗语:"与人有缘,劝人造船,与人不睦,劝人造屋。"还有歌谣《有女莫嫁打鱼郎》,告诫少女不要嫁给打鱼郎,因为这些打鱼郎"半夜三更补破网,补好破网又开船,开船碰到水强盗,一夜艰辛又白忙";歌谣《满网鱼虾满网歌》中阿妹和阿哥共同劳作场景的描写:"阿妹伴哥把网拖""越拖越深网越沉";流传在运河沿岸的《船工号子》中还有对"二郎神""四海龙王""伍子胥""苏秦""八仙过海"等民间传说的传唱:

  太阳出来一点红,二郎溪中擒孽龙。
  三人结拜情谊重,四海龙王在水中。
  伍子胥过关斗过勇,苏秦六国把相封。
  七岁安安把米送,八仙过海显神通。
  久走江湖人称勇,十载寒窗苦用功。

此外，《冀州谣》等歌谣则与当地的物质生产民俗密切相关：

古冀州，
三种宝，
破砖烂瓦蒺藜草，
干走碱，湿走沙，
不干不湿走漫洼；
淹了吃小鱼儿，
旱了吃地梨儿，
不淹不旱吃麦子儿。

"蒺藜"为一年生草本植物，果实有刺，可入药，主治头痛、风痒等。在河道泛滥的年份，就吃"小鱼儿"，河道干涸的年份，就吃"地梨儿"。地梨儿是一种多年生宿根野草，多见于京津冀一带的洼淀沼泽。据《文安县志》载，地梨分为"人、猪两种"，只有"人地梨"可作充饥之物，味甘脆，类荸荠，生熟可食。此物随水而生，"旬日遍郊野"，可作灾民之食。再如《十二月鱼鲜》中的"龙灯鱼儿""刀鱼""黄花鱼""勒鱼""马鲛""条鱼""支鱼""带鱼"等渔产的介绍。

文学之兴，诗歌为先。歌谣之兴，远在文字未发生以前。盖情性所至，自然流露。运河歌谣诞生于人民的真挚感情中，是一种新的"民族的诗"，不仅具有多民族、多地域、多类型的特征，还呈现出一种自然淳朴、雅俗共赏的艺术气质，维系着运河流域民众的地域认同与文化认同。

原文刊载于《北京纪事》2022年第12期

# 后 记

"北运河流域民俗文化普查活动及民俗志编纂"项目是中共北京市宣传部全国文化中心建设重点项目,从2018年至2023年六年间,我们团队完成了对北运河流域民俗文献、口传文艺、民间工艺的搜集整理,并撰写了北运河流域民俗志系列著作七部,编纂译文集一部。

在项目完成过程中,我和项目组成员中央民族大学文学院王卫华教授,中央民族大学民族学与社会学学院张青仁教授、袁剑教授,中共北京市委党校哲学与文化教研部王文超博士,中国社会科学院民族学与人类学研究所王耀研究员,新疆大学纺织与服装学院张睿智教授等诸位同仁及他们的博士、硕士研究生共同进行过多次调研,在走访中我们对世界文化遗产"京杭大运河"北京、天津、河北段有了较深入的了解,对北运河流域民俗传承、传播进行了整理、阐述,为北京大运河文化带和国家大运河文化公园的建设提供了有一定助益。

在项目完成中,我们深入贯彻了习近平总书记的重要指示批示精神,遵循《大运河文化保护传承利用规划纲要》的要求,围绕"人—地—水",结合非遗保护、乡村振兴对运河文化资源在地方社会中的传承、传播与转化进行了深入挖掘和细致地梳理,为乡村文化治理、铸牢中华民族共同体意识等建言献策,并希冀为首都公共文化建设尽一份绵薄之力。

另外，项目组还注重研究成果的推广和普及，从2018年5月18日起开设了"北运河今昔"公众号，此公众号希冀通过新媒体的形式，公开课题进展、关注运河文化研究动态，"书写"北运河民俗文化。

课题完成的过程，也是"北运河流域民俗文化研究团队"（我们日常开展集体调研和课题各小组开会的简称）建成的过程，团队成员集思广益，积极思考"运河"水域对民众生活实践的影响，在"标志性"民俗理论的统领下，以点带面，结合地域与水域，在通州区内北运河沿途选择了永顺、潞城、西集、漷县、张家湾等地进行长期跟踪调研。团队核心成员有王卫华、张青仁、王文超和我，但在课题开展中，袁剑、王耀、张睿智的加持让我们课题的成果进一步强化了跨学科合作，而且除了口头、书面外，还增加了图像的维度。六年可能不算长，但对于一个课题组而言，确实不算短，我们在合作中，缔结了牢固的学术友谊，也发挥彼此的优势，推出了一系列高水平的学术成果和兼及学术性、普及性的讲座与读物。另外，六年间参与项目组的博士生、硕士生有五十余人，而且很多人也逐步从学生走向了工作岗位，成为优秀的青年学者，比如张歆、王晴、徐睿凝、孙佳丰、翟丹等，尤其是张歆，她加入项目组时还是一名在读博士生，现在她已经评上副教授，并一如既往地担任项目进展联络人，从财务报销到书稿校读，她都付出很多。

本项目的顺利完成离不开北京市文联和北京民间文艺家协会的组织与领导。北京市文联领导和中国民间文艺家协会副主席、北京民间文艺家协会主席赵世瑜，一如既往地支持本课题研究，对于课题思路的设计、调整提出了建设性意见。北京民间文艺家协会驻会副主席、秘书长史燕明积极推动与天津、河北以及北京通州区、海淀区、东城区、西城区、朝阳区的文史学者、民俗精英的对接与联络工作，为项目的进展提供了保障。此外，要特别感谢通州区图书馆原馆长杨兰英、组织副部长齐莉丽、里二泗小车会韩德成、毛猴技艺传承人张凤霞、连环画创作人刘恩东及河北香河县文化馆馆长周景峰等，没有他们的帮助，项目无法如期完成。在调查过程中，通州区文史资料中心研究者、地方文化学者以及通州北运河沿途台湖、西集、潞县、张家湾等地的民间艺人、文化干事、村干部以及佑民观道长刘崇尧都积极支持，并对我们的调查提出大量建议。在此向他们一并致谢！

本项目系列论著的出版离不开中国戏剧出版社的编辑张霞女士和学苑出版社编辑陈佳女士的努力与推进，她们为了书稿的顺利完成，为了不延误出版时间，不厌其烦地督促与跟进。在此致以最真诚的谢意！

项目成果的每部著作之后我都会写后记，也都会写缺憾，现在依然如此，尽管项目已经完成，本部著作是最后一部，但完成后依然觉得还有很多未尽事宜，希望在今后其他项目中或有机会继续延展北运河流域的研究，希望能对本书的遗憾和不足之处有所弥补。

毛巧晖

2024 年 8 月 30 日于望京西园